企业所得税汇算清缴实务丛书

会计准则与企业所得税法差异分析及纳税调整

Kuaiji Zhunze yu Qiye Suodeshuifa
Chayi Fenxi ji Nashui Tiaozheng

主编 杨淑莲 陈华 赵建勋

权威 全面 方便 实用

中国财经出版传媒集团
中国财政经济出版社

图书在版编目（CIP）数据

会计准则与企业所得税法差异分析及纳税调整 / 杨淑莲，陈华，赵建勋主编． ——北京：中国财政经济出版社，2021.2

（企业所得税汇算清缴实务丛书）
ISBN 978-7-5223-0394-9

Ⅰ.①会… Ⅱ.①杨…②陈…③赵… Ⅲ.①企业-会计准则-研究-中国②企业所得税-税法-研究-中国 Ⅳ.①F279.23②D922.222.4

中国版本图书馆CIP数据核字（2021）第033871号

责任编辑：吕小军　谷兴华　　　　责任校对：胡永立
封面设计：卜建辰　　　　　　　　责任印制：党　辉

中国财政经济出版社 出版

URL：http://www.cfeph.cn
E-mail：cfeph@cfeph.cn

（版权所有　翻印必究）

社址：北京市海淀区阜成路甲28号　邮政编码：100142
营销中心电话：010-88191522
天猫网店：中国财政经济出版社旗舰店
网址：https://zgczjjcbs.tmall.com
北京中兴印刷有限公司印刷　各地新华书店经销
成品尺寸：185mm×260mm　16开　23印张　563 000字
2021年2月第1版　2021年2月北京第1次印刷
定价：98.00元
ISBN 978-7-5223-0394-9
（图书出现印装问题，本社负责调换，电话：010-88190548）
本社质量投诉电话：010-88190744
打击盗版举报热线：010-88191661　QQ：2242791300

前　　言

《中华人民共和国企业所得税法》（以下简称《企业所得税法》）已经实施十多年了，在工作实践中，大家都感受到了企业根据会计法规确定的会计利润与为企业所得税目的而确定的所得之间的关系已经分离开来，《企业所得税法》第二十一条规定，在计算应纳税所得额时，企业财务、会计处理办法与税收法律、行政法规的规定不一致，应当依照税收法律、行政法规的规定计算。这一规定体现了税法与财务会计的协调性，即税收法律、行政法规在计算应纳税所得额时没有做出规定的，一般可按财务、会计处理办法计算。

近几年来，会计准则的陆续颁布、调整执行，出现了企业财务人员在计算年度应纳税所得额时税会差异调整不到位的现象，编者结合企业所得税的工作实践，尝试就18项会计准则与企业所得税存在差异的地方，编写了《会计准则与企业所得税法差异分析及纳税调整》一书，供企业财务人员在填报年度企业所得税申报表时进行纳税调整实务中使用，可以帮助企业财务人员正确计算每年度的应纳税所得额。

本书按照应纳税所得额计算中涉及的收入、扣除、资产和特殊事项等顺序对应相应的会计准则进行编写，并从会计规定、税收规定、税会差异和年度纳税申报调整方面详细描述，以案例形式从账务处理到年度纳税调整项目明细表及其附表进行阐述，最终将案例计算汇总，起到了实际操作指引作用，这样的编写更方便读者的阅读和查阅。本书也可作为税务机关干部工作参考用书。

本书所述"会计规定""会计上规定""准则规定"均指会计准则规定；本书案例所述"本公司""公司"均指案例汇总中的"横山重型机械股份有限公司"；本书所述税会差异，除特殊说明外，均指会计准则与企业所得税法之间的差异。

本书由山西省税务局杨淑莲、原上海市税务局陈华、太原市税务局赵建勋编审，陈华审定。

本书在编写及审核过程中得到了各省、市税务局企业所得税处及一线税务干部和第三方中介机构的大力帮助，陕西省税务局企业所得税处、广西壮族自治区税务局、青岛市税务局企业所得税处、济南市税务局企业所得税处、湖州市税务局、苏州市税务局、常州市税务局等提供了大力支持！邵阳市税务局蒋志华、沈阳市税务干部学校关岩、原国家税务总局税务干部进修学院副教授马莉老师，以及周广军、钱震亚、聂磊等对本书的审核提供了个人宝贵意见，在此一并感谢。

由于本书研究的内容较为复杂，加之编者水平有限，疏漏和不妥之处，敬请广大读者提出宝贵意见。

编者

2021年2月

目 录

第一章 收入类税会差异分析及纳税调整（一） 1
 第一节 收入准则与税法差异分析及调整 1
 第二节 政府补助准则与税法差异分析及调整 35
 第三节 非货币资产交换准则与税法差异分析及调整 56
 第四节 债务重组准则与税法差异分析及调整 69

第二章 收入类税会差异分析及纳税调整（二） 94
 第一节 金融工具准则与税法差异分析及调整 94
 第二节 长期股权投资准则与税法差异分析及调整 117
 第三节 投资性房地产准则与税法差异分析及调整 151

第三章 扣除类税会差异分析及纳税调整 168
 第一节 职工薪酬准则与税法差异分析及调整 168
 第二节 股份支付准则与税法差异分析及调整 187
 第三节 借款费用准则与税法差异分析及调整 211

第四章 资产类税会差异分析及纳税调整 225
 第一节 存货准则与税法差异分析及调整 225
 第二节 固定资产准则与税法差异分析及调整 232
 第三节 无形资产准则与税法差异分析及调整 263
 第四节 生物资产准则与税法差异分析及调整 277
 第五节 租赁准则与税法差异分析及调整 281
 第六节 资产减值准则与税法差异分析及调整 304

第五章 特殊事项税会差异分析及纳税调整 310
 第一节 所得税准则与税法差异分析及调整 310
 第二节 企业合并准则与税法差异分析及调整 322

附 录 案例汇总 335

第一章 收入类税会差异分析及纳税调整（一）

第一节 收入准则与税法差异分析及调整

为了规范收入的确认、计量和相关信息的披露，根据《企业会计准则——基本准则》，财政部于2006年制定了《企业会计准则第14号——收入》（以下简称原收入准则），并于2017年进行了修订（以下简称新收入准则）。新收入准则针对不同的主体规定开始执行的时间不尽相同，但执行企业会计准则的企业，最晚应自2021年1月1日起施行。新收入准则与原收入准则相比变化很大，同时与企业所得税相关政策相比，既保留了原来部分税会差异，又产生了新的税会差异。

一、收入税会差异概述

（一）收入概念的税会差异

1. 会计规定。广义的收入是指企业在日常活动中形成的、会导致所有者权益增加的、与所有者投入资本无关的经济利益的总流入。在企业会计准则体系中还有一个与收入相对应的概念是"利得"，"利得"是指由企业非日常活动所形成的、会导致所有者权益增加的、与所有者投入资本无关的经济利益的流入。两者的主要区别为：收入是在日常活动中形成的，而利得是由非日常活动所形成的；收入是经济利益的总流入，而利得是经济利益的净流入，是净额的概念。

（1）关于日常活动。日常活动是指企业为完成其经营目标所从事的经常性活动以及与之相关的其他活动。如，工业企业制造并销售产品、商品流通企业销售商品、咨询公司提供咨询服务、软件公司为客户开发软件、安装公司提供安装服务、建筑企业提供建造服务等，均属于企业的日常活动。日常活动所形成的经济利益的流入应当确认为收入。

（2）收入与利得。根据《财政部关于修订印发2019年度一般企业财务报表格式的通知》（财会〔2019〕6号），《利润表》包括的收入内容主要为营业收入、投资收益、公允价值变动收益等。而利得主要由三部分组成：一是计入营业利润的利得，如资产处置收益和其他收益；二是计入利润总额的利得，如营业外收入；三是计入所有者权益的利得，如其他综合收益。

[例 1-1-1] A公司是本公司的一家子公司，是一家生产和装配伤残人员专门用品企业，且在民政部发布的《中国伤残人员专门用品目录》范围之内，会计核算执行企业会计准则。2020年该公司销售本企业生产的伤残人员专门用品实现收入1 000万元，其他业务收入400万元，营业外收入100万元，处置旧设备净收益100万元（设备账面价值100万元，转让收入200万元），实现利润150万元。企业在纳税申报时，申报享受生产和装配伤残人员专门用品企业免征企业所得税的优惠政策。

2. 税收规定。

（1）《中华人民共和国企业所得税法》（以下简称《企业所得税法》）第六条规定，企业以货币形式和非货币形式从各种来源取得的收入，为收入总额。企业每一纳税年度的收入总额，减除不征税收入、免税收入、各项扣除以及允许弥补的以前年度亏损后的余额，为应纳税所得额。

（2）《财政部 国家税务总局 民政部关于生产和装配伤残人员专门用品企业免征企业所得税的通知》（财税〔2016〕111号）规定，自2016年1月1日至2020年12月31日期间，生产和装配伤残人员专门用品，以销售本企业生产或者装配的伤残人员专门用品为主，其所取得的年度伤残人员专门用品销售收入（不含出口取得的收入）占企业收入总额60%以上，符合相关条件的居民企业，免征企业所得税。

3. 税会差异。

（1）收入概念的差异。会计准则区分收入和利得两个概念，并分别采用总额和净额的方法进行核算；企业所得税不区分这两个概念，无论是营业收入、投资收益，还是资产处置收益、其他收益，均属于收入总额。两者对收入概念的内涵界定存在差异。

（2）利得计量的差异。会计准则规定，对利得采用净额的方法进行核算；企业所得税规定收入统一按总额法确认收入，相应的成本费用可以税前扣除。两者对利得的计量方法存在差异。

[例 1-1-1] 中，按照税收规定计算，收入比例 = 主营业务收入 ÷ 收入总额 = 1 000 ÷ (1 000 + 400 + 100 + 200) = 58.8%。因此，A公司2020年度不能享受免税的优惠政策，在年度汇算清缴纳税申报时不应扣减应纳税所得额。

（3）政策导向的差异。企业所得税法规定了一系列条件性税收优惠政策，满足优惠政策条件的收入业务发生后，会计会确认为当期收入并计入利润总额，而企业所得税在计算应纳税所得额时，会将上述收入确认为免税收入，不计入应纳税所得额，如国债利息收入，符合条件的居民企业股息、红利收入等。两者存在差异，在年度汇算清缴纳税申报时应调减应纳税所得额。

（二）收入分类的税会差异

1. 会计规定。新收入准则出台前，企业取得业务收入主要包括四大类，分别是销售商品收入、提供劳务收入、让渡资产使用权收入和建造合同收入，并分别适用《企业会计准则第14号——收入》和《企业会计准则第15号——建造合同》两个准则。

新收入准则取消了这种分类方式，其所指的收入是适用于除长期股权投资合同、金融工具合同、租赁合同、保险合同等外的所有企业与客户之间的合同。可以看出，新收入准则改变了原收入准则下收入分类型进行会计处理的模式，统一了会计处理口径。同时，新收入准则提出了履约义务的概念，商品转让模式也据此分为时段履行的履约义务和时点履行的履约义务，企业确认收入的方式应当反映其向客户转让商品的模式。

2. 税收规定。《企业所得税法》第六条规定，收入总额具体包括销售货物收入，提供劳务收入，转让财产收入，股息、红利等权益性投资收益，利息收入，租金收入，特许权使用费收入，接受捐赠收入，其他收入九类。

3. 税会差异。《企业所得税法》规定的九类收入中，销售货物收入对应原收入准则中的销售商品收入；提供劳务收入对应原收入准则中提供劳务收入和建造合同收入；利息收入、租金收入和特许权使用费收入对应原收入准则中让渡资产使用权收入。税法规定的收入形式与原收入准则几乎一致，在确认收入的时点和方式上虽有差异，但不明显。

新收入准则将所有的合同收入划分为某一时段内履行的履约义务和某一时点履行的履约义务，并分别明确了收入确认方法，进一步加剧了收入分类的税会差异。对于执行新收入准则的企业来说，一定要认真区分这些差异，并进行正确的纳税调整。

二、收入确认的税会差异

（一）收入确认时间的税会差异

1. 会计规定。原收入准则规定，企业应当在商品风险报酬转移时确认收入，而新收入准则规定在客户取得相关商品控制权时确认收入。根据新收入准则规定，客户取得相关商品控制权需要同时包括下列三项要素：

一是能力。企业只有在客户拥有现时权利，能够主导该商品的使用并从中获得几乎全部经济利益时，才能确认收入。如果客户只能在未来的某一期间主导该商品的使用并从中获益，则表明其尚未取得该商品的控制权。如，企业与客户签订合同为其生产产品，虽然合同约定该客户最终将能够主导该产品的使用，并获得几乎全部的经济利益，但是只有在客户真正获得这些权利时（根据合同约定，可能是在生产过程中或更晚的时点），企业才能确认收入，在此之前，企业不应当确认收入。

二是主导该商品的使用。客户有能力主导该商品的使用，是指客户在其活动中有权使用该商品，或者能够允许或阻止其他方使用该商品。

三是能够获得几乎全部的经济利益。客户必须拥有获得商品几乎全部经济利益的能力，才能被视为获得了对该商品的控制。商品的经济利益，是指该商品的潜在现金流量，既包括现金流入，也包括现金流出。客户可以通过使用、消耗、出售、处置、交换、抵押或持有等多种方式直接或间接地获得商品的经济利益。

2. 税收规定。《国家税务总局关于确认企业所得税收入若干问题的通知》（国税函〔2008〕875号）规定，企业销售商品应当在已将商品所有权相关的主要风险和报酬转移给购货方时，确认收入的实现。

3. 税会差异。新收入准则规定在商品控制权转移时确认收入；企业所得税法规定仍与原收入准则保持一致，是在风险报酬转移时确认收入。两者确认收入的时间存在差异，在年度汇算清缴纳税申报时应进行纳税调整。

（二）收入确认条件的税会差异

1. 会计规定。新收入准则规定，当企业与客户之间的合同同时满足下列条件时，企业应当在客户取得相关商品控制权时确认收入：

（1）合同各方已批准该合同并承诺将履行各自义务；

（2）该合同明确了合同各方与所转让商品或提供劳务相关的权利和义务；

（3）该合同有明确的与所转让商品相关的支付条款；

（4）该合同具有商业实质，即履行该合同将改变企业未来现金流量的风险、时间分布或金额；

（5）企业因向客户转让商品而有权取得的对价很可能收回。

[例1－1－2] 本公司与某公司签订合同，向其销售一栋建筑物，合同价款为100万元。该建筑物的成本为60万元，某公司在合同开始日即取得了该建筑物的控制权。根据合同约定，某公司在合同开始日支付了5%的保证金5万元，并就剩余95%的价款与本公司签订了不附追索权的长期融资协议，如果某公司违约，本公司可重新拥有该建筑物，即使收回的建筑物不能涵盖所欠款项的总额，本公司也不再向某公司索取进一步的赔偿。某公司计划在该建筑物内开设一家餐馆，并以该餐馆的收益偿还本公司的欠款。但是，在该建筑物所在的地区，餐饮行业面临激烈的竞争，且某公司缺乏餐饮行业的经营经验。

[分析] 本公司因对某公司还款能力和意图存在疑虑，认为该合同不满足合同价款很可能收回的条件，将收到的5万元确认为一项负债，未确认相应的收入。

2. 税收规定。《国家税务总局关于确认企业所得税收入若干问题的通知》（国税函〔2008〕875号）规定，企业销售商品同时满足下列条件的，应确认收入的实现：

（1）商品销售合同已经签订，企业已将商品所有权相关的主要风险和报酬转移给购货方；

（2）企业对已售出的商品既没有保留通常与所有权相联系的继续管理权，也没有实施有效控制；

（3）收入的金额能够可靠地计量；

（4）已发生或将发生的销售方的成本能够可靠地核算。

提供劳务交易的结果能够可靠估计的，应采用完工进度（完工百分比）法确认提供劳务收入。提供劳务交易的结果能够可靠估计，是指同时满足下列条件：

（1）收入的金额能够可靠地计量；

（2）交易的完工进度能够可靠地确定；

（3）交易中已发生和将发生的成本能够可靠地核算。

3. 税会差异。原收入准则规定了收入确认的五个条件；企业所得税法规定的收入确认条件与之相似，只是缺少了"与合同相关的经济利益很可能流入企业"一条，这是因为税收不承担企业的经营风险，不考虑会计谨慎性原则的运用。

新收入准则同样强调"企业因向客户转让商品而有权取得的对价很可能收回"；企业所得税处理中，一般情况下，当货物发出、收取货款或取得收款权利时，就可以确认收入实现，不会延迟确认收入的实现，如果最终无法收回货款，则根据资产损失的认定方法和认定条件，确认坏账损失进行税前扣除。两者存在税会差异。

同时，新收入准则还强调"该合同具有商业实质，即履行该合同将改变企业未来现金流量的风险、时间分布或金额"，对于不具有商业实质的交易行为，比如两家石油公司之间相互交换石油以便及时满足各自不同地点客户需求的业务，会计上不确认收入；企业所得税法则不考虑合同是否具有商业实质，在符合其他确认条件时确认收入。新收入准则，加大了两者收入确认条件的差异。

[例1-1-2] 中，会计处理不确认收入也不结转成本，按企业所得税法规定应当确认收入100万元，同时可以结转成本60万元，年度汇算清缴纳税申报时应进行纳税调整。

4. 年度纳税申报表调整。《中华人民共和国企业所得税年度纳税申报表（A类，2017年版）》的《纳税调整项目明细表》（A105000）中，目前没有专门行次填写上述差异纳税调整金额，暂填写在第11行"（九）其他"中（见表1-1）。

表1-1　　　　　　　　A105000　纳税调整项目明细表

金额单位：人民币元（列至角分）

行次	项目	账载金额	税收金额	调增金额	调减金额
		1	2	3	4
1	一、收入类调整项目（2+3+…+8+10+11）	*	*	1 000 000	
10	（八）销售折扣、折让和退回				
11	（九）其他	0	1 000 000	1 000 000	
12	二、扣除类调整项目（13+14+…+24+26+27+28+29+30）	*	*		600 000
30	（十七）其他	0	600 000		600 000

（三）合同变更产生的税会差异

1. 会计规定。合同变更，是指经合同各方批准对原合同范围或价格做出的变更。根据新收入准则规定，企业应当区分下列三种情形对合同变更分别进行会计处理：

（1）合同变更部分作为单独合同。合同变更增加了可明确区分的商品及合同价款，且新增合同价款反映了新增商品单独售价的，应当将该合同变更部分作为一份单独的合同进行会计处理。此类合同变更不影响原合同的会计处理。

（2）合同变更部分作为原合同终止及新合同订立。合同变更不属于上述第（1）种情形，且在合同变更日已转让的商品或已提供的服务与未转让的商品或未提供的服务之间可明确区分的，应当视为原合同终止，同时将原合同未履约部分与合同变更部分合并为新合同进行会计处理。

（3）合同变更部分作为原合同的组成部分。合同变更不属于上述第（1）种情形，且在合同变更日已转让的商品与未转让的商品之间不可明确区分的，应当将该合同变更部分作为原合同的组成部分，合同变更日重新计算履约进度，并调整当期收入和相应成本等。

[例1-1-3] B物业事业部，2019年1月1日与客户签订合同，每周为客户的办公楼提供保洁服务，合同期限为3年，客户每年向其支付服务费10万元。在第2年年末，合同双方对合同进行了变更，将第3年的服务费调整为8万元（假定该价格反映了合同变更日该项服务的单独售价），同时以20万元的价格将合同期限延长3年（假定该价格不反映合同变更日该3年服务的单独售价），服务费于每年年初支付。上述价格均不包含增值税。

[分析] 在合同开始的前2年，即合同变更之前，B物业事业部每年确认收入10万元。在合同变更日，由于新增的3年保洁服务的价格不能反映该项服务在合同变更时的单独售价，且在剩余合同期间需提供的服务与已提供的服务是可明确区分的，应当按上述第（2）

种情形的规定进行会计处理。即，新合同的合同期限为4年，对价为28万元，每年需要确认的收入为7万元。

2. 税收规定。《中华人民共和国企业所得税法实施条例》（以下简称《企业所得税法实施条例》）第十五条规定，企业所得税法所称提供劳务收入，是指企业从事建筑安装、修理修配、交通运输、仓储租赁、金融保险、邮电通信、咨询经纪、文化体育、科学研究、技术服务、教育培训、餐饮住宿、中介代理、卫生保健、社区服务、旅游、娱乐、加工以及其他劳务服务活动取得的收入。

《企业所得税法实施条例》第二十三条规定，企业受托加工制造大型机械设备、船舶、飞机，以及从事建筑、安装、装配工程业务或者提供其他劳务等，持续时间超过12个月的，按照纳税年度内完工进度或者完成的工作量确认收入的实现。

3. 税会差异。会计规定的三种合同变更情形，除第一种为两个互不影响的单独合同，不会对企业所得税处理产生影响外，另外两种情形，均涉及合同的变更与合并，企业所得税处理应当具体问题具体分析。

[例1-1-3]中，该项收入属于劳务收入，企业所得税法规定按照纳税年度内完工进度或者完成的工作量确认收入的实现，本例中的完成工作量比例即时间进度。两者不存在差异，不需要进行纳税调整。

（四）对单项履约义务判断的税会差异

1. 会计规定。履约义务，是指合同中企业向客户转让可明确区分商品的承诺。合同开始日，企业应当对合同进行评估，识别该合同所包含的各单项履约义务，并确定各单项履约义务是在某一时段内履行，还是在某一时点履行，然后在履行了各单项履约义务时分别确认收入。下列情况下，企业应当将向客户转让商品的承诺作为单项履约义务：

（1）转让可明确区分商品（或者商品的组合）的承诺。如企业向客户销售商品，在其宣传广告中宣称，对于购买该商品的客户，企业将为其提供为期5年的免费保养服务，如果该广告使客户对于企业提供的保养服务形成合理预期，企业应当考虑该项服务是否构成单项履约义务。

（2）转让一系列实质相同且转让模式相同的、可明确区分商品的承诺。当企业向客户连续转让某项承诺的商品时，如果这些商品属于实质相同且转让模式相同的一系列商品，企业应当将这一系列商品作为单项履约义务。其中，转让模式相同，是指每一项可明确区分的商品均满足在某一时段内履行履约义务的条件，且采用相同方法确定其履约进度。如，每天提供保洁服务的长期劳务合同等。

在识别合同中的单项履约义务时，如果合同承诺的某项商品不可明确区分，企业应当将该商品与合同中承诺的其他商品进行组合，直到该组合满足可明确区分的条件。某些情况下，合同中承诺的所有商品组合在一起构成单项履约义务。

[例1-1-4]本公司承诺为客户设计一种新产品并负责生产10个样品，在生产和测试样品的过程中需要对产品的设计进行不断修正，导致已生产的样品均可能需要进行不同程度的返工。

[分析]当企业预计由于设计的不断修正，大部分或全部拟生产的样品均可能需要进行一些返工，提供设计服务与提供样品生产服务产生的风险不可分割，客户没有办法选择仅购买设计服务或者仅购买样品生产服务，因此企业提供的设计服务和生产样品的服务在合同层

面不可明确区分。会计处理应该作为单项履约义务一并确认收入。

2. 税收规定。《企业所得税法》第六条规定,企业收入总额具体包括销售货物收入,提供劳务收入,转让财产收入,股息、红利等权益性投资收益,利息收入,租金收入,特许权使用费收入,接受捐赠收入,其他收入九类。

《国家税务总局关于确认企业所得税收入若干问题的通知》(国税函〔2008〕875号)规定,安装工作是商品销售附带条件的,安装费在确认商品销售实现时确认收入。

3. 税会差异。会计规定,应当区分各单项履约义务,并在履行了各单项履约义务时分别确认收入;企业所得税法规定,应当按照收入类型分别确认收入,即使如国税函〔2008〕875号文件规定"安装费应根据安装完工进度确认收入,安装工作是商品销售附带条件的,安装费在确认商品销售实现时确认收入",也只是在同一时间分别按规定确认收入。因此,如会计上对单项履约义务判断结果与企业所得税法规定一致,则两者不存在差异;如会计上对单项履约义务判断结果与企业所得税法规定不一致,比如会计上是将商品与合同中承诺的其他商品进行组合作为一项履约义务,则两者存在差异,两者差异需要具体问题具体分析。

[例1-1-4]中,会计处理应确认为单项履约义务且为在某一时段内履行的履约义务,将统一按照履约进度确认收入;而企业所得税法规定为两项收入,对提供样品的业务应当按照销售处理,对设计服务应当按照劳务处理。两者的收入确认时间及方式均存在差异,在年度汇算清缴纳税申报时应进行纳税调整。

(五)时段义务收入确认的税会差异

1. 会计规定。

(1) 在某一时段内履行的履约义务概念。满足下列条件之一的,属于在某一时段内履行的履约义务:

① 客户在企业履约的同时即取得并消耗企业履约所带来的经济利益。例如,对于保洁服务等一些服务类的合同而言,可以通过直观的判断获知,企业在履行履约义务(提供保洁服务)的同时,客户即取得并消耗了企业履约所带来的经济利益。

② 客户能够控制企业履约过程中在建的商品。如,企业与客户签订合同,在客户拥有的土地上按照客户的设计要求为其建造厂房。在建造过程中客户有权修改厂房设计,并与企业重新协商设计变更后的合同价款。

③ 企业履约过程中所产出的商品具有不可替代用途,且该企业在整个合同期间内有权就累计至今已完成的履约部分收取款项。具有不可替代用途,是指因合同限制或实际可行性限制,企业不能轻易地将商品用于其他用途。有权就累计至今已完成的履约部分收取款项,是指在由于客户或其他方原因终止合同的情况下,企业有权就累计至今已完成的履约部分收取能够补偿其已发生成本和合理利润的款项,并且该权利具有法律约束力。

(2) 时段义务收入确认。对于在某一时段内履行的履约义务,企业应当在该段时间内按照履约进度确认收入,但是履约进度不能合理确定的除外。企业应当考虑商品的性质,采用产出法或投入法确定恰当的履约进度,并且在确定履约进度时,应当扣除那些控制权尚未转移给客户的商品和服务。

[例1-1-5]本公司与客户签订合同,为该客户拥有的一条铁路更换100根铁轨,合同价格为10万元(不含税价)。截至2020年12月31日,共更换铁轨60根,剩余部分预计

在2021年3月31日之前完成。该履约义务满足在某一时段内履行的条件。

本公司应按照已完成的工作量确定履约进度。2020年12月31日，该合同的履约进度为60%（60÷100），公司确认收入为6万元（10×60%）。

2. 税收规定。《国家税务总局关于确认企业所得税收入若干问题的通知》（国税函〔2008〕875号）规定，企业在各个纳税期末，提供劳务交易的结果能够可靠估计的，应采用完工进度（完工百分比）法确认提供劳务收入。企业提供劳务完工进度的确定，可选用下列方法：

（1）已完工作的测量。

（2）已提供劳务占劳务总量的比例。

（3）发生成本占总成本的比例。

3. 税会差异。新收入准则为履约进度的计算提供了更加便于操作的投入法和产出法两种方法，而企业所得税法则沿袭了原收入准则的完工进度法，这两种处理方法实际运用是一致的，两者不存在税会差异。

（六）时点义务收入确认的税会差异

1. 会计规定。对于不属于在某一时段内履行的履约义务，应当属于在某一时点履行的履约义务，企业应当在客户取得相关商品控制权的时点确认收入。在判断客户是否已取得商品控制权时，企业应当考虑下列5个迹象：

（1）企业就该商品享有现时收款权利，即客户就该商品负有现时付款义务。

（2）企业已将该商品的法定所有权转移给客户，即客户已拥有该商品的法定所有权。如果企业仅仅是为了确保到期收回货款而保留商品的法定所有权，那么该权利通常不会对客户取得对该商品的控制权构成障碍。

（3）企业已将该商品实物转移给客户，即客户已占有该商品实物。需要说明的是，客户占有了某项商品实物并不意味着其就一定取得了该商品的控制权，反之亦然。

（4）企业已将该商品所有权上的主要风险和报酬转移给客户，即客户已取得该商品所有权上的主要风险和报酬。

（5）客户已接受该商品。如，企业销售给客户的商品通过了客户的验收，可能表明客户已经取得了该商品的控制权。

[例1-1-6] C音乐唱片事业部（以下简称C事业部），2020年1月1日将其拥有的一首经典民歌的版权授予甲公司，并约定甲公司在两年内有权在国内所有商业渠道（包括电视、广播和网络广告等）使用该经典民歌。因提供该版权许可，C事业部每月收取1万元的固定对价。除该版权之外，C事业部无需提供任何其他的商品。

[分析] C事业部除了授予该版权许可外不存在其他履约义务，并无任何义务从事改变该版权的后续活动，该版权也具有重大的独立功能，甲公司主要通过该重大独立功能获利。因此，合同未要求C事业部从事对该版权许可有重大影响的活动，授予该版权许可属于在某一时点履行的履约义务，应在甲公司能够主导该版权的使用并从中获得几乎全部经济利益时，全额确认收入。

2. 税收规定。《企业所得税法实施条例》第二十条规定，特许权使用费收入，是指企业提供专利权、非专利技术、商标权、著作权以及其他特许权的使用权取得的收入。特许权使用费收入，按照合同约定的特许权使用人应付特许权使用费的日期确认收入的实现。

3. 税会差异。会计规定，在某一时点履行的履约义务，企业应当在客户取得相关商品控制权时点确认收入，同时因会计上明确规定了时段履行的履约义务判断的3个条件，不属于时段履行的履约义务，将统一按照时点履行的履约义务，确认收入的实现；企业所得税法规定，按照合同约定的日期确认收入的实现。会计规定和税法规定同一业务划分类型不同将会产生税会差异，需要具体问题具体分析。

［例1－1－6］中，会计规定在控制权转移时全额确认收入24万元；企业所得税法规定按照合同约定的应付特许权使用费的日期确认收入，即每月确认收入1万元。上述税会差异应在年度汇算清缴纳税申报时进行纳税调整。

4. 年度纳税申报表调整。

（1）2020年度汇算清缴申报如表1－2和表1－3所示。

表1－2　　　　A105020　未按权责发生制确认收入纳税调整明细表

金额单位：人民币元（列至角分）

行次	项目	合同金额（交易金额）	账载金额		税收金额		纳税调整金额
			本年	累计	本年	累计	
		1	2	3	4	5	6（4－2）
1	一、跨期收取的租金、利息、特许权使用费收入（2+3+4）	240 000	240 000	240 000	120 000	120 000	－120 000
4	（三）特许权使用费	240 000	240 000	240 000	120 000	120 000	－120 000

表1－3　　　　A105000　纳税调整项目明细表

金额单位：人民币元（列至角分）

行次	项目	账载金额	税收金额	调增金额	调减金额
		1	2	3	4
1	一、收入类调整项目（2+3+…+8+10+11）	*	*		120 000
3	（二）未按权责发生制原则确认的收入（填写A105020）	240 000	120 000		120 000

（2）2021年度汇算清缴申报如表1－4和表1－5所示。

表1－4　　　　A105020　未按权责发生制确认收入纳税调整明细表

金额单位：人民币元（列至角分）

行次	项目	合同金额（交易金额）	账载金额		税收金额		纳税调整金额
			本年	累计	本年	累计	
		1	2	3	4	5	6（4－2）
1	一、跨期收取的租金、利息、特许权使用费收入（2+3+4）	240 000	0	240 000	120 000	240 000	120 000
4	（三）特许权使用费	240 000	0	240 000	120 000	240 000	120 000

表 1-5　　　　　　　　　　A105000　　纳税调整项目明细表

金额单位：人民币元（列至角分）

行次	项目	账载金额	税收金额	调增金额	调减金额
		1	2	3	4
1	一、收入类调整项目（2+3+…+8+10+11）	*	*	120 000	
3	（二）未按权责发生制原则确认的收入（填写A105020）	0	120 000	120 000	

三、收入计量的税会差异

企业应当首先确定合同的交易价格，再按照分摊至各单项履约义务的交易价格计量收入。交易价格是企业通过履行合同义务而"预期"有权收取的价格，并不一定是合同标价，也不一定是预计最终可回收的价款，而是考虑可能包含可变对价、重大融资成分、非现金对价、应付客户对价等因素并对合同标价进行调整后的金额。这就与税法以固定价格作为收入金额的计量方式产生了很大的不同，造成了收入计量的税会差异。

（一）可变对价的税会差异

1. 会计规定。企业与客户的合同中约定的对价金额可能是固定的，也可能会因折扣、价格折让、返利、退款、奖励积分、激励措施、业绩奖金、索赔等因素而变化。此外，企业有权收取的对价金额，将根据一项或多项或有事项的发生有所不同的情况，也属于可变对价的情形。如，企业售出商品但允许客户退货时，由于企业有权收取的对价金额将取决于客户是否退货，因此该合同的交易价格也是可变的。

企业在判断合同中是否存在可变对价时，不仅应当考虑合同条款的约定，还应考虑以下即使合同中没有明确约定，合同的对价金额也是可变的情形：一是根据企业已公开宣布的政策、特定声明或者以往的习惯做法等，客户能够合理预期企业将会接受低于合同约定的对价金额，即企业会以折扣、返利等形式提供价格折让。二是其他相关事实和情况表明，企业在与客户签订合同时即打算向客户提供价格折让。如，企业与一新客户签订合同，虽然企业没有对该客户销售给予折扣的历史经验，但是根据企业拓展客户关系的战略安排，企业愿意接受低于合同约定的价格。合同中存在可变对价的，企业应当对计入交易价格的可变对价进行估计。

在对可变对价进行估计时，企业应当按照期望值或最可能发生的金额确定可变对价的最佳估计数。这并不意味着企业可以在两种方法之间随意进行选择，而是应当选择能够更好地预测其有权收取对价金额的方法，并且对于类似的合同，应当采用相同的方法进行估计。

期望值是按照各种可能发生的对价金额及相关概率计算确定的金额。如果企业拥有大量具有类似特征的合同，企业据此估计合同可能产生多个结果时，则按照期望值估计可变对价金额通常是恰当的。

［例1-1-7］本公司生产和销售电视机。2020年11月，本公司向甲零售商销售1 000台电视机，每台价格为3 000元，合同价款合计300万元。本公司向甲零售商提供价格保护，同意在未来6个月内，如果同款电视机售价下降，则按照合同价格与最低售价之间的差

额向甲零售商支付差价。本公司根据以往执行类似合同的经验，预计各种结果发生的概率：未来6个月内不降价概率为40%；降价200元的概率为30%；降价500元的概率为20%；降价1 000元的概率为10%。上述价格均不包含增值税。

[分析] 本公司认为期望值能够更好地预测其有权获取的对价金额。假定不考虑企业会计准则有关将可变对价计入交易价格的限制要求，在该方法下，本公司估计交易价格为每台2 740元（3 000×40%＋2 800×30%＋2 500×20%＋2 000×10%）。

账务处理如下：

借：银行存款　　　　　　　　　　　　　　　　　　　　　　　3 000 000
　　贷：主营业务收入　　　　　　　　　　　　　　　　　　　　2 740 000
　　　　预计负债　　　　　　　　　　　　　　　　　　　　　　　260 000

假设，6个月后，电视机售价实际下降200元，本公司向乙零售商支付差价20万元。

账务处理如下：

借：预计负债　　　　　　　　　　　　　　　　　　　　　　　　260 000
　　贷：银行存款　　　　　　　　　　　　　　　　　　　　　　　200 000
　　　　主营业务收入　　　　　　　　　　　　　　　　　　　　　　60 000

2. 税收规定。《国家税务总局关于确认企业所得税收入若干问题的通知》（国税函〔2008〕875号）规定，企业为促进商品销售而在商品价格上给予的价格扣除属于商业折扣，商品销售涉及商业折扣的，应当按照扣除商业折扣后的金额确定销售商品收入金额。

企业因售出商品的质量不合格等原因而在售价上给的减让属于销售折让，企业已经确认销售收入的售出商品发生销售折让，应当在发生当期冲减当期销售商品收入。

3. 税会差异。会计规定中的可变对价，包括折扣、价格折让、返利、退款、奖励积分、激励措施、业绩奖金、索赔，对应企业所得税法规定中的商业折扣、销售折让、销货退回、平销返利、违约金等不同政策规定，税法一般不承认可变对价，两者存在差异。

[例1-1-7]中，本公司提供价格保护，其性质类似于商业折扣，但又不是与收入同时确定的，其金额计量依赖未来不确定事项发生，实质上是一种或有事项，不得从收入中扣除，在年度汇算清缴纳税申报时应调增应纳税所得额。或有事项在实际发生时，允许从收入中减除，在年度汇算清缴纳税申报时应调减应纳税所得额。

4. 年度纳税申报表调整。

（1）2020年度汇算清缴申报如表1-6和表1-7所示。在《中华人民共和国企业所得税年度纳税申报表（A类，2017年版）》的《纳税调整项目明细表》（A105000）中，目前并没有专门行次填写上述差异纳税调整金额，暂填写在第11行"（九）其他"中。

表1-6　　A105020　未按权责发生制确认收入纳税调整明细表

金额单位：人民币元（列至角分）

行次	项目	合同金额（交易金额）	账载金额		税收金额		纳税调整金额
			本年	累计	本年	累计	
		1	2	3	4	5	6 (4-2)
13	四、其他未按权责发生制确认收入	3 000 000	2 740 000	2 740 000	3 000 000	3 000 000	260 000
14	合计（1+5+9+13）	3 000 000	2 740 000	2 740 000	3 000 000	3 000 000	260 000

表1-7　　　　　　　　　A105000　纳税调整项目明细表

金额单位：人民币元（列至角分）

行次	项目	账载金额	税收金额	调增金额	调减金额
		1	2	3	4
1	一、收入类调整项目（2+3+…+8+10+11）	*	*	260 000	
3	（二）未按权责发生制原则确认的收入（填写A105020）	2 740 000	3 000 000	260 000	

（2）2021年度汇算清缴申报如表1-8和表1-9所示。

表1-8　　　　　　A105020　未按权责发生制确认收入纳税调整明细表

金额单位：人民币元（列至角分）

行次	项目	合同金额（交易金额）	账载金额		税收金额		纳税调整金额
			本年	累计	本年	累计	
		1	2	3	4	5	6(4-2)
13	四、其他未按权责发生制确认收入	3 000 000	60 000	2 800 000	0	2 800 000	-60 000
14	合计（1+5+9+13）	3 000 000	60 000	2 800 000	0	2 800 000	-60 000

表1-9　　　　　　　　　A105000　纳税调整项目明细表

金额单位：人民币元（列至角分）

行次	项目	账载金额	税收金额	调增金额	调减金额
		1	2	3	4
1	一、收入类调整项目（2+3+…+8+10+11）	*	*		260 000
3	（二）未按权责发生制原则确认的收入（填写A105020）	60 000	0		60 000
10	（八）销售折扣、折让和退回	0	200 000		200 000

（二）重大融资成分的税会差异

1. 会计规定。新收入准则规定，当企业将商品的控制权转移给客户的时间与客户实际付款的时间不一致时，如，企业以赊销的方式销售商品，或者要求客户支付预付款等，如果各方以在合同中明确（或者以隐含的方式）约定的付款时间为客户或企业就转让商品的交易提供了重大融资利益，则合同中即包含了重大融资成分，企业在确定交易价格时，应当对已承诺的对价金额做出调整，以剔除货币时间价值的影响。该交易价格与合同对价之间的差额，应当在合同期间内采用实际利率法摊销。

[例1-1-8] 2020年1月1日，本公司与甲公司签订一项销售合同，销售给甲公司一台大型机器设备。合同约定，甲公司采用分期付款方式支付价款。该设备价款共计1 000万元，分5期平均于每年年末支付。商品成本为600万元。计算的折现率为5%，5年期年金现值系数为4.328，假设不考虑增值税。

账务处理如下：

①2020年1月1日：

长期应收款的现值 = 200 × 4.328 = 865.6（万元）

未实现融资收益 = 1 000 − 865.6 = 134.4（万元）

借：长期应收款　　　　　　　　　　　　　　　　　　10 000 000

　　贷：主营业务收入　　　　　　　　　　　　　　　　8 656 000

　　　　未实现融资收益　　　　　　　　　　　　　　　1 344 000

②2020 年 12 月 31 日：

应摊销的未实现融资收益 = 865.6 × 5% = 43.28（万元）

借：未实现融资收益　　　　　　　　　　　　　　　　　432 800

　　贷：财务费用　　　　　　　　　　　　　　　　　　432 800

借：银行存款　　　　　　　　　　　　　　　　　　　2 000 000

　　贷：长期应收款　　　　　　　　　　　　　　　　2 000 000

2. 税收规定。《企业所得税法实施条例》第二十三条规定，以分期收款方式销售货物的，按照合同约定的收款日期确认收入的实现。

3. 税会差异。会计准则规定，以假定客户在取得商品控制权时即以现金支付而需支付的金额确定交易价格，贷记收入科目确认收入与应收合同价款差额确认为未实现融资收益，在收款期内按照实际利率法进行摊销，摊销金额冲减财务费用；企业所得税法规定，按照合同约定确认收入。两者存在差异，在年度汇算清缴纳税申报时应进行纳税调整。

[例 1-1-8] 中，本公司 2020 年会计核算确认收入为 865.6 万元，结转成本为 600 万元，摊销未实现融资收益为 43.28 万元（冲减财务费用），最终影响当期收益 308.88 万元（865.6 − 600 + 43.28）。企业所得税上按照合同约定的付款日期 5 年分期确认收入，每年确认收入 200 万元，同比例确认成本 120 万元，确认所得 80 万元，当年度应纳税调减 228.88 万元（308.88 − 80）。2021—2024 年，会计上需要根据实际利率法陆续结转确认未实现融资收益分别为 35.44 万元、27.21 万元、18.58 万元和 9.89 万元，企业所得税上依然要确认应纳税所得额 80 万元。因此，各年需要调增应纳税所得额分别为 44.56 万元、52.79 万元、61.42 万元和 70.11 万元，4 年合计调增应纳税所得额为 228.88 万元。因此，分期收款方式形成的税会差异是暂时性差异。

4. 年度纳税申报表调整。

（1）2020 年度汇算清缴申报如表 1-10 和表 1-11 所示。

表 1-10　　A105020　未按权责发生制确认收入纳税调整明细表

金额单位：人民币元（列至角分）

行次	项目	合同金额（交易金额）	账载金额		税收金额		纳税调整金额
			本年	累计	本年	累计	
		1	2	3	4	5	6 (4−2)
5	二、分期确认收入 (6+7+8)	10 000 000	8 656 000	8 656 000	2 000 000	2 000 000	−6 656 000
6	（一）分期收款方式销售货物收入	10 000 000	8 656 000	8 656 000	2 000 000	2 000 000	−6 656 000

表 1–11　　　　　　　　A105000　纳税调整项目明细表

金额单位：人民币元（列至角分）

行次	项目	账载金额 1	税收金额 2	调增金额 3	调减金额 4
1	一、收入类调整项目（2+3+…+8+10+11）	*	*		6 656 000
3	（二）未按权责发生制原则确认的收入（填写A105020）	8 656 000	2 000 000		6 656 000
12	二、扣除类调整项目（13+14+…+24+26+27+28+29+30）	*	*	4 800 000	432 800
22	（十）与未实现融资收益相关在当期确认的财务费用	-432 800	0		432 800
30	（十七）其他	6 000 000	1 200 000	4 800 000	

（2）2021年度汇算清缴申报如表1–12和表1–13所示。

表 1–12　　　　　　　　A105020　未按权责发生制确认收入纳税调整明细表

金额单位：人民币元（列至角分）

行次	项目	合同金额（交易金额） 1	账载金额 本年 2	账载金额 累计 3	税收金额 本年 4	税收金额 累计 5	纳税调整金额 6（4-2）
5	二、分期确认收入（6+7+8）	10 000 000	0	8 656 000	2 000 000	4 000 000	2 000 000
6	（一）分期收款方式销售货物收入	10 000 000	0	8 656 000	2 000 000	4 000 000	2 000 000

表 1–13　　　　　　　　A105000　纳税调整项目明细表

金额单位：人民币元（列至角分）

行次	项目	账载金额 1	税收金额 2	调增金额 3	调减金额 4
1	一、收入类调整项目（2+3+…+8+10+11）	*	*	2 000 000	
3	（二）未按权责发生制原则确认的收入（填写A105020）	0	2 000 000	2 000 000	
12	二、扣除类调整项目（13+14+…+24+26+27+28+29+30）	*	*		1 554 400
22	（十）与未实现融资收益相关在当期确认的财务费用	-354 400	0		354 400
30	（十七）其他	0	1 200 000		1 200 000

（三）非现金对价的税会差异

1. 会计规定。当企业因转让商品而有权向客户收取的对价是非现金形式时，如实物资产、无形资产、股权、客户提供的广告服务等，企业通常应当按照非现金对价在合同开始日的公允价值确定交易价格。非现金对价公允价值不能合理估计的，企业应当参照其承诺向客户转让商品的单独售价间接确定交易价格。

[例1-1-9] 本公司为客户生产一台专用设备。双方约定，如果能够在30天内交货，则可以额外获得1万股客户的股票作为奖励。合同开始日，该股票的价格为每股5元；由于缺乏执行类似合同的经验，当日，本公司估计，该1万股股票的公允价值计入交易价格将不满足累计已确认的收入极可能不会发生重大转回的限制条件。合同开始日之后的第25天，企业将该设备交付给客户，从而获得了1万股股票，该股票在此时的价格为每股6元。假定公司将该股票作为以公允价值计量且其变动计入当期损益的金融资产。

[分析] 合同开始日，该股票的价格为每股5元，由于不满足累计已确认的收入极可能不会发生重大转回的限制条件，因此不应将该1万股股票的公允价值5万元计入交易价格。合同开始日之后的第25天，公司获得了1万股股票，该股票在此时的价格为每股6元。公司应当将股票（非现金对价）的公允价值因对价形式以外的原因而发生的变动，即5万元确认为收入，因对价形式的原因而发生的变动，即1万元计入公允价值变动损益。

账务处理如下：
借：交易性金融资产　　　　　　　　　　　　　　　60 000
　　贷：主营业务收入　　　　　　　　　　　　　　50 000
　　　　公允价值变动损益　　　　　　　　　　　　10 000

2. 税收规定。《企业所得税法实施条例》第十二条规定，企业取得收入的非货币形式，包括固定资产、生物资产、无形资产、股权投资、存货、不准备持有至到期的债券投资、劳务以及有关权益等。企业以非货币形式取得的收入，应当按照公允价值确定收入额。

3. 税会差异。会计准则规定，应当按照非现金对价在合同开始日的公允价值确定交易价格，非现金对价在合同开始日后的公允价值变动记入当期损益；企业所得税法规定，应当按照公允价值确定收入额。两者存在差异，但因其对会计利润和应纳税所得额的影响结果是一样的，所以不需要进行纳税调整。

（四）应付客户对价的税会差异

1. 会计规定。企业在向客户转让商品的同时，需要向客户或第三方支付对价的，应当将该应付对价冲减交易价格，但应付客户对价是为了自客户取得其他可明确区分商品的除外。应付客户对价还包括可以抵减应付企业金额的相关项目金额，如优惠券、兑换券等。第三方通常指向企业的客户购买本企业商品的一方，即处于企业分销链上的"客户的客户"，如企业将其生产的产品销售给经销商，经销商再将这些产品销售给最终用户，最终用户即是第三方。

企业应付客户对价是为了自客户取得其他可明确区分商品的，应当采用与企业其他采购相一致的方式确认所购买的商品。企业应付客户对价超过自客户取得的可明确区分商品公允价值的，超出金额应当作为应付客户对价冲减交易价格。自客户取得的可明确区分商品公允价值不能合理估计的，企业应当将应付客户对价全额冲减交易价格。

[例1-1-10] D饮料制造分公司（以下简称D公司）在其销售的饮料瓶盖内侧印刷了二维码，消费者扫描二维码即可获得0.3元的现金红包。2020年9月D公司向某超市批发饮料10万瓶，批发价每瓶不含税3元，同时D公司预计有9万瓶将会被领取红包。截至2020年年底，已有6万瓶被领取红包，2021年有2万瓶被领取红包。

账务处理如下：

9月份D公司确认收入 = 3×10 − 0.3×9 = 27.3（万元）

借：银行存款	300 000
贷：主营业务收入	273 000
预计负债	27 000
借：预计负债	18 000
贷：银行存款	18 000

2. 税收规定。

（1）《国家税务总局关于确认企业所得税收入若干问题的通知》（国税函〔2008〕875号）规定，企业为促进商品销售而在商品价格上给予的价格扣除属于商业折扣，商品销售涉及商业折扣的，应当按照扣除商业折扣后的金额确定销售商品收入金额。

企业因售出商品的质量不合格等原因而在售价上给的减让属于销售折让，企业已经确认销售收入的售出商品发生销售折让，应当在发生当期冲减当期销售商品收入。

（2）《财政部 税务总局关于个人取得有关收入适用个人所得税应税所得项目的公告》（财政部 税务总局公告2019年第74号）规定，企业在业务宣传、广告等活动中，随机向本单位以外的个人赠送礼品（包括网络红包，下同），以及企业在年会、座谈会、庆典以及其他活动中向本单位以外的个人赠送礼品，个人取得的礼品收入，按照"偶然所得"项目计算缴纳个人所得税。

3. 税会差异。上述应付客户对价，会计规定应当将该应付对价冲减交易价格；企业所得税法规定，应作为业务宣传费按规定标准扣除。两者处理存在差异，在年度汇算清缴纳税申报时应进行纳税调整。

4. 年度纳税申报表调整。

（1）2020年度汇算清缴申报如表1-14和表1-15所示。在《中华人民共和国企业所得税年度纳税申报表（A类，2017年版）》的《纳税调整项目明细表》（A105000）中，目前并没有专门行次填写上述差异纳税调整金额，只能先填写在第11行"（九）其他"和第30行"（十七）其他"中。

表1-14   A105000 纳税调整项目明细表

金额单位：人民币元（列至角分）

行次	项目	账载金额	税收金额	调增金额	调减金额
		1	2	3	4
1	一、收入类调整项目（2+3+…+8+10+11）	*	*	27 000	
10	（八）销售折扣、折让和退回				
11	（九）其他	273 000	300 000	27 000	
12	二、扣除类调整项目（13+14+…+24+26+27+28+29+30）	*	*		18 000
30	（十七）其他	0	18 000		18 000

（2）2021年度汇算清缴申报如表1-15所示。

表 1-15　　　　　　　　　　**A105000　纳税调整项目明细表**

金额单位：人民币元（列至角分）

行次	项目	账载金额	税收金额	调增金额	调减金额
		1	2	3	4
12	二、扣除类调整项目（13＋14＋…＋24＋26＋27＋28＋29＋30）	*	*		6 000
30	（十七）其他	0	6 000		6 000

（五）合同资产的税会差异

1. 会计规定。新收入准则新设了"合同资产"科目，当合同中包含两项或多项履约义务时，如果企业因履行了其中的一项履约义务、向客户转让商品而获得了一项有权收取对价的权利，且该权利取决于时间流逝之外的其他因素，则企业应将其确认为合同资产而不应确认为应收款项。合同资产发生减值的，应当计提合同资产减值准备。

合同资产的主要账务处理：

（1）企业在客户实际支付合同对价或在该对价到期应付之前，已经向客户转让了商品的，应当按因已转让商品而有权收取的对价金额，借记"合同资产"科目，贷记"主营业务收入""其他业务收入"等科目；企业取得无条件收款权时，借记"应收账款"等科目，贷记"合同资产"科目。

（2）合同资产减值准备的主要账务处理：合同资产发生减值的，按应减记的金额，借记"资产减值损失"科目，贷记"合同资产减值准备"科目；转回已计提的资产减值准备时，作相反的会计分录。

[例 1-1-11] 2020 年 12 月 1 日，本公司与客户签订合同，向其销售 A、B 两项商品，A 商品的单独售价为 500 万元，B 商品的单独售价为 1 000 万元。合同约定，A 商品于合同开始日交付，B 商品在 2 个月之后交付，只有当两项商品全部交付之后，本公司才有权收取 1 500 万元的合同对价。假定 A 商品和 B 商品分别构成单项履约义务，其控制权在交付时转移给客户，且假定不考虑相关税费影响。

账务处理处理如下：

①交付 A 商品时：

借：合同资产　　　　　　　　　　　　　　　　　　　　　　5 000 000

　　贷：主营业务收入　　　　　　　　　　　　　　　　　　　　5 000 000

②交付 B 商品时：

借：应收账款　　　　　　　　　　　　　　　　　　　　　　15 000 000

　　贷：合同资产　　　　　　　　　　　　　　　　　　　　　　5 000 000

　　　　主营业务收入　　　　　　　　　　　　　　　　　　　　10 000 000

2. 税收规定。《企业所得税法》第十条规定，未经核定的准备金支出在计算应纳税所得额时不得扣除。

3. 税会差异。会计上出于谨慎性原则，会计计提合同资产减值准备；企业所得税规定未经核定的准备金支出在计算应纳税所得额时不得扣除，于损失实际发生时可以按照规定税前扣除。两者存在差异，在年度汇算清缴纳税申报时应调增应纳税所得额。

(六) 合同成本的税会差异

1. 会计规定。

(1) 合同履约成本。企业为履行合同可能会发生各种成本,企业应当对这些成本进行分析,属于其他企业会计准则规范范围的,应当按照相关企业会计准则进行会计处理;不属于其他企业会计准则规范范围且同时满足下列条件的,应当作为合同履约成本确认为一项资产。

①该成本与一份当前或预期取得的合同直接相关。
②该成本增加了企业未来用于履行(包括持续履行)履约义务的资源。
③该成本预期能够收回。

(2) 合同取得成本。企业为取得合同发生的增量成本预期能够收回的,应当作为合同取得成本确认为一项资产。增量成本,是指企业不取得合同就不会发生的成本,如销售佣金等。为简化实务操作,该资产摊销期限不超过一年的,可以在发生时计入当期损益。企业采用该简化处理方法的,应当对所有类似合同一致采用。

(3) 摊销。企业确认的与合同履约成本和合同取得成本有关的资产,应当采用与该资产相关的商品收入确认相同的基础(在履约义务履行的时点或按照履约义务的履约进度)进行摊销,计入当期损益。

(4) 减值。与合同成本有关的资产,其账面价值高于企业因转让与该资产相关的商品预期能够取得的剩余对价减去为转让该相关商品估计将要发生的成本的差额,超出部分应当计提减值准备,并确认为资产减值损失。

[例 1 – 1 – 12] 本公司与某公司签订合同,为某公司信息中心提供管理服务,合同期限为 5 年。在向某公司提供服务之前,本公司设计并搭建了一个信息技术平台供内部使用,该信息技术平台由相关的硬件和软件组成。本公司需要提供设计方案,将该信息技术平台与某公司现有的信息系统对接,并进行相关测试。该平台并不会转让给某公司,但是将用于向某公司提供服务。

[分析] 本公司为履行合同发生的上述成本中,购买硬件和软件的成本应当分别按照固定资产和无形资产会计准则进行会计处理;设计服务成本和信息中心的测试成本不属于其他企业会计准则的规范范围,但是这些成本与履行该合同直接相关,并且增加了公司未来用于履行履约义务的资源,如果公司预期该成本可通过未来提供服务收取的对价收回,则应当将这些成本确认为一项资产(计入"合同履约成本"科目)。

2. 税收规定。

《企业所得税法》第十条规定,未经核定的准备金支出在计算应纳税所得额时不得扣除。

《企业所得税法实施条例》第九条规定,企业应纳税所得额的计算,以权责发生制为原则,属于当期的收入和费用,不论款项是否收付,均作为当期的收入和费用;不属于当期的收入和费用,即使款项已经在当期收付,均不作为当期的收入和费用。

《国家税务总局关于贯彻落实企业所得税法若干税收问题的通知》(国税函〔2010〕79号)规定:"根据《实施条例》第九条规定的收入与费用配比原则,出租人可对上述已确认的收入,在租赁期内,分期均匀计入相关年度收入。"

3. 税会差异。

(1) 会计准则关于合同履约成本和合同取得成本摊销的规定，与企业所得税法关于收入与费用配比的原则相符合，两者不存在差异。

(2) 会计准则关于合同履约成本和合同取得成本减值的规定，与企业所得税法规定未经核定的准备金支出在计算应纳税所得额时不得扣除，应于损失实际发生时按照规定申报扣除的规定不一致，两者存在差异，应在计提准备金的年度汇算清缴纳税申报时调增应纳税所得额，在实际发生损失年度汇算清缴纳税申报时调减应纳税所得额。上述差异属于暂时性差异。

四、特定交易的税会差异

（一）附有销售退回条款销售的税会差异

1. 会计规定。新收入准则规定，企业应当按照因向客户转让商品而预期有权收取的对价金额（不包含预期因销售退回将退还的金额）确认收入，按照预期因销售退回将退还的金额确认负债；同时，按照预期将退回商品转让时的账面价值，扣除收回该商品预计发生的成本（包括退回商品的价值减损）后的余额，确认为一项资产，按照所转让商品转让时的账面价值，扣除上述资产成本的净额结转成本。

[例1-1-13] 2020年10月1日，健身器材销售分公司向某公司销售5 000件健身器材，单位销售价格为500元，单位成本为400元，开出的增值税专用发票上注明的销售价格为250万元，增值税税额为32.5万元。健身器材已经发出，但款项尚未收到。根据协议约定，某公司应于2020年12月1日之前支付货款，在2021年3月31日之前有权退还健身器材。发出健身器材时，根据过去的经验，健身器材销售分公司估计该批健身器材的退货率约为10%。

账务处理如下：

①2020年10月1日发出健身器材：

借：应收账款　　　　　　　　　　　　　　　　　　　　　2 825 000
　　贷：主营业务收入　　　　　　　　　　　　　　　　　2 250 000
　　　　预计负债　　　　　　　　　　　　　　　　　　　　250 000
　　　　应交税费——应交增值税（销项税额）　　　　　　　325 000
借：主营业务成本　　　　　　　　　　　　　　　　　　　1 800 000
　　应收退货成本　　　　　　　　　　　　　　　　　　　　200 000
　　贷：库存商品　　　　　　　　　　　　　　　　　　　2 000 000

②2021年3月31日发生销售退回，实际退货量为400件：

借：库存商品　　　　　　　　　　　　　　　　　　　　　　160 000
　　预计负债　　　　　　　　　　　　　　　　　　　　　　250 000
　　应交税费——应交增值税（销项税额）　　　　　　　　　 26 000
　　贷：应收退货成本　　　　　　　　　　　　　　　　　　160 000
　　　　主营业务收入　　　　　　　　　　　　　　　　　　 50 000
　　　　银行存款　　　　　　　　　　　　　　　　　　　　226 000
借：主营业务成本　　　　　　　　　　　　　　　　　　　　 40 000
　　贷：应收退货成本　　　　　　　　　　　　　　　　　　 40 000

2. 税收规定。《国家税务总局关于确认企业所得税收入若干问题的通知》（国税函〔2008〕875号）规定，企业因售出商品的质量不合格等原因而在售价上给的减让属于销售折让；企业因售出商品质量、品种不符合要求等原因而发生的退货属于销售退回。企业已经确认销售收入的售出商品发生销售折让和销售退回，应当在发生当期冲减当期销售商品收入。

3. 税会差异。会计规定，附有销售退回条款的销售也属于可变对价的一种，应按相关规定确认收入；企业所得税法不承认可变对价，需要按照合同约定的金额确认收入，发生销售折让和销售退回，应当在发生当期冲减当期销售商品收入。两者存在差异，在年度汇算清缴纳税申报时应进行纳税调整。

[例1-1-13]中，会计上2020年度确认收入为225万元，结转成本为180万元，按照税法规定应确认收入250万元，结转成本200万元。在年度汇算清缴纳税申报时应调增应纳税所得额。

2021年退货期满后，税法规定根据实际发生销售商品退回情况，在年度汇算清缴纳税申报时应调减应纳税所得额。

4. 年度纳税申报表调整。

（1）2020年度汇算清缴申报如表1-16和表1-17所示。

表1-16　　　　A105020　未按权责发生制确认收入纳税调整明细表

金额单位：人民币元（列至角分）

行次	项目	合同金额（交易金额）	账载金额		税收金额		纳税调整金额
			本年	累计	本年	累计	
		1	2	3	4	5	6（4-2）
13	四、其他未按权责发生制确认收入	2 500 000	2 250 000	2 250 000	2 500 000	2 500 000	250 000
14	合计（1+5+9+13）	2 500 000	2 250 000	2 250 000	2 500 000	2 500 000	250 000

表1-17　　　　A105000　纳税调整项目明细表

金额单位：人民币元（列至角分）

行次	项目	账载金额	税收金额	调增金额	调减金额
		1	2	3	4
1	一、收入类调整项目（2+3+…+8+10+11）	*	*	250 000	
3	（二）未按权责发生制原则确认的收入（填写A105020）		2 500 000	250 000	
12	二、扣除类调整项目（13+14+…+24+26+27+28+29+30）	*	*		200 000
30	（十七）其他	1 800 000	2 000 000		200 000

（2）2021年度汇算清缴申报如表1-18和表1-19所示。

表1-18　　　　　A105020　未按权责发生制确认收入纳税调整明细表

金额单位：人民币元（列至角分）

行次	项目	合同金额（交易金额）	账载金额		税收金额		纳税调整金额
			本年	累计	本年	累计	
		1	2	3	4	5	6（4-2）
13	四、其他未按权责发生制确认收入	2 300 000	50 000	2 300 000	0	2 300 000	-50 000
14	合计（1+5+9+13）	2 300 000	50 000	2 300 000	0	2 300 000	-50 000

表1-19　　　　　A105000　纳税调整项目明细表

金额单位：人民币元（列至角分）

行次	项目	账载金额	税收金额	调增金额	调减金额
		1	2	3	4
1	一、收入类调整项目（2+3+…+8+10+11）	*	*		250 000
3	（二）未按权责发生制原则确认的收入（填写A105020）	50 000	0		50 000
10	（八）销售折扣、折让和退回	0	200 000		200 000
12	二、扣除类调整项目（13+14+…+24+26+27+28+29+30）	*	*	200 000	
30	（十七）其他	40 000	-160 000	200 000	

（二）附有质量保证条款销售的税会差异

1. 会计规定。企业在向客户销售商品时，根据合同约定、法律规定或本企业以往的习惯做法等，可能会为所销售的商品提供质量保证，这些质量保证的性质可能因行业或者客户的不同而不同。其中，有一些质量保证是为了向客户保证所销售的商品符合既定标准，即保证类质量保证，而另一些质量保证则是在向客户保证所销售的商品符合既定标准之外提供了一项单独的服务，即服务类质量保证。这两类保证的会计处理不同。

（1）服务类质量保证。企业应当对其所提供的质量保证的性质进行分析，对于客户能够选择单独购买质量保证的，表明该质量保证构成单项履约义务；对于客户虽然不能选择单独购买质量保证，但是如果该质量保证在向客户保证所销售的商品符合既定标准之外提供一项单独服务的，也应当作为单项履约义务。作为单项履约义务的质量保证应当按收入准则规定进行会计处理，并将部分交易价格分摊至该项履约义务。

企业在评估一项质量保证是否在向客户保证所销售的商品符合既定标准之外提供了一项单独的服务时，应当考虑的因素包括：

①该质量保证是否为法定要求。当法律要求企业提供质量保证时，该法律规定通常表明企业承诺提供的质量保证不是单项履约义务。

②质量保证期限。企业提供质量保证的期限越长，越有可能表明企业向客户提供了保证商品符合既定标准之外的服务。

③企业承诺履行任务的性质。如果企业必须履行某些特定的任务以保证所销售的商品符合既定标准（例如，企业负责运输被客户退回的瑕疵商品），则这些特定的任务可能不构成单项履约义务。

（2）保证类质量保证。如果根据合同判断质量保证服务不属于上述单项履约义务的，企业应当按照《企业会计准则第13号——或有事项》的规定进行会计处理，在确认销售收入的同时对质量保证费用进行预估计入销售费用，并计提预计负债。

[例1-1-14] 2020年12月1日，本公司与客户签订合同，销售1 000部手机，单价为4 999元，款项已经收到。该手机自售出起一年内如果发生质量问题，按照法律规定本公司负责提供质量保证服务。本公司估计返修率为5%，平均修理费用为200元。此外，在此期间内，由于客户使用不当（例如手机进水）等原因造成的产品故障，本公司也免费提供维修服务，该维修服务单独售价为199元。假设不考虑增值税。

[分析] 本公司的承诺包括：销售手机、提供质量保证服务以及维修服务。本公司针对产品的质量问题提供的质量保证服务是为了向客户保证所销售商品符合既定标准，因此不构成单项履约义务；对由于客户使用不当而导致的产品故障提供的免费维修服务，属于在向客户保证所销售商品符合既定标准之外提供的单独服务，尽管其没有单独销售，但该服务与手机可明确区分，应该作为单项履约义务。因此，本公司的履约义务有销售手机和提供维修服务两项，应当按照其各自单独售价的相对比例，将交易价格分摊至这两项履约义务，并在各项履约义务履行时分别确认收入。维修服务符合在某一时段内履行的履约义务。

账务处理如下：

①维修服务分摊的收入 = 1 000 × 4 999 × 199 ÷（199 + 4 999）= 191 381.49（元）

借：银行存款　　　　　　　　　　　　　　　　　　4 999 000
　　贷：主营业务收入　　　　　　　　　　　　　　4 807 618.51
　　　　合同负债　　　　　　　　　　　　　　　　　191 381.49

②2020年12月31日按履约进度确认维修服务收入 = 191 381.49 ÷ 12 = 15 948.46（元）

借：合同负债　　　　　　　　　　　　　　　　　　15 948.46
　　贷：主营业务收入　　　　　　　　　　　　　　15 948.46

③计提保证类质量保证销售费用 = 1 000 × 5% × 200 = 10 000（元）

借：销售费用　　　　　　　　　　　　　　　　　　10 000
　　贷：预计负债　　　　　　　　　　　　　　　　10 000

2. 税收规定。

（1）《企业所得税法》第十条规定，未经核定的准备金支出在计算应纳税所得额时不得扣除。

（2）《国家税务总局关于确认企业所得税收入若干问题的通知》（国税函〔2008〕875号）规定，企业以"买一赠一"等方式组合销售本企业商品的，不属于捐赠，应将总的销售金额按各项商品的公允价值的比例来分摊确认各项的销售收入。

3. 税会差异。

（1）收入确认时间的差异。新收入准则规定，[例1-1-14]中的业务应区分商品销售和维修服务两个单项履约业务，并分别按照时点义务和时段义务规定确认收入；企业所得税法对上述业务没有明确规定。但可以看出，上述业务虽然与国税函〔2008〕875号文件规定的"买一赠一"业务不同，但其性质却有相同之处，国税函〔2008〕875号文件规定的"买一赠一"是以"买一赠一"的方式组合销售本企业商品，而上述业务是以"买一赠一"的方式组合销售本企业商品和服务，应采用相同的企业所得税处理方式。两者不存在差异。

（2）预计负债的差异。会计规定，按照谨慎性原则，对估计的修理费用要计入当期损益,并确认预计负债;企业所得税法规定,未经核定的准备金支出不得税前扣除。两者存在差异,在年度汇算清缴纳税申报时应调增应纳税所得额。

[例1-1-14]中,年度汇算清缴纳税申报时应调增应纳税所得额10 000元。以后期间,实际发生修理费用时允许据实税前扣除,再作纳税调减处理。

4. 年度纳税申报表调整(见表1-20)。

表1-20　　　　　　　　A105000　纳税调整项目明细表

金额单位:人民币元(列至角分)

行次	项目	账载金额	税收金额	调增金额	调减金额
		1	2	3	4
12	二、扣除类调整项目(13+14+…+24+26+27+28+29+30)	*	*	10 000	
26	(十三)跨期扣除项目	10 000	0	10 000	

(三)主要责任人和代理人的税会差异

1. 会计规定。当企业向客户销售商品涉及其他方参与其中时,企业应当确定其自身在该交易中的身份是主要责任人还是代理人。主要责任人应当按照已收或应收对价总额确认收入;代理人应当按照预期有权收取的佣金或手续费的金额确认收入。

企业在判断其是主要责任人还是代理人时,应当根据其承诺的性质,也就是履约义务的性质,确定企业在某项交易中的身份是主要责任人还是代理人。企业承诺自行向客户提供特定商品的,其身份是主要责任人;企业承诺安排他人提供特定商品的,即为他人提供协助的,其身份是代理人。

当存在第三方参与企业向客户提供商品时,企业向客户转让特定商品之前能够控制该商品的,应当作为主要责任人。企业作为主要责任人的情形包括:

(1)企业自该第三方取得商品或其他资产控制权后,再转让给客户。

(2)企业能够主导第三方代表本企业向客户提供服务。

(3)企业自第三方处取得商品控制权后,通过提供重大的服务将该商品与其他商品整合成合同约定的某组合产出转让给客户。

企业无论是主要责任人还是代理人,均应当在履约义务履行时确认收入。

[例1-1-15]本公司电商事业部经营某购物网站,在该网站购物的消费者可以明确获知网站上销售的商品均为其他零售商直接销售的商品,这些零售商负责发货以及售后服务等。电商事业部与零售商签订的合同约定,该网站所售商品的采购、定价、发货以及售后服务等均由零售商自行负责,电商事业部仅负责协助零售商和消费者结算货款,并按照每笔交易的实际销售额收取5%的佣金。

[分析]本公司电商事业部不能将这些商品提供给购买该商品的消费者之外的其他方,也不能阻止零售商向该消费者转移这些商品,其并未控制这些商品,其履约义务为安排零售商向消费者提供相关商品,而非自行提供这些商品,在该交易中的身份是代理人,应当按照预期有权收取的佣金或手续费的金额确认收入。

2. 税收规定。

《企业所得税法实施条例》第十五条规定,中介代理服务取得的收入属于提供劳务收入。

《国家税务总局关于企业所得税应纳税所得额若干税务处理问题的公告》（国家税务总局公告 2012 年第 15 号）规定，从事代理服务、主营业务收入为手续费、佣金的企业，其为取得该类收入而实际发生的营业成本（包括手续费及佣金支出），准予在企业所得税税前据实扣除。

3. 税会差异。会计规定，主要责任人应当按照已收或应收对价总额确认收入，代理人应当按照预期有权收取的佣金或手续费的金额确认收入；企业所得税法规定，认可这种代理销售行为，并规定按照收取的佣金和手续费金额确认收入。两者规定基本一致，不存在差异。

（四）附有客户额外购买选择权销售的税会差异

1. 会计规定。某些情况下，企业在销售商品的同时，会向客户授予选择权，允许客户可以据此免费或者以折扣价格购买额外的商品。企业向客户授予的额外购买选择权的形式包括销售激励、客户奖励积分、未来购买商品的折扣券以及合同续约选择权等。

对于附有客户额外购买选择权的销售，企业应当评估该选择权是否向客户提供了一项重大权利。如果客户只有在订立了一项合同的前提下才能取得额外购买选择权，并且客户行使该选择权购买额外商品时，能够享受到超过该地区或该市场中其他同类客户能够享有的折扣，则通常认为该选择权向客户提供了一项重大权利。该选择权向客户提供了重大权利的，应当作为单项履约义务。在这种情况下，客户在该合同下支付的价款实际上购买了两项单独的商品：一是客户在该合同下原本购买的商品；二是客户可以免费或者以折扣价格购买额外商品的权利。企业应当将交易价格在这两项商品之间进行分摊，其中分摊至后者的交易价格与未来的商品相关，因此，企业应当在客户未来行使该选择权取得相关商品的控制权时，或者在该选择权失效时确认收入。

[例 1-1-16] 2020 年 1 月 1 日，本公司开始推行一项奖励积分计划。根据该计划，客户每消费 10 元可获得 1 个积分，每个积分从次月开始在购物时可以抵减 1 元。截至 2020 年 12 月 31 日，客户共消费 1 000 万元，可获得 100 万个积分，根据历史经验，公司估计该积分的兑换率为 95%。上述金额均不包含增值税，且假定不考虑相关税费影响。

[分析] 本公司认为其授予客户的积分为客户提供了一项重大权利，应当作为单项履约义务。客户购买商品的单独售价合计为 1 000 万元，考虑积分的兑换率，公司估计积分的单独售价为 95 万元（0.1×1 000×95%）。公司按照商品和积分单独售价的相对比例对交易价格进行分摊：

商品分摊的交易价格为 913.24 万元 ｛[1 000÷（1 000＋95）]×1 000｝；积分分摊的交易价格为 86.76 万元 ｛[95÷（1 000＋95）]×1 000｝。因此，本公司应当在商品的控制权转移时确认收入 913.24 万元，同时确认合同负债 86.76 万元。

截至 2020 年 12 月 31 日，客户共兑换了 45 万个积分。因此，公司以客户兑换的积分数占预期将兑换的积分总数的比例为基础确认收入。积分当年应当确认的收入为 41.10 万元（45÷95×86.76）；剩余未兑换的积分对应收入为 45.66 万元（86.76－41.10），仍然作为合同负债。

截至 2021 年 12 月 31 日，客户累计兑换了 85 万个积分。积分当年应当确认的收入为 36.53 万元（85÷95×86.76－41.10）；剩余未兑换的积分对应收入为 9.13 万元（86.76－41.10－36.53），仍然作为合同负债。

账务处理如下：

①在销售商品时：

```
借：银行存款                            10 000 000
    贷：主营业务收入                              9 132 400
        合同负债                                   867 600
```

②2020年12月31日：
```
借：合同负债                               411 000
    贷：主营业务收入                                411 000
```

③2021年12月31日：
```
借：合同负债                               365 300
    贷：主营业务收入                                365 300
```

2. 税收规定。《国家税务总局关于确认企业所得税收入若干问题的通知》（国税函〔2008〕875号）规定，企业为促进商品销售而在商品价格上给予的价格扣除属于商业折扣，商品销售涉及商业折扣的，应当按照扣除商业折扣后的金额确定销售商品收入金额。企业以"买一赠一"等方式组合销售本企业商品的，不属于捐赠，应将总的销售金额按各项商品的公允价值的比例来分摊确认各项的销售收入。

3. 税会差异。会计规定，附有客户额外购买选择权的销售，如果是向客户提供了一项重大权利，应当确认为单项履约业务，并区分时段义务还是时点义务分别按规定确认收入。未来购买商品的折扣券等客户额外购买选择权，属于应付客户对价，应当按照应付客户对价规定进行会计处理。企业所得税法规定，附有客户额外购买选择权的销售应作为商业折扣，在实际发生时允许在税前扣除。会计与税收的处理为，一个确认收入并结转相应的成本，另一个作为商业折扣处理，不确认收入也不允许结转相应的成本，两者处理虽然有差异，但对会计利润和应纳税所得额的影响却是一致的，不需要进行纳税调整。如果两者确认的时间不一致，则存在暂时性差异，在年度汇算清缴纳税申报时应进行纳税调整。

对于积分业务的税务处理，目前主要有两种观点。观点一认为，从税收收入确定性的角度考虑，对于企业销售商品取得的收入先全额确认收入，计入合同负债的积分公允价值做纳税调增，未来客户兑换积分或积分失效，结转计入当期损益时做纳税调减；观点二认为，积分产生的税会差异属于时间性差异，从缩小税会差异的角度考虑，可遵循会计处理，不做税会差异调整。对此，编者更倾向于观点一。

4. 年度纳税申报表调整。在《中华人民共和国企业所得税年度纳税申报表（A类，2017年版）》的《纳税调整项目明细表》（A105000）中，目前并没有专门行次填写上述差异纳税调整金额，暂填写在第11行"（九）其他"中。

（1）2020年度汇算清缴申报如表1-21所示。

表1-21　　　　　　　A105000　纳税调整项目明细表

金额单位：人民币元（列至角分）

行次	项目	账载金额 1	税收金额 2	调增金额 3	调减金额 4
1	一、收入类调整项目（2+3+…+8+10+11）	*	*	456 600	
10	（八）销售折扣、折让和退回				
11	（九）其他	9 543 400	10 000 000	456 600	

（2）2021年度汇算清缴申报如表1-22所示。

表1-22　　　　　　　A105000　纳税调整项目明细表

金额单位：人民币元（列至角分）

行次	项目	账载金额	税收金额	调增金额	调减金额
		1	2	3	4
1	一、收入类调整项目（2+3+…+8+10+11）	*	*		365 300
10	（八）销售折扣、折让和退回				
11	（九）其他	365 300			365 300

企业会计处理中列支的积分业务相关成本费用，需要同时作纳税调增处理。

（五）售后回购业务的税会差异

1. 会计规定。售后回购，是指企业销售商品的同时承诺或有权选择日后再将该商品购回的销售方式。售后回购通常有三种形式：一是企业和客户约定企业有义务回购该商品，即存在远期安排。二是企业有权利回购该商品，即企业拥有回购选择权。三是当客户要求时，企业有义务回购该商品，即客户拥有回售选择权。对于不同类型的售后回购交易，企业应当区分下列两种情形分别进行会计处理：

（1）企业因存在与客户的远期安排而负有回购义务或企业享有回购权利的，尽管客户可能已经持有了该商品的实物，但是企业承诺回购或者有权回购该商品，导致客户主导该商品的使用并从中获取几乎全部经济利益的能力受到限制，因此在销售时点，客户并没有取得该商品的控制权。在这种情况下，企业应根据下列情况分别进行相应的会计处理：

一是回购价格低于原售价的，应当视为租赁交易，按照《企业会计准则第21号——租赁》的相关规定进行会计处理。

二是回购价格不低于原售价的，应当视为融资交易，在收到客户款项时确认金融负债，而不是终止确认该资产，并将该款项和回购价格的差额在回购期间内确认为利息费用等。

（2）企业负有应客户要求回购商品义务的，应当在合同开始日评估客户是否具有行使该要求权的重大经济动因。

一是客户具有行使该要求权的重大经济动因的，企业应当将回购价格与原售价进行比较，并按照上述第（1）种情形下的原则将该售后回购作为租赁交易或融资交易进行相应的会计处理。

二是客户不具有行使该要求权的重大经济动因的，企业应当将该售后回购作为附有销售退回条款的销售交易进行相应的会计处理。

[例1-1-17] 2020年1月1日，本公司向乙公司销售一台设备，销售价格为200万元，同时双方约定两年之后，即2021年12月31日，本公司将以248万元的价格回购该设备。假定不考虑货币时间价值。

[分析] 该交易的实质是本公司以该设备作为质押取得了200万元的借款，两年后归还本息合计248万元。本公司应当将该交易视为融资交易，不应当终止确认该设备，而应当在收到客户款项时确认金融负债，并将该款项和回购价格的差额在回购期间内确认为利息费用等。

账务处理如下：

①销售时：
借：银行存款 2 260 000
　　贷：合同负债 2 000 000
　　　　应交税费——应交增值税（销项税额） 260 000
②回购期间按月计提利息费用：
借：财务费用 20 000
　　贷：合同负债 20 000
③回购商品时：
借：合同负债 2 480 000
　　应交税费——应交增值税（进项税额） 3 224 00
　　贷：银行存款 2 802 400

2. 税收规定。

(1)《国家税务总局关于确认企业所得税收入若干问题的通知》（国税函〔2008〕875号）规定，采用售后回购方式销售商品的，销售的商品按售价确认收入，回购的商品作为购进商品处理。有证据表明不符合销售收入确认条件的，如：以销售商品方式进行融资，收到的款项应确认为负债，回购价格大于原售价的，差额应在回购期间确认为利息费用。

(2)《国家税务总局关于修订企业所得税年度纳税申报表的公告》（国家税务总局公告2020年第24号）规定，纳税人在计算企业所得税应纳税所得额及应纳税额时，会计处理与税收规定不一致的，应当按照税收规定计算。税收规定不明确的，在没有明确规定之前，暂按国家统一会计制度计算。

3. 税会差异。

(1) 视为融资交易售后回购业务的税会差异。会计规定，回购价格不低于原售价的，应当视为融资交易；企业所得税法规定，对以销售商品方式进行融资，有证据表明不符合销售收入确认条件的销售业务，收到的款项应确认为负债，回购价格大于原售价的，差额应在回购期间确认为利息费用。两者规定一致，不存在差异。

(2) 视为租赁交易售后回购业务的税会差异。会计规定，回购价格低于原售价的，应当视为租赁交易；企业所得税法规定了回购价格大于原售价的情况，而对于回购价格低于原售价的视为租赁交易售后回购业务情况并没有明确。在税收政策未作出规定前，可暂按会计规定进行税务处理。相关税会差异分析，详见租赁准则税会差异内容。

（六）授予知识产权许可的税会差异

1. 会计规定。授予知识产权许可，是指企业授予客户对企业拥有的知识产权享有相应权利。常见的知识产权包括软件和技术、影视和音乐等的版权、特许经营权以及专利权、商标权和其他版权等。

(1) 授予知识产权许可是否构成单项履约义务。企业向客户授予知识产权许可时，可能也会同时销售商品，这些承诺可能在合同中明确约定，也可能隐含于企业已公开宣布的政策、特定声明或者企业以往的习惯做法中。在这种情况下，企业应当评估授予客户的知识产权许可是否可与所售商品明确区分，即该知识产权许可是否构成单项履约义务。

知识产权许可与所售商品不可明确区分的情形包括：一是该知识产权许可构成有形商品的组成部分并且在该商品的正常使用时不可或缺，如企业向客户销售设备和相关软件，该软件内嵌于设备之中,该设备必须安装了该软件之后才能正常使用;二是客户只有将该知识产权许可和相关服务一起使用才能从中获益,如客户取得授权许可,但是只有通过企业提供的在线服务才能访问相关内容。

(2) 属于在某一时段履行的履约义务。授予客户的知识产权许可构成单项履约义务的,企业应当根据该履约义务的性质,进一步确定其是在某一时段内履行还是在某一时点履行。企业向客户授予的知识产权许可,同时满足下列3项条件的,应当作为在某一时段内履行的履约义务确认相关收入;否则,应当作为在某一时点履行的履约义务确认相关收入:

①合同要求或客户能够合理预期企业将从事对该项知识产权有重大影响的活动。
②该活动对客户将产生有利或不利影响。
③该活动不会导致向客户转让某项商品。

(3) 属于在某一时点履行的履约义务。在客户能够使用某项知识产权许可并开始从中获利之前,企业不能对此类知识产权许可确认收入。如,企业授权客户在一定期间内使用软件,但是在企业向客户提供该软件的密钥之前,客户无法使用该软件,因此企业在向客户提供该密钥之前虽然已经授权,但也不应确认收入。

(4) 基于销售或使用情况的特许权使用费。企业向客户授予知识产权许可,并约定按客户实际销售或使用情况(如按照客户的销售额)收取特许权使用费的,应当在客户后续销售或使用行为实际发生与企业履行相关履约义务二者孰晚的时点确认收入。这是估计可变对价的一个例外规定。

[例1-1-18] 本公司拥有一家著名的足球俱乐部,2020年1月1日其授权某公司在该公司设计生产的服装、帽子、水杯以及毛巾等产品上使用本球队的名称和图标,授权期间为2年。合同约定,俱乐部收取的合同对价由两部分组成:一是200万元固定金额的使用费;二是按照某公司销售上述商品所取得销售额的5%计算的提成。某公司预期本俱乐部会继续参加中国足球超级联赛,并取得优异的成绩。假设2020年某公司销售上述商品取得销售额为1 000万元。

[分析] 该合同仅包括一项履约义务,即授予使用权许可,俱乐部继续参加比赛并取得优异成绩等活动是该许可的组成部分。由于某公司能够合理预期俱乐部将继续参加比赛,俱乐部的成绩将会对其品牌(包括名称和图标等)的价值产生重大影响,而该品牌价值可能会进一步影响某公司产品的销量,俱乐部从事的上述活动并未向该公司转让任何可明确区分的商品,因此俱乐部授予的该使用权许可,属于在2年内履行的履约义务。俱乐部收取的200万元固定金额的使用费应当在2年内平均确认收入,按照某公司销售相关商品所取得销售额的5%计算的提成应当在该公司的销售发生时确认收入。

账务处理如下:
①2020年1月1日:
借:银行存款　　　　　　　　　　　　　　　　　　　　　　　　2 000 000
　　贷:合同负债　　　　　　　　　　　　　　　　　　　　　　　　2 000 000
②2020年12月31日:
借:合同负债　　　　　　　　　　　　　　　　　　　　　　　　1 000 000
　　其他应收款　　　　　　　　　　　　　　　　　　　　　　　　500 000
　　贷:主营业务收入　　　　　　　　　　　　　　　　　　　　　　1 500 000

2. 税收规定。《企业所得税法实施条例》第二十条规定,特许权使用费收入,按照合同约定的特许权使用人应付特许权使用费的日期确认收入的实现。

3. 税会差异。

(1) 基于销售或使用情况的特许权使用费的税会差异。会计规定，应当在客户后续销售或使用行为实际发生与企业履行相关履约义务二者孰晚的时点确认收入；企业所得税法规定，按照合同约定的特许权使用人应付特许权使用费的日期确认收入。两者规定一致，不存在差异。

(2) 非基于销售或使用情况的特许权使用费的税会差异。会计规定，需要区别是否构成单项履约义务，对单项履约义务还要判断是属于在某一时段履行的履约义务，还是属于在某一时点履行的履约义务，并按照不同的处理方式确认收入；企业所得税法规定，按照合同约定的特许权使用人应付特许权使用费的日期确认收入。两者在收入确认时间上存在差异，在年度汇算清缴纳税申报时需要进行纳税调整。

4. 年度纳税申报表调整。

(1) 2020 年度汇算清缴申报如表 1-23 和表 1-24 所示。

表 1-23　　　　　A105020　未按权责发生制确认收入纳税调整明细表

金额单位：人民币元（列至角分）

行次	项目	合同金额（交易金额）	账载金额		税收金额		纳税调整金额
			本年	累计	本年	累计	
		1	2	3	4	5	6 (4-2)
1	一、跨期收取的租金、利息、特许权使用费收入 (2+3+4)	2 000 000	1 000 000	1 000 000	2 000 000	2 000 000	1 000 000
4	(三) 特许权使用费	2 000 000	1 000 000	1 000 000	2 000 000	2 000 000	1 000 000

表 1-24　　　　　A105000　纳税调整项目明细表

金额单位：人民币元（列至角分）

行次	项目	账载金额	税收金额	调增金额	调减金额
		1	2	3	4
1	一、收入类调整项目 (2+3+…+8+10+11)	*	*	1 000 000	
3	(二) 未按权责发生制原则确认的收入（填写A105020）	1 000 000	2 000 000	1 000 000	

(2) 2021 年度汇算清缴申报如表 1-25 和表 1-26 所示。

表 1-25　　　　　A105020　未按权责发生制确认收入纳税调整明细表

金额单位：人民币元（列至角分）

行次	项目	合同金额（交易金额）	账载金额		税收金额		纳税调整金额
			本年	累计	本年	累计	
		1	2	3	4	5	6 (4-2)
1	一、跨期收取的租金、利息、特许权使用费收入 (2+3+4)	2 000 000	1 000 000	2 000 000	0	2 000 000	-1 000 000
4	(三) 特许权使用费	2 000 000	1 000 000	2 000 000	0	2 000 000	-1 000 000

表 1-26　　　　A105000　纳税调整项目明细表

金额单位：人民币元（列至角分）

行次	项目	账载金额	税收金额	调增金额	调减金额
		1	2	3	4
1	一、收入类调整项目（2+3+…+8+10+11）	*	*		1 000 000
3	（二）未按权责发生制原则确认的收入（填写A105020）	1 000 000	0		1 000 000

（七）客户未行使权利的税会差异

1. 会计处理。企业因销售商品向客户收取的预收款，赋予了客户一项在未来从企业取得该商品的权利，并使企业承担了向客户转让该商品的义务，因此企业应当将预收的款项确认为合同负债，待未来履行了相关履约义务，即向客户转让相关商品时，再将该负债转为收入。

在某些情况下，企业收取的预收款无需退回，但是客户可能会放弃其全部或部分合同权利，如放弃储值卡的使用等。企业预期将有权获得与客户所放弃的合同权利相关的金额的，应当按照客户行使合同权利的模式按比例将上述金额确认为收入；否则，企业只有在客户要求其履行剩余履约义务的可能性极低时，才能将相关负债余额转为收入。

[例 1-1-19] 本公司餐饮事业部经营连锁面包店。2020 年，其向客户销售了 5 000 张储值卡，每张卡的面值为 200 元，总额为 100 万元。客户可在其经营的任何一家门店使用该储值卡进行消费。根据历史经验，本公司餐饮事业部预期客户购买的储值卡中将有相当于储值卡面值金额 5%（5 万元）的部分不会被消费。截至 2020 年 12 月 31 日，客户使用该储值卡消费的金额为 40 万元。本公司餐饮事业部为增值税一般纳税人，适用增值税税率为 13%，在客户使用该储值卡消费时发生增值税纳税义务。

[分析] 本公司餐饮事业部预期将有权获得与客户未行使的合同权利相关的金额为 5 万元，该金额应当按照客户行使合同权利的期间按比例分期确认收入。计算在 2020 年分摊预期收入金额为 18 631 元 [（50 000×400 000÷950 000）÷（1+13%）]。

账务处理如下：

① 销售储值卡：

借：库存现金　　　　　　　　　　　　　　　　1 000 000
　　贷：合同负债　　　　　　　　　　　　　　　　884 956
　　　　应交税费——待转销项税额　　　　　　　　115 044

② 根据储值卡的消费金额 40 万元确认收入：

借：合同负债　　　　　　　　　　　　　　　　353 982
　　应交税费——待转销项税额　　　　　　　　　46 018
　　贷：主营业务收入　　　　　　　　　　　　　　353 982
　　　　应交税费——应交增值税（销项税额）　　46 018

③ 根据预期将获得的合同权利确认收入：

借：合同负债　　　　　　　　　　　　　　　　18 631
　　应交税费——待转销项税额　　　　　　　　　2 422

贷：主营业务收入　　　　　　　　　　　　　　　　　　　　　　　　18 631
　　　　应交税费——应交增值税（销项税额）　　　　　　　　　　　　　2 422

2. 税收规定。

（1）《企业所得税法实施条例》第二十二条规定，其他收入是指企业取得的除企业所得税法第六条第（一）项至第（八）项规定的收入外的其他收入，包括企业资产溢余收入、逾期未退包装物押金收入、确实无法偿付的应付款项、已作坏账损失处理后又收回的应收款项、债务重组收入、补贴收入、违约金收入、汇兑收益等。

（2）《国家税务总局关于确认企业所得税收入若干问题的通知》（国税函〔2008〕875号）规定，销售商品采取预收款方式的，在发出商品时确认收入。

3. 税会差异。会计规定，对客户未行使权利应当按照客户行使合同权利的模式按比例将上述金额确认为收入；企业所得税法规定，以预收款方式销售，在发出商品时确认收入。两者存在差异，在年度汇算清缴纳税申报时应进行纳税调整。

[例1-1-19]中，2020年应确认应税收入为353 982元。客户未行使权利的18 631元在税收上暂不确认收入，年度汇算清缴纳税申报时应调减应纳税所得额18 631元。

4. 年度纳税申报表调整如表1-27和表1-28所示。

表1-27　　　　　A105020　未按权责发生制确认收入纳税调整明细表

金额单位：人民币元（列至角分）

行次	项目	合同金额（交易金额）	账载金额		税收金额		纳税调整金额
			本年	累计	本年	累计	
		1	2	3	4	5	6（4-2）
13	四、其他未按权责发生制确认收入	1 000 000	372 613	372 613	353 982	353 982	-18 631
14	合计（1+5+9+13）	1 000 000	372 613	372 613	353 982	353 982	-18 631

表1-28　　　　　A105000　纳税调整项目明细表

金额单位：人民币元（列至角分）

行次	项目	账载金额	税收金额	调增金额	调减金额
		1	2	3	4
1	一、收入类调整项目（2+3+…+8+10+11）	*	*		18 631
3	（二）未按权责发生制原则确认的收入（填写A105020）	372 613	353 982		18 631

（八）无需退回的初始费的税会差异

1. 会计规定。企业在合同开始日向客户收取的无需退回的初始费通常包括入会费、初装费等。企业收取该初始费时，应当评估该初始费是否与向客户转让已承诺的商品相关。该初始费与向客户转让已承诺的商品相关，且该商品构成单项履约义务的，企业应当在转让该商品时，按照分摊至该商品的交易价格确认收入；该初始费与向客户转让已承诺的商品相关，但该商品不构成单项履约义务的，企业应当在包含该商品的单项履约义务履行时，按照分摊至该单项履约义务的交易价格确认收入；该初始费与向客户转让已承诺的商品不相关的，该初始费应当作为未来将转让商品的预收款，在未来转让该商品时确认为收入。当企业向客户授予了续约选择权,且该选择权向客户提供了重大权利时,这部分收入确认的期间将可能长于初始合同期限。

[例1-1-20] 2020年7月1日,本公司经营的一家会员制健身俱乐部开业。该俱乐部与客户签订了为期2年的合同,客户入会之后可以随时在俱乐部健身。除俱乐部的年费2 000元之外,俱乐部还向客户收取了50元的入会费,用于补偿俱乐部为客户进行注册登记、准备会籍资料以及制作会员卡等初始活动所花费的成本。共计收取入会费5万元和年费200万元。本公司收取的入会费和年费均无需返还。假设不考虑增值税。

[分析] 该俱乐部承诺的服务是向客户提供健身服务(可随时使用的健身场地),而俱乐部为会员入会所进行的初始活动并未向客户提供其所承诺的服务,而只是一些内部行政管理性质的工作。因此,俱乐部虽然为补偿这些初始活动向客户收取了入会费,但是该入会费实质上是客户为健身服务所支付的对价的一部分,所以应当作为健身服务的预收款,与收取的年费一起在2年内分摊确认为收入。

账务处理如下:
①收到入会费和年费时:
借:银行存款　　　　　　　　　　　　　　　　　　　　　　2 050 000
　　贷:合同负债　　　　　　　　　　　　　　　　　　　　　　2 050 000
②2020年12月31日确认收入时:
借:合同负债　　　　　　　　　　　　　　　　　　　　　　512 500
　　贷:主营业务收入　　　　　　　　　　　　　　　　　　　　512 500

2. 税收规定。《国家税务总局关于确认企业所得税收入若干问题的通知》(国税函〔2008〕875号)规定,申请入会或加入会员,只允许取得会籍,所有其他服务或商品都要另行收费的,在取得该会员费时确认收入。申请入会或加入会员后,会员在会员期内不再付费就可得到各种服务或商品,或者以低于非会员的价格销售商品或提供服务的,该会员费应在整个受益期内分期确认收入。

3. 税会差异。
(1)入会费只允许取得会籍。会计规定,该初始费与向客户转让已承诺的商品不相关的[不另行转让构成单项履约义务的商品(含服务,下同)],该初始费应当作为未来将转让商品(构成单项履约义务主商品)的预收款,在未来转让该商品时确认为收入;企业所得税法规定,申请入会或加入会员,只允许取得会籍,在取得该会员费时确认收入。两者在确认收入的时间上存在差异,在年度汇算清缴纳税申报时应进行纳税调整。

[例1-1-20]中,俱乐部在2020年度汇算清缴纳税申报时,应调增应纳税所得额3.75万元。

(2)入会费可得到服务或商品。会计规定,该初始费与向客户转让已承诺的商品相关的(另行转让构成单项履约义务的商品),企业应当在转让该商品时,按照分摊至该商品的交易价格确认收入;企业所得税法规定,会员费应在整个受益期内分期确认收入。两者在确认收入的时间上存在差异,在年度汇算清缴纳税申报时应进行纳税调整。

4. 年度纳税申报表调整。
(1)2020年度汇算清缴申报如表1-29所示。

表1-29　　　　　　　　A105000　纳税调整项目明细表

金额单位：人民币元（列至角分）

行次	项目	账载金额	税收金额	调增金额	调减金额
		1	2	3	4
1	一、收入类调整项目（2+3+…+8+10+11）	*	*	37 500	
10	（八）销售折扣、折让和退回				
11	（九）其他	512 500	550 000	37 500	

（2）2021年度汇算清缴申报如表1-30所示。

表1-30　　　　　　　　A105000　纳税调整项目明细表

金额单位：人民币元（列至角分）

行次	项目	账载金额	税收金额	调增金额	调减金额
		1	2	3	4
1	一、收入类调整项目（2+3+…+8+10+11）	*	*		25 000
10	（八）销售折扣、折让和退回				
11	（九）其他	1 025 000	1 000 000		25 000

（九）视同销售收入

1. 会计规定。收入准则中没有视同销售概念。

[例1-1-21] 2020年12月，本公司通过当地政府将仓库中一批外购棉被捐赠给东北地区一家养老院，棉被成本为32万元，捐赠时棉被的公允价值为40万元。

账务处理如下：

借：营业外支出　　　　　　　　　　　　　　　　　　　　　372 000
　　贷：库存商品　　　　　　　　　　　　　　　　　　　　　320 000
　　　　应交税费——应交增值税（销项税额）　　　　　　　　52 000

2. 税收规定。

（1）《国家税务总局关于企业处置资产所得税处理问题的通知》（国税函〔2008〕828号）第二条规定，企业将资产移送他人的下列情形，因资产所有权属已发生改变而不属于内部处置资产，应按规定视同销售确定收入。

①用于市场推广或销售；
②用于交际应酬；
③用于职工奖励或福利；
④用于股息分配；
⑤用于对外捐赠；
⑥其他改变资产所有权属的用途。

（2）《国家税务总局关于企业所得税有关问题的公告》（国家税务总局公告2016年第80号）规定，企业发生《国家税务总局关于企业处置资产所得税处理问题的通知》（国税函〔2008〕828号）第二条规定情形的，除另有规定外，应按照被移送资产的公允价值确定销售收入。

(3)《房地产开发经营业务企业所得税处理办法》(国税发〔2009〕31号)规定,企业将开发产品用于捐赠、赞助、职工福利、奖励、对外投资、分配给股东或投资人、抵偿债务、换取其他企事业单位和个人的非货币性资产等行为,应视同销售。

(4)《国家税务总局关于企业所得税执行中若干税务处理问题的通知》(国税函〔2009〕202号)规定,企业在计算业务招待费、广告费和业务宣传费等费用扣除限额时,其销售(营业)收入额应包括《企业所得税实施条例》第二十五条规定的视同销售(营业)收入额。

(5)《国家税务总局关于房地产开发企业土地增值税清算涉及企业所得税退税有关问题的公告》(国家税务总局公告2016年第81号)规定,本公告所称销售收入包括视同销售房地产的收入,但不包括企业销售的增值额未超过扣除项目金额20%的普通标准住宅的销售收入。

(6)《财政部 税务总局关于公益性捐赠支出企业所得税税前结转扣除有关政策的通知》(财税〔2018〕15号)规定,企业通过公益性社会组织或者县级(含县级)以上人民政府及其组成部门和直属机构,用于慈善活动、公益事业的捐赠支出,在年度利润总额12%以内的部分,准予在计算应纳税所得额时扣除;超过年度利润总额12%的部分,准予结转以后3年内在计算应纳税所得额时扣除。

3. 税会差异。会计规定中没有视同销售概念,一项业务符合规定就确认收入,不符合规定就不确认收入,对于以存货进行非货币性资产交换、投资及发放非货币性福利等业务,会计规定应当按照收入准则确认收入;企业所得税法规定,视同销售业务不只包括以存货进行非货币性资产交换、投资及发放非货币性福利等业务,还包括用于市场推广、捐赠、赞助等其他改变资产所有权属的用途的行为。因此,对于视同销售业务,两者存在差异,在年度汇算清缴纳税申报时应进行纳税调整。

4. 年度纳税申报表调整(见表1-31和表1-32)。

表1-31　　A105010　视同销售和房地产开发企业特定业务纳税调整明细表

金额单位：人民币元（列至角分）

行次	项目	税收金额	纳税调整金额
		1	2
1	一、视同销售（营业）收入（2+3+4+5+6+7+8+9+10）	400 000	400 000
7	（六）用于对外捐赠视同销售收入	400 000	400 000
11	二、视同销售（营业）成本（12+13+14+15+16+17+18+19+20）	320 000	-320 000
17	（六）用于对外捐赠视同销售成本	320 000	-320 000

根据《纳税调整项目明细表》(A105000)填报说明规定,第30行"(十七)其他":填报其他因会计处理与税收规定有差异需纳税调整的扣除类项目金额,企业将货物、资产、劳务用于捐赠、广告等用途时,进行视同销售纳税调整后,对应支出的会计处理与税收规定有差异需纳税调整的金额填报在本行。若第1列≥第2列,第3列"调增金额"填报第1-2列金额;若第1列<第2列,第4列"调减金额"填报第1-2列金额的绝对值。

表 1-32　　　　　A105000　纳税调整项目明细表

金额单位：人民币元（列至角分）

行次	项目	账载金额	税收金额	调增金额	调减金额
		1	2	3	4
1	一、收入类调整项目（2+3+…+8+10+11）	*	*	400 000	
2	（一）视同销售收入（填写A105010）	*	400 000	400 000	*
12	二、扣除类调整项目（13+14+…+24+26+27+28+29+30）	*	*		400 000
13	（一）视同销售成本（填写A105010）	*	320 000	*	320 000
30	（十七）其他		80 000		80 000

企业所得税税前实际列支捐赠支出为 45.2 万元（32+5.2+8），与年度利润总额 12% 的金额进行比较：在年度利润总额 12% 以内的部分，准予在计算应纳税所得额时扣除；超过年度利润总额 12% 的部分，准予结转以后三年内在计算应纳税所得额时扣除。同时，视同销售收入为 40 万元，可以作为计提业务招待费和广告宣传费的基础。

第二节　政府补助准则与税法差异分析及调整

政府补助是指企业从政府无偿取得货币性资产或非货币性资产。为了规范政府补助的确认、计量和列报，根据《企业会计准则——基本准则》，财政部于 2006 年制定了《企业会计准则第 16 号——政府补助》，并于 2017 年进行了修订（以下简称新政府补助准则），自 2017 年 6 月 12 日起施行。

一、政府补助准则概述

（一）政府补助的适用范围

1. 会计规定。政府补助主要形式包括政府对企业的无偿拨款、税收返还、财政贴息，以及无偿给予非货币性资产等。

对企业而言，并不是所有来源于政府的经济资源都属于会计准则规范的政府补助。除政府补助外，还可能是政府对企业的资本性投入或者政府购买服务所支付的对价。通常情况下，直接减征、免征、增加计税抵扣额、抵免部分税额等不涉及资产直接转移的经济资源，不适用政府补助准则。需要说明的是，增值税出口退税不属于政府补助。

2. 税收规定。

（1）《企业所得税法》第七条规定，收入总额中的下列收入为不征税收入：财政拨款、依法收取并纳入财政管理的行政事业性收费、政府性基金和国务院规定的其他不征税收入。

（2）《企业所得税法实施条例》第二十六条规定，国务院规定的其他不征税收入，是指企业取得的，由国务院财政、税务主管部门规定专项用途并经国务院批准的财政性资金。

(3)《财政部 国家税务总局关于财政性资金 行政事业性收费 政府性基金有关企业所得税政策问题的通知》(财税〔2008〕151号)规定,财政性资金,是指企业取得的来源于政府及其有关部门的财政补助、补贴、贷款贴息,以及其他各类财政专项资金,包括直接减免的增值税和即征即退、先征后退、先征后返的各种税收,但不包括企业按规定取得的出口退税款。

3. 税会差异。会计准则规定,政府补助是指企业从政府无偿取得货币性资产或非货币性资产;企业所得税法规定的不征税收入只是收入总额中一类特殊收入的总称,目的在于规范此类收入可以不征收企业所得税。两者概念虽然有联系,但其内涵和外延以及适用范围等均存在差异。我们将按照新政府补助准则的脉络,分析其中存在的税会差异。

(二) 政府补助的特征

1. 政府补助是来源于政府的经济资源。这里的政府主要是指行政事业单位及类似机构。对于企业收到的来源于其他方的补助,有确凿证据表明政府是补助的实际拨付者,其他方只起到代收代付作用的,该项补助也属于来源于政府的经济资源。

2. 政府补助是无偿的。即,企业取得来源于政府的经济资源,不需要向政府交付商品或服务等对价。无偿性是政府补助的基本特征,这一特征将政府补助与政府以投资者身份向企业投入资本、政府购买服务等政府与企业之间的互惠性交易区别开来。需要说明的是,政府补助通常附有一定条件,这与政府补助的无偿性并不矛盾,只是政府为了推行其宏观经济政策,对企业使用政府补助的时间、使用范围和方向进行了限制。

[例1-2-1] 本公司是一家生产和销售高效照明产品的企业。国家为了支持高效照明产品的推广使用,通过统一招标的形式确定中标企业、高效照明产品及中标协议供货价格。本公司作为中标企业,需以中标协议供货价格减去财政补贴资金后的价格将高效照明产品销售给终端用户,并按照高效照明产品实际安装数量、中标供货协议价格、补贴标准,申请财政补贴资金。2020年度,本公司因销售高效照明产品获得财政资金5 000万元。

[分析] 本公司虽然取得财政补贴资金,但最终受益人是从本公司购买高效照明产品的大宗用户和城乡居民,政府补贴给购买高效照明产品的最终用户,只是为资金结算方便,才直接将款项与公司结算,公司收到的补贴收入属于对价的一部分,需要确认收入。对本公司而言,销售高效照明产品是其日常经营活动,本公司仍按照中标协议供货价格销售了产品,其销售收入由两部分构成,一是终端用户支付的购买价款;二是财政补贴资金,财政补贴资金是产品销售对价的组成部分。因此,本公司收到的补贴资金5 000万元,应当按照《企业会计准则第14号——收入》的规定进行会计处理。

(三) 政府补助的分类

政府补助准则规定,政府补助应当划分为与资产相关的政府补助和与收益相关的政府补助。这两类政府补助为企业带来经济利益或者弥补相关成本或费用的形式不同,从而在具体会计处理上存在差别。

1. 与资产相关的政府补助,是指企业取得的、用于购建或以其他方式形成长期资产的政府补助。通常情况下,相关补助文件会要求企业将补助资金用于取得长期资产。长期资产将在较长的期间内为企业带来经济利益,因此相应的政府补助的受益期也较长。

2. 与收益相关的政府补助,是指除与资产相关的政府补助之外的政府补助。此类补助主要是用于补偿企业已发生或即将发生的相关成本费用或损失，受益期相对较短，通常在满足补助所附条件时计入当期损益或冲减相关成本。

（四）政府补助的会计处理方法

政府补助有两种会计处理方法：总额法和净额法。总额法是在确认政府补助时，将其全额一次或分次确认为收益，而不是作为相关资产账面价值或者成本费用等的扣减。净额法是将政府补助确认为对相关资产账面价值或者所补偿成本费用等的扣减。

企业应当根据经济业务的实质，判断某一类政府补助业务应当采用总额法还是净额法进行会计处理，通常情况下，对同类或类似政府补助业务只能选用一种方法，同时企业对该业务应当一贯地运用该方法，不得随意变更。企业对某些补助只能采用一种方法，如对一般纳税人增值税即征即退只能采用总额法进行会计处理。

政府补助准则规定，与企业日常活动相关的政府补助，应当按照经济业务实质，计入其他收益或冲减相关成本费用。与企业日常活动无关的政府补助，计入营业外收入或冲减相关损失。

二、与资产相关的政府补助的税会差异

实务中，企业通常先收到补助资金，再按照政府要求将补助资金用于购建固定资产或无形资产等长期资产。

（一）总额法的税会差异

1. 会计规定。总额法下，企业在取得与资产相关的政府补助时应当按照补助资金的金额借记"银行存款"等科目，贷记"递延收益"科目；然后在相关资产使用寿命内按合理、系统的方法分期计入损益。企业对与资产相关的政府补助选择总额法的，应当将递延收益分期转入其他收益或营业外收入，借记"递延收益"科目，贷记"其他收益"或"营业外收入"科目。相关资产在使用寿命结束时或结束前被处置（出售、报废、转让、发生毁损等），尚未分配的相关递延收益余额应当转入资产处置当期的损益，不再予以递延。

实务中存在政府无偿给予企业长期非货币性资产的情况，如无偿给予土地使用权、天然起源的森林等。企业取得的政府补助为非货币性资产的，应当按照公允价值计量，公允价值不能可靠取得的，按照名义金额（1元）计量。企业在收到非货币性资产的政府补助时，应当借记有关资产科目，贷记"递延收益"科目；然后在相关资产使用寿命内按合理、系统的方法分期计入损益，借记"递延收益"科目，贷记"其他收益"或"营业外收入"科目。

[例1-2-2] 按照国家有关政策，公司购置环保设备可以申请补贴以补偿其环保支出。本公司于2020年1月向政府有关部门提交了210万元的补助申请，作为对其购置环保设备的补贴。2020年3月15日，本公司收到了政府补贴款210万元。2020年4月20日，本公司购入不需安装的环保设备一台，实际成本为480万元，使用寿命10年，采用直线法计提折旧（不考虑净残值）。2028年4月，这台设备发生毁损而报废。不考虑相关税费等其他因素。

账务处理如下：

①2020年3月15日实际收到财政拨款，确认递延收益：

```
借：银行存款                            2 100 000
    贷：递延收益                                 2 100 000
```
②2020年4月20日购入设备：
```
借：固定资产                            4 800 000
    贷：银行存款                                 4 800 000
```
③自2020年5月起每月计提折旧，同时分摊递延收益：
```
借：制造费用                              40 000
    贷：累计折旧                                    40 000
借：递延收益                              17 500
    贷：其他收益                                    17 500
```
④2028年4月设备毁损报废，同时转销递延收益余额：
```
借：固定资产清理                         960 000
    累计折旧                           3 840 000
    贷：固定资产                                 4 800 000
借：递延收益                             420 000
    贷：固定资产清理                                420 000
借：营业外支出                           540 000
    贷：固定资产清理                                540 000
```

2. 税收规定。

（1）《财政部 国家税务总局关于财政性资金 行政事业性收费 政府性基金有关企业所得税政策问题的通知》（财税〔2008〕151号）规定：

①关于财政性资金：

a. 企业取得的各类财政性资金，除属于国家投资和资金使用后要求归还本金的以外，均应计入企业当年收入总额。

b. 对企业取得的由国务院财政、税务主管部门规定专项用途并经国务院批准的财政性资金，准予作为不征税收入，在计算应纳税所得额时从收入总额中减除。

c. 纳入预算管理的事业单位、社会团体等组织按照核定的预算和经费报领关系收到的由财政部门或上级单位拨入的财政补助收入，准予作为不征税收入，在计算应纳税所得额时从收入总额中减除，但国务院和国务院财政、税务主管部门另有规定的除外。

②关于政府性基金和行政事业性收费：

a. 企业按照规定缴纳的、由国务院或财政部批准设立的政府性基金以及由国务院和省、自治区、直辖市人民政府及其财政、价格主管部门批准设立的行政事业性收费，准予在计算应纳税所得额时扣除。

企业缴纳的不符合上述审批管理权限设立的基金、收费，不得在计算应纳税所得额时扣除。

b. 企业收取的各种基金、收费，应计入企业当年收入总额。

c. 对企业依照法律、法规及国务院有关规定收取并上缴财政的政府性基金和行政事业性收费，准予作为不征税收入，于上缴财政的当年在计算应纳税所得额时从收入总额中减除；未上缴财政的部分，不得从收入总额中减除。

③企业的不征税收入用于支出所形成的费用，不得在计算应纳税所得额时扣除；企业的不征税收入用于支出所形成的资产，其计算的折旧、摊销不得在计算应纳税所得额时扣除。

（2）《财政部　国家税务总局关于专项用途财政性资金企业所得税处理问题的通知》（财税〔2011〕70号）规定，企业从县级以上各级人民政府财政部门及其他部门取得的应计入收入总额的财政性资金，凡同时符合以下条件的，可以作为不征税收入，在计算应纳税所得额时从收入总额中减除：

①企业能够提供规定资金专项用途的资金拨付文件。

②财政部门或其他拨付资金的政府部门对该资金有专门的资金管理办法或具体管理要求。

③企业对该资金以及以该资金发生的支出单独进行核算。

3. 税会差异。企业对与资产相关的政府补助选择总额法的，会计规定应当将递延收益分期转入其他收益或营业外收入，企业所得税法则因该项政府补助是否符合不征税收入条件，是否应当计入应纳税所得额，而分别采用不同的所得税处理。因此，产生的税会差异也不相同。

（1）假设符合不征税收入条件。企业所得税法规定该收入作为"不征税收入"，可以从收入总额中扣除，同时相关成本费用也不得税前扣除，与会计规定存在差异，在年度汇算清缴纳税申报时应进行纳税调整。

［例1-2-2］中，2020年度会计规定确认其他收益为14万元（1.75×8），在年度汇算清缴纳税申报时需要纳税调减；同时，制造费用中含政府补助支出14万元，对应支出作为"不征税收入用于支出所形成的费用"应进行纳税调增。以后每年度汇算清缴纳税调整与此类似。

（2）假设不符合不征税收入条件。企业所得税法规定要一次性确认收入，同时相关支出可以税前扣除，与会计规定存在差异，在年度汇算清缴纳税申报时应进行纳税调整。

［例1-2-2］中，2020年度应税收入为210万元，在年度汇算清缴纳税申报时应调增应纳税所得额196万元（210-14）；同时，制造费用中含政府补助支出的14万元可以税前扣除，不需要进行纳税调整。以后每年度会计摊销计入"其他收益"的金额均应进行纳税调减。

4. 年度纳税申报表调整。

（1）假设符合不征税收入条件：

①2020年度汇算清缴申报如表1-33至表1-35所示。

②2021年度汇算清缴申报如表1-36至表1-38所示。

表 1-33　A105040 专项用途财政性资金纳税调整明细表

金额单位：人民币元（列至角分）

行次	项目	取得年度	财政性资金	其中：符合不征税收入条件的财政性资金		以前年度支出情况					本年支出情况		本年结余情况		应计入本年应税收入金额
				金额	其中：计入本年损益的金额	前五年度	前四年度	前三年度	前二年度	前一年度	支出金额	其中：费用化支出金额	结余金额	其中：上缴财政金额	
			1	2	3	4	5	6	7	8	9	10	11	12	13	14
6	本年	2 020	2 100 000	2 100 000	140 000	*	*	*	*	*					
7	合计(1+2+…+6)	*	2 100 000	2 100 000	140 000										

表 1-34　A105080 资产折旧、摊销及纳税调整明细表

金额单位：人民币元（列至角分）

		账载金额			税收金额					纳税调整金额
		资产原值	本年折旧、摊销额	累计折旧、摊销额	资产计税基础	税收折旧、摊销额	享受加速折旧政策的资产按税收一般规定计算的折旧、摊销额	加速折旧、摊销统计额	累计折旧、摊销额	
行次	项目	1	2	3	4	5	6	7 (5-6)	8	9 (2-5)
1	一、固定资产(2+3+4+5+6+7)	4 800 000	320 000	320 000	2 700 000	180 000	*	*	180 000	140 000
4	所有固定资产 (三)与生产经营活动有关的器具、工具、家具等	4 800 000	320 000	320 000	2 700 000	180 000	*	*	180 000	140 000

表 1-35 A105000 纳税调整项目明细表

金额单位：人民币元（列至角分）

行次	项目	账载金额 1	税收金额 2	调增金额 3	调减金额 4
1	一、收入类调整项目（2+3+…+8+10+11）	*	*		140 000
8	（七）不征税收入	*	*		140 000
9	其中：专项用途财政性资金（填写A105040）	*	*		140 000
31	三、资产类调整项目（32+33+34+35）	*	*	140 000	
32	（一）资产折旧、摊销（填写A105080）	320 000	180 000	140 000	

表 1-36 A105040 专项用途财政性资金纳税调整明细表

金额单位：人民币元（列至角分）

行次	项目	取得年度 1	财政性资金 2	其中：符合不征税收入条件的财政性资金 金额 3	其中：计入本年损益的金额 4	以前年度支出情况					本年支出情况		本年结余情况		
						前五年度 5	前四年度 6	前三年度 7	前二年度 8	前一年度 9	支出金额 10	其中：费用化支出金额 11	结余金额 12	其中：上缴财政金额 13	应计入本年应税收入金额 14
5	前一年度	2 020	2 100 000	2 100 000		*	*	*	*	*					
6	本年	2 021			210 000	*	*	*	*	*					
7	合计（1+2+…+6）	*			210 000	*	*	*	*	*	*	*	*	*	*

42 会计准则与企业所得税法差异分析及纳税调整

表1-37

A105080 资产折旧、摊销及纳税调整明细表

金额单位：人民币元（列至角分）

行次	项目	账载金额			税收金额				纳税调整金额
		资产原值	本年折旧、摊销额	累计折旧、摊销额	资产计税基础	税收折旧、摊销额	享受加速折旧政策的资产按税收一般规定计算的折旧、摊销额	加速折旧、摊销统计额	累计折旧、摊销额
		1	2	3	4	5	6	7 (5−6)	8	9 (2−5)
1	一、固定资产 (2+3+4+5+6+7)	4 800 000	480 000	800 000	2 700 000	270 000	*	*	450 000	210 000
4	（三）与生产经营活动有关的器具、工具、家具等所有固定资产	4 800 000	480 000	800 000	2 700 000	270 000	*	*	450 000	210 000

表1-38　　　　　　　A105000　纳税调整项目明细表

金额单位：人民币元（列至角分）

行次	项目	账载金额 1	税收金额 2	调增金额 3	调减金额 4
1	一、收入类调整项目（2+3+…+8+10+11）	*	*		210 000
8	（七）不征税收入	*	*		210 000
9	其中：专项用途财政性资金（填写A105040）	*	*		210 000
31	三、资产类调整项目（32+33+34+35）	*	*	210 000	
32	（一）资产折旧、摊销（填写A105080）	480 000	270 000	210 000	

（2）假设不符合不征税收入条件：

①2020年度汇算清缴申报如表1-39和表1-40所示。

表1-39　　　　　　A105020　未按权责发生制确认收入纳税调整明细表

金额单位：人民币元（列至角分）

行次	项目	合同金额（交易金额） 1	账载金额		税收金额		纳税调整金额 6（4-2）
			本年 2	累计 3	本年 4	累计 5	
9	三、政府补助递延收入（10+11+12）	2 100 000	140 000	140 000	2 100 000	2 100 000	1 960 000
11	（二）与资产相关的政府补助	2 100 000	140 000	140 000	2 100 000	2 100 000	1 960 000
14	合计（1+5+9+13）	2 100 000	140 000	140 000	2 100 000	2 100 000	1 960 000

表1-40　　　　　　　A105000　纳税调整项目明细表

金额单位：人民币元（列至角分）

行次	项目	账载金额 1	税收金额 2	调增金额 3	调减金额 4
1	一、收入类调整项目（2+3+…+8+10+11）	*	*	1 960 000	
3	（二）未按权责发生制原则确认的收入（填写A105020）	140 000	2 100 000	1 960 000	

②2021年度汇算清缴申报如表1-41和表1-42所示。

表1-41　　　　　　A105020　未按权责发生制确认收入纳税调整明细表

金额单位：人民币元（列至角分）

行次	项目	合同金额（交易金额） 1	账载金额		税收金额		纳税调整金额 6（4-2）
			本年 2	累计 3	本年 4	累计 5	
9	三、政府补助递延收入（10+11+12）	2 100 000	210 000	350 000	0	2 100 000	-210 000
11	（二）与资产相关的政府补助	2 100 000	210 000	350 000	0	2 100 000	-210 000
14	合计（1+5+9+13）	2 100 000	210 000	350 000	0	2 100 000	-210 000

表 1-42　　　　　　　　A105000　纳税调整项目明细表

金额单位：人民币元（列至角分）

行次	项目	账载金额	税收金额	调增金额	调减金额
		1	2	3	4
1	一、收入类调整项目（2+3+…+8+10+11）	*	*		210 000
3	（二）未按权责发生制原则确认的收入（填写A105020）	210 000	0		210 000

（二）净额法的税会差异

1. 会计规定。在净额法下，企业在取得政府补助时应当按照补助资金的金额冲减相关资产的账面价值。

[例1-2-3] 沿用[例1-2-2]，本公司选择净额法对此类补助进行会计处理：

①2020年3月5日实际收到财政拨款，确认递延收益：

借：银行存款　　　　　　　　　　　　　　　　　　　　　　　2 100 000

　　贷：递延收益　　　　　　　　　　　　　　　　　　　　　　2 100 000

②2020年4月20日购入设备：

借：固定资产　　　　　　　　　　　　　　　　　　　　　　　4 800 000

　　贷：银行存款　　　　　　　　　　　　　　　　　　　　　　4 800 000

借：递延收益　　　　　　　　　　　　　　　　　　　　　　　2 100 000

　　贷：固定资产　　　　　　　　　　　　　　　　　　　　　　2 100 000

③自2020年5月起每个资产负债表日（月末）计提折旧：

借：制造费用　　　　　　　　　　　　　　　　　　　　　　　　22 500

　　贷：累计折旧　　　　　　　　　　　　　　　　　　　　　　　22 500

④2028年4月设备毁损报废：

借：固定资产清理　　　　　　　　　　　　　　　　　　　　　　540 000

　　累计折旧　　　　　　　　　　　　　　　　　　　　　　　2 160 000

　　贷：固定资产　　　　　　　　　　　　　　　　　　　　　　2 700 000

借：营业外支出　　　　　　　　　　　　　　　　　　　　　　　540 000

　　贷：固定资产清理　　　　　　　　　　　　　　　　　　　　　540 000

2. 税会差异。企业对与资产相关的政府补助选择净额法的，会计规定在取得政府补助时应当按照补助资金的金额冲减相关资产的账面价值；企业所得税法则因该项政府补助是否符合不征税收入条件，是否应当计入应纳税所得额，而分别采用不同的所得税处理。两者产生的差异也不相同，应具体问题具体分析。

（1）假设符合不征税收入条件：假设[例1-2-3]符合财税〔2011〕70号文件规定的专项用途财政性资金条件，会计规定直接冲减相关资产账面价值，不另行确认收入，也不存在列支费用；企业所得税法规定该收入作为"不征税收入"从收入总额中扣除，同时相关支出不得税前扣除。两者不存在差异，在年度汇算清缴纳税申报时不需要进行纳税调整。

（2）假设不符合不征税收入条件：假设[例1-2-3]不符合财税〔2011〕70号文件规定的专项用途财政性资金条件，会计规定直接冲减相关资产的账面价值；企业所得税法规定要一次性确认收入,同时相关支出可以税前扣除。两者存在差异,在年度汇算清缴纳税申报时应进行纳税调整。

[例1-2-3]中,2020年度汇算清缴纳税申报时调增应纳税所得额为210万元,且应纳税调减折旧费用14万元。以后各年度折旧费用少计金额均需要进行纳税调减。

3. 年度纳税申报表调整。

(1) 2020年度汇算清缴申报如表1-43至表1-45所示。

表1-43　　　　A105020　未按权责发生制确认收入纳税调整明细表

金额单位:人民币元(列至角分)

行次	项目	合同金额(交易金额)	账载金额		税收金额		纳税调整金额
			本年	累计	本年	累计	
		1	2	3	4	5	6(4-2)
9	三、政府补助递延收入(10+11+12)	2 100 000	0	0	2 100 000	2 100 000	2 100 000
11	(二)与资产相关的政府补助	2 100 000	0	0	2 100 000	2 100 000	2 100 000
14	合计(1+5+9+13)	2 100 000	0	0	2 100 000	2 100 000	2 100 000

表1-44　　　　A105000　纳税调整项目明细表

金额单位:人民币元(列至角分)

行次	项目	账载金额	税收金额	调增金额	调减金额
		1	2	3	4
1	一、收入类调整项目(2+3+…+8+10+11)	*	*	2 100 000	
3	(二)未按权责发生制原则确认的收入(填写A105020)	0	2 100 000	2 100 000	
31	三、资产类调整项目(32+33+34+35)	*	*		140 000
32	(一)资产折旧、摊销(填写A105080)	180 000	320 000		140 000

表 1-45　A105080 资产折旧、摊销及纳税调整明细表

金额单位：人民币元（列至角分）

行次	项目	账载金额			资产计税基础	税收金额			累计折旧、摊销额	纳税调整金额
		资产原值	本年折旧、摊销额	累计折旧、摊销额		税收折旧、摊销额	享受加速折旧政策的资产按税收一般规定计算的折旧、摊销额	加速折旧、摊销统计额		
		1	2	3	4	5	6	7 (5-6)	8	9 (2-5)
1	一、固定资产 (2+3+4+5+6+7)	2 700 000	180 000	180 000	4 800 000	320 000	*	*	320 000	-140 000
4	所有固定资产（三）与生产经营活动有关的器具、工具、家具等	2 700 000	180 000	180 000	4 800 000	320 000	*	*	320 000	-140 000

(2) 2021 年度汇算清缴申报如表 1-46 和表 1-47 所示。

表 1-46　A105080 资产折旧、摊销及纳税调整明细表

金额单位：人民币元（列至角分）

行次	项目	账载金额			资产计税基础	税收金额			累计折旧、摊销额	纳税调整金额
		资产原值	本年折旧、摊销额	累计折旧、摊销额		税收折旧、摊销额	享受加速折旧政策的资产按税收一般规定计算的折旧、摊销额	加速折旧、摊销统计额		
		1	2	3	4	5	6	7 (5-6)	8	9 (2-5)
1	一、固定资产 (2+3+4+5+6+7)	2 700 000	270 000	450 000	4 800 000	480 000	*	*	800 000	-210 000
4	所有固定资产（三）与生产经营活动有关的器具、工具、家具等	2 700 000	270 000	450 000	4 800 000	480 000	*	*	800 000	-210 000

表 1-47　　　　　　　A105000　纳税调整项目明细表

金额单位：人民币元（列至角分）

行次	项目	账载金额 1	税收金额 2	调增金额 3	调减金额 4
31	三、资产类调整项目（32+33+34+35）	*	*		210 000
32	（一）资产折旧、摊销（填写 A105080）	270 000	480 000		210 000

三、与收益相关的政府补助的税会差异

（一）用于补偿企业以后期间的相关成本费用或损失的政府补助

对用于补偿企业以后期间的相关成本费用或损失的政府补助，无论其采用总额法，还是净额法进行会计处理，其原理和与资产相关的政府补助是共通的，因此其税会差异和纳税调整也基本是一致的。

（二）用于补偿企业已发生的相关成本费用或损失的政府补助

1. 会计规定。对用于补偿企业已发生的相关成本费用或损失的政府补助，直接计入当期损益或冲减相关成本。这类补助通常与企业已经发生的行为有关，是对企业已发生的成本费用或损失的补偿，或是对企业过去行为的奖励。

[例 1-2-4] 本公司销售自主开发的软件。按照国家有关规定，这种产品适用增值税即征即退政策，按 13% 的税率征收增值税后，对其增值税实际税负超过 3% 的部分，实行即征即退。本公司 2020 年 8 月在进行纳税申报时，对归属于 7 月的增值税即征即退提交退税申请，经主管税务机关审核后的退税额为 10 万元。

账务处理如下：

借：其他应收款　　　　　　　　　　　　　　　　　　　　　　　　100 000
　　贷：其他收益　　　　　　　　　　　　　　　　　　　　　　　　　100 000

2. 税收规定。《财政部　国家税务总局关于进一步鼓励软件产业和集成电路产业发展企业所得税政策的通知》（财税〔2012〕27 号）第五条规定，符合条件的软件企业按照《财政部　国家税务总局关于软件产品增值税政策的通知》（财税〔2011〕100 号）规定取得的即征即退增值税款，由企业专项用于软件产品研发和扩大再生产并单独进行核算，可以作为不征税收入，在计算应纳税所得额时从收入总额中减除。

3. 税会差异。会计规定，对用于补偿企业已发生的相关成本费用或损失的政府补助，直接计入当期损益或冲减相关成本，与资产相关的政府补助会计处理基本一致，只是确认收益的时间不同，因此其税会差异和纳税调整同资产相关的政府补助类似。

[例 1-2-4] 中，企业取得的符合条件的软件产品即征即退增值税款，会计规定其只能采用总额法进行会计处理；企业所得税规定属于不征税收入。两者存在差异，在年度汇算清缴纳税申报时应调减应纳税所得额 10 万元。

4. 年度纳税申报表调整。2020 年度汇算清缴申报如表 1-48 和表 1-49 所示。

表1-48　A105040　专项用途财政性资金纳税调整明细表

金额单位：人民币元（列至角分）

行次	项目	取得年度	财政性资金	其中：符合不征税收入条件的财政性资金金额	其中：计入本年损益的金额	以前年度支出情况					本年支出情况	其中：费用化支出金额	本年结余情况	其中：上缴财政金额	应计入本年应税收入金额
						前五年度	前四年度	前三年度	前二年度	前一年度	支出金额		结余金额		
		1	2	3	4	5	6	7	8	9	10	11	12	13	14
6	本年	2 020	100 000	100 000	100 000	*	*	*	*	*					
7	合计(1+2+…+6)	*			100 000	*	*	*	*	*					

表 1－49　　　　　　　　A105000　纳税调整项目明细表

金额单位：人民币元（列至角分）

行次	项目	账载金额 1	税收金额 2	调增金额 3	调减金额 4
1	一、收入类调整项目（2＋3＋…＋8＋10＋11）	*	*		100 000
8	（七）不征税收入	*	*		100 000
9	其中：专项用途财政性资金（填写 A105040）	*	*		100 000

四、特定业务会计处理的税会差异

（一）综合性项目政府补助的税会差异

1. 会计规定。对同时包含与资产相关部分和与收益相关部分的政府补助，应当分别进行会计处理；难以区分的，应当整体归类为与收益相关的政府补助。

[例1－2－5] 本公司于2019年12月申请某国家级研发补贴。申报书中的有关内容如下：本公司于2019年1月启动数字印刷技术开发项目，预计总投资为3 600万元，为期3年，已投入资金1 200万元。项目还需新增投资2 400万元（其中，购置固定资产1 200万元、场地租赁费600万元、人员费300万元、市场营销300万元），计划自筹资金1 200万元、申请财政拨款1 200万元。

2020年1月1日，主管部门批准了本公司的申报，签订的补贴协议规定：批准该项补贴申请，共补贴款项1 200万元，分两次拨付。申请批准日拨付600万元，结项验收时支付600万元。假定该开发项目于2021年年末完工，2022年3月1日通过验收并收到第二笔补贴款。假设按年分配递延收益。本公司对该类政府补助采用总额法处理。

[分析] 本例属于针对综合性项目的政府补助，因为该项目包括场地租赁费、人员费等费用和购置固定资产，且不能区分哪部分政府补助属于与收益相关的政府补助，哪部分政府补助属于与资产相关的政府补助，因此应按照与收益相关的政府补助原则进行会计处理。

账务处理如下：

①2020年1月1日，实际收到拨款600万元：

借：银行存款　　　　　　　　　　　　　　　　　　　　　　　6 000 000
　　贷：递延收益　　　　　　　　　　　　　　　　　　　　　　6 000 000

②2020年、2021年每个资产负债表日，分配递延收益：

借：递延收益　　　　　　　　　　　　　　　　　　　　　　　3 000 000
　　贷：其他收益　　　　　　　　　　　　　　　　　　　　　　3 000 000

③2022年项目通过验收，于3月1日实际收到拨款600万元：

借：银行存款　　　　　　　　　　　　　　　　　　　　　　　6 000 000
　　贷：其他收益　　　　　　　　　　　　　　　　　　　　　　6 000 000

2. 税收规定。同与收益相关的政府补助。

3. 税会差异。对综合性项目政府补助，其会计规定与税法规定，和前述与收益相关的政府补助完全一致，因此税会差异也一致。

4. 年度纳税申报表调整。虽然综合性项目政府补助税会差异和与收益相关的政府补助是一致的,但在填写年度纳税申报表时,对于符合不征税收入条件的政府补助,仍然需要明确是与资产相关的政府补助,还是与收益相关的政府补助。根据《中华人民共和国企业所得税年度纳税申报表》及填报说明规定,《专项用途财政性资金纳税调整明细表》(A105040)适用于发生符合不征税收入条件的专项用途财政性资金纳税调整项目的纳税人填报,但该表对不征税收入用于费用化的支出进行调整,资本化支出通过《资产折旧、摊销及纳税调整明细表》(A105080)进行纳税调整。其关键区别在于:与收益相关的政府补助,发生的支出形成成本费用一次性确认为当期损益,所以需要全额调增应纳税所得额;与资产相关的政府补助,发生的支出形成折旧摊销分期确认为当期损益,所以需要逐期调增应纳税所得额。企业所得税法对综合性项目政府补助并无明确规定,根据《国家税务总局关于修订企业所得税年度纳税申报表的公告》(国家税务总局公告2020年第24号)规定,税收规定不明确的,在没有明确规定之前,暂按国家统一会计制度计算,所以应统一按照与收益相关的政府补助进行所得税调整。

(1) 2020年度汇算清缴申报如表1-50和表1-51所示。

(2) 2021年度汇算清缴申报如表1-52和表1-53所示。

(二) 政策性优惠贷款贴息的税会差异

政策性优惠贷款贴息是政府为支持特定领域或区域发展,根据国家宏观经济形势和政策目标,对承贷企业的银行借款利息给予的补贴。企业取得政策性优惠贷款贴息的,应当区分财政将贴息资金拨付给贷款银行和财政将贴息资金直接拨付给企业两种情况,分别进行会计处理。

1. 财政将贴息资金拨付给贷款银行的税会差异。

(1) 会计规定。在财政将贴息资金拨付给贷款银行的情况下,由贷款银行以政策性优惠利率向企业提供贷款。这种方式下,受益企业按照优惠利率向贷款银行支付利息,并没有直接从政府取得利息补助,企业可以选择下列方法之一进行会计处理:第一种方法是以实际收到的借款金额作为借款的入账价值,按照借款本金和该政策性优惠利率计算相关借款费用。通常情况下,实际收到的金额即为借款本金。第二种方法是以借款的公允价值作为借款的入账价值并按照实际利率法计算借款费用,实际收到的金额与借款公允价值之间的差额确认为递延收益。递延收益在借款存续期内采用实际利率法摊销,冲减相关借款费用。

在这种情况下,向企业发放贷款的银行并不是受益主体,其仍然按照市场利率收取利息,只是一部分利息来自企业,另一部分利息来自财政贴息。所以,贷款银行发挥的是中介作用,并不需要确认与贷款相关的递延收益。

[例1-2-6] 2020年1月1日,本公司向银行贷款1000万元,期限为2年,按月计息,按季度付息,到期一次还本。这笔贷款资金将被用于国家扶持产业,符合财政贴息的条件,所以贷款利率明显低于本公司取得同类贷款的市场利率。假设取得同类贷款的年市场利率为9%,这项贷款与银行签订的贷款合同约定的年利率为3%,本公司按季度向银行支付贷款利息,财政按年向银行拨付贴息资金。

①第一种方法的账务处理如下:

2020年1月1日,取得银行贷款1000万元:

借:银行存款   10 000 000

    贷:长期借款——本金   10 000 000

第一章　收入类税会差异分析及纳税调整（一）　51

表1-50　　　　　　　　　A105040 专项用途财政性资金纳税调整明细表

金额单位：人民币元（列至角分）

行次	项目	取得年度	财政性资金	其中：符合不征税收入条件的财政性资金		以前年度支出情况					本年支出情况		本年结余情况		应计入本年应税收入金额
				金额	其中：计入本年损益的金额	前五年度	前四年度	前三年度	前二年度	前一年度	支出金额	其中：费用化支出金额	结余金额	其中：上缴财政金额	
			1	2	3	4	5	6	7	8	9	10	11	12	13	14
6	本年	2 020	6 000 000	6 000 000	3 000 000	*	*	*	*	*	3 000 000	3 000 000	3 000 000		
7	合计(1+2+…+6)	*	6 000 000	6 000 000	3 000 000						3 000 000	3 000 000	3 000 000		

表 1-51　　　　　　　　　　A105000　纳税调整项目明细表

金额单位：人民币元（列至角分）

行次	项目	账载金额	税收金额	调增金额	调减金额
		1	2	3	4
1	一、收入类调整项目（2+3+…+8+10+11）	*	*		3 000 000
8	（七）不征税收入	*	*		3 000 000
9	其中：专项用途财政性资金（填写 A105040）	*	*		3 000 000
12	二、扣除类调整项目（13+14+…+24+26+27+28+29+30）	*	*	3 000 000	
24	（十二）不征税收入用于支出所形成的费用	*	*	3 000 000	*
25	其中：专项用途财政性资金用于支出所形成的费用（填写 A105040）	*	*	3 000 000	*

表 1-52　　　　　　　　　　A105000　纳税调整项目明细表

金额单位：人民币元（列至角分）

行次	项目	账载金额	税收金额	调增金额	调减金额
		1	2	3	4
1	一、收入类调整项目（2+3+…+8+10+11）	*	*		3 000 000
8	（七）不征税收入	*	*		3 000 000
9	其中：专项用途财政性资金（填写 A105040）	*	*		3 000 000
12	二、扣除类调整项目（13+14+…+24+26+27+28+29+30）	*	*	3 000 000	
24	（十二）不征税收入用于支出所形成的费用	*	*	3 000 000	*
25	其中：专项用途财政性资金用于支出所形成的费用（填写 A105040）	*	*	3 000 000	*

第一章 收入类税会差异分析及纳税调整（一） 53

表1-53 A105040 专项用途财政性资金纳税调整明细表

金额单位：人民币元（列至角分）

行次	项目	取得年度	财政性资金金额	其中：符合不征税收入条件的财政性资金		以前年度支出情况					本年支出情况		本年结余情况		应计入本年应税收入金额
				金额	其中：计入本年损益的金额	前五年度	前四年度	前三年度	前二年度	前一年度	支出金额	其中：费用化支出金额	结余金额	其中：上缴财政金额	
			1	2	3	4	5	6	7	8	9	10	11	12	13	14
5	前一年度	2 020	6 000 000	6 000 000		*	*	*	*	3 000 000					
6	本年	2 021	6 000 000	6 000 000	6 000 000	*	*	*	*	*	3 000 000	3 000 000	0		
7	合计(1+2+…+6)	*	6 000 000	6 000 000	6 000 000	*	*	*	*	*	3 000 000	3 000 000	0		

2020年1月31日起每月月末，按月计提利息，企业实际承担的利息支出为25 000元（10 000 000×3%÷12）。

借：财务费用　　　　　　　　　　　　　　　　　　　　　　25 000
　　贷：应付利息　　　　　　　　　　　　　　　　　　　　　　25 000

②第二种方法的账务处理如下：

2020年1月1日，取得银行贷款1 000万元：

借：银行存款　　　　　　　　　　　　　　　　　　　　　10 000 000
　　长期借款——利息调整　　　　　　　　　　　　　　　　1 094 460
　　贷：长期借款——本金　　　　　　　　　　　　　　　　10 000 000
　　　　递延收益　　　　　　　　　　　　　　　　　　　　1 094 460

2020年1月31日，按月计提利息：

借：财务费用　　　　　　　　　　　　　　　　　　　　　　66 790
　　贷：应付利息　　　　　　　　　　　　　　　　　　　　　25 000
　　　　长期借款——利息调整　　　　　　　　　　　　　　　41 790

同时，摊销递延收益：

借：递延收益　　　　　　　　　　　　　　　　　　　　　　41 790
　　贷：财务费用　　　　　　　　　　　　　　　　　　　　　41 790

（2）税收规定。

①《财政部　国家税务总局关于财政性资金　行政事业性收费　政府性基金有关企业所得税政策问题的通知》（财税〔2008〕151号）规定，财政性资金，是指企业取得的来源于政府及其有关部门的财政补助、补贴、贷款贴息，以及其他各类财政专项资金，包括直接减免的增值税和即征即退、先征后退、先征后返的各种税收，但不包括企业按规定取得的出口退税款。

②《财政部关于做好城市棚户区改造相关工作的通知》（财综〔2015〕57号）规定，为引导和鼓励社会资本参与城市棚户区改造工作，各地区要认真落实财政部印发的《城镇保障性安居工程贷款贴息办法》（财综〔2014〕76号），对符合条件的城市棚户区改造项目贷款予以一定比例和一定期限的利息补贴。贴息资金来源为各级财政预算安排用于城市棚户区改造的资金。贴息利率以中国人民银行公布的同期贷款基准利率为准，原则上不超过2个百分点。贴息期限按项目建设、收购周期内实际贷款期限确定。

（3）税会差异。对于财政将贴息资金拨付给贷款银行的，会计规定可以分两种方式进行处理。如企业采用第一种方法进行会计处理，会计规定不需要进行单独会计处理，因企业并未实际取得贷款贴息，企业所得税法规定也不需要进行单独税务处理，两者不存在差异，不需要进行纳税调整；如企业采用第二种方法进行会计处理，企业实际影响会计利润的财务费用金额与第一种方法是相同的，与可以税前扣除金额也是一致的，两者也不存在差异，不需要进行纳税调整。

2. 财政将贴息资金直接拨付给企业的税会差异。

（1）会计规定。财政将贴息资金直接拨付给受益企业，企业先按照同类贷款市场利率向银行支付利息，财政部门定期与企业结算贴息。在这种方式下，由于企业先按照同类贷款市场利率向银行支付利息，因此实际收到的借款金额通常就是借款的公允价值，企业应当将对应的贴息冲减相关借款费用。

[例 1-2-7] 2020 年 1 月 1 日，本公司向银行贷款 2 000 万元，期限为 3 年，按月计息，按季度付息，到期一次还本。这笔贷款资金将被用于国家扶持产业，符合财政贴息的条件，财政将贴息资金直接拨付给本公司。本公司与银行签订的贷款合同约定的年利率为 9%，按月计提利息，按季度向银行支付贷款利息，该公司以付息凭证向财政申请贴息资金，财政按年与该公司结算贴息资金，贴息后实际负担的年利息率为 3%。

账务处理如下：

①2020 年 1 月 1 日取得银行贷款：

借：银行存款　　　　　　　　　　　　　　　　　20 000 000
　　贷：长期借款——本金　　　　　　　　　　　　　　　20 000 000

②2020 年 1 月 31 日起每月月末，按月计提利息，应向银行支付的利息金额为 15 万元（2 000×9%÷12），企业实际承担的利息支出为 5 万元（2 000×3%÷12），应收政府贴息为 10 万元。

借：财务费用　　　　　　　　　　　　　　　　　150 000
　　贷：应付利息　　　　　　　　　　　　　　　　　　150 000
借：其他应收款　　　　　　　　　　　　　　　　100 000
　　贷：财务费用　　　　　　　　　　　　　　　　　　100 000

（2）税会差异。对于财政将贴息资金拨付给企业的，会计规定企业先按照同类贷款市场利率向银行支付利息，收到政府贴息后将对应的贴息冲减相关借款费用。企业所得税上需要根据规定条件判定是否属于不征税收入，如果符合不征税收入条件的，则按照税法规定不需要确认收入，相关成本费用也不得税前扣除，两者不存在差异，不需要进行纳税调整；如果不符合不征税收入条件的，则按照税法规定需要确认收入，相关成本费用也可以在税前扣除，两者存在差异，在年度汇算清缴纳税申报时应进行纳税调整。

[例 1-2-7] 中，需要调增收入 120 万元，同时调减费用 120 万元，对应纳税所得额的影响为 0。

（3）年度纳税申报表调整如表 1-54 和表 1-56 所示。

表 1-54　　　　A105020　　未按权责发生制确认收入纳税调整明细表

金额单位：人民币元（列至角分）

行次	项目	合同金额（交易金额）	账载金额		税收金额		纳税调整金额
			本年	累计	本年	累计	
		1	2	3	4	5	6（4-2）
9	三、政府补助递延收入（10+11+12）	1 200 000	0	0	1 200 000	1 200 000	1 200 000
10	（一）与收益相关的政府补助	1 200 000	0	0	1 200 000	1 200 000	1 200 000
14	合计（1+5+9+13）	1 200 000	0	0	1 200 000	1 200 000	1 200 000

（三）不属于政府补助但需要按照政府补助准则进行会计处理的业务

1. 招用自主就业退役士兵扣减增值税。属于一般纳税人的加工型企业根据税法规定招用自主就业退役士兵，并按定额扣减增值税的，应当将减征的税额计入当期损益。账务处理如下：

表1-55　　　　　　　　A105000　纳税调整项目明细表

金额单位：人民币元（列至角分）

行次	项目	账载金额	税收金额	调增金额	调减金额
		1	2	3	4
1	一、收入类调整项目（2+3+…+8+10+11）	*	*	1 200 000	
3	（二）未按权责发生制原则确认的收入（填写A105020）	0	1 200 000	1 200 000	
12	二、扣除类调整项目（13+14+…+24+26+27+28+29+30）	*	*		1 200 000
30	（十七）其他	0	1 200 000		1 200 000

借：应交税费——应交增值税（减免税额）
　　贷：其他收益

2. 小微企业减免增值税。属于实施小微企业普惠性税收减免政策、月销售额10万元以下（含本数）的增值税小规模纳税人免征增值税的，应当将减征的税额计入当期损益。账务处理如下：

借：应交税费——应交增值税（减免税额）
　　贷：其他收益

3. 税会差异。上述两项业务，会计规定确认为其他收益，影响当期会计利润；企业所得税法均未规定其可以享受不征税收入，应按规定计入收入总额缴纳企业所得税。两者不存在差异，不需要进行纳税调整。

第三节　非货币资产交换准则与税法差异分析及调整

非货币性资产交换，是指企业主要以固定资产、无形资产、投资性房地产和长期股权投资等非货币性资产进行的交换。为了规范非货币性资产交换的确认、计量和相关信息的披露，根据《企业会计准则——基本准则》，财政部于2006制定了《企业会计准则第7号——非货币性资产交换》，并于2019年进行了修订（以下简称新非货币性资产交换准则），自2019年6月10日起施行。

一、非货币性资产交换概述

（一）非货币性资产交换准则适用范围

非货币性资产交换业务一般适用非货币性资产交换准则规定进行会计处理，但也有例外规定存在，例外规定税会差异分析及调整，详见其他准则相关内容。

1. 适用其他会计准则的情形。

（1）企业以存货换取客户的非货币性资产的，相关收入的会计处理适用《企业会计准则第14号——收入》。《企业会计准则第14号——收入》对企业因转让存货取得非现金对价情形的会计处理作出了规范。

（2）非货币性资产交换中涉及企业合并的，适用《企业会计准则第20号——企业合并》《企业会计准则第2号——长期股权投资》和《企业会计准则第33号——合并财务报表》。

（3）非货币性资产交换中涉及由《企业会计准则第22号——金融工具确认和计量》规范的金融资产的，金融资产的确认、终止确认和计量适用《企业会计准则第22号——金融工具确认和计量》和《企业会计准则第23号——金融资产转移》。

（4）非货币性资产交换中涉及由《企业会计准则第21号——租赁》规范的使用权资产或应收融资租赁款等的，相关资产的确认、终止确认和计量适用《企业会计准则第21号——租赁》。

（5）非货币性资产交换构成权益性交易的，应当适用权益性交易的有关会计处理规定。

企业应当遵循实质重于形式的原则判断非货币性资产交换是否构成权益性交易。主要包括以下情形：一是非货币性资产交换的一方直接或间接对另一方持股且以股东身份进行交易；二是非货币性资产交换的双方均受同一方或相同的多方最终控制，且该非货币性资产交换的交易实质是交换的一方向另一方进行了权益性分配或交换的一方接受了另一方权益性投入。

例如，集团重组中发生的非货币性资产划拨、划转行为，在股东或最终控制方的安排下，企业无代价或以明显不公平的代价将非货币性资产转让给其他企业或接受其他企业的非货币性资产的，该类转让的实质是企业进行了权益性分配或接受了权益性投入，不适用非货币性资产交换准则，应当适用权益性交易会计处理的有关规定。

2. 涉及非货币性资产但不属于非货币性资产交换的情形。实务中，某些交易和事项虽涉及非货币性资产，但不属于非货币性资产交换准则规范的非货币性资产交换，适用其他相关会计准则的规定，包括但不限于以下情形：

（1）企业从政府无偿取得非货币性资产（如企业从政府无偿取得土地使用权等）的，适用《企业会计准则第16号——政府补助》。

（2）企业将非流动资产或处置组分配给所有者的，适用《企业会计准则第42号——持有待售的非流动资产、处置组和终止经营》。

（3）企业以非货币性资产向职工发放非货币性福利的，适用《企业会计准则第9号——职工薪酬》。

（4）企业以发行股票方式取得非货币性资产的，相当于以权益工具结算买入非货币性资产，适用其他相关会计准则。

（5）企业用于交换的资产目前尚不存在或尚不属于本企业的，适用其他相关会计准则。

根据会计准则的规定，企业用于非货币性资产交换的非货币性资产应当符合资产的定义并满足资产的确认条件，且作为资产列报于企业的资产负债表上。企业用于交换的资产目前尚不存在或尚不属于本企业的情形，不属于会计准则规范的非货币性资产交换。

例如，甲企业从乙企业取得一项土地使用权，承诺未来3年内在该地块上建造写字楼，并待写字楼建造完成后向乙企业交付一幢写字楼，在这种情形下，由于甲企业用于交换的建筑物尚不存在，因此无论对甲企业还是乙企业而言，该交易不属于会计准则规范的非货币性资产交换。

从上述规定可以看出，企业以存货换取客户的非货币性资产的，在原会计准则体系下，应当按非货币性资产交换准则进行会计处理，而在新会计准则体系下，应当按收入准则进行会计处理，产生了新的税会差异。

（二）货币性资产与非货币性资产的概念

1. 会计规定。非货币性资产交换，是以非货币性资产进行的交换。该交换不涉及或只涉及少量的货币性资产（补价）。

非货币性资产是相对于货币性资产而言的。货币性资产，是指企业持有的货币资金和收取固定或可确定金额的货币资金的权利，包括库存现金、银行存款、应收账款和应收票据等。非货币性资产，是指货币性资产以外的资产，如存货（原材料、包装物、低值易耗品、库存商品等）、固定资产、在建工程、生产性生物资产、无形资产、投资性房地产、长期股权投资等。

2. 税收规定。

（1）《企业所得税法实施条例》第十二条规定，企业所得税法第六条所称企业取得收入的货币形式，包括现金、存款、应收账款、应收票据、准备持有至到期的债券投资以及债务的豁免等。

企业所得税法第六条所称企业取得收入的非货币形式，包括固定资产、生物资产、无形资产、股权投资、存货、不准备持有至到期的债券投资、劳务以及有关权益等。

（2）《企业资产损失所得税税前扣除管理办法》（国家税务总局公告2011年第25号）规定，货币性资产包括现金、银行存款、应收及预付款项（包括应收票据、各类垫款、企业之间往来款项），非货币性资产包括存货、固定资产、无形资产、在建工程、生产性生物资产，以及债权性投资和股权（权益）性投资。

（3）《财政部 国家税务总局关于非货币性资产投资企业所得税政策问题的通知》（财税〔2014〕116号）规定，本通知所称非货币性资产，是指现金、银行存款、应收账款、应收票据以及准备持有至到期的债券投资等货币性资产以外的资产。

3. 税会差异。关于货币性资产与非货币性资产的概念，会计规定和企业所得税规定虽然表述不同，但规定基本一致，除前述存货不再适用非货币性资产交换准则外，两者不存在差异。

（三）非货币性资产交换的认定

1. 会计规定。非货币性资产交换一般不涉及货币性资产，或只涉及少量货币性资产，即补价。判断涉及补价的交换是否为非货币性资产交换时，通常以补价占整个资产交换的比例是否低于25%作为参考比例。

支付的补价占换出资产公允价值与支付的补价之和（或占换入资产公允价值）的比例低于25%的，或者收到的补价占换出资产公允价值（或占换入资产公允价值和收到的补价之和）的比例低于25%的，视为非货币性资产交换；高于25%（含25%）的，不视为非货币性资产交换。

上述补价和资产公允价值，均不含增值税。

2. 税收规定。《国家税务总局关于修订企业所得税年度纳税申报表的公告》（国家税务总局公告2020年第24号）规定，纳税人在计算企业所得税应纳税所得额及应纳税额时，会计处理与税收规定不一致的，应当按照税收规定计算。税收规定不明确的，在没有明确规定之前，暂按国家统一会计制度计算。

3. 税会差异。对于是否属于非货币资产交换，会计规定了涉及货币性资产的比例标准；企业所得税法则没有比例规定，根据《国家税务总局关于修订企业所得税年度纳税申报表的公告》（国家税务总局公告 2020 年第 24 号）规定，暂按国家统一会计制度计算。两者不存在差异。

（四）非货币性资产交换的确认

会计准则明确了非货币性资产交换中换入资产的确认时点和换出资产的终止确认时点，如下：

1. 对于换入资产，企业应当在换入资产符合资产定义并满足资产确认条件时予以确认。
2. 对于换出资产，企业应当在换出资产满足资产终止确认条件时终止确认。

二、以公允价值计量的非货币性资产交换的税会差异

非货币性资产交换应同时满足以下两个条件的：一是具有商业实质；二是换入资产或换出资产的公允价值能够可靠地计量，应当以公允价值为基础计量，否则应当以账面价值为基础计量。

非货币性资产交换满足下列条件之一的，通常被认为是具有商业实质的：一是换入资产的未来现金流量在风险、时间分布或金额方面与换出资产显著不同；二是使用换入资产所产生的预计未来现金流量现值与继续使用换出资产不同，且其差额与换入资产和换出资产的公允价值相比是较大的。

（一）单项资产交换且不涉及补价的税会差异

1. 会计规定。换入资产和换出资产的公允价值均能够可靠计量的，应当以换出资产的公允价值为基础计量，但有确凿证据表明换入资产的公允价值更加可靠的除外，即换出资产的公允价值不能够可靠计量，或换入资产和换出资产的公允价值均能够可靠计量但有确凿证据表明换入资产的公允价值更加可靠的，应当以换入资产的公允价值为基础计量。换入资产和换出资产的计量分别按下列原则进行会计处理：

（1）换入资产。应当以换出资产的公允价值和应支付的相关税费作为换入资产的成本进行初始计量。换出资产的公允价值不能够可靠计量，或有确凿证据表明换入资产的公允价值更加可靠的，应当以换入资产的公允价值和应支付的相关税费作为换入资产的初始计量金额。

（2）换出资产。应当在终止确认时，将换出资产的公允价值与其账面价值之间的差额计入当期损益。换出资产的公允价值不能够可靠计量，或有确凿证据表明换入资产的公允价值更加可靠的，应当在终止确认时，将换入资产的公允价值与换出资产账面价值之间的差额计入当期损益。

［例 1-3-1］本公司和某家具制造公司均为增值税一般纳税人。经协商，两公司于 2020 年 1 月 30 日签订资产交换合同，当日生效。合同约定，本公司以生产经营过程中使用的一台设备与家具制造公司生产的一批办公家具进行交换，用于交换的设备和办公家具当日的公允价值均为 7.5 万元。本公司设备的账面价值为 7.4 万元（其中账面原价为 10 万元，已计提折旧 2.6 万元）；家具制造公司办公家具的账面价值为 7 万元。双方均将换入的资产作为固定资产使用和管理。双方开具的增值税专用发票注明的计税价格均为 7.5 万元，增值税税额为 9 750 元。交易过程中，本公司以银行存款支付设备清理费用 1 500 元。

［分析］整个资产交换过程没有涉及收付货币性资产，交换的资产为设备和办公家具，

属于非货币性资产交换。

账务处理如下:

借:固定资产清理	74 000
累计折旧	26 000
贷:固定资产——设备	100 000
借:固定资产清理	11 250
贷:银行存款	1 500
应交税费——应交增值税(销项税额)	9 750
借:固定资产——办公家具	75 000
应交税费——应交增值税(进项税额)	9 750
资产处置损益	500
贷:固定资产清理	85 250

2. 税收规定。

《企业所得税法实施条例》第二十五条规定,企业发生非货币性资产交换,以及将货物、财产、劳务用于捐赠、偿债、赞助、集资、广告、样品、职工福利或者利润分配等用途的,应当视同销售货物、转让财产或者提供劳务,但国务院财政、税务主管部门另有规定的除外。

第五十八条规定,通过捐赠、投资、非货币性资产交换、债务重组等方式取得的固定资产,以该资产的公允价值和支付的相关税费为计税基础。

第六十二条规定,通过捐赠、投资、非货币性资产交换、债务重组等方式取得的生产性生物资产,以该资产的公允价值和支付的相关税费为计税基础。

第六十六条规定,通过捐赠、投资、非货币性资产交换、债务重组等方式取得的无形资产,以该资产的公允价值和支付的相关税费为计税基础。

3. 税会差异。

(1)换入资产入账价值与计税基础的差异。新非货币性资产交换准则规定,换入资产和换出资产的公允价值均能够可靠计量的,应当以换出资产的公允价值为基础计量换入资产,但有确凿证据表明换入资产的公允价值更加可靠的除外;企业所得税法规定,以换入资产的公允价值和支付的相关税费为计税基础。在有确凿证据表明换入资产的公允价值更加可靠时,税会处理一致,两者不存在差异。

会计处理以换出资产的公允价值为基础计量换入资产时,导致换入资产的入账价值与计税基础不一致,两者出现差异,在年度汇算清缴纳税申报时应进行纳税调整。

(2)收益确认的差异。非货币性资产交换,如果换出资产为固定资产、无形资产和生产性生物资产等(存货除外),会计规定不确认收入,但将转让利得或者损失计入当期损益("资产处置损益"科目);企业所得税法规定,应当作为视同销售业务处理。两者存在差异,在年度汇算清缴纳税申报时应进行纳税调整。

[例1-3-1]中,企业所得税按视同销售处理,视同销售收入7.5万元,在年度汇算清缴纳税申报时应调增应纳税所得额,视同销售成本为7.4万元(10-2.6)调减应纳税所得额,视同销售费用1 500元调减应纳税所得额,其对会计利润和应纳税所得额的最终影响是一致的,均为亏损500元。

4. 年度纳税申报表调整如表1-56和表1-57所示。

第一章 收入类税会差异分析及纳税调整（一） 61

表1-56　　　　　A105010　视同销售和房地产开发企业特定业务纳税调整明细表

金额单位：人民币元（列至角分）

行次	项目	税收金额	纳税调整金额
		1	2
1	一、视同销售（营业）收入（2+3+4+5+6+7+8+9+10）	75 000	75 000
2	（一）非货币性资产交换视同销售收入	75 000	75 000
11	二、视同销售（营业）成本（12+13+14+15+16+17+18+19+20）	75 500	-75 500
12	（一）非货币性资产交换视同销售成本	75 500	-75 500

表1-57　　　　　　　　A105000　纳税调整项目明细表

金额单位：人民币元（列至角分）

行次	项目	账载金额	税收金额	调增金额	调减金额
		1	2	3	4
1	一、收入类调整项目（2+3+…+8+10+11）	*	*	75 000	
2	（一）视同销售收入（填写A105010）	*	75 000	75 000	*
12	二、扣除类调整项目（13+14+…+24+26+27+28+29+30）	*	*	500	75 500
13	（一）视同销售成本（填写A105010）	*	75 500	*	75 500
45	六、其他	-500	0	500	
46	合计（1+12+31+36+44+45）	*	*	75 500	75 500

（二）单项资产交换且涉及补价的税会差异

1. 会计规定。以公允价值为基础计量的非货币性资产交换，涉及补价的，应当按照下列规定进行处理：

（1）支付补价的，以换出资产的公允价值加上支付补价的公允价值和应支付的相关税费，作为换入资产的成本，换出资产的公允价值与其账面价值之间的差额计入当期损益。

有确凿证据表明换入资产的公允价值更加可靠的，以换入资产的公允价值和应支付的相关税费作为换入资产的初始计量金额，换入资产的公允价值减去支付补价的公允价值，与换出资产账面价值之间的差额计入当期损益。

（2）收到补价的，以换出资产的公允价值减去收到补价的公允价值加上应支付的相关税费，作为换入资产的成本，换出资产的公允价值与其账面价值之间的差额计入当期损益。

有确凿证据表明换入资产的公允价值更加可靠的，以换入资产的公允价值和应支付的相关税费作为换入资产的初始计量金额，换入资产的公允价值加上收到补价的公允价值，与换出资产账面价值之间的差额计入当期损益。

[例1-3-2] 2020年6月15日，本公司为了提高产品质量，需要乙公司的一项专利权。经协商，双方签订合同，本公司以持有的对某联营企业的20%股权作为对价购买乙公司的专利权。按照合同开始日的股票价格计算，该项股权的公允价值为700万元。专利权的公允价值为650万元，系第三方报价机构使用乙公司自身数据通过估值技术确定的。由于本公司迫切需要该专利权来提高产品质量，同意乙公司以银行存款支付补价40万元。专利权的过户手续于2020年6月28日完成，正式转移至本公司。股权过户、董事更换、相关董事会决议和章程修订于2020年6月30日完成并生效。当日，本公司的长期股权投资的账面价值为630万元（其

中投资成本为 670 万元，损益调整为 -40 万元）；专利权的账面价值为 680 万元（其中账面原价为 800 万元，累计摊销额为 120 万元）。假设整个交易过程中未发生相关税费。

[分析] 整个资产交换过程仅涉及少量货币性资产（小于 25%），交换的资产为长期股权投资和无形资产，属于非货币性资产交换。由于用于交换的两项资产的公允价值均能够可靠地计量，且没有确凿证据表明换入资产的公允价值更加可靠。因此，对本公司来说，应当以换出资产——20% 股权的公允价值（700 万元）减去收到的补价（40 万元）作为换入资产——专利权的成本（700 万元 -40 万元 =660 万元），换出资产的公允价值与其账面价值之间的差额计入当期损益（700 万元 -630 万元 =70 万元）。

账务处理如下：

借：无形资产——专利权　　　　　　　　　　　　　　　6 600 000
　　长期股权投资——损益调整　　　　　　　　　　　　　400 000
　　银行存款　　　　　　　　　　　　　　　　　　　　　400 000
　贷：长期股权投资——投资成本　　　　　　　　　　　6 700 000
　　　投资收益　　　　　　　　　　　　　　　　　　　　700 000

2. 税收规定。

(1)《国家税务总局关于企业处置资产所得税处理问题的通知》（国税函〔2008〕828 号）第二条规定，企业将资产移送他人的下列情形，因资产所有权属已发生改变而不属于内部处置资产，应按规定视同销售确定收入。

①用于市场推广或销售；
②用于交际应酬；
③用于职工奖励或福利；
④用于股息分配；
⑤用于对外捐赠；
⑥其他改变资产所有权属的用途。

(2)《国家税务总局关于企业所得税有关问题的公告》（国家税务总局公告 2016 年第 80 号）规定，企业发生《国家税务总局关于企业处置资产所得税处理问题的通知》（国税函〔2008〕828 号）第二条规定情形的，除另有规定外，应按照被移送资产的公允价值确定销售收入。

3. 税会差异。

(1) 换入资产入账价值与计税基础的差异。会计规定应当以换出资产的公允价值为基础计量换入资产入账价值；企业所得税法规定以换入资产的公允价值和支付的相关税费为计税基础。两者存在差异，在年度汇算清缴纳税申报时应进行纳税调整。

[例 1-3-2] 中，会计入账价值为 660 万元，企业所得税计税基础为 650 万元。

(2) 收益确认的差异。会计规定，以换出资产的公允价值与其账面价值之间的差额计入当期损益；企业所得税法规定，应当作为视同销售处理，确认转让收入 700 万元。两者存在差异，在年度汇算清缴纳税申报时应进行纳税调整。

[例 1-3-2] 中，会计确认投资收益为 70 万元，企业所得税确认转让所得为 30 万元 (700-670)。税会差异为 40 万元，是由于会计以前年度确认投资损失 40 万元，已作纳税调增处理导致。

4. 年度纳税申报表调整如表 1-58 和表 1-59 所示。

第一章 收入类税会差异分析及纳税调整（一） 63

表1-58 A105030 投资收益纳税调整明细表

行次	项目	持有收益			处置收益						纳税调整金额
		账载金额	税收金额	纳税调整金额	会计确认的处置收入	税收计算的处置收入	会计确认的处置投资的账面价值	税收计算的处置投资的计税基础	会计确认的处置所得或损失	税收计算的处置所得	纳税调整金额
		1	2	3 (2-1)	4	5	6	7	8 (4-6)	9 (5-7)	10 (9-8)	11 (3+10)
6	六、长期股权投资				7 000 000	7 000 000	6 300 000	6 700 000	700 000	300 000	-400 000	-400 000
10	合计 (1+2+3+4+5+6+7+8+9)				7 000 000	7 000 000	6 300 000	6 700 000	700 000	300 000	-400 000	-400 000

表 1-59　　　　　　　A105000　纳税调整项目明细表

金额单位：人民币元（列至角分）

行次	项目	账载金额	税收金额	调增金额	调减金额
		1	2	3	4
1	一、收入类调整项目（2+3+…+8+10+11）	*	*		400 000
4	（三）投资收益（填写 A105030）	700 000	300 000		400 000

因会计入账价值为 660 万元，企业所得税计税基础为 650 万元，差额为 10 万元，所以在无形资产后续使用期间按照入账价值多计提的摊销金额，应当逐期进行纳税调增处理。

（三）涉及多项资产交换的税会差异

1. 会计规定。对于涉及换入或换出多项资产的非货币性资产交换的计量，企业同样应当先判断是否符合非货币性资产准则以公允价值为基础计量的两个条件，再按照该准则的规定分别确定各项换入资产的初始计量金额，以及各项换出资产终止确认的相关损益。

（1）以换出资产的公允价值为基础计量。

①对于同时换入的多项资产，由于通常无法将换入资产与换出的某项特定资产相对应，应当按照各项换入资产的公允价值的相对比例（换入资产的公允价值不能够可靠计量的，可以按照各项换入资产的原账面价值的相对比例或其他合理的比例），将换出资产公允价值总额（涉及补价的，加上支付补价的公允价值或减去收到补价的公允价值）分摊至各项换入资产，以分摊额和应支付的相关税费作为各项换入资产的成本进行初始计量。

需要说明的是，根据非货币性资产交换准则规定，如果同时换入的多项非货币性资产中包含由《企业会计准则第 22 号——金融工具确认和计量》规范的金融资产，应当按照《企业会计准则第 22 号——金融工具确认和计量》的规定进行会计处理，在确定换入的其他多项资产的初始计量金额时，应当将该金融资产公允价值从换出资产公允价值总额中扣除。

②对于同时换出的多项资产，应当将各项换出资产的公允价值与其账面价值之间的差额，在各项换出资产终止确认时计入当期损益。

（2）以换入资产的公允价值为基础计量。

①对于同时换入的多项资产，应当以各项换入资产的公允价值和应支付的相关税费作为各项换入资产的初始计量金额。

②对于同时换出的多项资产，由于通常无法将换入资产与换出的某项特定资产相对应，应当按照各项换出资产的公允价值的相对比例（换出资产的公允价值不能够可靠计量的，可以按照各项换出资产的账面价值的相对比例），将换入资产的公允价值总额（涉及补价的，减去支付补价的公允价值或加上收到补价的公允价值）分摊至各项换出资产，分摊额与各项换出资产账面价值之间的差额，在各项换出资产终止确认时计入当期损益。

同样需要说明的是，根据非货币性资产交换准则规定，如果同时换出的多项非货币性资产中包含由《企业会计准则第 22 号——金融工具确认和计量》规范的金融资产，该金融资产应当按照《企业会计准则第 22 号——金融工具确认和计量》和《企业会计准则第 23 号——金融资产转移》的规定判断换出的该金融资产是否满足终止确认条件并进行终止确认的会计处理，在确定其他各项换出资产终止确认的相关损益时，应当将终止确认的该金融资产公允价值从换入资产公允价值总额中扣除。

[**例 1 - 3 - 3**] 本公司和某公司均为增值税一般纳税人。经协商，两公司于 2020 年 1 月 25 日签订资产交换合同，当日生效。

合同约定，本公司用于交换的资产包括：一间生产用厂房，公允价值为 110 万元；一幢自购入时就全部用于经营出租的公寓楼，公允价值为 390 万元；一项股票投资，将该投资作为交易性金融资产核算，公允价值为 30 万元。

双方于 2020 年 2 月 1 日完成了资产交换手续。交换当日，本公司用于交换的资产的情况为：厂房的账面价值为 120 万元（其中账面原价为 150 万元，已计提折旧 30 万元）；作为采用成本模式计量的投资性房地产的公寓楼的账面价值为 360 万元（其中账面原价为 420 万元，已计提折旧 60 万元）；一项股票投资账面价值为 25 万元。

某公司用于交换的资产包括：一块土地的使用权，公允价值为 240 万元；经营过程中使用的 10 辆货车，公允价值为 300 万元。交换当日，土地使用权的账面价值为 210 万元（其中成本 220 万元，累计摊销额为 10 万元），10 辆货车的账面价值为 320 万元（其中账面原价为 400 万元，已计提折旧 80 万元）。

本公司开具两张增值税专用发票，分别注明厂房的计税价格为 110 万元、增值税税额为 9.9 万元；公寓楼的计税价格为 390 万元、增值税税额为 35.1 万元。某公司开具两张增值税专用发票，分别注明土地使用权的计税价格为 240 万元、增值税税额为 21.6 万元；10 辆货车的计税价格为 300 万元、增值税税额为 39 万元。交易过程中，本公司用银行存款支付了土地使用权的契税及过户费用 5 万元，并按合同约定支付补价 10 万元，支付增值税差额为 15.6 万元。

假设上述资产交换后的用途不发生改变。不考虑其他税费。

[**分析**] 应以换出资产的公允价值为基础确定各项换入资产的成本，并确认各项换出资产产生的损益。另外，用于交换的非货币性资产中包含交易性金融资产，属于由《企业会计准则第 22 号——金融工具确认和计量》规范的金融资产。

①确定本公司各项换入资产的初始计量金额如表 1 - 60 所示。

表 1 - 60　　　　　　　　本公司换入资产的初始计量金额明细

换入资产	公允价值	换出资产公允价值总额 + 补价	分摊额	相关税费	初始计量金额
无形资产——土地使用权	2 400 000	不适用	2 400 000	50 000	2 450 000
固定资产——货车	3 000 000	不适用	3 000 000	0	3 000 000
合计	5 400 000	5 400 000	5 400 000	50 000	5 450 000

②确定本公司各项换出资产终止确认的相关损益如表 1 - 61 所示。
③本公司的账务处理如下：
终止确认换出的厂房，转入固定资产清理：
借：固定资产清理　　　　　　　　　　　　　　　　　　　　　1 299 000
　　累计折旧——厂房　　　　　　　　　　　　　　　　　　　　 300 000
　　贷：固定资产——厂房　　　　　　　　　　　　　　　　　　　　1 500 000

表 1-61　　　　　　　　本公司换出资产终止确认的相关损益明细

换出资产	账面价值	公允价值	处置损益
交易性金融资产——股票	250 000	300 000	50 000
固定资产——厂房	1 200 000	1 100 000	-100 000
投资性房地产	3 600 000	3 900 000	300 000
合计	5 050 000	5 300 000	250 000

  应交税费——应交增值税（销项税额）　　　　　　　　　　99 000
确认换入的资产，同时确认换出资产相关损益：
  借：无形资产——土地使用权　　　　　　　　　　　　　2 400 000
    固定资产——货车　　　　　　　　　　　　　　　　3 000 000
    应交税费——应交增值税（进项税额）　　　　　　　　606 000
    资产处置损益　　　　　　　　　　　　　　　　　　　100 000
   贷：固定资产清理　　　　　　　　　　　　　　　　　　1 299 000
    其他业务收入　　　　　　　　　　　　　　　　　　3 900 000
    交易性金融资产　　　　　　　　　　　　　　　　　　250 000
    投资收益　　　　　　　　　　　　　　　　　　　　　50 000
    应交税费——应交增值税（销项税额）　　　　　　　　351 000
    银行存款　　　　　　　　　　　　　　　　　　　　　256 000
确认换入的土地使用权的相关税费：
  借：无形资产——土地使用权　　　　　　　　　　　　　　50 000
   贷：银行存款　　　　　　　　　　　　　　　　　　　　　50 000
终止确认换出的投资性房地产，结转其他业务成本：
  借：其他业务成本　　　　　　　　　　　　　　　　　　　3 600 000
    投资性房地产累计折旧　　　　　　　　　　　　　　　600 000
   贷：投资性房地产　　　　　　　　　　　　　　　　　　4 200 000

2. 税会差异。与单项资产交换以及涉及补价的会计处理相比，换入多项资产或换出多项资产的会计处理相对复杂，但基本思路是一致的。需要注意以下两点：一是各项换入资产需要按照公允价值进行分摊；二是交换涉及金融资产时需要按照金融工具相关准则规定单独进行处理。因此，换入多项资产或换出多项资产的税收规定与税会差异，与单项资产交换相同，在此不赘述。

三、以账面价值为基础计量的非货币性资产交换的税会差异

（一）会计规定

会计准则规定，当非货币性资产交换不满足以公允价值为基础计量的条件时，即非货币性资产交换不具有商业实质，或者虽然具有商业实质但换入资产和换出资产的公允价值均不能可靠计量的，企业应当以账面价值为基础计量。对于以账面价值为基础计量的非货币性资产交换，应按照以下规定进行处理：

1. 对于换入资产，应当以换出资产的账面价值和应支付的相关税费作为换入资产的初

始计量金额。

2. 对于换出资产，终止确认时不确认损益。

[例1-3-4] 本公司的一家制药公司，因经营战略发生重大转变，将专注于疫苗的生产和销售，拥有的一项生产抗生素的专利权难以满足新的经营战略。某公司也是一家制药公司，正在开展一系列抗生素方面的新业务。2020年3月30日，两公司协商后决定，本公司将抗生素的专利权转让给某公司，作为交换，某公司将其刚申请专利的一项传染病疫苗配方转让给本公司，由其进行生产推广。当日，本公司换出的抗生素专利权的账面价值为450万元（其中账面原价为600万元，累计摊销额为150万元）；某公司刚申请专利的传染病疫苗配方已转为无形资产核算，账面价值为500万元，尚未进行摊销。假设两项专利权的公允价值不能可靠计量，整个交易过程中没有发生相关税费。双方取得专利权后仍分别作为无形资产核算。

本公司换出抗生素专利权，根据税务机关的确认按照700万元作为转让收入。某公司换出资产，根据税务机关的确认按照600万元作为转让收入。

[分析] 整个资产交换过程没有涉及收付货币性资产，交换的资产为无形资产，属于非货币性资产交换。由于用于交换的两项药物专利权的公允价值不能可靠地计量，因此两公司均应当以换出资产的账面价值为基础确定换入资产的初始计量金额，换出资产不确认损益。

①本公司的账务处理如下：

借：无形资产——传染病疫苗专利权　　　　　　　　　　　　4 500 000
　　累计摊销——抗生素专利权　　　　　　　　　　　　　　1 500 000
　　贷：无形资产——抗生素专利权　　　　　　　　　　　　　　6 000 000

②某公司的账务处理如下：

借：无形资产——抗生素专利权　　　　　　　　　　　　　　5 000 000
　　贷：无形资产——传染病疫苗专利权　　　　　　　　　　　　5 000 000

（二）税收规定

1.《企业所得税法》第二十七条规定，符合条件的技术转让所得，可以免征、减征企业所得税。

2.《企业所得税法实施条例》第九十条规定，企业所得税法所称符合条件的技术转让所得免征、减征企业所得税，是指一个纳税年度内，居民企业技术转让所得不超过500万元的部分，免征企业所得税；超过500万元的部分，减半征收企业所得税。

3.《财政部　国家税务总局关于居民企业技术转让有关企业所得税政策问题的通知》（财税〔2010〕111号）规定，技术转让的范围包括居民企业转让专利技术、计算机软件著作权、集成电路布图设计权、植物新品种、生物医药新品种，以及财政部和国家税务总局确定的其他技术。其中：专利技术，是指法律授予独占权的发明、实用新型和非简单改变产品图案的外观设计；技术转让，是指居民企业转让其拥有符合本通知第一条规定技术的所有权或5年以上（含5年）全球独占许可使用权的行为。

4.《国家税务总局关于许可使用权技术转让所得企业所得税有关问题的公告》（国家税务总局公告2015年第82号）规定，自2015年10月1日起，全国范围内的居民企业转让5年（含，下同）以上非独占许可使用权取得的技术转让所得，纳入享受企业所得税优惠的技术转让所得范围。居民企业的年度技术转让所得不超过500万元的部分，免征企业所得税；超过500万元的部分，减半征收企业所得税。

符合条件的5年以上非独占许可使用权技术转让所得应按以下方法计算：

技术转让所得 = 技术转让收入 - 无形资产摊销费用 - 相关税费 - 应分摊期间费用

技术转让收入是指转让方履行技术转让合同后获得的价款，不包括销售或转让设备、仪器、零部件、原材料等非技术性收入。不属于与技术转让项目密不可分的技术咨询、服务、培训等收入，不得计入技术转让收入。技术许可使用权转让收入，应按转让协议约定的许可使用权人应付许可使用权使用费的日期确认收入的实现。

无形资产摊销费用是指该无形资产按税法规定当年计算摊销的费用。涉及自用和对外许可使用的，应按照受益原则合理划分。

相关税费是指技术转让过程中实际发生的有关税费，包括除企业所得税和允许抵扣的增值税以外的各项税金及其附加、合同签订费用、律师费等相关费用。

应分摊期间费用（不含无形资产摊销费用和相关税费）是指技术转让按照当年销售收入占比分摊的期间费用。

（三）税会差异

1. 换入资产入账价值与计税基础的差异。会计规定，应当以换出资产的账面价值和应支付的相关税费作为换入资产的初始计量金额；企业所得税规定以换入资产的公允价值和支付的相关税费为计税基础。两者存在差异，会计换入资产的入账价值与计税基础不一致，并对后续年度计提折旧、摊销产生影响，在年度汇算清缴纳税申报时应进行纳税调整。

[例1-3-4]中，会计换入资产入账价值为450万元，企业所得税计税基础为700万元。

2. 收益确认的差异。对于以账面价值为基础计量非货币性资产交换的，会计规定换出资产终止确认时不确认损益；企业所得税法规定应当视同销售，视同销售收入调增应纳税所得额，视同销售成本调减应纳税所得额。两者存在差异，在年度汇算清缴纳税申报时应进行纳税调整。

[例1-3-4]中，视同销售收入700万元应调增应纳税所得额，视同销售成本450万元调减应纳税所得额，应确认应纳税所得额250万元。

3. 政策导向的差异。企业所得税法规定，居民企业技术转让所得不超过500万元的部分，免征企业所得税；超过500万元的部分，减半征收企业所得税。免税所得，在年度汇算清缴纳税申报时应调减应纳税所得额。

（四）年度纳税申报表调整（见表1-62和表1-63）

表1-62　　A105010　视同销售和房地产开发企业特定业务纳税调整明细表

金额单位：人民币元（列至角分）

行次	项目	税收金额	纳税调整金额
		1	2
1	一、视同销售（营业）收入（2+3+4+5+6+7+8+9+10）	7 000 000	7 000 000
2	（一）非货币性资产交换视同销售收入	7 000 000	7 000 000
11	二、视同销售（营业）成本（12+13+14+15+16+17+18+19+20）	4 500 000	-4 500 000
12	（一）非货币性资产交换视同销售成本	4 500 000	-4 500 000

表 1-63　　　　　　　　　A105000　纳税调整项目明细表

金额单位：人民币元（列至角分）

行次	项目	账载金额	税收金额	调增金额	调减金额
		1	2	3	4
1	一、收入类调整项目（2+3+…+8+10+11）	*	*	7 000 000	
2	（一）视同销售收入（填写A105010）	*	7 000 000	7 000 000	*
12	二、扣除类调整项目（13+14+…+24+26+27+28+29+30）	*	*		4 500 000
13	（一）视同销售成本（填写A105010）	*	4 500 000	*	4 500 000
46	合计（1+12+31+36+44+45）	*	*	7 000 000	4 500 000

因会计入账价值为450万元，企业所得税计税基础为700万元，差额为250万元，所以在无形资产后续使用期间按照入账价值少计提的摊销金额，应当逐期进行纳税调减处理。

第四节　债务重组准则与税法差异分析及调整

为了规范债务重组的确认、计量和相关信息的披露，根据《企业会计准则——基本准则》，财政部于2006年制定《企业会计准则第12号——债务重组》，并于2019年进行了修订（以下简称新债务重组准则），自2019年6月17日起施行。新债务重组准则与原准则相比，变化非常大，与企业所得税法规定产生了新的差异，值得深入研究。

一、债务重组税会差异概述

（一）债务重组概念的税会差异

1. 会计规定。新债务重组准则规定，债务重组是指在不改变交易对手方的情况下，经债权人和债务人协定或法院裁定，就清偿债务的时间、金额或方式等重新达成协议的交易。

（1）交易对手方。债务重组是在不改变交易对手方的情况下进行的交易。实务中经常出现第三方参与相关交易的情形，例如，某公司以不同于原合同条款的方式代债务人向债权人偿债；新组建的公司承接原债务人的债务，与债权人进行债务重组；资产管理公司从债权人处购得债权，再与债务人进行债务重组。在上述情形下，企业应当先考虑债权和债务是否发生终止确认，适用《企业会计准则第22号——金融工具确认和计量》和《企业会计准则第23号——金融资产转移》等准则，再就债务重组交易适用债务重组准则。

（2）债权和债务的范围。债务重组涉及的债权和债务，是指《企业会计准则第22号——金融工具确认和计量》规范的债权和债务，针对合同资产、合同负债、预计负债等进行的交易安排，不属于债务重组准则规范的范围，针对租赁应收款和租赁应付款的债务重组，属于债务重组准则规范的范围。

新债务重组准则债务重组概念与原准则相比，发生了明显变化。原准则规定，债务重组是指在债务人发生财务困难的情况下，债权人按照与债务人达成的协议或者法院的裁定作出让步的事项。区别主要在于：一是原准则强调债务人发生财务困难，新债务重组准则不强调债务人是否发生财务困难；二是原准则强调债权人要作出让步，新债务重组准则不强调债权人作出让步；三是新债务重组准则强调债务重组处理不能改变交易对手方，原准则未规范这一类事项。

这意味着，无论何种原因导致债务人未按原定条件偿还债务，也无论双方是否同意债务人以低于债务的金额偿还债务，只要债权人和债务人就债务条款重新达成了协议，就符合新债务重组的定义，属于债务重组准则规范的范围。

2. 税收规定。《财政部　国家税务总局关于企业重组业务企业所得税处理若干问题的通知》（财税〔2009〕59号）规定，债务重组，是指在债务人发生财务困难的情况下，债权人按照其与债务人达成的书面协议或者法院裁定书，就其债务人的债务作出让步的事项。

3. 税会差异。企业所得税法规定债务重组定义与原债务重组准则规定一致，而与新债务重组准则定义存在明显差异，上述概念的变化导致债务重组税会差异发生了重大变化。

（二）债务重组适用范围的税会差异

1. 会计规定。下列各项不属于债务重组准则规范范围，不应按照债务重组准则进行会计处理，其税会差异应参考相关章节内容：

（1）债务重组中涉及的债权、重组债权、债务、重组债务和其他金融工具的确认、计量和列报，适用《企业会计准则第22号——金融工具确认和计量》和《企业会计准则第37号——金融工具列报》等金融工具相关准则。

（2）通过债务重组形成企业合并的，适用《企业会计准则第20号——企业合并》。

（3）债务重组构成权益性交易的，应当适用权益性交易的有关会计处理规定，债权人和债务人不确认构成权益性交易的债务重组相关损益。债务重组构成权益性交易的情形包括：

①债权人直接或间接对债务人持股，或者债务人直接或间接对债权人持股，且持股方以股东身份进行债务重组。

②债权人与债务人在债务重组前后均受同一方或相同的多方最终控制，且该债务重组的交易实质是债权人或债务人进行了权益性分配或接受了权益性投入。

[例1-4-1] G公司是本公司股东，为了弥补本公司临时性经营现金流短缺，G公司向本公司提供1 000万元无息借款，并约定于6个月后收回。借款期满时，尽管本公司具有充足的现金流，G公司仍然决定免除部分本金还款义务，仅收回200万元借款。

[分析] 在此项交易中，如果G公司不以股东身份而是以市场交易者身份参与交易，在本公司具有足够偿债能力的情况下不会免除其部分本金。因此，上述业务应当将该交易作为权益性交易，不确认债务重组相关损益。

账务处理如下：

借：短期借款　　　　　　　　　　　　　　　　　　　10 000 000
　　贷：银行存款　　　　　　　　　　　　　　　　　　2 000 000
　　　　资本公积　　　　　　　　　　　　　　　　　　8 000 000

债务重组中不属于权益性交易的部分仍然适用债务重组准则。例如，假设[例1-4-1]中债务人确实出现财务困难，其他债权人对其债务普遍进行了减半的豁免，那么G公司作为股东比其他债务人多豁免300万元债务的交易应当作为权益性交易，正常豁免500万元债务的交易适用债务重组准则。

2. 税收规定。

（1）《财政部 国家税务总局关于企业重组业务企业所得税处理若干问题的通知》（财税〔2009〕59号）规定，企业发生债务重组的，债务人应当按照支付的债务清偿额低于债务计税基础的差额，确认债务重组所得；债权人应当按照收到的债务清偿额低于债权计税基础的差额，确认债务重组损失。

（2）《国家税务总局关于股权分置改革中上市公司取得资产及债务豁免对价收入征免所得税问题的批复》（国税函〔2009〕375号）规定，股权分置改革中，上市公司因股权分置改革而接受的非流通股股东作为对价注入资产和被非流通股股东豁免债务，上市公司应增加注册资本或资本公积，不征收企业所得税。

3. 税会差异。会计规定，债务重组构成权益性交易的，应当适用权益性交易的有关会计处理规定，债权人和债务人不确认构成权益性交易的债务重组相关损益；企业所得税法规定，除特殊规定外，债务重组并不因为债权人和债务人的关系不同，而采取不同的处理方式，而是统一需要确认债务重组相关损益。对于构成权益性交易的债务重组，两者存在差异。

4. 年度纳税申报表调整如表1-64和表1-65所示。

表1-64　　　　A105100　企业重组及递延纳税事项纳税调整明细表

金额单位：人民币元（列至角分）

行次	项目	一般性税务处理			特殊性税务处理（递延纳税）			纳税调整金额
		账载金额	税收金额	纳税调整金额	账载金额	税收金额	纳税调整金额	
		1	2	3(2-1)	4	5	6(5-4)	7(3+6)
1	一、债务重组	0	8 000 000	8 000 000				8 000 000
16	合计(1+4+6+8+11+12+13+14+15)	0	8 000 000	8 000 000				8 000 000

表1-65　　　　A105000　纳税调整项目明细表

金额单位：人民币元（列至角分）

行次	项目	账载金额	税收金额	调增金额	调减金额
		1	2	3	4
36	四、特殊事项调整项目(37+38+…+43)	*	*	8 000 000	
37	（一）企业重组及递延纳税事项（填写A105100）	0	8 000 000	8 000 000	

（三）债务重组方式的税会差异

1. 会计规定。债务重组方式主要包括债务人以资产清偿债务、债务人将债务转为权益工具、修改其他条款方式，以及上述一种以上方式的组合。

（1）债务人以资产清偿债务。债务人以资产清偿债务，是指债务人转让其资产给债权人以清偿债务的债务重组方式。债务人用于偿债的资产通常是已经在资产负债表中确认的资产，例如，现金、应收账款、长期股权投资、投资性房地产、固定资产、在建工程、生物资产、无形资产等。债务人以日常活动产出的商品或服务清偿债务的，用于偿债的资产可能体现为存货等资产。

（2）债务人将债务转为权益工具。债务人将债务转为权益工具，这里的权益工具，是指根据《企业会计准则第37号——金融工具列报》分类为"权益工具"的金融工具，会计处理上体现为"股本""实收资本""资本公积"等科目。

实务中，有些债务重组名义上采用"债转股"的方式，但同时附加相关条款，如约定债务人在未来某个时点有义务以某一金额回购股权，或债权人持有的股份享有强制分红权等。对于债务人，这些"股权"可能并不是根据《企业会计准则第37号——金融工具列报》分类为权益工具的金融工具，从而不属于债务人将债务转为权益工具的债务重组方式。

另外，债权人和债务人还可能协议以一项同时包含金融负债成分和权益工具成分的复合金融工具替换原债权、债务，这类交易也不属于债务人将债务转为权益工具的债务重组方式。

（3）修改其他条款。修改债权和债务的其他条款，是指债务人不以资产清偿债务，也不将债务转为权益工具，而是改变债权和债务的其他条款的债务重组方式，如调整债务本金、改变债务利息、变更还款期限等。经修改其他条款的债权和债务分别形成重组债权和重组债务。

（4）组合方式。组合方式，是指采用债务人以资产清偿债务、债务人将债务转为权益工具、修改其他条款三种方式中一种以上方式的组合清偿债务的债务重组方式。例如：债权人和债务人约定，由债务人以机器设备清偿部分债务，将另一部分债务转为权益工具，调减剩余债务的本金，但利率和还款期限不变；债务人以现金清偿部分债务，同时将剩余债务展期等。

2. 税收规定。《财政部 国家税务总局关于企业重组业务企业所得税处理若干问题的通知》（财税〔2009〕59号）规定，企业债务重组，相关交易应按以下规定处理：

（1）以非货币资产清偿债务，应当分解为转让相关非货币性资产和按非货币性资产公允价值清偿债务两项业务，确认相关资产的所得或损失。

（2）发生债权转股权的，应当分解为债务清偿和股权投资两项业务，确认有关债务清偿所得或损失。

3. 税会差异。会计规定的债务重组方式要比企业所得税法规范的债务重组方式更全面，导致部分债务重组的会计处理方式在企业所得税法中没有明确的规定，如修改债务偿还期限等，造成两者存在差异。

二、以资产清偿债务的税会差异

（一）以金融资产清偿债务的税会差异

1. 债务人的税会差异。

（1）会计规定。债务人以单项金融资产清偿债务的，债务的账面价值与偿债金融资产账面价值的差额，记入"投资收益"科目。偿债金融资产已计提减值准备的，应结转已计提的减值准备。

对于以分类为以公允价值计量且其变动计入其他综合收益的债务工具投资清偿债务的，

之前计入其他综合收益的累计利得或损失应当从其他综合收益中转出，记入"投资收益"科目。

对于以指定以公允价值计量且其变动计入其他综合收益的非交易性权益工具投资清偿债务的，之前计入其他综合收益的累计利得或损失应当从其他综合收益中转出，记入"盈余公积""利润分配——未分配利润"等科目。

由于债务人通过交付资产或权益工具解除了其清偿债务的现时义务，债务人一般可以终止确认该债务。

新债务重组准则关于以单项金融资产清偿债务的规定，与原准则不同。原准则规定，以资产清偿债务分为以现金资产清偿债务和以非现金资产清偿债务，以非现金资产清偿债务的，债务人应当将重组债务的账面价值与转让的非现金资产的公允价值之间的差额计入当期损益（"营业外收入——债务重组利得"科目）。转让的非现金资产的公允价值与其账面价值之间的差额也计入当期损益（根据资产类型适用对应科目）。

[例1-4-2] 2020年6月6日，甲公司向本公司销售商品一批，应收款项的入账金额为100万元。甲公司将该应收款项分类为以摊余成本计量的金融资产（应收账款）。本公司将该应付账款分类为以摊余成本计量的金融负债（应付账款）。2020年8月8日，双方签订债务重组合同，本公司以一项作为交易性金融资产核算的股权工具偿还该欠款。交易性金融资产的账面价值为90万元（其中成本为80万元，公允价值变动为10万元），公允价值为80万元，双方办理完成股权转让手续。甲公司支付交易费用4万元。本公司应付款项的账面价值仍为100万元。当日，甲公司应收款项的公允价值为80万元，已计提坏账准备10万元。假设不考虑相关税费。

本公司账务处理如下：

借：应付账款　　　　　　　　　　　　　　　　　　　　1 000 000
　　贷：交易性金融资产　　　　　　　　　　　　　　　　　900 000
　　　　投资收益　　　　　　　　　　　　　　　　　　　　100 000

（2）税收规定。

①《企业所得税法实施条例》第二十二条规定，企业所得税法所称其他收入，是指企业取得的除企业所得税法第六条第（一）项至第（八）项规定的收入外的其他收入，包括企业资产溢余收入、逾期未退包装物押金收入、确实无法偿付的应付款项、已作坏账损失处理后又收回的应收款项、债务重组收入、补贴收入、违约金收入、汇兑收益等。

②《财政部 国家税务总局关于企业重组业务企业所得税处理若干问题的通知》（财税〔2009〕59号）规定，企业债务重组，相关交易应按以下规定处理：

a. 以非货币资产清偿债务，应当分解为转让相关非货币性资产和按非货币性资产公允价值清偿债务两项业务，确认相关资产的所得或损失。

b. 发生债权转股权的，应当分解为债务清偿和股权投资两项业务，确认有关债务清偿所得或损失。

c. 债务人应当按照支付的债务清偿额低于债务计税基础的差额，确认债务重组所得；债权人应当按照收到的债务清偿额低于债权计税基础的差额，确认债务重组损失。

d. 债务人的相关所得税纳税事项原则上保持不变。

③《国家税务总局关于贯彻落实企业所得税法若干税收问题的通知》（国税函〔2010

79号)规定,企业发生债务重组,应在债务重组合同或协议生效时确认收入的实现。

④《国家税务总局关于企业取得财产转让等所得企业所得税处理问题的公告》(国家税务总局公告2010年第19号)规定,企业取得财产(包括各类资产、股权、债权等)转让收入、债务重组收入、接受捐赠收入、无法偿付的应付款收入等,不论是以货币形式,还是非货币形式体现,除另有规定外,均应一次性计入确认收入的年度计算缴纳企业所得税。

财税〔2009〕59号文件规定,企业债务重组确认的应纳税所得额占该企业当年应纳税所得额50%以上,可以在5个纳税年度的期间内,均匀计入各年度的应纳税所得额。

(3)税会差异。

①资产分类依据的差异。会计准则中以资产清偿债务,是分别按照以金融资产清偿债务和以非金融资产清偿债务两类进行会计处理的;企业所得税法是按照以货币资产清偿债务和以非货币资产清偿债务两类进行企业所得税处理。两者存在差异。

[例1-4-2]中,交易性金融资产在会计准则范围内属于金融资产,应当按照以金融资产清偿债务进行会计处理;在企业所得税法规定中属于非货币资产,应当按照以非货币资产清偿债务进行所得税处理。

②损益确认的差异。原债务重组准则规定债务人应当将重组债务的账面价值与转让的非现金资产的公允价值之间的差额计入当期损益,转让的非现金资产的公允价值与其账面价值之间的差额也计入当期损益;企业所得税法规定应当分解为转让相关非货币性资产和按非货币性资产公允价值清偿债务两项业务,确认相关资产的所得或损失。两者不存在差异。

新债务重组准则规定债务的账面价值与偿债金融资产账面价值的差额计入当期损益;企业所得税规定按债务的账面价值与偿债金融资产计税基础的差额计入应纳税所得额。如果会计账面价值与所得税计税基础不一致,就会形成税会差异。

[例1-4-2]中,会计确认投资收益为10万元,企业所得税规定应确认财产转让所得为0(80-80),应确认债务重组收入为20万元(100-80),在年度汇算清缴纳税申报时,应调增应纳税所得额。上述差异,是由于金融资产按公允价值计量导致的。

③损益确认时间的差异。会计规定,以资产清偿债务方式进行债务重组的,债务人应当在相关资产和所清偿债务符合终止确认条件时予以终止确认,所清偿债务账面价值与转让资产账面价值之间的差额计入当期损益;由于债务人通过交付资产或权益工具解除了其清偿债务的现时义务,债务人一般可以终止确认该债务,因此其确认损益的时间是交付资产或权益工具时。企业所得税法规定,企业发生债务重组,应在债务重组合同或协议生效时确认收入的实现。两者存在明显差异,如两者确认收益年度不同,则在年度汇算清缴纳税申报时应调整应纳税所得额。

④政策导向的差异。会计核算是在当期一次性确认重组收益,企业所得税法规定如果符合特殊性税务处理相关条件,且企业债务重组确认的应纳税所得额占该企业当年应纳税所得额50%以上的,可以在5个纳税年度的期间内,均匀计入各年度的应纳税所得额,两者存在时间上的差异。在递延期间每个年度汇算清缴纳税申报时,应调整应纳税所得额。

(4)年度纳税申报表调整如表1-66和表1-67所示。

表1-66　　　　　A105100　企业重组及递延纳税事项纳税调整明细表

金额单位：人民币元（列至角分）

行次	项目	一般性税务处理			特殊性税务处理（递延纳税）			纳税调整金额
		账载金额	税收金额	纳税调整金额	账载金额	税收金额	纳税调整金额	
		1	2	3(2-1)	4	5	6(5-4)	7(3+6)
1	一、债务重组	100 000	200 000	100 000				100 000
2	其中：以非货币性资产清偿债务	100 000	200 000	100 000				100 000

表1-67　　　　　A105000　纳税调整项目明细表

金额单位：人民币元（列至角分）

行次	项目	账载金额	税收金额	调增金额	调减金额
		1	2	3	4
36	四、特殊事项调整项目（37+38+…+43）	*	*	100 000	
37	（一）企业重组及递延纳税事项（填写A105100）	100 000	200 000	100 000	

2. 债权人的税会差异。

（1）会计规定。债权人受让包括现金在内的单项或多项金融资产的，应当按照《企业会计准则第22号——金融工具确认和计量》的规定进行确认和计量。金融资产初始确认时应当以其公允价值计量。金融资产确认金额与债权终止确认日账面价值之间的差额，记入"投资收益"科目，但收取的金融资产的公允价值与交易价格（放弃债权的公允价值）存在差异的，应当按照《企业会计准则第22号——金融工具确认和计量》第三十四条的规定处理。

债权人已对债权计提减值准备（账面价值低于账面余额），应当先将该差额冲减减值准备，减值准备不足以冲减的部分计入当期损益。

沿用［例1-4-2］，甲公司的账务处理如下：

借：交易性金融资产　　　　　　　　　　　　　　　800 000
　　坏账准备　　　　　　　　　　　　　　　　　　100 000
　　投资收益　　　　　　　　　　　　　　　　　　140 000
　贷：应收账款　　　　　　　　　　　　　　　　1 000 000
　　　银行存款　　　　　　　　　　　　　　　　　40 000

（2）税收规定。

①《财政部　国家税务总局关于企业重组业务企业所得税处理若干问题的通知》（财税〔2009〕59号）规定，债权人应当按照收到的债务清偿额低于债权计税基础的差额，确认债务重组损失。

②《企业所得税法》第十条规定，在计算应纳税所得额时，未经核定的准备金支出不得扣除。

（3）税会差异。

①金融资产初始计量与计税基础的差异。会计规定，金融资产中的交易性金融资产初始投资时发生的相关费用直接计入当期损益（"投资收益"科目）；企业所得税法规定，投资资产初始投资时发生的相关费用计入投资资产的历史成本，不得影响当期应纳税所得额。两者存在差异，在年度汇算清缴纳税申报时应调增应纳税所得额。

②损益确认的差异。会计规定，金融资产公允价值与债权终止确认日账面价值之间的差额，计入当期损益；企业所得税法规定，按照收到的债务清偿额低于债权计税基础的差额，确认债务重组损失。两者存在差异，在年度汇算清缴纳税申报时应调整应纳税所得额。

［例1-4-2］中，会计上因前期确认坏账损失，使账面价值下降至90万元，因此确认投资收益-10万元；企业所得税规定未经核定的准备金支出不得扣除，因此计税基础仍然是100万元，确认债务重组损失为-20万元（80-100），在年度汇算清缴纳税申报时，应当调减应纳税所得额。

（4）年度纳税申报表调整如表1-68和表1-69所示。

表1-68　　　　　A105100　企业重组及递延纳税事项纳税调整明细表

金额单位：人民币元（列至角分）

行次	项目	一般性税务处理			特殊性税务处理（递延纳税）			纳税调整金额
		账载金额	税收金额	纳税调整金额	账载金额	税收金额	纳税调整金额	
		1	2	3 (2-1)	4	5	6 (5-4)	7 (3+6)
1	一、债务重组	-100 000	-200 000	-100 000				-100 000
2	其中：以非货币性资产清偿债务	-100 000	-200 000	-100 000				-100 000

表1-69　　　　　A105000　纳税调整项目明细表

金额单位：人民币元（列至角分）

行次	项目	账载金额	税收金额	调增金额	调减金额
		1	2	3	4
1	一、收入类调整项目（2+3+…+8+10+11）	*	*	40 000	
6	（五）交易性金融资产初始投资调整	*	*	40 000	*
36	四、特殊事项调整项目（37+38+…+43）	*	*		100 000
37	（一）企业重组及递延纳税事项（填写A105100）	-100 000	-200 000		100 000

（二）以非金融资产清偿债务的税会差异

1. 债务人的税会差异。

（1）会计规定。债务人以单项非金融资产（如固定资产、日常活动产出的商品或服务等）清偿债务，不需要区分资产处置损益和债务重组损益，而应将所清偿债务账面价值与转让资产账面价值之间的差额，记入"其他收益——债务重组收益"科目。偿债资产已计提减值准备的，应结转已计提的减值准备。

［例1-4-3］2020年6月18日，乙公司向本公司销售商品一批，应收款项的入账金额为95万元。乙公司将该应收款项分类为以摊余成本计量的金融资产。本公司将该应付账款分类

为以摊余成本计量的金融负债。2020年10月18日，双方签订债务重组合同，本公司以一项作为无形资产核算的非专利技术偿还该欠款，该无形资产的账面余额为100万元，累计摊销额为10万元，已计提减值准备2万元。10月22日，双方办理完成该无形资产转让手续，乙公司支付评估费用4万元。当日，乙公司应收款项的公允价值为87万元，已计提坏账准备7万元，本公司应付款项的账面价值仍为95万元。假设该无形资产的公允价值为100万元。

本公司账务处理如下：

借：应付账款　　　　　　　　　　　　　　　　　　　　　950 000
　　累计摊销　　　　　　　　　　　　　　　　　　　　　100 000
　　无形资产减值准备　　　　　　　　　　　　　　　　　 20 000
　　贷：无形资产　　　　　　　　　　　　　　　　　　　1 000 000
　　　　其他收益——债务重组收益　　　　　　　　　　　　 70 000

（2）税收规定。《财政部　国家税务总局关于企业重组业务企业所得税处理若干问题的通知》（财税〔2009〕59号）规定，债务人应当按照支付的债务清偿额低于债务计税基础的差额，确认债务重组所得；债权人应当按照收到的债务清偿额低于债权计税基础的差额，确认债务重组损失。

（3）税会差异。

①资产处置损益的差异。会计规定，债务人不需要区分资产处置损益和债务重组损益，统一记入"其他收益——债务重组收益"科目；企业所得税法规定，以非货币资产清偿债务，应当分解为转让相关非货币性资产、按非货币性资产公允价值清偿债务两项业务，确认相关资产的所得或损失。两者存在差异，在年度汇算清缴纳税申报时应进行纳税调整。

［例1-4-3］中，应确认财产转让所得为10万元（100-90）。

②债务重组损益的差异。会计准则关于债务重组定义的改变，使债权人未让步的债务重组也可以按照会计准则规定进行会计处理；企业所得税法关于债务重组定义并未改变，根据财税〔2009〕59号文件规定，债务人应当按照支付的债务清偿额低于债务计税基础的差额，确认债务重组所得。

［例1-4-3］中，本公司以公允价值100万元的无形资产偿还了95万元的债务，形成了5万元的损失。综合上述两个差异，最终结果与会计确认的损益（不考虑资产账面价值与计税基础情况下）完全一致，不存在税会差异。

③损益确认的差异。与［例1-4-2］相同，因资产的会计账面价值与企业所得税计税基础不一致导致的差异，依然存在。［例1-4-3］中，会计账面价值为88万元，企业所得税计税基础为90万元，差额2万元影响损益确认金额。

（4）年度纳税申报表调整如表1-70所示。

表1-70　　　　　　　A105000　纳税调整项目明细表

金额单位：人民币元（列至角分）

行次	项目	账载金额	税收金额	调增金额	调减金额
		1	2	3	4
31	三、资产类调整项目（32+33+34+35）	*	*		
33	（二）资产减值准备金	-20 000	*		20 000

2. 债权人的税会差异。

(1) 会计规定。债权人初始确认受让的金融资产以外的资产时,应当按照下列原则确定的成本计量:

①存货的成本,包括放弃债权的公允价值,以及使该资产达到当前位置和状态所发生的可直接归属于该资产的税金、运输费、装卸费、保险费等其他成本。

②对联营企业或合营企业投资的成本,包括放弃债权的公允价值,以及可直接归属于该资产的税金等其他成本。

③投资性房地产的成本,包括放弃债权的公允价值,以及可直接归属于该资产的税金等其他成本。

④固定资产的成本,包括放弃债权的公允价值,以及使该资产达到预定可使用状态前所发生的可直接归属于该资产的税金、运输费、装卸费、安装费、专业人员服务费等其他成本。确定固定资产成本时,应当考虑预计弃置费用因素。

⑤生物资产的成本,包括放弃债权的公允价值,以及可直接归属于该资产的税金、运输费、保险费等其他成本。

⑥无形资产的成本,包括放弃债权的公允价值,以及可直接归属于使该资产达到预定用途所发生的税金等其他成本。

放弃债权的公允价值与账面价值之间的差额,记入"投资收益"科目。

沿用 [例1-4-3]。

[分析] 2020年10月22日,债权人乙公司取得该无形资产的成本为债权公允价值(87万元)与评估费用(4万元)的合计金额(91万元)。

账务处理如下:

借:信用减值损失	70 000
贷:坏账准备	70 000
借:无形资产	910 000
坏账准备	70 000
投资收益	10 000
贷:应收账款	950 000
银行存款	40 000

上述处理与原债务重组准则规定不同。原债务重组准则规定以非现金资产清偿债务的,债权人应当对受让的非现金资产按其公允价值入账,重组债权的账面价值与受让的非现金资产公允价值之间的差额,计入当期损益。

(2) 税收规定。

《企业所得税法实施条例》第五十八条规定,通过捐赠、投资、非货币性资产交换、债务重组等方式取得的固定资产,以该资产的公允价值和支付的相关税费为计税基础。

第六十二条规定,通过捐赠、投资、非货币性资产交换、债务重组等方式取得的生产性生物资产,以该资产的公允价值和支付的相关税费为计税基础。

第六十六条规定,通过捐赠、投资、非货币性资产交换、债务重组等方式取得的无形资产,以该资产的公允价值和支付的相关税费为计税基础。

(3) 税会差异。

①非金融资产入账价值与计税基础的差异。原债务重组准则规定，债权人应当对受让的非现金资产按其公允价值入账，企业所得税法规定以该资产的公允价值和支付的相关税费为计税基础，两者不存在差异。新债务重组准则规定以放弃债权的公允价值，以及可直接归属于该资产的税金等其他成本作为非货币性资产入账价值，与企业所得税法规定存在差异。

[例1-4-3]中，债权公允价值为87万元，无形资产入账价值为91万元，企业所得税及原债务重组准则确定的无形资产公允价值为100万元，入账价值及计税基础应当为104万元。

②债务重组损益的差异。会计规定放弃债权的公允价值与账面价值之间的差额，记入"投资收益"科目；企业所得税法规定按照收到的债务清偿额低于债权计税基础的差额，确认债务重组损失。两者存在差异，在年度汇算清缴纳税申报时应进行纳税调整。

[例1-4-3]中，会计确认损失为8万元（其中当期投资收益-1万元、前期确认信用减值损失7万元），根据企业所得税法规定，应收账款为95万元，实际收到的抵债资产公允价值为100万元，差额5万元应当确认为收入（考虑确认为债务重组收入），两者差额为13万元，同无形资产入账价值与计税基础差异金额一致，在年度汇算清缴申报时应调增应纳税所得额。

3. 年度纳税申报表调整如表1-71和表1-72所示。

表1-71　　　　A105100　企业重组及递延纳税事项纳税调整明细表

金额单位：人民币元（列至角分）

行次	项目	一般性税务处理			特殊性税务处理（递延纳税）			纳税调整金额
		账载金额	税收金额	纳税调整金额	账载金额	税收金额	纳税调整金额	
		1	2	3 (2-1)	4	5	6 (5-4)	7 (3+6)
1	一、债务重组	-10 000	50 000	60 000				
2	其中：以非货币性资产清偿债务	-10 000	50 000	60 000				

表1-72　　　　A105000　纳税调整项目明细表

金额单位：人民币元（列至角分）

行次	项目	账载金额	税收金额	调增金额	调减金额
		1	2	3	4
31	三、资产类调整项目（32+33+34+35）	*	*	70 000	
33	（二）资产减值准备金	70 000	*	70 000	
36	四、特殊事项调整项目（37+38+…+43）	*	*	60 000	
37	（一）企业重组及递延纳税事项（填写A105100）	-10 000	50 000	60 000	

在无形资产持有期间，每期计提累计摊销时，会计入账价值为91万元，计税基础为104万元，差额13万元对应的摊销金额，应当调减应纳税所得额。

（三）以多项资产清偿债务的税会差异

1. 债务人的税会差异。

（1）会计规定。债务人以多项非金融资产清偿债务，或者以包括金融资产和非金融资产在内的多项资产清偿债务的，不需要区分资产处置损益和债务重组损益，也不需要区分不同资产的处置损益，而应将所清偿债务账面价值与转让资产账面价值之间的差额，记入"其他收益——债务重组收益"科目。偿债资产已计提减值准备的，应结转已计提的减值准备。

债务人以包含非金融资产的处置组清偿债务的，应当将所清偿债务和处置组中负债的账面价值之和，与处置组中资产的账面价值之间的差额，记入"其他收益——债务重组收益"科目。处置组所属的资产组或资产组组合按照《企业会计准则第8号——资产减值》分摊了企业合并中取得的商誉的，该处置组应当包含分摊至处置组的商誉。处置组中的资产已计提减值准备的，应结转已计提的减值准备。

[例1-4-4] 2019年11月5日，本公司向丙公司赊购一批材料，含税价为226万元。2020年9月10日，本公司因发生财务困难，无法按合同约定偿还债务，双方协商进行债务重组。丙公司同意本公司用生产的商品、作为固定资产管理的机器设备和一项债券投资抵偿欠款。当日，该债权的公允价值为210万元，本公司用于抵债的商品市价（不含增值税）为90万元，抵债设备的公允价值为75万元，用于抵债的债券投资市价为23.55万元。

抵债资产于2020年9月20日转让完毕，本公司发生设备运输费用0.65万元，丙公司发生设备安装费用1.5万元。

丙公司以摊余成本计量该项债权。2020年9月20日，丙公司对该债权已计提坏账准备19万元，债券投资市价为21万元。丙公司将受让的商品、设备和债券投资分别作为低值易耗品、固定资产和以公允价值计量且其变动计入当期损益的金融资产核算。

本公司以摊余成本计量该项债务。2020年9月20日，用于抵债的商品成本为70万元；抵债设备的账面原价为150万元，累计折旧为40万元，已计提减值准备18万元；以摊余成本计量用于抵债的债券投资，债券票面价值总额为15万元，票面利率与实际利率一致，按年付息，假定本公司尚未对债券确认利息收入。

当日，该项债务的账面价值仍为226万元。

两公司均为增值税一般纳税人，适用增值税税率为13%，经税务机关确认，该项交易中商品和设备的计税价格分别为90万元和75万元。

本公司账务处理如下：

借：固定资产清理	920 000
累计折旧	400 000
固定资产减值准备	180 000
贷：固定资产	1 500 000
借：固定资产清理	6 500
贷：银行存款	6 500
借：应付账款	2 260 000
贷：固定资产清理	926 500
库存商品	700 000
应交税费——应交增值税	214 500

债权投资——面值		150 000
其他收益——债务重组收益		269 000

（2）税收规定。同以非金融资产清偿债务。

（3）税会差异。除涉及的金融资产会计处理外，以多项资产清偿债务的会计规定与以非金融资产清偿债务的规定基本一致，税会差异也一致。

[例1-4-4]中，以库存商品抵债，税收上应视同销售，确认视同销售收入90万元，视同销售成本为70万元，在年度汇算清缴纳税申报时应调增应纳税所得额20万元；以固定资产抵债，税收上应视同销售，确认视同销售收入75万元，视同销售成本为110万元，视同销售费用为0.65万元，在年度汇算清缴纳税申报时应调减应纳税所得额35.65万元。以债券投资抵债，税收上应确认财产转让所得为8.55万元（23.55-15）。上述抵债资产公允价值合计为210万元（90+75+23.55+21.45），抵偿债务226万元，应确认债务重组所得为16万元（226-210）。上述合计影响应纳税所得额为8.9万元（20-35.65+8.55+16），会计损益为26.9万元，两者差额为18万元，是计税基础110万元与固定资产账面价值92万元的差额。

（4）年度纳税申报表调整如表1-73至表1-76所示。

表1-73　　A105010　视同销售和房地产开发企业特定业务纳税调整明细表

金额单位：人民币元（列至角分）

行次	项目	税收金额	纳税调整金额
		1	2
1	一、视同销售（营业）收入（2+3+4+5+6+7+8+9+10）	1 650 000	1 650 000
10	（九）其他	1 650 000	1 650 000
11	二、视同销售（营业）成本（12+13+14+15+16+17+18+19+20）	1 806 500	-1 806 500
20	（九）其他	1 806 500	-1 806 500

需要注意的是，固定资产减值准备借方发生额18万元，不影响当期损益，所以不需要单独调整。

2. 债权人的税会差异。

（1）会计规定。

债权人受让多项非金融资产，或者包括金融资产、非金融资产在内的多项资产的，应当按照《企业会计准则第22号——金融工具确认和计量》的规定确认和计量受让的金融资产；按照受让的金融资产以外的各项资产在债务重组合同生效日的公允价值比例，对放弃债权在合同生效日的公允价值扣除受让金融资产当日公允价值后的净额进行分配，并以此为基础分别确定各项资产的成本。放弃债权的公允价值与账面价值之间的差额，记入"投资收益"科目。

债务人以处置组清偿债务的，债权人应当分别按照《企业会计准则第22号——金融工具确认和计量》和其他相关准则的规定，对处置组中的金融资产和负债进行初始计量，然后按照金融资产以外的各项资产在债务重组合同生效日的公允价值比例，对放弃债权在合同生效日的公允价值以及承担的处置组中负债的确认金额之和，扣除受让金融资产当日公允价值后的净额进行分配，并以此为基础分别确定各项资产的成本。放弃债权的公允价值与账面价值之间的差额，记入"投资收益"科目。

表 1-74　A105030　投资收益纳税调整明细表

金额单位：人民币元（列至角分）

行次	项目	持有收益			处置收益						纳税调整金额 11 (3+10)
		账载金额 1	税收金额 2	纳税调整金额 3 (2-1)	会计确认的处置收入 4	税收计算的处置收入 5	会计确认的处置投资的账面价值 6	税收计算的处置投资的计税基础 7	会计确认的处置所得或损失 8 (4-6)	税收计算的处置所得 9 (5-7)	纳税调整金额 10 (9-8)	
9	九、其他				0	235 500	0	150 000	0	85 500	85 500	85 500
10	合计 (1+2+3+4+5+6+7+8+9)				0	235 500	0	150 000	0	85 500	85 500	85 500

表1-75　　　　　A105100　企业重组及递延纳税事项纳税调整明细表

金额单位：人民币元（列至角分）

行次	项目	一般性税务处理			特殊性税务处理（递延纳税）			纳税调整金额
		账载金额	税收金额	纳税调整金额	账载金额	税收金额	纳税调整金额	
		1	2	3（2-1）	4	5	6（5-4）	7（3+6）
1	一、债务重组	269 000	160 000	-109 000				-109 000
2	其中：以非货币性资产清偿债务	269 000	160 000	-109 000				-109 000

表1-76　　　　　A105000　纳税调整项目明细表

金额单位：人民币元（列至角分）

行次	项目	账载金额	税收金额	调增金额	调减金额
		1	2	3	4
1	一、收入类调整项目（2+3+…+8+10+11）	*	*	1 735 500	
2	（一）视同销售收入（填写A105010）	*	1 650 000	1 650 000	*
4	（三）投资收益（填写A105030）	0	85 500	85 500	
12	二、扣除类调整项目（13+14+…+24+26+27+28+29+30）	*	*		1 806 500
13	（一）视同销售成本（填写A105010）	*	1 806 500	*	1 806 500
36	四、特殊事项调整项目（37+38+…+43）	*	*		109 000
37	（一）企业重组及递延纳税事项（填写A105100）	269 000	160 000		109 000
46	合计（1+12+31+36+44+45）	*	*	1 735 500	1 915 500

沿用［例1-4-4］。

[分析] 低值易耗品可抵扣增值税 = 90 × 13% = 11.7（万元）

设备可抵扣增值税 = 75 × 13% = 9.75（万元）

低值易耗品和固定资产的成本应当以其公允价值比例（90:75）对放弃债权公允价值扣除受让金融资产公允价值后的净额进行分配后的金额为基础确定。

低值易耗品的成本 = 90 ÷ (90+75) × (210 - 23.55 - 11.7 - 9.75) = 90（万元）

固定资产的成本 = 75 ÷ (90+75) × (210 - 23.55 - 11.7 - 9.75) = 75（万元）

丙公司账务处理如下：

①结转债务重组相关损益：

借：低值易耗品　　　　　　　　　　　　　　　　　　　900 000
　　在建工程　　　　　　　　　　　　　　　　　　　　750 000
　　应交税费——应交增值税（进项税额）　　　　　　 214 500
　　交易性金融资产　　　　　　　　　　　　　　　　 210 000
　　坏账准备　　　　　　　　　　　　　　　　　　　 190 000
　　贷：应收账款　　　　　　　　　　　　　　　　　　　　　2 260 000

投资收益 4 500

②支付安装费用：

借：在建工程 15 000
　　贷：银行存款 15 000

③安装完毕达到可使用状态：

借：固定资产 765 000
　　贷：在建工程 765 000

（2）税会差异。除涉及的金融资产会计处理外，以多项资产清偿债务的会计规定与以非金融资产清偿债务的规定基本一致，税会差异也一致。

［例1-4-4］中，取得固定资产的计税基础为76.5万元，低值易耗品的计税基础为90万元，交易性金融资产的计税基础为21万元，可抵扣进项税额计税基础为21.45万元，收到的债务清偿额合计为207.45万元（75+90+21+21.45），低于债权计税基础的差额为18.55万元（226-207.45），可以确认债务重组损失，会计确认债务重组收益为0.45万元，两者差额为19万元，是企业所得税计税基础226万元与应收账款账面价值207万元的差额。

（3）年度纳税申报表调整如表1-77和表1-78所示。

表1-77　　　　　A105100　企业重组及递延纳税事项纳税调整明细表

金额单位：人民币元（列至角分）

行次	项目	一般性税务处理			特殊性税务处理（递延纳税）			纳税调整金额
		账载金额	税收金额	纳税调整金额	账载金额	税收金额	纳税调整金额	
		1	2	3（2-1）	4	5	6（5-4）	7（3+6）
1	一、债务重组	4 500	-185 500	-190 000				-190 000
2	其中：以非货币性资产清偿债务	4 500	-185 500	-190 000				-190 000

表1-78　　　　　A105000　纳税调整项目明细表

金额单位：人民币元（列至角分）

行次	项目	账载金额	税收金额	调增金额	调减金额
		1	2	3	4
37	（一）企业重组及递延纳税事项（填写A105100）	4 500	-185 500		190 000
46	合计（1+12+31+36+44+45）	*	*		190 000

需要注意的是，应收账款坏账准备借方发生额19万元，不影响当期损益，所以不需要单独调整。

三、将债务转为权益工具的税会差异

（一）债务人的税会差异

1. 会计规定。采用将债务转为权益工具方式进行的债务重组，债务人初始确认权益工具时，应当按照权益工具的公允价值计量，权益工具的公允价值不能可靠计量的，应当按照

所清偿债务的公允价值计量。所清偿债务账面价值与权益工具确认金额之间的差额，记入"投资收益"科目。债务人因发行权益工具而支出的相关税费等，应当依次冲减资本溢价、盈余公积、未分配利润等。

[例1-4-5] 2020年2月10日，本公司从丁公司购买一批材料，约定6个月后应结清款项为100万元（假定无重大融资成分）。丁公司将该应收款项分类为以公允价值计量且其变动计入当期损益的金融资产；本公司将该应付款项分类为以摊余成本计量的金融负债。2020年8月12日，本公司因无法支付货款与丁公司协商进行债务重组，双方商定丁公司将该债权转为对本公司的股权投资。10月20日，丁公司办结了增资手续，本公司和丁公司分别支付手续费等相关费用1.5万元和1.2万元。"债转股"后本公司总股本为10 000万元，丁公司持有的抵债股权占总股本的0.1%，对本公司不具有重大影响，当日每股市价为9元。本公司应付款项的账面价值仍为100万元。2020年10月20日，应收款项和应付款项的公允价值仍为76万元。

[分析] 2020年10月20日，由于本公司股权的公允价值为90万元，初始确认权益工具公允价值时应当按照90万元计量，并扣除因发行权益工具支出的相关税费1.5万元。所清偿债务账面价值100万元与权益工具确认金额90万元之间的差额10万元，记入"投资收益"科目。

本公司账务处理如下：

借：应付账款　　　　　　　　　　　　　1 000 000
　　贷：股本　　　　　　　　　　　　　　　100 000
　　　　资本公积　　　　　　　　　　　　　785 000
　　　　银行存款　　　　　　　　　　　　　 15 000
　　　　投资收益　　　　　　　　　　　　　100 000

2. 税收规定。《财政部　国家税务总局关于企业重组业务企业所得税处理若干问题的通知》（财税〔2009〕59号）规定，发生债权转股权的，应当分解为债务清偿和股权投资两项业务，确认有关债务清偿所得或损失。债务人应当按照支付的债务清偿额低于债务计税基础的差额，确认债务重组所得。

企业重组符合本通知规定特殊重组条件的，企业发生债权转股权业务，对债务清偿和股权投资两项业务暂不确认有关债务清偿所得或损失，股权投资的计税基础以原债权的计税基础确定。企业的其他相关所得税事项保持不变。

3. 税会差异。

（1）损益确认的差异。原债务重组准则规定，将债务转为资本的，重组债务的账面价值与股份的公允价值总额之间的差额计入当期损益（"营业外收入——债务重组利得"科目），企业所得税法规定，支付的债务清偿额低于债务计税基础的差额，应确认债务重组所得，两者不存在差异。新债务重组准则规定，清偿债务账面价值与权益工具确认金额之间的差额，记入"投资收益"科目（权益工具的公允价值不能可靠计量的除外），企业所得税法规定没有发生变化。原债务重组准则和新债务重组准则虽然确认的科目不同，但对会计利润和应纳税所得额的影响是相同的，新准则下与原准则下税会差异一样，即不存在差异。

权益工具的公允价值不能可靠计量的，新准则规定应当按照所清偿债务的公允价值计量初始确认的权益工具；企业所得税法规定支付的债务清偿额低于债务计税基础的差额，应确认债务重组所得。两者存在差异，在年度汇算清缴纳税申报时应进行纳税调整。

（2）政策导向的差异。会计核算是在当期一次性确认重组收益；企业所得税法规定如果企业重组符合特殊性税务处理相关条件，对债务清偿和股权投资两项业务暂不确认有关债务清偿所得或损失。两者存在差异，在年度汇算清缴纳税申报时应进行纳税调整。

4. 年度纳税申报表调整。假设［例1-4-5］符合特殊性税务处理相关条件，本公司年度纳税申报调整如表1-79和表1-80所示。

表1-79　　　　A105100　企业重组及递延纳税事项纳税调整明细表

金额单位：人民币元（列至角分）

行次	项目	一般性税务处理			特殊性税务处理（递延纳税）			纳税调整金额
		账载金额	税收金额	纳税调整金额	账载金额	税收金额	纳税调整金额	
		1	2	3（2-1）	4	5	6（5-4）	7（3+6）
1	一、债务重组	100 000	0	-100 000				-100 000
3	债转股	100 000	0	-100 000				-100 000

表1-80　　　　A105000　纳税调整项目明细表

金额单位：人民币元（列至角分）

行次	项目	账载金额	税收金额	调增金额	调减金额
		1	2	3	4
36	四、特殊事项调整项目（37+38+…+43）	*	*		100 000
37	（一）企业重组及递延纳税事项（填写A105100）	100 000	0		100 000
46	合计（1+12+31+36+44+45）	*	*		100 000

（二）债权人的税会差异

1. 会计规定。以将债务转为权益工具方式进行债务重组的，债权人取得债务人的长期股权投资或者金融资产，其中对联营企业或合营企业投资的成本，包括放弃债权的公允价值，以及可直接归属于该资产的税金等其他成本；取得金融资产的成本，应当按照《企业会计准则第22号——金融工具确认和计量》的规定进行确认和计量，金融资产初始确认时应当以其公允价值计量。资产入账价值与放弃债权账面价值之间的差额，应当计入当期损益。

沿用［例1-4-5］，假设丁公司将取得本公司股权分类为以公允价值计量且其变动计入当期损益的金融资产。

丁公司账务处理如下：

①2020年8月12日：

借：公允价值变动损益　　　　　　　　　　　　　　　　　240 000
　　贷：交易性金融资产——公允价值变动　　　　　　　　　　　240 000

②2020年10月20日，丁公司金融资产的成本为股权公允价值90万元。

借：交易性金融资产　　　　　　　　　　　　　　　　　　900 000
　　交易性金融资产——公允价值变动　　　　　　　　　　　240 000

         贷：交易性金融资产——成本   1 000 000
             银行存款   12 000
             投资收益   128 000

2. 税收规定。《财政部　国家税务总局关于企业重组业务企业所得税处理若干问题的通知》（财税〔2009〕59号）规定，债权人应当按照收到的债务清偿额低于债权计税基础的差额，确认债务重组损失。

3. 税会差异。将债务转为权益工具的债务重组，债权人的会计处理与受让金融资产、非金融资产规定基本一致，税会差异也一致。

沿用［例1-4-5］中，按照财税〔2009〕59号文件规定，丁公司企业所得税确认债务重组损失为10万元（100-90），会计确认债务重组所得为12.8万元，两者差额为22.8万元是由于资产的账面价值与计税基础的差异导致的：一是应收账款账面价值76万元与计税基础100万元差额为24万元；二是交易性金融资产入账价值90万元与计税基础91.2万元差额为1.2万元。

4. 年度纳税申报表调整如表1-81和表1-82所示。

表1-81　　　　　A105100　企业重组及递延纳税事项纳税调整明细表

金额单位：人民币元（列至角分）

行次	项目	一般性税务处理			特殊性税务处理（递延纳税）			纳税调整金额
		账载金额	税收金额	纳税调整金额	账载金额	税收金额	纳税调整金额	
		1	2	3（2-1）	4	5	6（5-4）	7（3+6）
1	一、债务重组	128 000	-100 000	-228 000				-228 000
3	债转股	128 000	-100 000	-228 000				-228 000

表1-82　　　　　A105000　纳税调整项目明细表

金额单位：人民币元（列至角分）

行次	项目	账载金额	税收金额	调增金额	调减金额
		1	2	3	4
1	一、收入类调整项目（2+3+…+8+10+11）	*	*	240 000	
7	（六）公允价值变动净损益		*	240 000	
36	四、特殊事项调整项目（37+38+…+43）	*	*		228 000
37	（一）企业重组及递延纳税事项（填写A105100）	128 000	-100 000		228 000
46	合计（1+12+31+36+44+45）	*	*	240 000	228 000

需要注意的是，交易性金融资产入账价值90万元与计税基础91.2万元差额为1.2万元，不影响当期损益，不需要单独进行纳税调整。

四、修改其他条款的税会差异

（一）债权债务终止确认的会计规定

1. 债务人的会计规定。对于债务人，如果对债务或部分债务的合同条款作出实质性修改形成重组债务,或者债权人与债务人之间签订协议,以承担实质上不同的重组债务方式替换债务,债务人应当终止确认原债务,同时按照修改后的条款确认一项新金融负债。

其中,如果重组债务未来现金流量(包括支付和收取的某些费用)现值与原债务的剩余期间现金流量现值之间的差异超过10%,则意味着新的合同条款进行了实质性修改或者重组债务是实质上不同的,有关现值的计算均采用原债务的实际利率。

2. 债权人的会计规定。对于债权人,债务重组通过调整债务本金、改变债务利息、变更还款期限等修改合同条款方式进行的,合同修改前后的交易对手方没有发生改变,合同涉及的本金、利息等现金流量很难在本息之间及债务重组前后作出明确分割,即很难单独识别合同的特定可辨认现金流量。因此,通常情况下,应当整体考虑是否对全部债权的合同条款作出了实质性修改。如果作出实质性修改,或者债权人与债务人之间签订协议,以获取实质上不同的新金融资产方式替换债权,应当终止确认原债权,并按照修改后的条款或新协议确认新金融资产。

3. 债务人与债权人会计处理不同。对于债务人,债务重组准则规定如果重组债务未来现金流量(包括支付和收取的某些费用)现值与原债务的剩余期间现金流量现值之间的差异超过10%,则意味着新的合同条款进行了实质性修改或者重组债务是实质上不同的;对于债权人,准则规定如果作出实质性修改,或者债权人与债务人之间签订协议,以获取实质上不同的新金融资产方式替换债权,应当终止确认原债权。两者规定是有差异的,可能会导致债务人与债权人双方采用不同的会计处理方法,从而引起较大的税会差异。

4. 新债务重组准则与原债务重组准则规定不同。原债务重组准则规定债务人和债权人应当将重组债务的账面价值超过偿债资产公允价值差额,在满足《企业会计准则第22号——金融工具确认和计量》所规定的金融负债、金融资产终止确认条件时,将其终止确认。新债务重组准则强调合同条款作出了实质性修改,债务人的会计处理还规定了判断标准比例,这与原债务重组准则规定不一样,会导致出现新的税会差异。

(二)债权债务终止确认的税会差异

1. 债务人的税会差异。

(1)会计规定。债务重组采用修改其他条款方式进行的,如果修改其他条款导致债务终止确认,债务人应当按照公允价值计量重组债务,终止确认的债务账面价值与重组债务确认金额之间的差额,记入"投资收益"科目。

(2)税收规定。《财政部 国家税务总局关于企业重组业务企业所得税处理若干问题的通知》(财税〔2009〕59号)规定,债务人应当按照支付的债务清偿额低于债务计税基础的差额,确认债务重组所得。

(3)税会差异。会计规定,终止确认的债务账面价值与重组债务确认金额之间的差额,记入"投资收益"科目;企业所得税法规定,债务人应当按照支付的债务清偿额低于债务计税基础的差额,确认债务重组所得。两者不存在差异。

2. 债权人的税会差异。

(1)会计规定。债务重组采用以修改其他条款方式进行的,如果修改其他条款导致全部债权终止确认,债权人应当按照修改后的条款以公允价值初始计量重组债权,重组债权的确认金额与债权终止确认日账面价值之间的差额,记入"投资收益"科目。

[例1-4-6] 本公司为上市公司,2016年1月1日,取得戊银行贷款5 000万元,约

定贷款期限为4年（2019年12月31日到期），年利率为6%，按年付息，本公司已按时支付所有利息。2019年12月31日，公司出现严重资金周转问题，多项债务违约，信用风险增加，无法偿还贷款本金。2020年1月10日，戊银行同意与本公司就该项贷款重新达成协议，新协议约定：

①本公司将一项作为固定资产核算的房产转让给戊银行，用于抵偿债务本金1 000万元，该房产账面原值为1 200万元，累计折旧400万元，未计提减值准备；假设公允价值为1 000万元。

②本公司向戊银行增发股票200万股，面值为1元/股，占公司股份总额的2%，用于抵偿债务本金2 000万元，公司股票于2020年1月10日的收盘价为10元/股。

③在本公司履行上述偿债义务后，戊银行免除公司500万元债务本金，并将尚未偿还的债务本金1 500万元展期至2020年12月31日，年利率为8%；如果本公司未能履行①②所述偿债义务，戊银行有权终止债务重组协议，尚未履行的债权调整承诺随之失效。

戊银行以摊余成本计量该贷款，已计提贷款损失准备300万元。

该贷款于2020年1月10日的公允价值为4 600万元，予以展期的当月31日，戊银行为该笔贷款补提了100万元的损失准备。2020年3月2日，双方办理完成房产过户手续；5月9日，双方办理完成股权转让手续，戊银行将该股权投资分类为以公允价值计量且其变动计入当期损益的金融资产，本公司股票当日收盘价为10.05元/股。

本公司以摊余成本计量该贷款，截至2020年1月10日，该贷款的账面价值为5 000万元。不考虑相关税费。

[分析] 本公司与戊银行以组合方式进行债务重组，同时涉及以资产清偿债务、将债务转为权益工具以及债务豁免的修改其他条款等方式，可以认为对全部债权的合同条款作出了实质性修改，债权人在收取债权现金流量的合同权利终止时应当终止确认全部债权，即在2020年5月9日该债务重组协议的执行过程和结果不确定性消除时，可以确认债务重组相关损益，并按照修改后的条款确认新金融资产。

戊银行账务处理如下：

①2020年1月31日：

借：信用减值损失   1 000 000
　　贷：贷款损失准备   1 000 000

②投资性房地产成本 = 放弃债权公允价值 − 受让股权公允价值 − 重组债权公允价值 = 4 600 − 2 000 − 1 500 = 1 100（万元）

借：投资性房地产   11 000 000
　　贷：贷款——本金   11 000 000

③2020年5月9日受让股权的公允价值 = 10.05 × 200 = 2 010（万元）

借：交易性金融资产   20 100 000
　　贷款——本金   15 000 000
　　贷款损失准备   4 000 000
　　贷：贷款——本金   39 000 000
　　　　投资收益   100 000

(2) 税收规定。《企业所得税法》第十条规定，未经核定的准备金支出，不得扣除。

《财政部 国家税务总局关于企业重组业务企业所得税处理若干问题的通知》（财税〔2009〕59号）规定，债务人应当按照支付的债务清偿额低于债务计税基础的差额，确认债务重组所得。

(3) 税会差异。

①信用减值损失的差异。会计规定，按照金融工具相关准则计提信用减值损失；企业所得税法规定，不属于经过核准的准备金支出，不得税前扣除。两者存在差异，在年度汇算清缴纳税申报时应进行纳税调整。

②非金融资产的入账价值与计税基础的差异。会计确认的投资性房地产的入账价值以债务公允价值为基础；企业所得税法规定以该资产的公允价值和支付的相关税费为计税基础。两者存在差异，在年度汇算清缴申报时应进行纳税调整。

［例1-4-6］中，企业所得税规定按非货币性资产公允价值清偿债务，因此冲减的债务账面价值也是1 000万元，会产生税会差异。

③调整债务本金的差异。会计规定，修改其他条款包括调整债务本金、改变债务利息、变更还款期限等方式；企业所得税法规定，债务重组方式主要是以非货币资产清偿债务和债权转股权，债权人应当按照收到的债务清偿额低于债权计税基础的差额，确认债务重组损失。对于豁免债务的方式，可以认为债务人的债务清偿额为0，其与债权计税基础的差额可以作为债务重组损失税前扣除，两者不存在差异。

综上所述，［例1-4-6］会计确认损失金额为390万元（400-10）（影响本期损益90万元），企业所得税应确认债务重组损失为490万元（5 000-1 500-2 010-1 000），本例中税会差异包括：一是信用减值损失400万元，应调增应纳税所得额（本期调增100万元）；二是减免债务本金500万元，作为债务重组损失，本期应调减应纳税所得额，差额为100万元，企业增加了投资性房地产的入账价值。

(3) 年度纳税申报表调整如表1-83和表1-84所示。

表1-83　　　　A105100　企业重组及递延纳税事项纳税调整明细表

金额单位：人民币元（列至角分）

行次	项目	一般性税务处理			特殊性税务处理（递延纳税）			纳税调整金额
		账载金额	税收金额	纳税调整金额	账载金额	税收金额	纳税调整金额	
		1	2	3 (2-1)	4	5	6 (5-4)	7 (3+6)
1	一、债务重组	100 000	-4 900 000	-5 000 000				-5 000 000
2	其中：以非货币性资产清偿债务							
3	债转股	100 000	100 000	0				

表1-84　　　　　　　A105000　纳税调整项目明细表

金额单位：人民币元（列至角分）

行次	项目	账载金额	税收金额	调增金额	调减金额
		1	2	3	4
31	三、资产类调整项目（32+33+34+35）	*	*	1 000 000	
33	（二）资产减值准备金	1 000 000	*	1 000 000	
36	四、特殊事项调整项目（37+38+…+43）	*	*		5 000 000
37	（一）企业重组及递延纳税事项（填写A105100）	100 000	-4 900 000		5 000 000
46	合计（1+12+31+36+44+45）	*	*	1 000 000	5 000 000

（三）债权债务不终止确认的税会差异

1. 债务人的税会差异。

（1）会计规定。如果修改其他条款未导致债务终止确认，或者仅导致部分债务终止确认，对于未终止确认的部分债务，债务人应当根据其分类，继续以摊余成本、以公允价值计量且其变动计入当期损益或其他适当方法进行后续计量。对于以摊余成本计量的债务，债务人应当根据重新议定合同的现金流量变化情况，重新计算该重组债务的账面价值，并将相关利得或损失记入"投资收益"科目。重新计算的该重组债务的账面价值，应当根据将重新议定或修改的合同现金流量按债务的原实际利率或按《企业会计准则第24号——套期会计》第二十三条规定的重新计算的实际利率（如适用）折现的现值确定。

对于修改或重新议定合同所产生的成本或费用，债务人应当调整修改后的重组债务的账面价值，并在修改后重组债务的剩余期限内摊销。

沿用［例1-4-6］。

［分析］该债务重组协议的执行过程和结果不确定性于2020年5月9日消除时，债务人清偿该部分债务的现时义务已经解除，可以确认债务重组相关损益，并按照修改后的条款确认新金融负债。

借款的新现金流量现值 = 1 500 × （1+8%） ÷ （1+6%） = 1 528.5（万元）

现金流变化 = （1 528.5 - 1 500） ÷ 1 500 = 1.9% < 10%

因此，针对1 500万元本金部分的合同条款的修改不构成实质性修改，不终止确认该部分负债。

本公司账务处理如下：

①2020年3月2日：

借：固定资产清理　　　　　　　　　　　　　　　　　　8 000 000
　　累计折旧　　　　　　　　　　　　　　　　　　　　4 000 000
　　　贷：固定资产　　　　　　　　　　　　　　　　　　　　12 000 000
借：长期借款——本金　　　　　　　　　　　　　　　　8 000 000
　　　贷：固定资产清理　　　　　　　　　　　　　　　　　　8 000 000

②2020年5月9日：

借：长期借款——本金　　　　　　　　　　　　　　　　42 000 000
　　　贷：股本　　　　　　　　　　　　　　　　　　　　　　2 000 000

　　　　资本公积　　　　　　　　　　　　　　　　　　　　　　　18 100 000
　　　　长期借款——本金　　　　　　　　　　　　　　　　　　 15 285 000
　　　　其他收益——债务重组收益　　　　　　　　　　　　　　　6 615 000
　　注：本例中，即使没有"公司未能履行①②所述偿债义务，戊银行有权终止债务重组协议，尚未履行的债权调整承诺随之失效"的条款，债务人仍然应当谨慎处理，考虑在债务的现时义务解除时终止确认原债务。

　　（2）税收规定。《国家税务总局关于印发〈中华人民共和国企业清算所得税申报表〉的通知》（国税函〔2009〕388号）规定，"负债清偿损益"：填报纳税人全部负债按计税基础减除其清偿金额后确认的负债清偿所得或损失金额。

　　（3）税会差异。
　　①损益确认的差异。会计规定，清偿债务的账面价值与转让资产的账面价值的差额，记入"其他收益"科目；企业所得税法规定，应当分解为转让相关非货币性资产、按非货币性资产公允价值清偿债务两项业务，确认相关资产的所得或损失。会计处理与税法规定虽然不同，但对会计利润和应纳税所得额的影响却是相同的，两者不存在差异。

　　②重组债务入账价值与计税基础的差异。会计规定，重新计算的该重组债务的账面价值，应当根据将重新议定或修改的合同现金流量按债务的原实际利率折现的现值确定；企业所得税法规定其应为目前承担债务的现时义务，不应按照未来现金流量的现值进行计量。

　　［例1-4-6］中，会计确认重组债务的入账价值为1 528.5万元，企业所得税计税基础应为1 500万元。

　　综上所述，会计确认损益为661.5万元，企业所得税确认的债务重组所得为490万元（5 000－1 500－2 010－1 000），确认资产转让所得为200万元，合计为690万元，与会计损益差额为28.5万元，在年度汇算清缴纳税申报时应调增应纳税所得额。

　　（4）年度纳税申报表调整（见表1-85至表1-87）。

表1-85　　　　A105100　企业重组及递延纳税事项纳税调整明细表

金额单位：人民币元（列至角分）

行次	项目	一般性税务处理			特殊性税务处理（递延纳税）			纳税调整金额
		账载金额	税收金额	纳税调整金额	账载金额	税收金额	纳税调整金额	
		1	2	3（2-1）	4	5	6（5-4）	7（3+6）
1	一、债务重组	6 615 000	4 900 000	-1 715 000				-1 715 000
2	其中：以非货币性资产清偿债务							
3	债转股							

　　2. 债权人的税会差异。如果修改其他条款未导致债权终止确认，债权人应当根据其分类，继续以摊余成本、以公允价值计量且其变动计入其他综合收益或者以公允价值计量且其变动计入当期损益进行后续计量。对于以摊余成本计量的债权，债权人应当根据重新议定合同的现金流量变化情况，重新计算该重组债权的账面余额，并将相关利得或损失记入"投资收益"科目。重新计算的该重组债权的账面余额，应当根据将重新议定或修改的合同现

金流量按债权原实际利率折现的现值确定，购买或源生的已发生信用减值的重组债权，应按经信用调整的实际利率折现。对于修改或重新议定合同所产生的成本或费用，债权人应当调整修改后的重组债权的账面价值，并在修改后重组债权的剩余期限内摊销。

表 1-86　　　　A105010　视同销售和房地产开发企业特定业务纳税调整明细表

金额单位：人民币元（列至角分）

行次	项目	税收金额	纳税调整金额
		1	2
1	一、视同销售（营业）收入（2+3+4+5+6+7+8+9+10）	10 000 000	10 000 000
10	（九）其他	10 000 000	10 000 000
11	二、视同销售（营业）成本（12+13+14+15+16+17+18+19+20）	8 000 000	-8 000 000
20	（九）其他	8 000 000	-8 000 000

表 1-87　　　　　　　　A105000　纳税调整项目明细表

金额单位：人民币元（列至角分）

行次	项目	账载金额	税收金额	调增金额	调减金额
		1	2	3	4
1	一、收入类调整项目（2+3+…+8+10+11）	*	*	10 000 000	
2	（一）视同销售收入（填写A105010）	*	10 000 000	10 000 000	*
12	二、扣除类调整项目（13+14+…+24+26+27+28+29+30）	*	*		8 000 000
13	（一）视同销售成本（填写A105010）	*	8 000 000	*	8 000 000
36	四、特殊事项调整项目（37+38+…+43）	*	*		1 715 000
37	（一）企业重组及递延纳税事项（填写A105100）	6 615 000	4 900 000		1 715 000
46	合计（1+12+31+36+44+45）	*	*	10 000 000	9 715 000

因为债权人修改其他条款方式或组合方式进行债务重组一般为实质性修改，所以债权不终止确认的情况基本不会发生，上述会计规定做一般性了解即可。

第二章 收入类税会差异分析及纳税调整（二）

第一节 金融工具准则与税法差异分析及调整

为了规范金融工具的确认、计量、转移和终止确认，根据《企业会计准则——基本准则》，财政部于2006年制定了《企业会计准则第22号——金融工具确认和计量》和《企业会计准则第23号——金融资产转移》，并于2017年进行了修订（以下简称《新金融工具准则》），自2018年1月1日起施行。

一、金融工具准则概述

（一）相关概念

金融工具是指形成一方的金融资产并形成其他方的金融负债或权益工具的合同，具体包括金融资产、金融负债及权益工具。

1. 金融资产，是指企业持有的现金、其他方的权益工具以及符合下列条件之一的资产：

（1）从其他方收取现金或其他金融资产的合同权利。例如，企业的银行存款、应收账款、应收票据和发放的贷款等均属于金融资产。但预付账款不是金融资产，因其产生的未来经济利益是商品或服务，不是收取现金或其他金融资产的权利。

（2）在潜在有利条件下，与其他方交换金融资产或金融负债的合同权利。例如，企业购入的看涨期权或看跌期权等衍生工具。

（3）将来须用或可用企业自身权益工具进行结算的非衍生工具合同，且企业根据该合同将收到可变数量的自身权益工具。

（4）将来须用或可用企业自身权益工具进行结算的衍生工具合同，但以固定数量的自身权益工具交换固定金额的现金或其他金融资产的衍生工具合同除外。其中，企业自身权益工具不包括应当按照《企业会计准则第37号——金融工具列报》分类为权益工具的可回售工具或发行方仅在清算时才有义务向另一方按比例交付其净资产的金融工具，也不包括本身就要求在未来收取或交付企业自身权益工具的合同。

2. 金融负债是指企业符合下列条件之一的负债：

（1）向其他方交付现金或其他金融资产的合同义务。例如，企业的应付账款、应付票据和应付债券等均属于金融负债。但预收账款不是金融负债，因其导致的未来经济利益流出是商品或服务，不是交付现金或其他金融资产的合同义务。

（2）在潜在不利条件下，与其他方交换金融资产或金融负债的合同义务。例如，企业签出的看涨期权或看跌期权等。

（3）将来须用或可用企业自身权益工具进行结算的非衍生工具合同，且企业根据该合同将交付可变数量的自身权益工具。

（4）将来须用或可用企业自身权益工具进行结算的衍生工具合同，但以固定数量的自身权益工具交换固定金额的现金或其他金融资产的衍生工具合同除外。企业对现有全部同类别非衍生自身权益工具的持有方同比例发行配股权、期权或认股权证，使之有权按比例以固定金额的任何货币换取固定数量的该企业自身权益工具的，该类配股权、期权或认股权证应当分类为权益工具。其中，企业自身权益工具不包括应当按照《企业会计准则第37号——金融工具列报》分类为权益工具的可回售工具或发行方仅在清算时才有义务向另一方按比例交付其净资产的金融工具，也不包括本身就要求在未来收取或交付企业自身权益工具的合同。

3. 权益工具，是指能证明拥有某个企业在扣除所有负债后的资产中的剩余权益的合同。如，企业发行的优先股、永续债和可转换公司债券中拆分的权益工具。

根据金融工具准则规定，符合条件的部分贷款承诺和财务担保合同等也按照该准则规定进行会计处理。

（二）金融工具分类

企业发行金融工具，应当按照该金融工具的合同条款及其所反映的经济实质而非法律形式，以及金融资产、金融负债和权益工具的定义，在初始确认时将金融工具或其组成部分分类为金融资产、金融负债或权益工具。根据新金融工具准则，金融工具的具体分类如下：

1. 金融资产。企业应当根据其管理金融资产的业务模式和金融资产的合同现金流量特征，对金融资产进行合理的分类。企业管理金融资产的业务模式，是指企业如何管理其金融资产以产生现金流量，业务模式决定企业所管理金融资产现金流量的来源是收取合同现金流量、出售金融资产还是两者兼有。金融资产的合同现金流量特征，是指金融工具合同约定的、反映相关金融资产经济特征的现金流量属性。据此，金融资产一般划分为3类：

（1）以摊余成本计量的金融资产。金融资产同时符合下列条件的，应当分类为以摊余成本计量的金融资产：

①企业管理该金融资产的业务模式是以收取合同现金流量为目标。

②该金融资产的合同条款规定，在特定日期产生的现金流量，仅为对本金和以未偿付本金金额为基础的利息的支付。

（2）以公允价值计量且其变动计入其他综合收益的金融资产。金融资产同时符合下列条件的，应当分类为以公允价值计量且其变动计入其他综合收益的金融资产：

①企业管理该金融资产的业务模式既以收取合同现金流量为目标又以出售该金融资产为目标。

②该金融资产的合同条款规定，在特定日期产生的现金流量，仅为对本金和以未偿付本金金额为基础的利息的支付。

（3）以公允价值计量且其变动计入当期损益的金融资产。企业分类为以摊余成本计量的金融资产和以公允价值计量且其变动计入其他综合收益的金融资产之外的金融资产，应当分类为以公允价值计量且其变动计入当期损益的金融资产。

权益工具投资一般不符合本金加利息的合同现金流量特征，因此应当分类为以公允价值计量且其变动计入当期损益的金融资产。然而在初始确认时，企业可以将非交易性权益工具投资指定为以公允价值计量且其变动计入其他综合收益的金融资产。该指定一经作出，不得撤销。企业投资其他上市公司股票或者非上市公司股权的，都可能属于这种情形。

2. 金融负债。除下列各项外，企业应当将金融负债分类为以摊余成本计量的金融负债：

（1）以公允价值计量且其变动计入当期损益的金融负债，包括交易性金融负债（含属于金融负债的衍生工具）和指定为以公允价值计量且其变动计入当期损益的金融负债。

（2）不符合终止确认条件的金融资产转移或继续涉入被转移金融资产所形成的金融负债。对此类金融负债，企业应当按照《企业会计准则第23号——金融资产转移》相关规定进行计量。

（3）不属于上述两种情形的财务担保合同，以及不属于上述第（1）种情形的、以低于市场利率贷款的贷款承诺。企业作为此类金融负债发行方的，应当在初始确认后按照所确定的损失准备金额以及初始确认金额扣除依据《企业会计准则第14号——收入》相关规定所确定的累计摊销额后的余额孰高进行计量。

在非同一控制下的企业合并中，企业作为购买方确认的或有对价形成金融负债的，该金融负债应当按照以公允价值计量且其变动计入当期损益进行会计处理。

3. 权益工具。所有者权益根据其核算的内容和要求，可分为实收资本（股本）、其他权益工具、资本公积、其他综合收益、盈余公积和未分配利润等部分。其中，盈余公积和未分配利润统称为留存收益。金融工具准则涉及的权益工具主要是指实收资本（股本）和其他权益工具。

因会计权益性交易不属于企业所得税法规范的内容，企业权益工具的会计处理一般不涉及企业所得税纳税调整事项，所以本书不单独进行介绍。

二、以摊余成本计量的金融资产的税会差异

根据新金融工具准则规定，对于企业管理以摊余成本计量的金融资产的业务模式是以收取合同现金流量为目标，且该金融资产的合同条款规定，在特定日期产生的现金流量，仅为对本金和以未偿付本金金额为基础的利息的支付的金融资产应当分类为以摊余成本计量的金融资产，具体包括债权投资、债券投资、贷款、应收款项等。

（一）初始计量的税会差异

1. 会计规定。企业初始确认以摊余成本计量的金融资产，应当按照公允价值计量。相关交易费用应当计入初始确认金额。通过设置"债权投资"科目进行核算。企业取得金融资产所支付的价款中包含的已宣告但尚未发放的债券利息，应当单独确认为应收项目进行处理。

（1）交易费用，是指可直接归属于购买、发行或处置金融工具的增量费用。增量费用，是指企业没有发生购买、发行或处置相关金融工具的情形就不会发生的费用，包括支付给代理机构、咨询公司、券商、证券交易所、政府有关部门等的手续费、佣金、相关税费以及其他必要支出，不包括债券溢价、折价、融资费用、内部管理成本和持有成本等与交易不直接

相关的费用。

（2）公允价值，通常指交易价格（所收到或支付对价的公允价值）。但是，如果收到或支付的对价的一部分并非针对该金融工具，则该金融工具的公允价值应根据估值技术进行估计。

[例 2-1-1] 2020 年 1 月 1 日，本公司支付价款 1 100 万元（含交易费用）从上海证券交易所购入某公司 2019 年 1 月 1 日发行的 5 年期公司债券 12 500 份，债券票面价值总额为 1 250 万元，票面年利率为 4.72%，于次年 1 月 5 日支付上年度债券利息（每年利息为 59 万元），本金在债券到期时一次性偿还。合同约定，该债券的发行方在遇到特定情况时可以将债券赎回，且不需要为提前赎回支付额外款项。本公司在购买该债券时，预计发行方不会提前赎回。本公司根据其管理该债券的业务模式和该债券的合同现金流量特征，将该债券分类为以摊余成本计量的金融资产。

购入债券时账务处理如下：

借：债权投资——成本　　　　　　　　　　　　　　　　　　　12 500 000
　　应收利息　　　　　　　　　　　　　　　　　　　　　　　　　590 000
　　贷：银行存款　　　　　　　　　　　　　　　　　　　　　　11 000 000
　　　　债权投资——利息调整　　　　　　　　　　　　　　　　　2 090 000

2. 税收规定。《企业所得税法实施条例》第七十一条规定，投资资产按照以下方法确定成本：通过支付现金方式取得的投资资产，以购买价款为成本；通过支付现金以外的方式取得的投资资产，以该资产的公允价值和支付的相关税费为成本。

3. 税会差异。会计准则规定，以摊余成本计量的金融资产的交易费用计入投资成本；企业所得税法规定，取得投资资产过程中支付的交易费用属于投资资产计税基础的组成部分。两者不存在差异，不需要进行纳税调整。

[例 2-1-1] 中，该项金融资产债权投资科目列示金额为 1 041 万元（借方余额 - 贷方余额），计税基础也为 1 041 万元（买价 - 利息对价）。

（二）确认利息收入的税会差异

1. 会计规定。以摊余成本计量且不属于任何套期关系的金融资产所产生的利得或损失，应当在按照实际利率法摊销时，计入当期损益。利息收入应当根据金融资产账面价值乘以实际利率计算确定。

实际利率法，是指计算金融资产或金融负债的摊余成本以及将利息收入或利息费用分摊计入各会计期间的方法。实际利率，是指将金融资产或金融负债在预计存续期的估计未来现金流量折现为该金融资产账面余额（不考虑减值）或该金融负债摊余成本所使用的利率。在确定实际利率时，应当在考虑金融资产或金融负债所有合同条款（如提前还款、展期、看涨期权或其他类似期权等）的基础上估计预期现金流量，但不应当考虑预期信用损失。

[例 2-1-2] 沿用 [例 2-1-1]，2020 年 12 月 31 日，本公司按照实际利率法确认投资收益为 104.1 万元。2021 年 1 月 5 日收到上述利息。

账务处理如下：

①2020 年 12 月 31 日，确认利息收入时：

借：应收利息　　　　　　　　　　　　　　　　　　　　　　　　590 000
　　债权投资——利息调整　　　　　　　　　　　　　　　　　　　451 000

贷：投资收益	1 041 000

②2021 年 1 月 5 日，收到上述利息时：

借：银行存款	590 000
贷：应收利息	590 000

③2021 年 12 月 31 日，确认利息收入时：

借：应收利息	590 000
债权投资——利息调整	496 100
贷：投资收益	1 086 100

2. 税收规定。

（1）《企业所得税法实施条例》第十八条规定，利息收入，按照合同约定的债务人应付利息的日期确认收入的实现。

（2）《国家税务总局关于企业国债投资业务企业所得税处理问题的公告》（国家税务总局公告 2011 年第 36 号）等文件规定，国债利息收入计算公式是：国债利息收入 = 国债金额 ×（适用年利率 ÷ 365）× 持有天数。公式中的"国债金额"，按国债发行面值或发行价格确定；"适用年利率"按国债票面年利率或折合年收益率确定。

3. 税会差异。

（1）收益确认时间的差异。对于企业买入的分期付息、一次还本的债券投资，会计规定在按照实际利率法摊销时，计入当期损益；企业所得税法规定按照合同约定的债务人应付利息的日期确认收入。两者存在差异，在年度汇算清缴纳税申报时应进行纳税调整。

对于企业买入的一次还本付息的债券投资，会计规定每个资产负债表日均需按上述规定确认利息收入并计入"债权投资——应计利息"科目；企业所得税法规定应按照合同约定的付息日期确认利息收入。

［例 2-1-2］中，年度汇算清缴申报时应纳税调减 59 万元，填报《未按权责发生制确认收入纳税调整明细表》（A105020）。

（2）收益确认金额的差异。会计准则规定，企业应当对以摊余成本计量的金融资产溢价或折价采用实际利率法进行摊销，根据金融资产账面价值乘以实际利率计算确定利息收入；企业所得税法规定，按照合同约定的债务人应付利息的日期确认收入的实现，同时按债券发行面值或发行价格和债券票面年利率确定。两者存在差异，在年度汇算清缴纳税申报时应进行纳税调整。

［例 2-1-2］中，税法规定确认利息收入为 59 万元（1 250×4.72%）；会计处理确认投资收益为 104.1 万元（1 041×10%）。年度汇算清缴纳税申报时应纳税调减 45.1 万元（104.1-59）。2021 年会计处理确认投资收益为 108.61 万元［（1 041+45.1）×10%］。年度汇算清缴纳税申报时应纳税调减 49.61 万元（108.61-59）。

（3）政策导向的差异。上述业务，会计确认并影响当期损益的利息收入，如果按照企业所得税法规定，属于免税收入，如国债利息收入，则不需要计入应纳税所得额，年度汇算清缴纳税申报时应作纳税调减处理。

4. 年度纳税申报表调整。

（1）2020 年度汇算清缴申报如表 2-1 和表 2-2 所示。

第二章 收入类税会差异分析及纳税调整(二) 99

表2-1　A105030　投资收益纳税调整明细表

金额单位：人民币元（列至角分）

行次	项目	持有收益			处置收益						纳税调整金额
		账载金额	税收金额	纳税调整金额	会计确认的处置收入	税收计算的处置收入	处置投资的账面价值	处置投资的计税基础	会计确认的处置所得或损失	税收计算的处置所得	纳税调整金额
		1	2	3（2-1）	4	5	6	7	8（4-6）	9（5-7）	10（9-8）	11（3+10）
9	九、其他	1 041 000	0	-1 041 000								-1 041 000
10	合计（1+2+3+4+5+6+7+8+9）	1 041 000	0	-1 041 000								-1 041 000

表 2-2　　　　　　　　　　A105000　纳税调整项目明细表

金额单位：人民币元（列至角分）

行次	项目	账载金额	税收金额	调增金额	调减金额
		1	2	3	4
1	一、收入类调整项目（2+3+…+8+10+11）	*	*		1 041 000
4	（三）投资收益（填写A105030）	1 041 000	0		1 041 000

（2）2021年度汇算清缴申报如表2-3和表2-4所示。

表 2-3　　　　　　　　　　A105030　投资收益纳税调整明细表

金额单位：人民币元（列至角分）

行次	项目	持有收益			处置收益						纳税调整金额
		账载金额	税收金额	纳税调整金额	会计确认的处置收入	税收计算的处置收入	处置投资的账面价值	处置投资的计税基础	会计确认的处置所得或损失	税收计算的处置所得	纳税调整金额
		1	2	3(2-1)	4	5	6	7	8(4-6)	9(5-7)	10(9-8)	11(3+10)
9	九、其他	1 086 100	590 000	-496 100								-496 100
10	合计（1+2+3+4+5+6+7+8+9）	1 086 100	590 000	-496 100								-496 100

表 2-4　　　　　　　　　　A105000　纳税调整项目明细表

金额单位：人民币元（列至角分）

行次	项目	账载金额	税收金额	调增金额	调减金额
		1	2	3	4
1	一、收入类调整项目（2+3+…+8+10+11）	*	*		496 100
4	（三）投资收益（填写A105030）	1 086 100	590 000		496 100

（三）后续计量的税会差异

1. 会计规定。对以摊余成本计量的金融资产，企业在每一资产负债表日应当按照资产的摊余成本进行计量。金融资产的摊余成本，应当以该金融资产的初始确认金额经下列调整后的结果确定：

（1）扣除已偿还的本金。

（2）加上或减去采用实际利率法将该初始确认金额与到期日金额之间的差额进行摊销形成的累计摊销额。

（3）扣除累计计提的损失准备。

[例2-1-3] 沿用[例2-1-1]。

[分析] 2020年12月31日，本公司"债权投资"科目账面价值（摊余成本）=

1 250 - 209 + 45.1 = 1 086.1（万元）

2. 税收规定。《企业所得税法实施条例》第五十六条规定，企业的各项资产，包括固定资产、生物资产、无形资产、长期待摊费用、投资资产、存货等，以历史成本为计税基础。企业持有各项资产期间资产增值或者减值，除国务院财政、税务主管部门规定可以确认损益外，不得调整该资产的计税基础。前款所称历史成本，是指企业取得该项资产时实际发生的支出。

3. 税会差异。会计准则规定，以摊余成本计量的金融资产在每个资产负债表日应按照摊余成本计量；企业所得税法规定，所有资产均按照历史成本确认其计税基础，除国务院财政、税务主管部门规定可以确认损益外，不得调整该资产的计税基础。两者存在差异，在年度汇算清缴纳税申报时应进行纳税调整。

[例 2 - 1 - 3] 中，计税基础仍为 1 041 万元。

（四）期末金融资产发生减值的税会差异

1. 会计规定。新金融工具准则对金融工具减值的规定通常称为"预期信用损失法"。该方法与过去规定的、根据实际已发生减值损失确认减值准备的方法有着根本性不同。在预期信用损失法下，减值准备的计提不以减值的实际发生为前提，而是以未来可能的违约事件造成的损失的期望值计量当前（资产负债表日）应当确认的减值准备。

（1）预期信用损失，是指以发生违约的风险为权重的金融工具信用损失的加权平均值。所谓的发生违约的风险，可以理解为发生违约的概率。所谓的信用损失，是指企业根据合同应收的现金流量与预期能收到的现金流量之间的差额（以下简称现金流缺口）的现值。根据现值的定义，即使企业能够全额收回合同约定的金额，但如果收款时间晚于合同规定的时间，也会产生信用损失。

（2）信用减值各过程的会计处理。按照金融工具准则相关规定，可以将金融工具发生信用减值的过程分为 3 个阶段，对于不同阶段的金融工具的减值有不同的会计处理方法，如下：

①信用风险自初始确认后未显著增加阶段（第一阶段）。对于处于该阶段的金融工具，企业应当按照未来 12 个月的预期信用损失计量损失准备，并按其账面余额（未扣除减值准备）和实际利率计算利息收入。

②信用风险自初始确认后已显著增加但尚未发生信用减值阶段（第二阶段）。对于处于该阶段的金融工具，企业应当按照该工具整个存续期的预期信用损失计量损失准备，并按其账面余额和实际利率计算利息收入。

③初始确认后发生信用减值阶段（第三阶段）。对于处于该阶段的金融工具，企业应当按照该工具整个存续期的预期信用损失计量损失准备，但对利息收入的计算不同于处于前两阶段的金融资产。对于已发生信用减值的金融资产，企业应当按其摊余成本（账面余额减已计提减值准备，也即账面价值）和实际利率计算利息收入。

上述 3 个阶段的划分，适用于购买或源生时未发生信用减值的金融工具。对于购买或源生时已发生信用减值的金融资产，企业应当仅将初始确认后整个存续期内预期信用损失的变动确认为损失准备，并按其摊余成本和经信用调整的实际利率计算利息收入。

[例 2 - 1 - 4] 沿用 [例 2 - 1 - 3]，2020 年 12 月 31 日本公司认为，该工具的信用风险自初始确认后并无显著增加，应按 12 个月内预期信用损失计量损失准备，损失准备金额为 30 万元。为简化起见，本例不考虑利息。

账务处理如下：

借：信用减值损失　　　　　　　　　　　　　　　　　　300 000
　　贷：债权投资减值准备　　　　　　　　　　　　　　　　　300 000

2. 税收规定。

(1)《企业所得税法》第十条规定，未经核定的准备金支出，在计算应纳税所得额时不得扣除。

(2)《关于金融企业涉农贷款和中小企业贷款损失准备金税前扣除有关政策的公告》(财政部　税务总局公告2019年第85号)规定，金融企业根据《贷款风险分类指引》(银监发〔2007〕54号)，对其涉农贷款和中小企业贷款进行风险分类后，按照以下比例计提的贷款损失准备金，准予在计算应纳税所得额时扣除：

①关注类贷款，计提比例为2%。

②次级类贷款，计提比例为25%。

③可疑类贷款，计提比例为50%。

④损失类贷款，计提比例为100%。

(3)《关于金融企业贷款损失准备金企业所得税税前扣除有关政策的公告》(财政部　税务总局公告2019年第86号)规定，政策性银行、商业银行、财务公司、城乡信用社和金融租赁公司等金融企业提取的贷款损失准备金，按要求可以税前扣除：

①准予税前提取贷款损失准备金的贷款资产范围包括：贷款（含抵押、质押、保证、信用等贷款）；银行卡透支、贴现、信用垫款（含银行承兑汇票垫款、信用证垫款、担保垫款等）、进出口押汇、同业拆出、应收融资租赁款等具有贷款特征的风险资产；由金融企业转贷并承担对外还款责任的国外贷款，包括国际金融组织贷款、外国买方信贷、外国政府贷款、日本国际协力银行不附条件贷款和外国政府混合贷款等资产。

②金融企业准予当年税前扣除的贷款损失准备金计算公式如下：

准予当年税前扣除的贷款损失准备金 = 本年末准予提取贷款损失准备金的贷款资产余额 × 1% - 截至上年末已在税前扣除的贷款损失准备金的余额

金融企业按上述公式计算的数额如为负数，应当相应调增当年应纳税所得额。

③金融企业的委托贷款、代理贷款、国债投资、应收股利、上交央行准备金以及金融企业剥离的债权和股权、应收财政贴息、央行款项等不承担风险和损失的资产，以及除本公告第①条列举资产之外的其他风险资产，不得提取贷款损失准备金在税前扣除。

④金融企业发生的符合条件的贷款损失，应先冲减已在税前扣除的贷款损失准备金，不足冲减部分可据实在计算当年应纳税所得额时扣除。

3. 税会差异。会计准则规定，以摊余成本计量的金融资产在每个资产负债表日按照摊余成本计量后，还要进行减值会计处理并确认损失准备，企业所得税法规定，对准备金税前扣除因企业类型不同而不同，会产生不同的税会差异。

(1) 非金融企业损失准备的差异。企业所得税法规定，除另有规定之外所有资产均按照历史成本确认其计税基础，其计税基础在资产存续期间不会改变，同时对未经核定的准备金支出，在计算应纳税所得额时不得扣除。税会存在差异，对企业当年度计提并减少会计利润的减值准备金额，在年度汇算清缴纳税申报时应进行纳税调增；对企业当年度转回并增加会计利润的减值准备金额，应进行纳税调减。

(2) 金融企业损失准备的差异。会计处理需要针对每一项金融资产信用风险变化情况计算并确认损失准备。企业所得税则按照贷款资产余额一定比例计算提取损失准备并税前扣除。会计上与税法上计算损失准备的方法不同，计量并确认损失准备的金额不同，两者存在差异，在年度汇算清缴纳税申报时应进行纳税调整。

《国家税务总局关于修订企业所得税年度纳税申报表的公告》（国家税务总局公告2020年第24号）对《特殊行业准备金及纳税调整明细表》（A105120）做了较大调整，根据金融企业贷款准备金业务财务核算方式，以贷款资产和准备金的"余额"为核心数据项进行填报，该表主要体现贷款损失准备当年发生数，对于实际发生的坏账损失，在《资产损失税前扣除及纳税调整明细表》（A105090）中填报。

4. 年度纳税申报表调整（见表2-5）。

表2-5　　　　　　A105000　纳税调整项目明细表

金额单位：人民币元（列至角分）

行次	项目	账载金额	税收金额	调增金额	调减金额
		1	2	3	4
31	三、资产类调整项目（32+33+34+35）	*	*	300 000	
33	（二）资产减值准备金	300 000	*	300 000	

（五）资产终止确认的税会差异

1. 会计规定。金融资产终止确认，是指企业将之前确认的金融资产从其资产负债表中予以转出。金融资产满足下列条件之一的，应当终止确认：

①收取该金融资产现金流量的合同权利终止。

②该金融资产已转移，且该转移满足金融工具准则关于终止确认的规定。

以摊余成本计量的金融资产持有至到期收款时，企业收取金融资产现金流量的合同权利终止，金融资产不能再为企业带来经济利益，应当终止确认该金融资产。符合第一个条件规定。

［例2-1-5］沿用［例2-1-4］，2023年12月31日，债券到期，本公司按照合同约定收回本金和最后一期利息。2021年、2022年"债权投资——利息调整"金额分别为49.61万元和54.29万元。

账务处理如下：

2023年12月31日收回本金和最后一期利息：

借：应收利息　　　　　　　　　　　　　　　　　　　590 000
　　债权投资——利息调整　　　　　　　　　　　　　600 000
　　贷：投资收益　　　　　　　　　　　　　　　　　1 190 000
借：银行存款　　　　　　　　　　　　　　　　　　13 090 000
　　贷：债权投资——成本　　　　　　　　　　　　12 500 000
　　　　应收利息　　　　　　　　　　　　　　　　　　590 000
借：债权投资减值准备　　　　　　　　　　　　　　　300 000
　　贷：信用减值损失　　　　　　　　　　　　　　　　300 000

2. 税收规定。《企业所得税法实施条例》第七十一条规定，企业所得税法第十四条所称投资资产，是指企业对外进行权益性投资和债权性投资形成的资产。企业在转让或者处置投资资产时，投资资产的成本准予扣除。

3. 税会差异。

（1）投资资产成本的差异。会计准则规定，随着溢折价的分期摊销确认收入，在以摊余成本计量的金融资产终止确认时，其账面价值已经等于债券的面值；企业所得税法规定，企业在转让或者处置投资资产时，投资资产的成本（计税基础）可以税前扣除。以摊余成本计量的金融资产初始计量时，两者金额相等，但在处置投资资产时，资产的账面价值与计税基础已经不同，导致会计利润与应纳税所得额结果的不同，两者存在差异，在年度汇算清缴纳税申报时应进行纳税调整。

［例 2-1-5］中，2023 年应确认应纳税所得额＝投资收益＋财产转让所得＝59＋59＋（1 250－1 041）＝327（万元）；确认会计利润 119 万元，在年度汇算清缴纳税申报时应调增应纳税所得额 208 万元。

2020—2022 年，在年度汇算清缴纳税申报时应调减应纳税所得额分别为 104.1 万元、49.61 万元、54.29 万元，合计 208 万元，与 2023 年纳税调增的金额相等，方向相反。综上所述，上述差异属于暂时性差异。

（2）损失准备处理的差异。会计准则规定，在以摊余成本计量的金融资产持有期间允许计提损失准备；企业所得税法规定，未经核定的准备支出不得扣除。两者存在差异，在年度汇算清缴纳税申报时应进行纳税调整。

4. 年度纳税申报表调整（见表 2-6 和表 2-7）。

表 2-6　　　　　　A105030　投资收益纳税调整明细表

金额单位：人民币元（列至角分）

行次	项目	持有收益			处置收益						纳税调整金额
		账载金额	税收金额	纳税调整金额	会计确认的处置收入	税收计算的处置收入	处置投资的账面价值	处置投资的计税基础	会计确认的处置所得或损失	税收计算的处置所得	纳税调整金额	
		1	2	3 (2-1)	4	5	6	7	8 (4-6)	9 (5-7)	10 (9-8)	11 (3+10)
9	九、其他	1 190 000	1 180 000	-10 000	12 500 000	12 500 000	12 500 000	10 410 000	0	2 090 000	2 090 000	2 080 000
10	合计（1+2+3+4+5+6+7+8+9）	1 190 000	1 180 000	-10 000	12 500 000	12 500 000	12 500 000	10 410 000	0	2 090 000	2 090 000	2 080 000

表 2-7　　　　　　A105000　纳税调整项目明细表

金额单位：人民币元（列至角分）

行次	项目	账载金额	税收金额	调增金额	调减金额
		1	2	3	4
1	一、收入类调整项目（2+3+…+8+10+11）	*	*	2 080 000	
4	（三）投资收益（填写 A105030）	1 190 000	3 270 000	2 080 000	
31	三、资产类调整项目（32+33+34+35）	*	*		300 000
33	（二）资产减值准备金	-300 000			300 000
46	合计（1+12+31+36+44+45）	*	*	2 080 000	300 000

三、以公允价值计量且其变动计入其他综合收益金融资产的税会差异

新金融工具准则规定，对于管理金融资产的业务模式既以收取合同现金流量为目标又以

出售该金融资产为目标,且该金融资产的合同条款规定,在特定日期产生的现金流量,仅为对本金和以未偿付本金金额为基础的利息的支付的金融资产,企业应当分类为以公允价值计量且其变动计入其他综合收益的金融资产,如不确定是否会持有至到期的债权投资、债券投资、贷款等。

以公允价值计量且其变动计入其他综合收益的金融资产的会计处理,在很多方面与以摊余成本计量的金融资产是一致的,如金融资产初始计量、持有期间核算和终止确认等环节的会计处理,不再赘述,下面仅就其不同之处进行分析。

(一)后续计量的税会差异

1. 会计规定。分类为以公允价值计量且其变动计入其他综合收益的金融资产所产生的利得或损失,除减值损失或利得和汇兑损益外,均应当计入其他综合收益,直至该金融资产终止确认或被重分类。但是,采用实际利率法计算的该金融资产的利息应当计入当期损益。该类金融资产计入各期损益的金额应当与视同其一直按摊余成本计量而计入各期损益的金额相等。

[例2-1-6] 2020年1月1日,本公司支付价款1 100万元(含交易费用)从上海证券交易所购入乙公司2019年1月1日发行的5年期公司债券12 500份,债券票面价值总额为1 250万元,票面年利率为4.72%,于次年1月5日支付上年度债券利息(每年利息为59万元),本金在债券到期时一次性偿还。合同约定,该债券的发行方在遇到特定情况时可以将债券赎回,且不需要为提前赎回支付额外款项。本公司在购买该债券时,预计发行方不会提前赎回。本公司根据其管理该债券的业务模式和该债券的合同现金流量特征,将该债券分类为以公允价值计量且其变动计入其他综合收益的金融资产。

其他资料如下:2020年12月31日,某公司12 500份债券的公允价值为1 300万元(不含利息)。

本公司账务处理如下:

①2020年1月1日,购入债券:

借:其他债权投资——成本　　　　　　　　　　　　　　　　12 500 000
　　应收利息　　　　　　　　　　　　　　　　　　　　　　590 000
　　贷:银行存款　　　　　　　　　　　　　　　　　　　　　11 000 000
　　　　其他债权投资——利息调整　　　　　　　　　　　　2 090 000

②2020年12月31日,确认利息收入:

借:应收利息　　　　　　　　　　　　　　　　　　　　　　590 000
　　其他债权投资——利息调整　　　　　　　　　　　　　　451 000
　　贷:投资收益　　　　　　　　　　　　　　　　　　　　　1 041 000

③2021年1月5日,收到上述利息:

借:银行存款　　　　　　　　　　　　　　　　　　　　　　590 000
　　贷:应收利息　　　　　　　　　　　　　　　　　　　　　590 000

④2020年12月31日摊余成本为1 086.1万元,公允价值为1 300万元,公允价值变动=1 300-1 086.1=213.9(万元)

借:其他债权投资——公允价值变动　　　　　　　　　　　　2 139 000
　　贷:其他综合收益　　　　　　　　　　　　　　　　　　　2 139 000

资产负债表"其他债权投资"科目账面价值为 1 300 万元。

⑤假设 2021 年 12 月 31 日，确认利息收入时：

借：应收利息　　　　　　　　　　　　　　　　　590 000
　　债权投资——利息调整　　　　　　　　　　　　496 100
　　贷：投资收益　　　　　　　　　　　　　　　　　　1 086 100

2. 税收规定。《企业所得税法实施条例》第五十六条规定，企业的各项资产，包括固定资产、生物资产、无形资产、长期待摊费用、投资资产、存货等，以历史成本为计税基础。历史成本，是指企业取得该项资产时实际发生的支出。企业持有各项资产期间资产增值或者减值，除国务院财政、税务主管部门规定可以确认损益外，不得调整该资产的计税基础。

3. 税会差异。会计准则规定，以公允价值计量且其变动计入其他综合收益的金融资产公允价值变动所产生的利得或损失，均应当计入其他综合收益，其他综合收益属于权益类科目，对年度会计利润并不产生影响；企业所得税法规定，企业持有各项资产期间资产增值或者减值，不得调整该资产的计税基础。两者存在差异，但不影响会计利润和应纳税所得额，在年度汇算清缴纳税申报时不需要进行纳税调整。

4. 年度纳税申报表调整。

（1）2020 年度汇算清缴申报如表 2-8 和表 2-9 所示。

表 2-8　　　　　　　　A105030　投资收益纳税调整明细表

金额单位：人民币元（列至角分）

行次	项目	持有收益			处置收益						纳税调整金额
		账载金额	税收金额	纳税调整金额	会计确认的处置收入	税收计算的处置收入	处置投资的账面价值	处置投资的计税基础	会计确认的处置所得或损失	税收计算的处置所得	纳税调整金额	
		1	2	3 (2-1)	4	5	6	7	8 (4-6)	9 (5-7)	10 (9-8)	11 (3+10)
9	九、其他	1 041 000	0	-1 041 000								-1 041 000
10	合计 (1+2+3+4+5+6+7+8+9)	1 041 000	0	-1 041 000								-1 041 000

表 2-9　　　　　　　　A105000　纳税调整项目明细表

金额单位：人民币元（列至角分）

行次	项目	账载金额	税收金额	调增金额	调减金额
		1	2	3	4
1	一、收入类调整项目 (2+3+…+8+10+11)	*	*		1 041 000
4	（三）投资收益（填写 A105030）	1 041 000	0		1 041 000

（2）2021 年度汇算清缴申报如表 2-10 和表 2-11 所示。

表 2 – 10　　　　　　　　A105030　投资收益纳税调整明细表

金额单位：人民币元（列至角分）

行次	项目	持有收益			处置收益						纳税调整金额
		账载金额	税收金额	纳税调整金额	会计确认的处置收入	税收计算的处置收入	处置投资的账面价值	处置投资的计税基础	会计确认的处置所得或损失	税收计算的处置所得	纳税调整金额
		1	2	3 (2−1)	4	5	6	7	8 (4−6)	9 (5−7)	10 (9−8)	11 (3+10)
9	九、其他	1 086 100	590 000	−496 100							−496 100
10	合计（1＋2＋3＋4＋5＋6＋7＋8＋9）	1 086 100	590 000	−496 100							−496 100

表 2 – 11　　　　　　　　A105000　纳税调整项目明细表

金额单位：人民币元（列至角分）

行次	项目	账载金额	税收金额	调增金额	调减金额
		1	2	3	4
1	一、收入类调整项目（2＋3＋…＋8＋10＋11）	*	*		496 100
4	（三）投资收益（填写A105030）	1 086 100	590 000		496 100

（二）资产终止确认的税会差异

1. 会计规定。以公允价值计量且其变动计入其他综合收益的金融资产无论是持有至到期收款，还是持有中间转让，企业收取金融资产现金流量的合同权利均终止（假设不考虑转移但继续涉入的例外情况），金融资产不能再为企业带来经济利益，应当终止确认该金融资产，符合金融资产终止确认条件规定。该金融资产终止确认时，之前计入其他综合收益的累计利得或损失应当从其他综合收益中转出，计入当期损益。

需注意的是，对于指定为以公允价值计量且其变动计入其他综合收益的非交易性权益工具投资，除了获得的股利（属于投资成本收回部分的除外）计入当期损益外，其他相关利得和损失（包括汇兑损益）均应计入其他综合收益，且后续不得转入当期损益。当期终止确认时，之前计入其他综合收益的累计利得或损失应当从其他综合收益中转出，计入留存收益。

[例2−1−7] 沿用[例2−1−6]，2021年1月6日，本公司将上述投资出售，取得银行存款1 100万元。

账务处理如下：

借：银行存款　　　　　　　　　　　　　　　　　　　　　　11 000 000
　　其他债权投资——利息调整　　　　　　　　　　　　　　 1 639 000
　　投资收益　　　　　　　　　　　　　　　　　　　　　　 2 000 000
　　贷：其他债权投资——成本　　　　　　　　　　　　　　12 500 000
　　　　　　　　　　——公允价值变动　　　　　　　　　　 2 139 000
借：其他综合收益　　　　　　　　　　　　　　　　　　　　 2 139 000

贷：投资收益　　　　　　　　　　　　　　　　　　　　　　　　2 139 000

2. 税收规定。《企业所得税法实施条例》第七十一条规定，企业所得税法所称投资资产，是指企业对外进行权益性投资和债权性投资形成的资产。

企业在转让或者处置投资资产时，投资资产的成本，准予扣除。

3. 税会差异。会计准则规定，企业在金融资产终止确认时，按照资产的账面价值结转，但之前计入其他综合收益的累计利得或损失应当从其他综合收益中转出，计入当期损益；企业所得税法规定，企业在转让或者处置投资资产时，投资资产的成本（计税基础）可以税前扣除。在处置投资资产时，两者存在差异，在年度汇算清缴纳税申报时应进行纳税调整。

[例2-1-7] 中，2021年度企业所得税应确认应纳税所得额为118万元（59+1 100-1 041），确认会计利润为13.9万元。在年度汇算清缴纳税申报时应调增应纳税所得额104.1万元。

2020年度汇算清缴纳税申报时调减的应纳税所得额是104.1万元，与2021年度纳税调增的金额相等，方向相反。综上所述，税会差异属于暂时性差异。

4. 年度纳税申报表调整（见表2-12和表2-13）。

表2-12　　　　　　　　A105030　投资收益纳税调整明细表

金额单位：人民币元（列至角分）

行次	项目	持有收益			处置收益							纳税调整金额
		账载金额	税收金额	纳税调整金额	会计确认的处置收入	税收计算的处置收入	处置投资的账面价值	处置投资的计税基础	会计确认的处置所得或损失	税收计算的处置所得	纳税调整金额	
		1	2	3(2-1)	4	5	6	7	8(4-6)	9(5-7)	10(9-8)	11(3+10)
9	九、其他	0	590 000	590 000	13 139 000	11 000 000	13 000 000	10 410 000	139 000	590 000	451 000	1 041 000
10	合计（1+2+3+4+5+6+7+8+9）	0	590 000	590 000	13 139 000	11 000 000	13 000 000	10 410 000	139 000	590 000	451 000	1 041 000

表2-13　　　　　　　　A105000　纳税调整项目明细表

金额单位：人民币元（列至角分）

行次	项目	账载金额	税收金额	调增金额	调减金额
		1	2	3	4
1	一、收入类调整项目（2+3+…+8+10+11）	*	*	1 041 000	
4	（三）投资收益（填写A105030）	139 000	1 180 000	1 041 000	

四、以公允价值计量且其变动计入当期损益的金融资产

新金融工具准则规定，企业分类为以摊余成本计量的金融资产和以公允价值计量且其变动计入其他综合收益的金融资产之外的金融资产，应当分类为以公允价值计量且其变动计入当期损益的金融资产。以公允价值计量且其变动计入当期损益的金融资产与前两类金融资产不同之处在于：一是对于该类资产，企业的关键管理人员认为出售金融资产对于实现其管理目标而言是重要的；二是其核算内容既包括债权投资，也包括不应按《企业会计准则第2

号——长期股权投资》进行核算的股权投资；三是资产负债表日按照公允价值计量，不需要计提减值准备。

（一）初始计量的税会差异

1. 会计规定。分类为以公允价值计量且其变动计入当期损益的金融资产通过设置"交易性金融资产"科目进行核算。企业初始确认时，应当按照公允价值计量，对于相关交易费用应当直接计入当期损益。这也是其与前两类金融资产的最大不同。

[例2-1-8] 2020年1月1日，本公司从二级市场购入乙公司股票10万股，每股价格为10.2元，支付价款合计102万元，另发生交易费用2万元。本公司将该股票分类为以公允价值计量且其变动计入当期损益的金融资产。

账务处理如下：

借：交易性金融资产——成本　　　　　　　　　　　　　　　1 020 000
　　投资收益　　　　　　　　　　　　　　　　　　　　　　　　20 000
　　贷：银行存款　　　　　　　　　　　　　　　　　　　　　1 040 000

2. 税收规定。《企业所得税法实施条例》第七十一条规定，投资资产按照以下方法确定成本：通过支付现金方式取得的投资资产，以购买价款为成本；通过支付现金以外的方式取得的投资资产，以该资产的公允价值和支付的相关税费为成本。

3. 税会差异。会计准则规定，该项金融资产交易费用直接计入当期损益（"投资收益"科目借方）；企业所得税法规定，取得投资资产过程中支付的交易费用属于投资资产计税基础的组成部分。两者存在差异，在年度汇算清缴纳税申报时应进行纳税调整。

[例2-1-8]中，资产计税基础为104万元，交易费用2万元不允许税前扣除，在年度汇算清缴申报时应调增应纳税所得额。

所有金融资产初始计量处理中，以公允价值计量且其变动计入当期损益的金融资产是唯一的允许交易费用计入当期损益的情况。

4. 年度纳税申报表调整（见表2-14）。

表2-14　　　　　　　　A105000　纳税调整项目明细表

金额单位：人民币元（列至角分）

行次	项目	账载金额	税收金额	调增金额	调减金额
		1	2	3	4
1	一、收入类调整项目（2+3+…+8+10+11）	*	*	20 000	*
6	（五）交易性金融资产初始投资调整	*	*	20 000	*

（二）确认股息、红利收入的税会差异

1. 会计规定。划分为以公允价值计量且其变动计入当期损益核算的债权投资取得的利息收入的核算与前两类金融资产的相关会计处理基本一致。划分为以公允价值计量且其变动计入当期损益核算的股权投资取得的股息、红利收入，在被投资单位宣告分派现金股利或利润时，投资方根据应享有的部分确认为当期投资收益。

[例2-1-9] 沿用[例2-1-8]，2020年6月10日，该公司宣告分派2019年度现金股利每股0.5元。

宣告分派年度现金股利时，本公司账务处理如下：

借：应收股利　　　　　　　　　　　　　　　　　　　　　　　50 000
　　贷：投资收益　　　　　　　　　　　　　　　　　　　　　　50 000

2. 税收规定。

(1)《国家税务总局关于贯彻落实企业所得税法若干税收问题的通知》（国税函〔2010〕79号）第四条规定，企业权益性投资取得股息、红利等收入，应以被投资企业股东会或股东大会作出利润分配或转股决定的日期，确定收入的实现。被投资企业将股权（票）溢价所形成的资本公积转为股本的，不作为投资方企业的股息、红利收入，投资方企业也不得增加该项长期投资的计税基础。

(2)《企业所得税法》第二十六条规定，符合条件的居民企业之间的股息、红利等权益性投资收益为免税收入。

(3)《企业所得税法实施条例》第八十三条规定，企业所得税法所称符合条件的居民企业之间的股息、红利等权益性投资收益，是指居民企业直接投资于其他居民企业取得的投资收益，不包括连续持有居民企业公开发行并上市流通的股票不足12个月取得的投资收益。

3. 税会差异。

(1) 收益确认时间的差异。对于划分为以公允价值计量且其变动计入当期损益金融资产的股权投资股息、红利的确认时间，会计准则和企业所得税法规定均为被投资企业股东会或股东大会作出利润分配或转股决定的日期，两者不存在差异。

(2) 政策导向的差异。会计准则规定，股息、红利收入要计入当期损益（"投资收益"科目）；企业所得税法规定，对于符合条件的股息、红利等权益性投资收益免征企业所得税。两者存在差异，在年度汇算清缴申报时应进行减免税纳税调整。

[例2-1-9]中，因为持股期限不足1年，所以不可以享受免税的优惠政策。在年度汇算清缴纳税申报时不可从收入总额中扣除5万元。

(三) 期末计量的税会差异

1. 会计规定。以公允价值计量且其变动计入当期损益的金融资产的利得或损失，应当计入当期损益（"公允价值变动损益"科目）。新金融工具准则规定，企业对权益工具的投资以及与此类投资相联系的合同应当以公允价值计量。

[例2-1-10] 沿用[例2-1-8]，2020年12月31日，该项投资公允价值为130万元。

账务处理如下：

借：交易性金融资产——公允价值变动　　　　　　　　　　　280 000
　　贷：公允价值变动损益　　　　　　　　　　　　　　　　　280 000

2. 税收规定。《企业所得税法实施条例》第五十六条规定，企业的各项资产，包括固定资产、生物资产、无形资产、长期待摊费用、投资资产、存货等，以历史成本为计税基础。历史成本，是指企业取得该项资产时实际发生的支出。企业持有各项资产期间资产增值或者减值，除国务院财政、税务主管部门规定可以确认损益外，不得调整该资产的计税基础。

3. 税会差异。会计准则规定，以公允价值计量且其变动计入当期损益的金融资产公允价值变动所产生的利得或损失，均应当计入当期损益（"公允价值变动损益"科目），与以公允价值计量且其变动计入其他综合收益的金融资产公允价值变动不同，会对年度会计利润产生影响；企业所得税法规定，企业以公允价值计量的金融资产、金融负债以及投资性房地产等，持有期间公允价值的变动不计入应纳税所得额。两者存在差异，在年度汇算清缴纳税申报时应进行纳税调整。

4. 年度纳税申报表调整（见表2－15）。

表2－15　　　　　　　　A105000　　纳税调整项目明细表

金额单位：人民币元（列至角分）

行次	项目	账载金额	税收金额	调增金额	调减金额
		1	2	3	4
1	一、收入类调整项目（2＋3＋…＋8＋10＋11）	*	*		280 000
7	（六）公允价值变动净损益	280 000	*		280 000

（四）资产终止确认的税会差异

1. 会计规定。以公允价值计量且其变动计入当期损益的金融资产转让，企业收取金融资产现金流量的合同权利已经终止，金融资产不能再为企业带来经济利益，应当终止确认该金融资产，符合金融资产终止确认条件规定。应当将该金融资产出售时的公允价值与其初始入账金额之间的差额确认为投资收益。新金融工具准则与原金融工具准则相比的不同之处在于，不需要再将以前年度确认的公允价值变动损益金额结转至"投资收益"科目。

[例2－1－11] 沿用[例2－1－8]，2021年1月16日，本公司将上述股票出售，取得价款为135万元。

账务处理如下：

借：银行存款　　　　　　　　　　　　　　　　　　　　　　1 350 000
　　贷：交易性金融资产——成本　　　　　　　　　　　　　　1 020 000
　　　　　　　　　　　——公允价值变动　　　　　　　　　　　280 000
　　　　投资收益　　　　　　　　　　　　　　　　　　　　　　50 000

2. 税收规定。《企业所得税法实施条例》第七十一条规定，企业所得税法所称投资资产，是指企业对外进行权益性投资和债权性投资形成的资产。企业在转让或者处置投资资产时，投资资产的成本准予扣除。

3. 税会差异。会计准则规定，企业在金融资产终止确认时，按照资产的账面价值结转；企业所得税法规定，企业在转让或者处置投资资产时，投资资产的成本（计税基础）可以税前扣除。在处置投资资产时，资产的账面价值与计税基础不同，确认的会计利润不等于应纳税所得额。两者存在差异，在年度汇算清缴申报时应进行纳税调整。

[例2－1－11]中，2021年应确认应纳税所得额为31万元（135－104），会计确认利润为5万元，在年度纳税申报时应调增应纳税所得额26万元（31－5）。

2020年，企业因初始计量税会差异而在年度纳税申报时调增的应纳税所得额2万元，与因公允价值变动税会差异而在年度纳税申报时调减的应纳税所得额28万元，差额为26万元，纳税调整的金额相等，方向相反。综上所述，上述税会差异属暂时性差异。

4. 年度纳税申报表调整（见表2－16和表2－17）。

表 2-16   A105030   投资收益纳税调整明细表

金额单位：人民币元（列至角分）

行次	项目	持有收益			处置收益							纳税调整金额
		账载金额	税收金额	纳税调整金额	会计确认的处置收入	税收计算的处置收入	处置投资的账面价值	处置投资的计税基础	会计确认的处置所得或损失	税收计算的处置所得	纳税调整金额	
		1	2	3 (2-1)	4	5	6	7	8 (4-6)	9 (5-7)	10 (9-8)	11 (3+10)
1	一、交易性金融资产				1 350 000	1 350 000	1 300 000	1 040 000	50 000	310 000	260 000	260 000
10	合计（1+2+3+4+5+6+7+8+9）				1 350 000	1 350 000	1 300 000	1 040 000	50 000	310 000	260 000	260 000

表 2-17   A105000   纳税调整项目明细表

金额单位：人民币元（列至角分）

行次	项目	账载金额	税收金额	调增金额	调减金额
		1	2	3	4
1	一、收入类调整项目（2+3+…+8+10+11）	*	*	260 000	
4	（三）投资收益（填写A105030）	50 000	310 000	260 000	

五、指定为以公允价值计量且其变动计入其他综合收益的非交易性权益工具投资的税会差异

新金融工具准则规定，金融资产分为以摊余成本计量的金融资产、以公允价值计量且其变动计入其他综合收益的金融资产和以公允价值计量且其变动计入当期损益的金融资产3类，但除上述3个类型外，还有一类比较特殊的金融资产，即指定为以公允价值计量且其变动计入其他综合收益的非交易性权益工具投资。

权益工具投资的合同现金流量评估一般不符合基本借贷安排，因此只能分类为以公允价值计量且其变动计入当期损益的金融资产。然而在初始确认时，企业可以将非交易性权益工具投资指定为以公允价值计量且其变动计入其他综合收益的金融资产，并按规定确认相关利得和损失，且该指定一经做出，不得撤销。企业投资其他上市公司股票或者非上市公司股权的，都可能属于这种情形。此类金融资产虽然也是股权性质的投资资产，但与分类为以公允价值计量且其变动计入当期损益的金融资产的会计处理有很大的区别。

（一）初始计量的税会差异

1. 会计规定。指定为以公允价值计量且其变动计入其他综合收益的非交易性权益工具投资通过设置"其他权益工具投资"科目进行核算。其初始计量时交易费用的会计处理与以公允价值计量且其变动计入其他综合收益的金融资产完全一致，计入投资资产初始确认金额，不影响当期损益。

[例2-1-12] 2020年1月6日，本公司支付价款104万元（含交易费用2万元），购

入某公司发行的股票10万股,占该公司有表决权股份的0.1%。本公司将其指定为以公允价值计量且其变动计入其他综合收益的非交易性权益工具投资。

账务处理如下:
2020年1月6日,购入股票。
借:其他权益工具投资——成本　　　　　　　　　　　　　　　1 040 000
　　贷:银行存款　　　　　　　　　　　　　　　　　　　　　　1 040 000

2. 税收规定。《企业所得税法实施条例》第七十一条规定,投资资产按照以下方法确定成本:通过支付现金方式取得的投资资产,以购买价款为成本;通过支付现金以外的方式取得的投资资产,以该资产的公允价值和支付的相关税费为成本。

3. 税会差异。会计准则规定,指定为以公允价值计量且其变动计入其他综合收益的非交易性权益工具投资的交易费用计入投资成本;企业所得税法规定,取得投资资产过程中支付的交易费用属于投资资产计税基础的组成部分。两者在规定上没有实质区别,不存在税会差异,不需要进行纳税调整。

(二) 确认股息、红利收入的税会差异

1. 会计规定。新金融工具准则规定,指定为以公允价值计量且其变动计入其他综合收益的非交易性权益工具投资,企业只有在同时符合下列条件时,才能确认股利收入并计入当期损益,会计处理与以公允价值计量且其变动计入当期损益的金融资产基本一致,在被投资单位宣告分派现金股利或利润时,投资方根据应享有的部分确认为当期投资收益:

(1) 企业收取股利的权利已经确立。
(2) 与股利相关的经济利益很可能流入企业。
(3) 股利的金额能够可靠计量。

[例2-1-13] 沿用[例2-1-12],2020年6月10日,该公司宣告分派2019年度现金股利每股0.5元。

宣告分派年度现金股利时,本公司账务处理如下:
借:应收股利　　　　　　　　　　　　　　　　　　　　　　　50 000
　　贷:投资收益　　　　　　　　　　　　　　　　　　　　　　50 000

2. 税收规定。

《企业所得税法》第六条规定,企业以货币形式和非货币形式从各种来源取得的收入,为收入总额,包括股息、红利等权益性投资收益。

《企业所得税法》第二十六条规定,符合条件的居民企业之间的股息、红利等权益性投资收益,为免税收入。

3. 税会差异。会计准则规定,股息、红利收入要计入当期损益("投资收益"科目);企业所得税法规定,股息、红利收入要并入收入总额,对于符合条件的股息、红利等权益性投资收益规定了免税的优惠。因享受优惠政策,两者存在差异,在年度汇算清缴纳税申报时应进行纳税调整。

(三) 后续计量的税会差异

1. 会计规定。指定为以公允价值计量且其变动计入其他综合收益的非交易性权益工具投资,其资产负债表日公允价值的后续变动应当计入其他综合收益,且不需计提减值准备。除了获得的股利计入当期损益外,其他相关的利得和损失(包括汇兑损益)均应当计入其他综合收益,且后续不得转入当期损益。

[例 2-1-14] 沿用 [例 2-1-13],2020 年 12 月 31 日,该项投资公允价值为 130 万元。

账务处理如下:

2020 年 12 月 31 日,资产负债表日。

借:其他权益工具投资——公允价值变动　　　　　　　　　260 000
　　贷:其他综合收益　　　　　　　　　　　　　　　　　　　260 000

2. 税会差异。会计准则规定,指定为以公允价值计量且其变动计入其他综合收益的非交易性权益工具投资期末公允价值变动的处理,与以公允价值计量且其变动计入其他综合收益的金融资产一致,计入其他综合收益,不影响当期损益;企业所得税法规定,此类资产期末应当按照成本计量,公允价值的变动不计入应纳税所得额。虽两者存在差异,但均不影响会计利润和应纳税所得额,不需要进行纳税调整。

(四) 资产终止确认的税会差异

1. 会计规定。新金融工具准则规定,当指定为以公允价值计量且其变动计入其他综合收益的非交易性权益工具投资终止确认时,相关的利得和损失计入留存收益;之前计入其他综合收益的累计利得或损失应当从其他综合收益中转出,计入留存收益,而不是当期损益。这与以公允价值计量且其变动计入其他综合收益的金融资产和以公允价值计量且其变动计入当期损益的金融资产两类资产的会计处理均不相同,也体现了会计准则分类为非交易性权益工具投资的根本处理原则。

[例 2-1-15] 沿用 [例 2-1-14],2021 年 1 月 16 日,本公司将上述股票出售,取得价款为 135 万元。假设按 10% 比例计提盈余公积。

账务处理如下:

借:银行存款　　　　　　　　　　　　　　　　　　　　　1 350 000
　　贷:其他权益工具投资——成本　　　　　　　　　　　　　1 040 000
　　　　　　　　　　　　——公允价值变动　　　　　　　　　　260 000
　　　　盈余公积　　　　　　　　　　　　　　　　　　　　　　5 000
　　　　未分配利润　　　　　　　　　　　　　　　　　　　　　45 000
借:其他综合收益　　　　　　　　　　　　　　　　　　　　260 000
　　贷:盈余公积　　　　　　　　　　　　　　　　　　　　　　26 000
　　　　未分配利润　　　　　　　　　　　　　　　　　　　　234 000

2. 税收规定。《企业所得税法实施条例》第七十一条规定,企业所得税法所称投资资产,是指企业对外进行权益性投资和债权性投资形成的资产。企业在转让或者处置投资资产时,投资资产的成本准予扣除。

3. 税会差异。会计准则规定,企业在指定为以公允价值计量且其变动计入其他综合收益的非交易性权益工具终止确认时,相关的利得和损失计入留存收益,不得影响当期损益;企业所得税法规定,企业在转让或者处置投资资产时,投资资产的成本(计税基础)可以税前扣除。两者存在差异,在年度汇算清缴纳税申报时应进行纳税调整。

[例 2-1-15] 中,2021 年应确认应纳税所得额为 31 万元(135-104);会计核算确认利润为 0,且 2020 年公允价值变动 26 万元和 2021 年处置收益 5 万元,均不影响当期损

益，在年度汇算清缴纳税申报时应调增应纳税所得额 31 万元。

4. 年度纳税申报表调整（见表 2-18 和表 2-19）。

表 2-18　　　　　A105030　投资收益纳税调整明细表

金额单位：人民币元（列至角分）

行次	项目	持有收益			处置收益							纳税调整金额
		账载金额	税收金额	纳税调整金额	会计确认的处置收入	税收计算的处置收入	处置投资的账面价值	处置投资的计税基础	会计确认的处置所得或损失	税收计算的处置所得	纳税调整金额	
		1	2	3 (2-1)	4	5	6	7	8 (4-6)	9 (5-7)	10 (9-8)	11 (3+10)
9	九、其他				1 300 000	1 350 000	1 300 000	1 040 000	0	310 000	310 000	310 000
10	合计（1+2+3+4+5+6+7+8+9）				1 300 000	1 350 000	1 300 000	1 040 000	0	310 000	310 000	310 000

表 2-19　　　　　A105000　纳税调整项目明细表

金额单位：人民币元（列至角分）

行次	项目	账载金额	税收金额	调增金额	调减金额
		1	2	3	4
1	一、收入类调整项目（2+3+…+8+10+11）	*	*	310 000	
4	（三）投资收益（填写 A105030）	0	310 000	310 000	

六、金融负债的税会差异

企业发行金融工具，应当按照该金融工具的合同条款及其所反映的经济实质而非法律形式，以及金融负债和权益工具的定义，在初始确认时将该金融工具或其组成部分分类为金融负债或权益工具。

因为企业权益性交易基本不涉及企业所得税处理问题，所以本书仅分析涉及金融负债的税会差异。

（一）金融负债和权益工具的区分

1. 区分的基本原则。

（1）是否存在无条件地避免交付现金或其他金融资产的合同义务。如果企业不能无条件地避免以交付现金或其他金融资产来履行一项合同义务，则该合同义务符合金融负债的定义，如不能无条件地避免的赎回（指将自己发行的证券再买回来）；如果企业能够无条件地避免交付现金或其他金融资产，则该合同义务符合权益工具的定义。

（2）是否通过交付固定数量的自身权益工具结算。对于非衍生工具，如果发行方未来有义务交付可变数量的自身权益工具进行结算，则该非衍生工具是金融负债，否则该非衍生工具是权益工具；对于衍生工具，如果发行方只能通过以固定数量的自身权益工具交换固定金额的现金或其他金融资产进行结算，则该衍生工具是权益工具。

2. 复合金融工具。有些金融工具可能既有权益工具的特征，又有金融负债的特征，则称为复合金融工具，最典型的如可转换公司债券。对于复合金融工具，发行方应于初始确认时将各组成部分分别分类为金融负债或权益工具。

企业发行的一项非衍生工具同时包含金融负债成分和权益工具成分的，应于初始计量时先确定金融负债成分的公允价值（包括其中可能包含的非权益性嵌入衍生工具的公允价值），再从复合金融工具公允价值中扣除负债成分的公允价值，作为权益工具成分的价值。

3. 税收规定。《财政部 税务总局关于永续债企业所得税政策问题的公告》（财政部税务总局公告2019年第64号）规定，企业发行的永续债，可以适用股息、红利企业所得税政策；企业发行符合规定条件的永续债，也可以按照债券利息适用企业所得税政策，即发行方作为债务融资时，利息可以在企业所得税税前扣除，投资方计入税前投资收益；发行方作为股权融资时，税后支付股息、红利，投资方可以适用股息、红利免税的企业所得税优惠。

符合规定是指符合下列条件中5条（含）以上的永续债：
①被投资企业对该项投资具有还本义务。
②有明确约定的利率和付息频率。
③有一定的投资期限。
④投资方对被投资企业净资产不拥有所有权。
⑤投资方不参与被投资企业日常生产经营活动。
⑥被投资企业可以赎回，或满足特定条件后可以赎回。
⑦被投资企业将该项投资计入负债。
⑧该项投资不承担被投资企业股东同等的经营风险。
⑨该项投资的清偿顺序位于被投资企业股东持有的股份之前。

关于永续债，《财政部关于印发〈永续债相关会计处理的规定〉的通知》（财会〔2019〕2号）对会计处理做了具体规定，税务处理上，财政部、税务总局公告2019年第64号在遵循会计核算的基础上，消除混合错配，且尽可能有利于纳税人，对于会计上按权益工具处理的永续债，符合上述规定条件的，利息支出可在税前扣除。

（二）以公允价值计量且变动计入当期损益的金融负债的税会差异

1. 会计规定。以公允价值计量且变动计入当期损益的金融负债通过设置"交易性金融负债"科目进行核算。企业初始确认金融负债，应当按照公允价值计量。对于以公允价值计量且其变动计入当期损益的金融负债，相关交易费用应当直接计入当期损益。以公允价值计量且其变动计入当期损益的金融负债，应当按照公允价值后续计量，相关利得或损失应当计入当期损益（"公允价值变动损益"科目）。

[例2-1-16] 2020年7月1日，本公司经批准在全国银行间债券市场公开发行1亿元短期融资券，期限为1年，每张面值为100元，到期一次还本付息。本公司将该短期融资券指定为以公允价值计量且其变动计入当期损益的金融负债。2020年12月31日，该短期融资券市场价格每张为120元。2021年6月30日，该短期融资券到期兑付完成。

账务处理如下：
①2020年7月1日，发行债券：
借：银行存款　　　　　　　　　　　　　　　　　　　　100 000 000
　　贷：交易性金融负债　　　　　　　　　　　　　　　　　100 000 000

②2020年12月31日，年末确认公允价值变动：

借：公允价值变动损益　　　　　　　　　　　　　　　20 000 000
　　贷：交易性金融负债　　　　　　　　　　　　　　　　　20 000 000

③2021年6月30日，到期兑付：

借：交易性金融负债　　　　　　　　　　　　　　　　120 000 000
　　贷：银行存款　　　　　　　　　　　　　　　　　　　　100 000 000
　　　　公允价值变动损益　　　　　　　　　　　　　　　　 20 000 000

2. 税会差异。会计规定，以公允价值计量且其变动计入当期损益的金融负债，其存续期间确认的公允价值变动计入当期损益；企业所得税法规定，企业以公允价值计量的金融资产、金融负债以及投资性房地产等，持有期间公允价值的变动不计入应纳税所得额。与以公允价值计量且其变动计入当期损益的金融资产类似，两者存在差异，在年度汇算清缴纳税申报时应进行纳税调整。

3. 年度纳税申报表调整。

（1）2020年度汇算清缴申报如表2-20所示。

表2-20　　　　　　　　A105000　　纳税调整项目明细表

金额单位：人民币元（列至角分）

行次	项目	账载金额	税收金额	调增金额	调减金额
		1	2	3	4
1	一、收入类调整项目（2+3+…+8+10+11）	*	*	20 000 000	
7	（六）公允价值变动净损益	-20 000 000	*	20 000 000	

（2）2021年度汇算清缴申报如表2-21所示。

表2-21　　　　　　　　A105000　　纳税调整项目明细表

金额单位：人民币元（列至角分）

行次	项目	账载金额	税收金额	调增金额	调减金额
		1	2	3	4
1	一、收入类调整项目（2+3+…+8+10+11）	*	*		20 000 000
7	（六）公允价值变动净损益	20 000 000	*		20 000 000

（三）以摊余成本计量的金融负债的税会差异

以摊余成本计量的金融负债的会计核算与以摊余成本计量的金融资产基本一致，其税会差异区别主要体现在利息支出税前扣除的政策规定上，具体内容见本书借款费用准则税会差异分析及纳税调整的内容。

第二节　长期股权投资准则与税法差异分析及调整

长期股权投资，是指投资方对被投资单位实施控制、重大影响的权益性投资，以及对其合营企业的权益性投资。为了规范长期股权投资的确认、计量，根据《企业会计准则——基本准则》，财政部2006年制定《企业会计准则第2号——长期股权投资》，并于2014年进行了修订。

长期股权投资准则的税会差异，既涉及收入类调整项目，也涉及资产类调整项目，本节将统一分析。

一、长期股权投资概述

长期股权投资与金融工具既有联系，又相互区别。其联系主要是长期股权投资如果未达到控制、共同控制和重大影响，应当按照金融资产进行会计处理。其区别为：一是金融工具既包括金融资产，也包括金融负债；二是金融资产既包括部分股权投资，也包括债权投资。因此，长期股权投资会计处理与金融工具既有相通之处，也有明显的不同之处。

（一）长期股权投资准则的适用范围

投资是企业为了获得收益或实现资本增值向被投资单位投放资金的经济行为。企业对外进行的投资，可以有不同的分类。从性质上划分，可以分为债权性投资与权益性投资等。长期股权投资一般属于权益性投资，其按对被投资单位的影响程度划分，又可以进一步划分为对子公司投资、对合营企业投资和对联营企业投资等。

1. 对子公司投资，即投资方能够对被投资单位实施控制的权益性投资。控制，是指投资方拥有对被投资单位的权力，通过参与被投资单位的相关活动而享有可变回报，并且有能力运用对被投资单位的权力影响其回报金额。关于控制和相关活动的理解及具体判断，见《企业会计准则第33号——合并财务报表》及其应用指南（2014年版）的相关内容。

2. 对合营企业投资，即投资方与其他合营方一同对被投资单位实施共同控制且对被投资单位净资产享有权利的权益性投资。共同控制，是指按照相关约定对某项安排所共有的控制，并且该安排的相关活动必须经过分享控制权的参与方一致同意后才能决策。关于共同控制和合营企业的理解及具体判断，见《企业会计准则第40号——合营安排》及其应用指南（2014年版）的相关内容。

3. 对联营企业投资，即投资方对被投资单位具有重大影响的权益性投资。重大影响，是指对一个企业的财务和经营政策有参与决策的权力，但并不能够控制或者与其他方一起共同控制这些政策的制定。

实务中，较为常见的重大影响体现为在被投资单位的董事会或类似权力机构中派有代表，通过在被投资单位财务和经营决策制定过程中的发言权实施重大影响。投资方直接或通过子公司间接持有被投资单位20%以上但低于50%的表决权时，一般认为对被投资单位具有重大影响，除非有明确的证据表明该种情况下不能参与被投资单位的生产经营决策，不形成重大影响。在确定能否对被投资单位施加重大影响时，应考虑投资方直接或间接持有被投资单位的表决权股份，同时也要考虑投资方及其他方持有的当期可执行潜在表决权在假定转换为对被投资单位的股权后产生的影响，如被投资单位发行的当期可转换的认股权证、股份期权及可转换公司债券等的影响。

企业通常可以通过以下一种或几种情形来判断是否对被投资单位具有重大影响：

（1）在被投资单位的董事会或类似权力机构中派有代表。在这种情况下，由于在被投资单位的董事会或类似权力机构中派有代表，并相应享有实质性的参与决策权，投资方可以通过该代表参与被投资单位财务和经营政策的制定，达到对被投资单位施加重大影响的目的。

（2）参与被投资单位财务和经营政策制定过程。这种情况下，在制定政策过程中可以为其自身利益提出建议和意见，从而可以对被投资单位施加重大影响。

（3）与被投资单位之间发生重要交易。有关的交易因对被投资单位的日常经营具有重要性，进而一定程度上可以影响到被投资单位的生产经营决策。

（4）向被投资单位派出管理人员。在这种情况下，管理人员有权力主导被投资单位的相关活动，从而能够对被投资单位施加重大影响。

（5）向被投资单位提供关键技术资料。因被投资单位的生产经营需要依赖投资方的技术或技术资料，表明投资方对被投资单位具有重大影响。

存在上述一种或多种情形并不意味着投资方一定对被投资单位具有重大影响。企业需要综合考虑所有事实和情况来做出恰当的判断。

长期股权投资准则规范的权益性投资不包括风险投资机构、共同基金以及类似主体（如投资连结保险产品）持有的、在初始确认时按照金融工具确认和计量准则的规定以公允价值计量且其变动计入当期损益的金融资产，这类金融资产即使符合持有待售条件也应继续按金融工具确认和计量准则进行会计处理。投资性主体对不纳入合并财务报表的子公司的权益性投资，应按照公允价值计量且其变动计入当期损益。

（二）权益性投资与债权性投资划分

1. 会计规定。一般而言，企业对外投资的法律形式要件都体现了其实质的投资意图和性质。然而，在当前市场经济条件下，企业投资模式日趋多元化，除传统的纯粹债权或者纯粹权益投资外，不少企业的投资模式同时具备债权性投资和权益性投资的特点，增大了识别和判断的难度。

［例2-2-1］本公司于2020年1月出资1.2亿元对H合伙企业进行增资，增资后本公司持有H合伙企业30%的权益。同时，约定H合伙企业在2020年12月31日、2021年12月31日两个时点分别以固定价格6 000万元和1.2亿元向本公司赎回10%、20%的权益。

［分析］上述交易从表面形式看为权益性投资，本公司办理了正常的出资手续，符合法律上出资的形式要件。从投资的性质看，该投资并不具备权益性投资的普遍特征。一是投资在其出资之日，就约定了在固定的时间以固定的金额退出；二是退出时间较短。从风险角度分析，本公司实际上仅承担了H合伙企业的信用风险而不是H合伙企业的经营风险，其交易实质更接近于本公司接受H合伙企业的权益作为质押物，向其提供资金并收取资金占用费，该投资的实质为债权性投资，应按照金融工具准则进行会计处理。

2. 税收规定。《国家税务总局关于企业混合性投资业务企业所得税处理问题的公告》（国家税务总局公告2013年第41号）规定：

（1）混合性投资业务确认条件。混合性投资，是指兼具权益和债权双重特性的投资业务。同时，符合下列条件的混合性投资业务，按本公告进行企业所得税处理：

①被投资企业接受投资后，需要按投资合同或协议约定的利率定期支付利息（或定期支付保底利息、固定利润、固定股息）。

②有明确的投资期限或特定的投资条件，并在投资期满或者满足特定投资条件后，被投资企业需要赎回投资或偿还本金。

③投资企业对被投资企业净资产不拥有所有权。

④投资企业不具有选举权和被选举权。

⑤投资企业不参与被投资企业日常生产经营活动。

（2）企业所得税处理。

①对于被投资企业支付的利息，投资企业应于被投资企业应付利息的日期，确认收入的实现并计入当期应纳税所得额；被投资企业应于应付利息的日期，确认利息支出，并按企业所得税法和《国家税务总局关于企业所得税若干问题的公告》（国家税务总局公告2011年第34号）第一条的规定，进行税前扣除。

②对于被投资企业赎回的投资，投资双方应于赎回时将赎价与投资成本之间的差额确认为债务重组损益，分别计入当期应纳税所得额。

3. 税会差异。对于混合性投资业务，会计规定和企业所得税法规定均按照实质重于形式原则区分为债权性投资与权益性投资，分别进行处理，基本原则一致。税法进一步明确划分了债权性投资的5个具体条件，相对于会计处理更多地依赖于职业判断，更加具有指导意义和可操作性。一项投资业务，会计上和企业所得税确定的投资类型不同，两者会产生差异，在年度汇算清缴纳税申报时应进行纳税调整。

（三）长期股权投资的后续计量方法

长期股权投资后续计量方法包括成本法与权益法。

1. 成本法。投资方持有的对子公司投资应当采用成本法核算，投资方为投资性主体且子公司不纳入其合并财务报表的除外。长期股权投资采用成本法核算的，通过"长期股权投资"科目进行核算。

2. 权益法。投资方持有的对联营企业和合营企业投资应当采用权益法核算。长期股权投资采用权益法核算的，应当分别通过"长期股权投资"科目的"投资成本""损益调整""其他综合收益""其他权益变动"4个明细科目进行核算。

二、对子公司投资的税会差异

企业对子公司投资，可以通过直接投资形成，也可以通过企业合并形成。通过合并形成的长期股权投资，又可以分为同一控制下控股合并与非同一控制下控股合并。

（一）同一控制下企业合并初始投资成本的税会差异

参与合并的企业在合并前后均受同一方或相同的多方最终控制且该控制并非暂时性的，为同一控制下的企业合并。相关概念详见本书企业合并准则与税法差异分析及调整的内容。

1. 会计规定。同一控制下的企业合并，应当在合并日按照被合并方所有者权益在最终控制方合并财务报表中的账面价值的份额作为长期股权投资的初始投资成本。

（1）被合并方在合并日的净资产账面价值为负数的，长期股权投资成本按零确定，同时在备查簿中予以登记。

（2）如果被合并方在被合并以前，是最终控制方通过非同一控制下的企业合并所控制的，则合并方长期股权投资的初始投资成本还应包含相关的商誉金额。

（3）确定长期股权投资的初始投资成本时，前提条件是合并前合并方与被合并方采用的会计政策应当一致。会计政策不同的，应基于重要性原则，统一合并方与被合并方的会计政策。在按照合并方的会计政策对被合并方净资产的账面价值进行调整的基础上，计算确定长期股权投资的初始投资成本。

（4）长期股权投资的初始投资成本与支付的现金、转让的非现金资产及所承担债务账面价值之间的差额，应当调整资本公积（资本溢价或股本溢价）；资本公积（资本溢价或股本溢价）的余额不足冲减的，依次冲减盈余公积和未分配利润。

（5）合并方以发行权益性工具作为合并对价的，应按发行股份的面值总额作为股本，长期股权投资的初始投资成本与所发行股份面值总额之间的差额，应当调整资本公积（资本溢价或股本溢价）；资本公积（资本溢价或股本溢价）不足冲减的，依次冲减盈余公积和未分配利润。

[例2-2-2] 2020年6月30日，本公司向同一集团内J公司的原股东G公司转让一块土地，取得J公司100%的股权，相关手续于当日完成，并能够对J公司实施控制。合并后J公司仍维持其独立法人资格继续经营。J公司是G公司于2018年以非同一控制下企业合并的方式收购的全资子公司。合并日，J公司财务报表中净资产的账面价值为2 200万元，G公司合并财务报表中的J公司净资产账面价值为4 000万元（含商誉500万元）。土地原值为5 000万元，累计摊销为3 000万元，公允价值为10 000万元。假定本公司和J公司都受G公司同一控制。不考虑相关税费等其他因素影响。

[分析] 本公司在合并日应确认对J公司的长期股权投资，初始投资成本为应享有J公司在G公司合并财务报表中的净资产账面价值的份额及相关商誉。

账务处理如下：

借：长期股权投资　　　　　　　　　　　　　　　　　40 000 000
　　累计摊销　　　　　　　　　　　　　　　　　　　30 000 000
　贷：无形资产　　　　　　　　　　　　　　　　　　50 000 000
　　　资本公积——股本溢价　　　　　　　　　　　　20 000 000

2. 税收规定。

（1）《企业所得税法实施条例》第七十一条规定，投资资产按照以下方法确定成本：通过支付现金方式取得的投资资产，以购买价款为成本；通过支付现金以外的方式取得的投资资产，以该资产的公允价值和支付的相关税费为成本。

第二十五条规定，企业发生非货币性资产交换，以及将货物、财产、劳务用于捐赠、偿债、赞助、集资、广告、样品、职工福利或者利润分配等用途的，应当视同销售货物、转让财产或者提供劳务，但国务院财政、税务主管部门另有规定的除外。

（2）《财政部　国家税务总局关于非货币性资产投资企业所得税政策问题的通知》（财税〔2014〕116号）规定，企业以非货币性资产对外投资，应对非货币性资产进行评估并按评估后的公允价值扣除计税基础后的余额，计算确认非货币性资产转让所得。

企业以非货币性资产对外投资，应于投资协议生效并办理股权登记手续时，确认非货币性资产转让收入的实现。

3. 税会差异。

（1）初始投资成本和计税基础的差异。会计规定，按照被合并方所有者权益在最终控制方合并财务报表中的账面价值的份额作为长期股权投资的初始投资成本；企业所得税法规定，通过支付现金以外的方式取得的投资资产，以该资产的公允价值和支付的相关税费为成本。两者存在差异，在年度汇算清缴纳税申报时应进行纳税调整。

[例2-2-2] 中，初始投资成本为4 000万元，计税基础为10 000万元。

（2）初始投资成本与支付对价账面价值差额的差异。会计规定，初始投资成本与支付对价差额,应当调整资本公积,资本公积余额不足冲减的,依次冲减盈余公积和未分配利润;企业所得税法规定,将货物、财产、劳务用于对外投资的,应当视同转让财产,确认财产转让所得。两者存在差异,应根据转让财产的实际情况,在年度汇算清缴纳税申报时进行纳税调整。

4. 年度纳税申报表调整(见表2-22和表2-23)。

表2-22　　　　　A105010　视同销售和房地产开发企业特定业务纳税调整明细表

金额单位:人民币元(列至角分)

行次	项目	税收金额	纳税调整金额
		1	2
1	一、视同销售(营业)收入(2+3+4+5+6+7+8+9+10)	100 000 000	100 000 000
8	(七)用于对外投资项目视同销售收入	100 000 000	100 000 000
11	二、视同销售(营业)成本(12+13+14+15+16+17+18+19+20)	20 000 000	20 000 000
18	(七)用于对外投资项目视同销售成本	20 000 000	20 000 000

表2-23　　　　　　　　A105000　纳税调整项目明细表

金额单位:人民币元(列至角分)

行次	项目	账载金额	税收金额	调增金额	调减金额
		1	2	3	4
1	一、收入类调整项目(2+3+…+8+10+11)	*	*	100 000 000	
2	(一)视同销售收入(填写A105010)	*	100 000 000	100 000 000	*
12	二、扣除类调整项目(13+14+…+24+26+27+28+29+30)	*	*		20 000 000
13	(一)视同销售成本(填写A105010)	*	20 000 000	*	20 000 000

(二)非同一控制下企业合并初始投资成本的税会差异

参与合并的各方在合并前后不受同一方或相同的多方最终控制的,为非同一控制下的企业合并。

1. 会计规定。非同一控制下的企业合并,购买方在购买日应当按照《企业会计准则第20号——企业合并》的有关规定确定的合并成本作为长期股权投资的初始投资成本。

(1)确定购买日。

①企业合并合同或协议已获股东大会通过。

②按照规定,合并事项需要经过国家有关主管部门审批的,已获得相关部门的批准。

③参与合并各方已办理了必要的财产权交接手续。

④购买方已支付了购买价款的大部分(一般应超过50%),并且有能力、有计划支付剩余款项。

⑤购买方实际上已经控制了被购买方的财务和经营政策,享有相应的收益并承担相应的风险。

(2)企业合并成本。

合并成本=支付价款或付出资产的(含税)公允价值+发生或承担的负债的公允价值+发行的权益性证券的公允价值。

(3)付出资产公允价值与账面价值差额的处理。采用非同一控制下的企业控股合并方式时,支付合并对价的公允价值与账面价值的差额,区分不同情况进行处理:

①合并对价为固定资产、无形资产的,公允价值与账面价值的差额,计入营业外收入或营业外支出。

②合并对价为长期股权投资或金融资产的,公允价值与其账面价值的差额,计入投资收益。

③合并对价为存货的,应当作为销售处理,以其公允价值确认收入,同时结转相应的成本。

④合并对价为投资性房地产的,以其公允价值确认其他业务收入,同时结转资产成本。

[例2-2-3] 2020年3月31日,本公司取得K公司70%的股权,取得该部分股权后能够对K公司实施控制。合并中,本公司支付的专利技术原值为1 600万元,累计摊销为300万元,公允价值为2 000万元。假定合并前本公司与K公司不存在任何关联方关系。

[分析] 因本公司与K公司在合并前不存在任何关联方关系,所以应作为非同一控制下的企业合并处理。因合并形成的对K公司的长期股权投资,账务处理如下:

借:长期股权投资　　　　　　　　　　　　　　　　21 200 000
　　累计摊销　　　　　　　　　　　　　　　　　　　3 000 000
　　贷:无形资产　　　　　　　　　　　　　　　　　16 000 000
　　　　应交税费——应交增值税(销项税额)　　　　 1 200 000
　　　　营业外收入　　　　　　　　　　　　　　　　 7 000 000

2. 税收规定。《企业所得税法实施条例》第七十一条规定,投资资产按照以下方法确定成本:通过支付现金方式取得的投资资产,以购买价款为成本;通过支付现金以外的方式取得的投资资产,以该资产的公允价值和支付的相关税费为成本。

3. 税会差异。

(1) 初始投资成本和计税基础的差异。会计规定,按照合并成本作为长期股权投资的初始投资成本,合并成本是以支付价款或付出资产、发生或承担的负债和发行的权益性证券的公允价值确定的;企业所得税法规定,以该资产的公允价值和支付的相关税费为成本。实务中,交换双方的公允价值一般相等,两者不存在差异,年度汇算清缴纳税申报不需要进行纳税调整。

[例2-2-3]中,初始投资成本为2 120万元,计税基础2 120万元,不需要进行纳税调整。

(2) 付出资产公允价值与账面价值差额的差异。会计规定,付出资产公允价值与账面价值的差额,应按照资产类别分别确认相关损益,会影响当年会计利润;企业所得税法规定,将货物、财产、劳务用于对外投资的,应当视同转让财产,确认收入并结转成本。两者不存在差异,年度汇算清缴纳税申报不需要进行纳税调整。

(三) 相关费用处理的差异

1. 会计规定。企业无论是以上述何种方式取得的长期股权投资,其相关费用的处理规定基本是一致的。

(1) 为企业合并发生的审计、法律服务、评估咨询等中介费用以及其他相关管理费用,于发生时计入当期损益。

(2) 与以发行权益性工具作为合并对价直接相关的交易费用,应当冲减资本公积(资本溢价或股本溢价),资本公积(资本溢价或股本溢价)不足冲减的,依次冲减盈余公积和未分配利润。

(3) 与以发行债务性工具作为合并对价直接相关的交易费用,应当计入债务性工具的初始确认金额。

[例2-2-4] 沿用 [例2-2-3]，为核实 K 公司的资产价值，本公司聘请资产评估机构对 K 公司的资产进行评估，支付评估费用 50 万元。

账务处理如下：

借：管理费用　　　　　　　　　　　　　　　　　　　　　　　500 000
　　贷：银行存款　　　　　　　　　　　　　　　　　　　　　　　500 000

2. 税收规定。《企业所得税法实施条例》第七十一条规定，投资资产按照以下方法确定成本：通过支付现金方式取得的投资资产，以购买价款为成本；通过支付现金以外的方式取得的投资资产，以该资产的公允价值和支付的相关税费为成本。

3. 税会差异。会计准则规定，为企业合并发生的审计、法律服务、评估咨询等中介费用以及其他相关管理费用，于发生时计入当期损益；企业所得税法规定，相关税费应当计入投资资产成本。两者存在差异，在年度汇算清缴纳税申报时应进行应纳税调整。

4. 年度纳税申报表调整（见表2-24）。

表 2-24　　　　　　　　　A105000　纳税调整项目明细表

金额单位：人民币元（列至角分）

行次	项目	账载金额 1	税收金额 2	调增金额 3	调减金额 4
12	二、扣除类调整项目（13+14+…+24+26+27+28+29+30）	*	*	500 000	
30	（十七）其他	500 000	0	500 000	

（四）初始投资成本中包含的已宣告尚未发放现金股利的税会差异

1. 会计规定。企业无论是以何种方式取得的长期股权投资，取得投资时，对于支付的对价中包含的应享有被投资单位已经宣告但尚未发放的现金股利或利润应确认为应收项目，不构成取得长期股权投资的初始投资成本。

[例2-2-5] 沿用 [例2-2-3]，假定本公司取得该项投资时，K 公司已经宣告但尚未发放现金股利，本公司按其持股比例计算确定可得 20 万元。不考虑所得税影响。

[分析] 在确认该长期股权投资时，应将包含的现金股利部分单独进行以下账务处理。

借：长期股权投资　　　　　　　　　　　　　　　　　　　　21 000 000
　　应收股利　　　　　　　　　　　　　　　　　　　　　　　　200 000
　　累计摊销　　　　　　　　　　　　　　　　　　　　　　　3 000 000
　　贷：无形资产　　　　　　　　　　　　　　　　　　　　　16 000 000
　　　　应交税费——应交增值税（销项税额）　　　　　　　　1 200 000
　　　　营业外收入　　　　　　　　　　　　　　　　　　　　7 000 000

2. 税收规定。《国家税务总局关于修订企业所得税年度纳税申报表的公告》（国家税务总局公告2020年第24号）规定，纳税人在计算企业所得税应纳税所得额及应纳税额时，会计处理与税收规定不一致的，应当按照税收规定计算。税收规定不明确的，在没有明确规定之前，暂按国家统一会计制度计算。

3. 税会差异。根据《国家税务总局关于修订企业所得税年度纳税申报表的公告》（国家税务总局公告2020年第24号）规定，税收规定不明确的，在没有明确规定之前，暂按国家统一会计制度计算。两者不存在差异。

（五）存在或有对价的税会差异

在某些情况下，企业合并各方可能在合并协议中约定，根据未来一项或多项或有事项的发生，购买方通过发行额外证券、支付额外现金或其他资产等方式追加合并对价，或者要求返还之前已经支付的对价，这将产生企业合并的或有对价问题，也就是"对赌协议"业务。

1. 会计规定。

（1）同一控制下企业合并涉及或有对价。以同一控制下企业合并方式形成的长期股权投资，初始投资时，应按照《企业会计准则第13号——或有事项》的规定，判断是否应就或有对价确认预计负债或者确认资产，以及应确认的金额；确认预计负债或资产的，该预计负债或资产金额与后续或有对价结算金额的差额不影响当期损益，而应当调整资本公积（资本溢价或股本溢价），资本公积（资本溢价或股本溢价）不足冲减的，调整留存收益。

（2）非同一控制下企业合并涉及或有对价。会计准则规定，购买方应当将合并协议约定的或有对价作为企业合并转移对价的一部分，按照其在购买日的公允价值计入企业合并成本。

或有对价符合权益工具和金融负债定义的，购买方应当将支付或有对价的义务确认为一项权益或负债；符合资产定义并满足资产确认条件的，购买方应当将符合合并协议约定条件的、可收回的部分已支付合并对价的权利确认为一项资产。同时规定，购买日12个月内出现对购买日已存在情况的新的或进一步证据需要调整或有对价的，应当予以确认并对原计入合并商誉的金额进行调整；其他情况下发生的或有对价变化或调整，应当区分以下情况进行会计处理：或有对价为权益性质的，不进行会计处理；或有对价为资产或负债性质的，如果属于会计准则规定的金融工具，应当按照以公允价值计量且其变动计入当期损益的金融工具进行会计处理，不得指定为以公允价值计量且其变动计入其他综合收益的金融资产。

[例2-2-6] 2020年年初，本公司以现金1 000万元自某公司购买其持有的L公司100%股权，同时约定，本公司就L公司在收购完成后的经营业绩向某公司做出承诺，如果L公司当年营业收入达到1亿元，本公司将再向某公司支付购买价款100万元，购买日，本公司预计L公司能够达到预期目标。

购买日，本公司账务处理如下：

借：长期股权投资　　　　　　　　　　　　　　　　　11 000 000
　　贷：银行存款　　　　　　　　　　　　　　　　　10 000 000
　　　　交易性金融负债　　　　　　　　　　　　　　　1 000 000

2. 税收规定。《企业所得税法实施条例》第七十一条规定，投资资产按照以下方法确定成本：通过支付现金方式取得的投资资产，以购买价款为成本；通过支付现金以外的方式取得的投资资产，以该资产的公允价值和支付的相关税费为成本。

3. 税会差异。会计规定，购买方应当将合并协议约定的或有对价作为企业合并转移对价的一部分，按照其在购买日的公允价值计入企业合并成本，并影响长期股权投资初始投资成本；企业所得法规定，按照实际支付的现金或者非货币性资产的公允价值确认计税基础，不考虑或有对价。两者存在差异，在年度汇算清缴纳税申报时应进行纳税调整。

[例2-2-6] 中，会计确认的初始投资成本为1 100万元，企业所得税计税基础为1 000万元，差额为100万元，在年度汇算清缴纳税申报时应进行纳税调整。

（六）后续计量采用成本法核算的税会差异

1. 会计规定。

（1）成本法的适用范围。根据长期股权投资准则，投资方持有的对子公司投资应当采用成本法核算，投资方为投资性主体且子公司不纳入其合并财务报表的除外。投资方在判断对被投资单位是否具有控制时，应综合考虑直接持有的股权和通过子公司间接持有的股权。在个别财务报表中，投资方进行成本法核算时，应仅考虑直接持有的股权份额。

长期股权投资准则要求投资方对子公司的长期股权投资采用成本法核算，主要是为了避免在子公司实际宣告发放现金股利或利润之前，出现母公司垫付资金发放现金股利或利润等情况，解决了原来权益法核算下投资收益不能足额收回导致超分配的问题。

（2）长期股权投资账面价值的调整及投资损益的确认。采用成本法核算的长期股权投资，在追加投资时，按照追加投资支付的成本的公允价值及发生的相关交易费用增加长期股权投资的账面价值。被投资单位宣告分派现金股利或利润的，投资方根据应享有的部分确认当期投资收益。

（3）减值的处理。企业按照上述规定确认自被投资单位应分得的现金股利或利润后，应当考虑长期股权投资是否发生减值。在判断该类长期股权投资是否存在减值迹象时，应当关注长期股权投资的账面价值是否大于享有被投资单位净资产（包括相关商誉）账面价值的份额等类似情况。出现类似情况时，企业应当按照资产减值准则对长期股权投资进行减值测试，可收回金额低于长期股权投资账面价值的，应当计提减值准备。

值得注意的是，子公司将未分配利润或盈余公积直接转增股本（实收资本），且未向投资方提供等值现金股利或利润的选择权时，母公司并没有获得收取现金股利或者利润的权力，上述交易通常属于子公司自身权益结构的重分类，母公司不应确认相关的投资收益。

[例2-2-7] 沿用[例2-2-3]，2021年3月，K公司宣告分派现金股利，本公司按其持股比例可取得70万元。不考虑相关税费等其他因素影响。

账务处理如下：

借：应收股利　　　　　　　　　　　　　　　　　　　　　700 000
　　贷：投资收益　　　　　　　　　　　　　　　　　　　　700 000

2. 税收规定。

（1）《企业所得税法实施条例》第十七条规定，股息、红利等权益性投资收益，除国务院财政、税务主管部门另有规定外，按照被投资方作出利润分配决定的日期确认收入的实现。

（2）《企业所得税法》第二十六条规定，企业的下列收入为免税收入：

①符合条件的居民企业之间的股息、红利等权益性投资收益。

②在中国境内设立机构、场所的非居民企业从居民企业取得与该机构、场所有实际联系的股息、红利等权益性投资收益。

3. 税会差异。

（1）收益确认时间的差异。如果投资企业采用成本法核算，会计规定被投资单位宣告分派现金股利或利润的，投资方根据应享有的部分确认当期投资收益；企业所得税法规定与会计规定一致，不存在差异。

（2）税收政策导向的差异。税法从鼓励长期投资的角度出发，对于符合条件的居民企业之间的股息、红利等权益性投资收益，可以确认为免税收入，从收入总额中减除，不计入当期应纳税所得额。两者存在差异，在年度汇算清缴纳税申报时，应调减应纳税所得额。

4. 年度纳税申报表调整（见表2-25和表2-26）。

表 2-25　A107011　符合条件的居民企业之间的股息、红利等权益性投资收益优惠明细表

金额单位：人民币元（列至角分）

行次	被投资企业	被投资企业统一社会信用代码（纳税人识别号）	投资性质	投资成本	投资比例	被投资企业做出利润分配或转股决定时间	依决定归属于本公司的股息、红利等权益性投资收益金额	被投资企业清算确认金额			撤回或减少投资确认金额					合计
								被投资企业清算剩余资产	被清算企业分配利润和累计盈余公积应享有部分	应确认的股息所得	从被投资企业撤回或减少投资取得的资产	减少投资比例	收回初始投资成本	取得资产中超过回初始投资成本部分	撤回或减少投资应享有被投资企业累计未分配利润和累计盈余公积	应确认的股息所得	
	1	2	3	4	5	6	7	8	9	10(8与9孰小)	11	12	13 (4×12)	14 (11−13)	15	16(14与15孰小)	17(7+10+16)
1	K 公司		直接投资	21 200 000	70%	2021年3月	700 000										700 000
8	合计																700 000
9	其中：直接投资或非 H 股股票投资																
10	股票投资——沪港通 H 股																
11	股票投资——深港通 H 股																
12	创新企业 CDR																
13	永续债																

表2-26　　　　A107010　免税、减计收入及加计扣除优惠明细表

金额单位：人民币元（列至角分）

行次	项目	金额
1	一、免税收入（2+3+9+…+16）	700 000
3	（二）符合条件的居民企业之间的股息、红利等权益性投资收益免征企业所得税（4+5+6+7+8）	700 000
4	1.一般股息红利等权益性投资收益免征企业所得税（填写A107011）	700 000

三、对联营企业投资的税会差异

（一）初始投资成本的税会差异

1. 会计规定。除企业合并形成的长期股权投资以外，其他方式取得的长期股权投资，应当按照下列规定确定其初始投资成本：

（1）以支付现金取得长期股权投资的，应当按照实际应支付的购买价款作为初始投资成本，包括购买过程中支付的手续费等必要支出，但所支付价款中包含的被投资单位已宣告但尚未发放的现金股利或利润作为应收项目核算，不构成取得长期股权投资的成本。

（2）以发行权益性证券取得长期股权投资的，应当按照所发行证券的公允价值作为初始投资成本，但不包括应自被投资单位收取的已宣告但尚未发放的现金股利或利润。

投资方通过发行权益性证券（权益性工具）取得长期股权投资的，所发行工具的公允价值，应按《企业会计准则第39号——公允价值计量》等相关准则确定。为发行权益性工具支付给有关证券承销机构等的手续费、佣金等与工具发行直接相关的费用，不构成取得长期股权投资的成本。该部分费用应自所发行证券的溢价发行收入中扣除，溢价收入不足冲减的，应依次冲减盈余公积和未分配利润。

一般而言，投资者投入的长期股权投资应根据法律、法规的要求进行评估作价，在公平交易当中，投资者投入的长期股权投资的公允价值，与所发行证券（工具）的公允价值不应存在重大差异。如有确凿证据表明，取得长期股权投资的公允价值比所发行证券（工具）的公允价值更加可靠的，以投资者投入的长期股权投资的公允价值为基础确定其初始投资成本。

投资方通过发行债务性证券（债务性工具）取得长期股权投资的，比照通过发行权益性证券（权益性工具）处理。

（3）通过非货币性资产交换取得的长期股权投资，其初始投资成本应当按照《企业会计准则第7号——非货币性资产交换》的有关规定确定。

（4）通过债务重组取得的长期股权投资，其初始投资成本应当按照《企业会计准则第12号——债务重组》的有关规定确定。

[例2-2-8] 2020年1月，本公司以持有的对M公司的长期股权投资作为对价，向上市公司N公司增资，占其股份总额20%的股权。并约定，本公司作为对价的长期股权投资作价为4 000万元（该作价与其公允价值相当），该项投资账面价值为3 000万元。不考虑相关税费等其他因素影响。

账务处理如下：

借：长期股权投资——投资成本（N公司）　　　　　40 000 000
　　贷：长期股权投资——投资成本（M公司）　　　　　30 000 000
　　　　投资收益　　　　　　　　　　　　　　　　　　10 000 000

2. 税收规定。

（1）《企业所得税法实施条例》第七十一条规定，投资资产按照以下方法确定成本：通过支付现金方式取得的投资资产，以购买价款为成本；通过支付现金以外的方式取得的投资资产，以该资产的公允价值和支付的相关税费为成本。

（2）《财政部　国家税务总局关于非货币性资产投资企业所得税政策问题的通知》（财税〔2014〕116号）规定，居民企业（以下简称企业）以非货币性资产对外投资确认的非货币性资产转让所得，可在不超过5年期限内，分期均匀计入相应年度的应纳税所得额，按规定计算缴纳企业所得税。

企业以非货币性资产对外投资而取得被投资企业的股权，应以非货币性资产的原计税成本为计税基础，加上每年确认的非货币性资产转让所得，逐年进行调整。

非货币性资产，是指现金、银行存款、应收账款、应收票据以及准备持有至到期的债券投资等货币性资产以外的资产。

非货币性资产投资，限于以非货币性资产出资设立新的企业，或将非货币性资产注入现存的企业。

3. 税会差异。

（1）长期股权投资入账价值与计税基础的差异。会计处理的初始投资成本和企业所得税处理的计税基础，两者的规定基本一致，不存在差异。

（2）非货币性资产投资政策导向的差异。企业所得税法规定，对符合条件的非货币性资产投资可以递延纳税。如果企业选择享受递延纳税，则两者存在差异，在投资当年，会计确认的收入大于所得税确认的应纳税所得额，在年度汇算清缴纳税申报时应纳税调减应纳税所得额；之后的4年，因会计上不再确认收入，而企业所得税依然要确认应纳税所得额，在年度汇算清缴纳税申报时应调增应纳税所得额。

4. 年度纳税申报表调整。

（1）2020年度汇算清缴申报如表2-27和表2-28所示。

表2-27　　　　A105100　企业重组及递延纳税事项纳税调整明细表

金额单位：人民币元（列至角分）

行次	项目	一般性税务处理			特殊性税务处理（递延纳税）			纳税调整金额
		账载金额	税收金额	纳税调整金额	账载金额	税收金额	纳税调整金额	
		1	2	3 (2-1)	4	5	6 (5-4)	7 (3+6)
12	六、非货币性资产对外投资				10 000 000	2 000 000	-8 000 000	-8 000 000
16	合计（1+4+6+8+11+12+13+14+15）				10 000 000	2 000 000	-8 000 000	-8 000 000

表 2-28　　　　　　　　　A105000　纳税调整项目明细表

金额单位：人民币元（列至角分）

行次	项目	账载金额	税收金额	调增金额	调减金额
		1	2	3	4
36	四、特殊事项调整项目（37＋38＋…＋43）	*	*		8 000 000
37	（一）企业重组及递延纳税事项（填写A105100）	10 000 000	2 000 000		8 000 000

（2）2021年度汇算清缴申报如表2-29和表2-30所示。

表 2-29　　　　　A105100　企业重组及递延纳税事项纳税调整明细表

金额单位：人民币元（列至角分）

行次	项目	一般性税务处理			特殊性税务处理（递延纳税）			纳税调整金额
		账载金额	税收金额	纳税调整金额	账载金额	税收金额	纳税调整金额	
		1	2	3（2-1）	4	5	6（5-4）	7（3+6）
12	六、非货币性资产对外投资			0		2 000 000	2 000 000	2 000 000
16	合计（1+4+6+8+11+12+13+14+15）			0		2 000 000	2 000 000	2 000 000

表 2-30　　　　　　　　　A105000　纳税调整项目明细表

金额单位：人民币元（列至角分）

行次	项目	账载金额	税收金额	调增金额	调减金额
		1	2	3	4
36	四、特殊事项调整项目（37＋38＋…＋43）	*	*	2 000 000	
37	（一）企业重组及递延纳税事项（填写A105100）	0	2 000 000	2 000 000	

（二）初始投资成本调整的税会差异

1. 会计规定。投资方取得对联营企业或合营企业的投资以后，对于取得投资时初始投资成本与应享有被投资单位可辨认净资产公允价值份额之间的差额，应区分情况进行处理。

（1）初始投资成本大于取得投资时应享有被投资单位可辨认净资产公允价值份额，两者之间的差额是投资方在取得投资过程中通过作价体现出的与所取得股权份额相对应的商誉价值，这种情况下不要求对长期股权投资的成本进行调整。

（2）初始投资成本小于取得投资时应享有被投资单位可辨认净资产公允价值份额，两者之间的差额体现为双方在交易作价过程中转让方的让步，该部分经济利益流入应计入取得投资当期的营业外收入，同时调整增加长期股权投资的账面价值。

［例2-2-9］沿用［例2-2-8］，投资后被投资单位所有者权益为20 000万元，可辨认净资产公允价值为21 000万元。

［分析］投资时，本公司应享有的被投资单位可辨认净资产公允价值份额为4 200万元（21 000×20%），应当调整初始投资成本。

账务处理如下：

借：长期股权投资——投资成本（N公司）　　　　　2 000 000
　　　贷：营业外收入　　　　　　　　　　　　　　　　　　2 000 000

2. 税收规定。

（1）《企业所得税法实施条例》第五十六条规定，企业的各项资产，包括固定资产、生物资产、无形资产、长期待摊费用、投资资产、存货等，以历史成本为计税基础。所称历史成本，是指企业取得该项资产时实际发生的支出。企业持有各项资产期间资产增值或者减值，除国务院财政、税务主管部门规定可以确认损益外，不得调整该资产的计税基础。

（2）财政部、国家税务总局印发的《关于执行〈企业会计制度〉和相关会计准则有关问题解答（三）》（财会〔2003〕29号）规定，税法规定不确认任何由于长期股权投资的公允价值与按持股比例计算的占被投资单位所有者权益份额不同而产生的股权投资差额。按权益法核算的长期股权投资，其投资成本小于应享有被投资单位所有者权益份额之间的差额，也不计入应纳税所得额。

3. 税会差异。会计规定，初始投资成本小于取得投资时应享有被投资单位可辨认净资产公允价值份额，应计入取得投资当期的营业外收入，同时调整增加长期股权投资的账面价值；企业所得税法规定，以历史成本为计税基础，历史成本是企业取得该项资产时实际发生的支出。两者存在差异，在年度汇算清缴纳税申报时应调减应纳税所得额。

4. 年度纳税申报表调整（见表2-31）。

表2-31　　　　　　　　　A105000　纳税调整项目明细表

金额单位：人民币元（列至角分）

行次	项目	账载金额	税收金额	调增金额	调减金额
		1	2	3	4
1	一、收入类调整项目（2+3+…+8+10+11）	*	*		2 000 000
5	（四）按权益法核算长期股权投资对初始投资成本调整确认收益	*	*	*	2 000 000

（三）投资损益确认的税会差异

1. 会计规定。

（1）被投资单位账面净利润调整。采用权益法核算的长期股权投资，在确认应享有（或分担）被投资单位的净利润（或净亏损）时，在被投资单位账面净利润的基础上，应考虑以下因素的影响进行适当调整：

①被投资单位采用的会计政策和会计期间与投资方不一致的，应按投资方的会计政策和会计期间对被投资单位的财务报表进行调整，在此基础上确定被投资单位的损益。

权益法下，是将投资方与被投资单位作为一个整体对待，作为一个整体其所产生的损益，应当在一致的会计政策基础上确定，被投资单位采用的会计政策与投资方不同的，投资方应当基于重要性原则，按照本企业的会计政策对被投资单位的损益进行调整。

②以取得投资时被投资单位固定资产、无形资产等的公允价值为基础计提的折旧额或摊销额，以及有关资产减值准备金额等对被投资单位净利润的影响。

被投资单位利润表中的净利润是以其持有的资产、负债账面价值为基础持续计算的，而投资方在取得投资时，是以被投资单位有关资产、负债的公允价值为基础确定的投资成本，取得投资后应确认的投资收益代表的是被投资单位资产、负债在公允价值计量的情况下在未来期间通过经营产生的损益中归属于投资方的部分。投资方取得投资时,被投资单位有关资产、负债的公允价值与其账面价值不同的,未来期间,在计算归属于投资方应享有的净利润或应承担的净亏损时,应考虑被投资单位计提的折旧额、摊销额以及资产减值准备金额等,进行相应调整。

值得注意的是,尽管在评估投资方对被投资单位是否具有重大影响时,应当考虑潜在表决权的影响,但在确定应享有的被投资单位实现的净损益、其他综合收益和其他所有者权益变动的份额时,潜在表决权所对应的权益份额不应予以考虑。

此外,如果被投资单位发行了分类为权益的可累积优先股等类似的权益工具,无论被投资单位是否宣告分配优先股股利,投资方计算应享有被投资单位的净利润时,均应将归属于其他投资方的累积优先股股利予以扣除。

[例2-2-10] 沿用[例2-2-9],N公司可辨认净资产公允价值为21 000万元,除一项无形资产外,N公司其他资产、负债的公允价值与账面价值相同。该项无形资产账面原价为1 200万元,已提折旧240万元,公允价值为1 960万元。假定N公司2020年实现净利润2 000万元。本公司取得投资后,该项无形资产剩余使用年限为8年。本公司与N公司的会计年度及采用的会计政策相同。固定资产、无形资产等均按直线法提取折旧或摊销,预计净残值均为0。

无形资产公允价值与账面价值差额应调整增加的摊销额为125万元(1 000÷8)。

调整后的净利润为1 875万元(2 000-125)。

本公司应享有份额为375万元(1 875×20%)。

确认投资收益的相关账务处理如下:

借:长期股权投资——损益调整　　　　　　　　　　　3 750 000
　　贷:投资收益　　　　　　　　　　　　　　　　　　　　　　3 750 000

(2) 未实现内部交易损益抵销。对于投资方与其联营企业及合营企业之间发生的未实现内部交易损益应予抵销。

①投资方与联营企业及合营企业之间发生的未实现内部交易损益,按照应享有的比例计算归属于投资方的部分,应当予以抵销,在此基础上确认投资损益。

投出或出售的资产不构成业务的,应当区分顺流交易和逆流交易进行会计处理。顺流交易是指投资方向其联营企业或合营企业投出或出售资产。逆流交易是指联营企业或合营企业向投资方出售资产。未实现内部交易损益体现在投资方或其联营企业、合营企业持有的资产账面价值中的,在计算确认投资损益时应予抵销。

a. 对于投资方向联营企业或合营企业投出或出售资产的顺流交易,在该交易存在未实现内部交易损益的情况下(有关资产未对外部独立第三方出售或未被消耗),投资方在采用权益法计算确认应享有联营企业或合营企业的投资损益时,应抵销该未实现内部交易损益的影响,同时调整对联营企业或合营企业长期股权投资的账面价值;投资方因投出或出售资产给其联营企业或合营企业而产生的损益中,应仅限于确认归属于联营企业或合营企业其他投资方的部分。即,在顺流交易中,投资方投出或出售资产给其联营企业或合营企业产生的损益中,按照应享有比例计算确定归属于本企业的部分不予确认。

b. 对于联营企业或合营企业向投资方投出或出售资产的逆流交易,比照上述顺流交易处理。

②投资方与被投资单位发生的内部交易损失,按照资产减值准则等规定属于资产减值损失的,应当全额确认。

[例2-2-11] 沿用[例2-2-10],2020年6月,本公司将账面价值为600万元的商品以900万元的价格出售给N公司,N公司将取得的商品作为管理用固定资产,预计使用寿命为10年,净残值为0。两公司之间在此期间内未发生过其他内部交易。不考虑企业所得税及其他相关税费等其他因素影响。

[分析] 本例中,本公司在该项交易中实现利润为300万元,其中的60万元(300×20%)是针对本公司持有的对联营企业的权益份额,在采用权益法计算确认投资损益时应予抵销,同时应考虑相关固定资产折旧对损益的影响,即应当进行以下账务处理:

未实现内部交易损益抵销 = (300 - 300 ÷ 10 ÷ 12 × 6) × 20% = 57(万元)

调整后的净利润为1 818万元(2 000 - 125 - 57)。

本公司应享有份额为363.6万元(1 818 × 20%)。

借:长期股权投资——损益调整　　　　　　　　　　　　　3 636 000
　　贷:投资收益　　　　　　　　　　　　　　　　　　　　　　3 636 000

投资方与其联营企业和合营企业之间的未实现内部交易损益抵销与投资方与子公司之间的未实现内部交易损益抵销有所不同,母子公司之间的未实现内部交易损益在合并财务报表中是全额抵销的(无论是全资子公司还是非全资子公司),而投资方与其联营企业和合营企业之间的未实现内部交易损益抵销仅仅是投资方享有联营企业或合营企业的权益份额。

2. 税收规定。

(1)《企业所得税法实施条例》第十七条规定,股息、红利等权益性投资收益,是指企业因权益性投资从被投资方取得的收入。

股息、红利等权益性投资收益,除国务院财政、税务主管部门另有规定外,按照被投资方作出利润分配决定的日期确认收入的实现。

(2)《国家税务总局关于贯彻落实企业所得税法若干税收问题的通知》(国税函[2010]79号)第四条规定,企业权益性投资取得股息、红利等收入,应以被投资企业股东会或股东大会作出利润分配或转股决定的日期,确定收入的实现。

3. 税会差异。会计准则规定,长期股权投资采用权益法核算时,被投资企业实现盈利时,投资企业根据持股比例确认投资收益的实现;企业所得税法规定,不区分投资资产的分类形式,企业对所持有的权益性投资资产,均在被投资企业的股东大会做出利润分配或转股决定的日期,确定股息、红利收入的实现。在确认投资收益时间上,两者存在差异,在年度汇算清缴纳税申报时应调减应纳税所得额。

4. 年度纳税申报表调整(见表2-32和表2-33)。

(四)分得现金股利的税会差异

1. 会计规定。按照权益法核算的长期股权投资,取得长期股权投资后,被投资单位宣告发放现金股利或利润时,企业计算应分得的部分,借记"应收股利"科目,贷记"长期股权投资——损益调整"科目。

[例2-2-12] 沿用[例2-2-11],2021年4月,N公司宣告分配现金股利1 000万元。

表2-32　　　　　　　　　A105030　投资收益纳税调整明细表

金额单位：人民币元（列至角分）

行次	项目	持有收益			处置收益						纳税调整金额
		账载金额	税收金额	纳税调整金额	会计确认的处置收入	税收计算的处置收入	处置投资的账面价值	处置投资的计税基础	会计确认的处置所得或损失	税收计算的处置所得	纳税调整金额	
		1	2	3 (2-1)	4	5	6	7	8 (4-6)	9 (5-7)	10 (9-8)	11 (3+10)
6	六、长期股权投资	3 636 000	0	-3 636 000								-3 636 000
10	合计（1+2+3+4+5+6+7+8+9）	3 636 000	0	-3 636 000								-3 636 000

表2-33　　　　　　　　　A105000　纳税调整项目明细表

金额单位：人民币元（列至角分）

行次	项目	账载金额	税收金额	调增金额	调减金额
		1	2	3	4
1	一、收入类调整项目（2+3+…+8+10+11）	*	*		3 636 000
4	（三）投资收益（填写A105030）	3 636 000	0		3 636 000

本公司账务处理如下：
借：应收股利　　　　　　　　　　　　　　　　　　　　　　　　　2 000 000
　　贷：长期股权投资——损益调整　　　　　　　　　　　　　　　　　　2 000 000

2. 税收规定。

（1）《企业所得税法》第二十六条规定，企业的符合条件的居民企业之间的股息、红利等权益性投资收益，以及在中国境内设立机构、场所的非居民企业从居民企业取得与该机构、场所有实际联系的股息、红利等权益性投资收益为免税收入。

（2）《企业所得税法实施条例》第八十三条规定，企业所得税法所称符合条件的居民企业之间的股息、红利等权益性投资收益，是指居民企业直接投资于其他居民企业取得的投资收益。不包括连续持有居民企业公开发行并上市流通的股票不足12个月取得的投资收益。

3. 税会差异。

（1）收益确认的差异。会计规定，投资方自被投资单位取得的现金股利或利润，应抵减长期股权投资的账面价值；企业所得税规定，以被投资企业股东会或股东大会作出利润分配或转股决定的日期，确认收入。在确认收益的时间上，两者存在差异，在会计抵减长期股权投资账面价值的年度，年度汇算清缴纳税申报时应调增应纳税所得额。

（2）政策导向的差异。企业所得税法规定，符合条件的股息、红利等权益性投资收益免征企业所得税，存在税会差异，在年度汇算清缴时应调减应纳税所得额。

4. 年度纳税申报表调整（见表2-34至表2-37）。

第二章 收入类税会差异分析及纳税调整(二) 135

表 2-34 A105030 投资收益纳税调整明细表

金额单位：人民币元（列至角分）

行次	项目	账载金额	持有收益		处置收益						纳税调整金额
			税收金额	纳税调整金额	会计确认的处置收入	处置投资的账面价值	处置投资的计税基础	会计确认的处置所得或损失	税收计算的处置所得	纳税调整金额	
		1	2	3 (2-1)	4	5	6	7	8 (4-6)	9 (5-7)	10 (9-8)	11 (3+10)
6	六、长期股权投资	0	2 000 000	2 000 000							2 000 000
10	合计 (1+2+3+4+5+6+7+8+9)	0	2 000 000	2 000 000							2 000 000

表 2-35 A107011 符合条件的居民企业之间的股息、红利等权益性投资收益优惠明细表

金额单位：人民币元（列至角分）

行次	被投资企业	被投资企业统一社会信用代码（纳税人识别号）	投资性质	投资成本	投资比例	被投资企业做出利润分配或转股决定时间	依决定归属于本公司的股息、红利等权益性投资收益金额	被投资企业清算确认金额				撤回或减少投资确认金额				合计
								分得的被清算企业剩余资产	被清算企业累计未分配利润和盈余公积应享有部分	应确认的股息所得	10（8与9孰小）	从被投资企业撤回或减少投资取得的资产	减少投资比例	收回初始投资成本	取得资产中超过初始投资成本部分	撤回或减少投资应享有被投资企业累计未分配利润和盈余公积	应确认的股息所得	
	1	2	3	4	5	6	7	8	9	10（8与9孰小）	11	12	13 (4×12)	14 (11-13)	15	16 (14与15孰小)	17 (7+10+16)
1	N公司		直接投资	4 000 000	20%	2021年4月	2 000 000										2 000 000
8	合计																2 000 000
9	其中：直接投资或非H股票投资																

表 2-36　　　　　　　　　A105000　纳税调整项目明细表

金额单位：人民币元（列至角分）

行次	项目	账载金额	税收金额	调增金额	调减金额
		1	2	3	4
1	一、收入类调整项目（2+3+…+8+10+11）	*	*	2 000 000	
4	（三）投资收益（填写A105030）	0	2 000 000	2 000 000	

表 2-37　　　　　　　A107010　免税、减计收入及加计扣除优惠明细表

金额单位：人民币元（列至角分）

行次	项目	金额
1	一、免税收入（2+3+9+…+16）	2 000 000
3	（二）符合条件的居民企业之间的股息、红利等权益性投资收益免征企业所得税（4+5+6+7+8）	2 000 000
4	1. 一般股息红利等权益性投资收益免征企业所得税（填写A107011）	2 000 000

（五）分得股票股利的税会差异

1. 会计规定。被投资企业分配利润的常见形式主要包括现金股利和股票股利，由于分配股票股利仅使被投资企业所有者权益结构发生变化，并不会形成真正意义上的资金流出，投资人也并没有真正收到现金流入，所以在会计上，收到被投资单位发放的股票股利，不进行账务处理，但应在备查簿中登记。

[例 2-2-13] 沿用 [例 2-2-11]，2021 年 4 月，N 公司同时宣告分配股票股利 1 000 万元。

N 公司账务处理如下：

借：利润分配　　　　　　　　　　　　　　　　　　　　10 000 000
　　贷：股本　　　　　　　　　　　　　　　　　　　　　　　10 000 000

2. 税收规定。《国家税务总局关于贯彻落实企业所得税法若干税收问题的通知》（国税函〔2010〕79号）规定，企业权益性投资取得股息、红利等收入，应以被投资企业股东会或股东大会作出利润分配或转股决定的日期，确定收入的实现。

被投资企业将股权（票）溢价所形成的资本公积转为股本的，不作为投资方企业的股息、红利收入，投资方企业也不得增加该项长期投资的计税基础。

3. 税会差异。

（1）红利所得的差异。会计规定，收到被投资单位发放的股票股利，不进行账务处理；企业所得税规定，取得股息、红利等收入，均应确定收入的实现。两者存在差异，年度汇算清缴纳税申报时应调增应纳税所得额，如果符合居民企业免税优惠政策条件的，应当再调减应纳税所得额。同时，还应等额调增长期股权投资的计税基础。

（2）资本公积转增资本的差异。会计处理，被投资方减少"资本公积"科目，增加"实收资本"或者"股本"科目，因为只是所有者权益内部一增一减，所以投资方不确认收益，也不影响长期股权投资账面价值；对于"资本公积—资本溢价"转增"实收资本"或"股本"，企业所得税规定，不作为投资方企业的股息、红利收入，也不得增加该项长期股权投资的计税基础。两者不存在差异，不需要进行纳税调整。

4. 年度纳税申报表调整（见表 2-38 至表 2-41）。

表 2-38 A105030 投资收益纳税调整明细表

金额单位：人民币元（列至角分）

行次	项目	持有收益			处置收益						纳税调整金额
		账载金额	税收金额	纳税调整金额	会计确认处置收入	税收计算处置收入	处置投资的账面价值	处置投资的计税基础	会计确认的处置所得或损失	税收计算的处置所得	纳税调整金额
		1	2	3 (2−1)	4	5	6	7	8 (4−6)	9 (5−7)	10 (9−8)	11 (3+10)
6	六、长期股权投资	0	2 000 000	2 000 000								2 000 000
10	合计 (1+2+3+4+5+6+7+8+9)	0	2 000 000	2 000 000								2 000 000

表 2-39 A107011 符合条件的居民企业之间的股息、红利等权益性投资收益优惠明细表

金额单位：人民币元（列至角分）

行次	被投资企业名称	被投资企业统一社会信用代码（纳税人识别号）	投资性质	投资成本	投资比例	被投资企业做出利润分配或转股决定时间	依决定归属于本公司的股息、红利等权益性投资收益金额	被投资企业清算分得的被投资企业清算剩余资产	被清算企业累计未分配利润和累计盈余公积中应享有部分	应确认的股息所得 10(8与9孰小)	撤回或减少投资确认金额				应确认的股息所得 16(14与15孰小)	合计 17(7+10+16)
											从被投资企业撤回或减少投资取得的资产	减少投资比例	收回初始投资成本 13 (4×12)	取得资产中超过收回初始投资成本部分 14 (11−13)	撤回或减少投资应享有被投资企业累计未分配利润和累计盈余公积	
	1	2	3	4	5	6	7	8	9	10	11	12	13	14	15	16	17
1	N公司		直接投资	4 000 000	20%	2021年4月	2 000 000										2 000 000
8	合计																2 000 000
9	其中：直接投资或非H股股票投资																

表 2-40　　　　　　　　A105000　纳税调整项目明细表

金额单位：人民币元（列至角分）

行次	项目	账载金额	税收金额	调增金额	调减金额
		1	2	3	4
1	一、收入类调整项目（2+3+…+8+10+11）	*	*	2 000 000	
4	（三）投资收益（填写A105030）	0	2 000 000	2 000 000	

表 2-41　　　　　　　A107010　免税、减计收入及加计扣除优惠明细表

金额单位：人民币元（列至角分）

行次	项目	金额
1	一、免税收入（2+3+9+…+16）	2 000 000
3	（二）符合条件的居民企业之间的股息、红利等权益性投资收益免征企业所得税（4+5+6+7+8）	2 000 000
4	1. 一般股息红利等权益性投资收益免征企业所得税（填写A107011）	2 000 000

（六）被投资单位其他综合收益变动的税会差异

1. 会计规定。被投资单位其他综合收益发生变动的，投资方应当按照归属于本企业的部分，相应调整长期股权投资的账面价值，同时增加或减少其他综合收益。

[例2-2-14] 沿用[例2-2-11]，2021年N公司因持有的其他债权投资公允价值的变动计入其他综合收益的金额为1 200万元。不考虑所得税影响因素。

本公司在确认应享有被投资单位所有者权益的变动时账务处理如下：

借：长期股权投资——其他综合收益　　　　　　　　　　2 400 000
　　贷：其他综合收益　　　　　　　　　　　　　　　　　　　2 400 000

2. 税收规定。《企业所得税法实施条例》第五十六条规定，企业的各项资产，包括固定资产、生物资产、无形资产、长期待摊费用、投资资产、存货等，以历史成本为计税基础。所称历史成本，是指企业取得该项资产时实际发生的支出。企业持有各项资产期间资产增值或者减值，除国务院财政、税务主管部门规定可以确认损益外，不得调整该资产的计税基础。

3. 税会差异。会计规定，被投资单位其他综合收益发生变动的，投资方应当按照归属于本企业的部分，相应调整长期股权投资的账面价值；企业所得税法规定，企业持有各项资产期间资产增值或者减值，除国务院财政、税务主管部门规定可以确认损益外，不得调整该资产的计税基础。两者存在差异，在年度汇算清缴纳税申报时应进行纳税调整。

[例2-2-14]中，长期股权投资账面价值增加240万元，但计税基础不变。同时，会计处理计入"其他综合收益"科目，并不影响当期损益。因此，在年度汇算清缴纳税申报时，不需要调整应纳税所得额。

（七）被投资单位其他所有者权益变动的税会差异

1. 会计规定。被投资单位除净损益、其他综合收益以及利润分配以外的所有者权益的其他变动的因素，主要包括被投资单位接受其他股东的资本性投入、被投资单位发行可分离交易的可转债中包含的权益成分、以权益结算的股份支付、其他股东对被投资单位增资导致本投资方持股比例变动等。

投资方应按所持股权比例计算被投资单位净资产中本方应享有的份额，调整长期股权投

资的账面价值，同时计入资本公积（其他资本公积），并在备查簿中予以登记，投资方在后续处置股权投资并对剩余股权仍采用权益法核算时，应按处置比例将这部分资本公积转入当期投资收益；对剩余股权终止权益法核算时，将这部分资本公积全部转入当期投资收益。

[例2-2-15] 沿用[例2-2-11]，2021年1月1日，N公司按面值发行分期付息、到期一次还本的可转换公司债券10 000万元，发行费用为160万元，实际募集资金已存入银行专户。

根据可转换公司债券募集说明书的约定，可转换公司债券的期限为3年，票面年利率分别为：第一年1.5%，第二年2%，第三年2.5%；该债券的利息自发行之日起每年支付一次，起息日为可转换公司债券发行之日，付息日为该债券发行之日起每满一年的当日，即每年的1月1日；可转换公司债券在发行1年后可转换为该公司普通股股票，初始转股价格为每股10元。

其他资料如下：

①N公司将发行的可转换公司债券的负债成分划分为以摊余成本计量的金融负债。

②N公司发行可转换公司债券时无债券发行人赎回和债券持有人回售条款以及变更初始转股价格的条款，发行时二级市场上与之类似的没有附带转换权的债券市场利率为6%，复利现值系数为：(P/F，6%，1) = 0.943 4，(P/F，6%，2) = 0.890 0，(P/F，6%，3) = 0.839 6。

（1）计算N公司发行可转换公司债券时负债成分和权益成分的公允价值。

①负债成分的公允价值 = 10 000 × 1.5% × 0.943 4 + 10 000 × 2% × 0.890 0 + （10 000 × 2.5% + 10 000） × 0.839 6 = 8 925.41（万元）

②权益成分的公允价值 = 整体发行价格 - 负债成分的公允价值 = 10 000 - 8 925.41 = 1 074.59（万元）

（2）计算N公司可转换公司债券负债成分和权益成分应分摊的发行费用。

①负债成分应分摊的发行费用 = 160 × 8 925.41 ÷ 10 000 = 142.81（万元）

②权益成分应分摊的发行费用 = 160 × 1 074.59 ÷ 10 000 = 17.19（万元）

（3）编制N公司发行可转换公司债券时的会计分录，如下：

借：银行存款　　　　　　　　　　　　　　　　　　　　　　98 400 000
　　应付债券——可转换公司债券（利息调整）　　　　　　　12 174 000
　　贷：应付债券——可转换公司债券　　　　　　　　　　　100 000 000
　　　　其他权益工具　　　　　　　　　　　　　　　　　　10 574 000

[分析] 本例中，N公司发行可转换公司债券后，所有者权益增加1 057.4万元，本公司应享有权益的份额为211.48万元（1 057.4 × 20%）。本公司享有权益变动211.48万元，属于N公司除净损益、其他综合收益和利润分配以外所有者权益的其他变动，应调增长期股权投资的账面价值，并相应调整"资本公积——其他资本公积"科目。

本公司账务处理如下：

借：长期股权投资——其他权益变动　　　　　　　　　　　2 114 800
　　贷：资本公积——其他资本公积　　　　　　　　　　　　2 114 800

2. 税会差异。会计规定，被投资单位除净损益、其他综合收益以及利润分配以外的所有者权益的其他变动，投资方应当按照归属于本企业的部分，相应调整长期股权投资的账面价值；企业所得税法规定，企业持有各项资产期间资产增值或者减值，除国务院财政、税务主管部门规定可以确认损益外，不得调整该资产的计税基础。两者存在差异，在年度汇算清缴纳税申报时应进行纳税调整。

[例2-2-15]中，长期股权投资账面价值增加211.48万元，但计税基础不变。同时，会计处理计入"资本公积"科目，并不影响当期损益。因此，在年度汇算清缴纳税申报时，不需要调整应纳税所得额。

（八）被投资单位发生亏损的税会差异

1. 会计规定。资产负债表日，企业应按被投资单位实现的净利润中企业享有的份额，借记长期股权投资（损益调整），贷记"投资收益"科目。

被投资单位发生净亏损做相反的会计分录，但以"长期股权投资"科目的账面价值减记至零为限；需承担的投资损失，应以其他实质上构成对被投资单位净投资的长期权益的账面价值减记至零为限；除按照以上步骤已确认的损失外，按照投资合同或协议约定还将承担的损失，确认为预计负债。除上述情况仍未确认的应分担被投资单位的损失，应在账外备查登记。发生亏损的被投资单位以后实现净利润的，应按与上述相反的顺序进行处理。

这里所讲"其他实质上构成对被投资单位净投资的长期权益"通常是指长期应收项目，如，投资方对被投资单位的长期债权，该债权没有明确的清收计划且在可预见的未来期间不准备收回的，实质上构成对被投资单位的净投资。应予说明的是，该类长期权益不包括投资方与被投资单位之间因销售商品、提供劳务等日常活动所产生的长期债权。

[例2-2-16] 沿用[例2-2-8]至[例2-2-15]，2021年12月31日，本公司账上还有应收N公司的长期应收款500万元，该款项从目前情况看，没有明确的清偿计划，且在可预见的未来期间不准备收回（并非产生于商品购销等日常活动），此外投资合同约定N公司发生亏损，本公司需要按照持股比例承担额外损失的最高限额为300万元。当年，N公司由于一项主要经营业务市场条件发生变化，当年亏损30 000万元。

[分析] 本公司持有N公司长期股权投资账面价值 = 4 000 + 200 + 363.6 - 200 + 240 + 211.48 = 4 815.08（万元）

按其持股比例确认应分担的损失为6 000万元。

账务处理如下：

借：投资收益	56 150 800
贷：长期股权投资——损益调整	48 150 800
长期应收款	5 000 000
预计负债	3 000 000

2. 税收规定。

（1）《企业所得税实施条例》第五十六条规定，企业持有各项资产期间资产增值或者减值，除国务院财政、税务主管部门规定可以确认的损益外，不得调整该资产的计税基础。

（2）《国家税务总局关于企业所得税若干问题的公告》（国家税务总局公告2011年第34号）规定，被投资企业发生的经营亏损，由被投资企业按规定结转弥补；投资企业不得调整减低其投资成本，也不得将其确认为投资损失。

3. 税会差异。会计规定，被投资单位发生净亏损，企业应按被投资单位实现的净亏损中企业享有的份额，冲减长期股权投资（损益调整），并确认为投资损失；企业所得税规定，投资企业不得调整减低其投资成本，也不得将其确认为投资损失。两者存在差异，在年度汇算清缴纳税时应调增应纳税所得额。

4. 年度纳税申报表调整（见表2-42和表2-43）。

表2-42　　　　　　　A105030　投资收益纳税调整明细表

金额单位：人民币元（列至角分）

行次	项目	持有收益			处置收益							纳税调整金额
		账载金额	税收金额	纳税调整金额	会计确认的处置收入	税收计算的处置收入	处置投资的账面价值	处置投资的计税基础	会计确认的处置所得或损失	税收计算的处置所得	纳税调整金额	
		1	2	3(2-1)	4	5	6	7	8(4-6)	9(5-7)	10(9-8)	11(3+10)
6	六、长期股权投资	-56 150 800	0	56 150 800								56 150 800
10	合计（1+2+3+4+5+6+7+8+9）	-56 150 800	0	56 150 800								56 150 800

表2-43　　　　　　　A105000　纳税调整项目明细表

金额单位：人民币元（列至角分）

行次	项目	账载金额	税收金额	调增金额	调减金额
		1	2	3	4
1	一、收入类调整项目（2+3+…+8+10+11）	*	*	56 150 800	
4	（三）投资收益（填写A105030）	-56 150 800	0	56 150 800	

四、核算方法转换的税会差异

（一）公允价值计量转权益法核算的税会差异

1. 会计规定。原持有的对被投资单位的股权投资不具有控制、共同控制或重大影响、按照金融工具确认和计量准则进行会计处理的，因追加投资等原因导致持股比例上升，能够对被投资单位施加共同控制或重大影响的，在转按权益法核算时，投资方应当按照金融工具确认和计量准则确定的原股权投资的公允价值加上为取得新增投资而应支付对价的公允价值，作为改按权益法核算的初始投资成本。

其中，原持有的股权投资分类为其他权益工具投资的，因其他权益工具投资除了获得的股利（明确代表投资成本部分收回的股利除外）计入当期损益外，其他相关的利得和损失（包括汇兑损益）均应当计入其他综合收益，且后续不得转入当期损益，所以其公允价值与账面价值之间的差额，以及原计入其他综合收益的累计公允价值变动应当计入留存收益。

然后，还需要比较上述计算所得的初始投资成本，与按照追加投资后新的持股比例计算确定的应享有被投资单位在追加投资日可辨认净资产公允价值份额之间的差额。前者大于后者的，不调整长期股权投资的账面价值；前者小于后者的，差额应调整长期股权投资的账面价值，并计入当期营业外收入。

[例2-2-17] 2019年2月，本公司以600万元现金自非关联方处取得O公司10%的股权，根据金融工具确认和计量准则将其作为交易性金融资产。2020年1月2日，本公司又以1 200万元的现金自另一非关联方处取得O公司12%的股权，相关手续于当日完成。当日，O公司可辨认净资产公允价值总额为8 000万元，本公司对O公司的交易性金融资产的账面价值为900万元，累计公允价值变动为300万元，公允价值为1 000万元。取得该部分股权后，按照O公司章程规定，本公司能够对O公司施加重大影响，对该项股权投资转为采用权益法核算。不考虑相关税费等其他因素影响。

[分析] 2020年1月2日，本公司原持有10%股权的公允价值为1 000万元，为取得新增投资而支付对价的公允价值为1 200万元，因此对O公司22%股权的初始投资成本为2 200万元。

对O公司新持股比例为22%，应享有O公司可辨认净资产公允价值的份额为1 760万元（8 000×22%）。由于初始投资成本（2 200万元）大于应享有O公司可辨认净资产公允价值的份额（1 760万元），因此无需调整长期股权投资的成本。

2020年1月2日，确认对O公司的长期股权投资。账务处理如下：

借：长期股权投资——投资成本　　　　　　　　　　　　22 000 000
　　贷：交易性金融资产　　　　　　　　　　　　　　　　9 000 000
　　　　银行存款　　　　　　　　　　　　　　　　　　　12 000 000
　　　　投资收益　　　　　　　　　　　　　　　　　　　1 000 000

2. 税收规定。《企业所得税法实施条例》第五十六条规定，企业的各项资产，包括固定资产、生物资产、无形资产、长期待摊费用、投资资产、存货等，以历史成本为计税基础。前款所称历史成本，是指企业取得该项资产时实际发生的支出。

企业持有各项资产期间资产增值或者减值，除国务院财政、税务主管部门规定可以确认损益外，不得调整该资产的计税基础。

3. 税会差异。

（1）初始投资成本与计税基础的差异。会计规定，应当按照原股权投资的公允价值，加上为取得新增投资而应支付对价的公允价值，作为改按权益法核算的初始投资成本；企业所得税法规定，以资产的历史成本作为计税基础，不承认资产持有期间公允价值变动。因此，在公允价值计量转权益法核算过程中，金融资产持有期间和转换时产生的公允价值变动金额将影响长期股权投资的初始投资成本。两者存在差异，在年度汇算清缴纳税申报时应进行纳税调整。

[例2-2-17] 中，本公司初始投资成本为2 200万元，企业所得税计税基础为1 800万元。

（2）收益确认的差异。新金融工具准则对其他权益工具投资规定的变化，导致公允价值计量转权益法会计处理分为两类：

一是原确认为交易性金融资产转权益法核算，金融资产持有期间和转换时产生的公允价值变动均计入当期损益，企业所得税上则不需要确认收益，两者存在差异，在年度汇算清缴纳税时应进行纳税调整。

二是原确认为其他权益工具投资金融资产转权益法核算，金融资产持有期间和转换时产生的公允价值变动均计入其他综合收益，且不得重分类进入损益，并不会影响会计利润，与企业所得税规定一致,两者不存在差异,在年度汇算清缴纳税时不需要进行纳税调整。

4. 年度纳税申报表调整(见表2-44和表2-45)。

表2-44　　　　　　A105030　投资收益纳税调整明细表

金额单位:人民币元(列至角分)

行次	项目	持有收益			处置收益						纳税调整金额
		账载金额	税收金额	纳税调整金额	会计确认的处置收入	税收计算的处置收入	处置投资的账面价值	处置投资的计税基础	会计确认的处置所得或损失	税收计算的处置所得	纳税调整金额	
		1	2	3 (2-1)	4	5	6	7	8 (4-6)	9 (5-7)	10 (9-8)	11 (3+10)
1	一、交易性金融资产				10 000 000	6 000 000	9 000 000	6 000 000	1 000 000	0	-1 000 000	-1 000 000
10	合计(1+2+3+4+5+6+7+8+9)				10 000 000	6 000 000	9 000 000	6 000 000	1 000 000	0	-1 000 000	-1 000 000

表2-45　　　　　　A105000　纳税调整项目明细表

金额单位:人民币元(列至角分)

行次	项目	账载金额	税收金额	调增金额	调减金额
		1	2	3	4
1	一、收入类调整项目(2+3+…+8+10+11)	*	*		1 000 000
4	(三)投资收益(填写A105030)	1 000 000	0		1 000 000

(二)公允价值计量转成本法核算的税会差异

1. 会计规定。原持有的对被投资单位的股权投资不具有控制、共同控制或重大影响、按照金融工具确认和计量准则进行会计处理的,因追加投资等原因导致持股比例上升,能够对被投资单位实施控制的,在转按成本法核算时,应当将按照该准则确定的股权投资的公允价值加上新增投资成本之和,作为改按成本法核算的初始投资成本,原持有股权的公允价值与账面价值之间的差额以及累计公允价值变动应当全部转入改按成本法核算的当期投资收益。

其中,原持有的股权投资分类为其他权益工具投资的,公允价值与账面价值之间的差额,以及原计入其他综合收益的累计公允价值变动仍应当计入留存收益。

[例2-2-18] 2018年1月1日,本公司以每股5元的价格购入P上市公司的股票100万股,并由此持有该公司2%的股权。两公司不存在关联方关系。本公司将对P公司的投资作为其他权益工具投资进行会计处理。2020年1月1日,本公司又以现金1.75亿元为对价,向P公司大股东收购其50%的股权,相关手续于当日完成。假设该项交易不构成"一揽子交易",本公司取得P公司控制权之日为2020年1月1日,P公司当日股价为每股7元,可辨认净资产的公允价值为2亿元。不考虑相关税费等其他因素影响。

[分析] 购买日前,本公司持有对P公司的股权投资作为其他权益工具投资进行会计处理,购买日前的账面价值为700万元(7×100)。

本次追加投资应支付对价的公允价值为 17 500 万元。

购买日对子公司按成本法核算的初始投资成本为 18 200 万元（17 500 + 700）。

购买日前原持有其他权益工具投资相关的其他综合收益为 200 万元，购买日该其他综合收益转入留存收益。

账务处理如下：

借：长期股权投资——投资成本　　　　　　　　　　　　　　182 000 000
　　贷：其他权益工具投资　　　　　　　　　　　　　　　　　 7 000 000
　　　　银行存款　　　　　　　　　　　　　　　　　　　　 175 000 000
借：其他综合收益　　　　　　　　　　　　　　　　　　　　　 2 000 000
　　贷：盈余公积　　　　　　　　　　　　　　　　　　　　　　 200 000
　　　　利润分配——未分配利润　　　　　　　　　　　　　　 1 800 000

2. 税会差异。公允价值计量转成本法核算的处理与公允价值计量转权益法核算的处理，基本原则是一致的，都是以金融资产公允价值为基础确认长期股权投资的初始投资成本。其税会差异同公允价值计量转权益法核算的税会差异。

[例 2-2-18] 中，原确认为其他权益工具投资金融资产转成本法核算，金融资产持有期间和转换时产生的公允价值变动均计入其他综合收益，且不得重分类进入损益，并不会影响会计利润，与企业所得税规定一致，两者不存在差异，年度汇算清缴申报时不需要进行纳税调整。

（三）权益法核算转成本法核算的税会差异

1. 会计规定。会计准则规定，购买日之前持有的股权采用权益法核算的，相关其他综合收益应当在处置该项投资时采用与被投资单位直接处置相关资产或负债相同的基础进行会计处理，因被投资方除净损益、其他综合收益和利润分配以外的其他所有者权益变动而确认的所有者权益，应当在处置该项投资时相应转入处置期间的当期损益。因此，购买日之前持有的股权投资因采用权益法核算而确认的其他综合收益、其他资本公积，在转作成本法核算时不作会计处理。

[例 2-2-19] 2018 年 1 月 1 日，本公司以现金 3 000 万元自非关联方处取得了 Q 公司 20% 的股权，并能够对其施加重大影响。当日，Q 公司可辨认净资产公允价值为 1.4 亿元。2020 年 7 月 1 日，本公司另支付现金 8 000 万元，自另一非关联方处取得 Q 公司 40% 股权，并取得对 Q 公司的控制权。购买日，原持有的 Q 公司的 20% 股权的公允价值为 4 000 万元，账面价值为 3 500 万元，确认与 Q 公司权益法核算相关的累计其他综合收益为 400 万元，其他所有者权益变动为 100 万元；Q 公司可辨认净资产公允价值为 2 亿元。两次交易不构成"一揽子交易"。以上交易的相关手续均于当日完成。不考虑相关税费等其他因素影响。

[分析] 购买日前，本公司持有 Q 公司的投资作为联营企业进行会计核算，原持有股权的账面价值为 3 500 万元（3 000 + 400 + 100）。本次投资应支付对价的公允价值为 8 000 万元。购买日对子公司按成本法核算的初始投资成本为 11 500 万元（8 000 + 3 500）。

购买日前原持有股权相关的其他综合收益 400 万元以及其他所有者权益变动 100 万元，在购买日均不进行账务处理。

相关账务处理如下：

借：长期股权投资　　　　　　　　　　　　　　　　　　　　 115 000 000
　　贷：长期股权投资——投资成本　　　　　　　　　　　　　 30 000 000

——其他综合收益　　　　　　　　　　　　　　　4 000 000
　　——其他权益变动　　　　　　　　　　　　　　　1 000 000
　贷：银行存款　　　　　　　　　　　　　　　　　　80 000 000

2. 税收规定。《企业所得税法实施条例》第五十六条规定，企业的各项资产，包括固定资产、生物资产、无形资产、长期待摊费用、投资资产、存货等，以历史成本为计税基础。前款所称历史成本，是指企业取得该项资产时实际发生的支出。

企业持有各项资产期间资产增值或者减值，除国务院财政、税务主管部门规定可以确认损益外，不得调整该资产的计税基础。

3. 税会差异。

（1）初始投资成本与计税基础的差异。会计上规定，应当按照原股权投资的账面价值加上为取得新增投资而应支付对价的公允价值，作为改按成本法核算股权投资的初始投资成本；企业所得税法规定，企业的各项资产，以历史成本为计税基础。因此，在权益法核算转成本法核算过程中，权益法核算长期股权投资持有期间产生的账面价值变动金额将影响长期股权投资的初始投资成本。两者存在差异，在年度汇算清缴纳税申报时应进行纳税调整。

[例2-2-19]中，本公司初始投资成本为11 500万元，企业所得税计税基础为11 000万元。

（2）收益确认的差异。与公允价值计量转权益法核算不同，权益法核算转成本法核算中，原持有股权投资期间确认的其他综合收益、其他资本公积以及转换时公允价值大于账面价值的差额在个别财务报表中均不确认为损益，与企业所得税法规定一致，两者不存在差异，不需要进行纳税调整。

（四）成本法核算转权益法核算的税会差异

1. 会计规定。因处置投资等原因导致对被投资单位由能够实施控制转为具有重大影响或者与其他投资方一起实施共同控制的：

首先，应按处置投资的比例结转应终止确认的长期股权投资成本。

其次，比较剩余长期股权投资的成本与按照剩余持股比例计算原投资时点应享有被投资单位可辨认净资产公允价值的份额，前者大于后者的，属于投资作价中体现的商誉部分，不调整长期股权投资的账面价值；前者小于后者的，在调整长期股权投资成本的同时，调整留存收益。

再次，对于原取得投资时点至处置投资时点（转为权益法核算）之间，被投资单位实现净损益中投资方应享有的份额，应当一方面调整长期股权投资的账面价值，另一方面调整损益。其中：对于原取得投资时点至处置投资当期期初被投资单位实现的净损益（扣除已宣告发放的现金股利和利润）中应享有的份额，应调整留存收益；对于处置投资当期期初至处置投资之日被投资单位实现的净损益中享有的份额，应调整当期损益。

最后，对于原取得投资时点至处置投资时点（转为权益法核算）之间，被投资单位其他综合收益变动中应享有的份额，在调整长期股权投资账面价值的同时，应当计入其他综合收益；除净损益、其他综合收益和利润分配外的其他原因导致被投资单位其他所有者权益变动中应享有的份额，在调整长期股权投资账面价值的同时，应当计入资本公积（其他资本公积）。

长期股权投资自成本法转为权益法核算后，未来期间应当按照长期股权投资准则规定计算并确认应享有被投资单位实现的净损益、其他综合收益和所有者权益其他变动的份额。

[例2-2-20]本公司原持有R公司60%的股权，能够对R公司实施控制。2020年11

月6日，本公司对R公司的长期股权投资的账面价值为6 000万元，未计提减值准备。当日，本公司将持有的对R公司长期股权投资中的1/3出售给非关联方，取得价款3 600万元，被投资单位可辨认净资产公允价值总额为16 000万元。相关手续于当日完成，本公司不再对R公司实施控制，但具有重大影响。原取得R公司60%股权时，R公司可辨认净资产公允价值总额为9 000万元（假定公允价值与账面价值相同）。自取得对R公司长期股权投资后至部分处置投资前，R公司实现净利润5 000万元。其中，自取得投资日至2020年年初实现净利润4 000万元。2020年实现净利润1 000万元。

假定R公司一直未进行利润分配。除所实现净损益外，R公司未发生其他计入所有者权益的交易或事项。本公司按净利润的10%提取盈余公积。不考虑相关税费等其他因素影响。

[分析] 本例中，在出售20%的股权后，本公司对R公司的持股比例为40%，对R公司不能控制，但可以施加重大影响。长期股权投资应由成本法改为按照权益法核算。有关账务处理如下：

①确认长期股权投资处置损益：

借：银行存款　　　　　　　　　　　　　　　　　　　　　　　36 000 000
　　贷：长期股权投资　　　　　　　　　　　　　　　　　　　20 000 000
　　　　投资收益　　　　　　　　　　　　　　　　　　　　　16 000 000

②调整长期股权投资账面价值。剩余长期股权投资的账面价值为4 000万元，与原投资时应享有被投资单位可辨认净资产公允价值份额之间的400万元（4 000－9 000×40%）差额为商誉，该部分商誉的价值不需要对长期股权投资的成本进行调整。

③进行追溯调整。处置投资以后按照持股比例计算享有被投资单位自购买日至处置投资日期初之间实现的净损益为1 600万元（4 000×40%），应调整增加长期股权投资的账面价值，同时调整留存收益；处置期初至处置日之间实现的净损益为400万元，应调整增加长期股权投资的账面价值，同时计入当期投资收益。账务处理如下：

借：长期股权投资　　　　　　　　　　　　　　　　　　　　　20 000 000
　　贷：盈余公积　　　　　　　　　　　　　　　　　　　　　 1 600 000
　　　　利润分配——未分配利润　　　　　　　　　　　　　　14 400 000
　　　　投资收益　　　　　　　　　　　　　　　　　　　　　 4 000 000

2. 税会差异。

（1）剩余长期股权投资的初始投资成本调整的税会差异，参考对联营企业投资的税会差异。

（2）其他综合收益和其他所有者权益变动追溯调整的税会差异，参考对联营企业投资的税会差异。

（3）净损益追溯调整的税会差异。会计规定，被投资单位实现的净损益，其中属于取得投资时至处置投资当期期初中应享有的份额，应调整留存收益；属于处置投资当期期初至处置投资之日应享有的份额，应调整当期损益。上述分时间段分别处理的规定，导致税会之间产生不同的差异：

一是取得投资时至处置投资当期期初，会计处理计入期初留存收益，并不影响当期损益，与企业所得税法规定有差异，但不影响当期损益和应纳税所得额，在年度汇算清缴纳税申报时不需要纳税调整。

二是处置投资当期期初至处置投资之日，会计处理确认为当期损益，企业所得税法规定不确认收益,两者出现差异,在年度汇算清缴纳税申报时应调减应纳税所得额。

3. 年度纳税申报表调整(见表2-46和表2-47)。

表2-46 A105030 投资收益纳税调整明细表

金额单位:人民币元(列至角分)

行次	项目	持有收益			处置收益							纳税调整金额
		账载金额	税收金额	纳税调整金额	会计确认的处置收入	税收计算的处置收入	处置投资的账面价值	处置投资的计税基础	会计确认的处置所得或损失	税收计算的处置所得	纳税调整金额	
		1	2	3(2-1)	4	5	6	7	8(4-6)	9(5-7)	10(9-8)	11(3+10)
6	六、长期股权投资	4 000 000	0	-4 000 000								-4 000 000
10	合计(1+2+3+4+5+6+7+8+9)	4 000 000	0	-4 000 000								-4 000 000

表2-47 A105000 纳税调整项目明细表

金额单位:人民币元(列至角分)

行次	项目	账载金额	税收金额	调增金额	调减金额
		1	2	3	4
1	一、收入类调整项目(2+3+…+8+10+11)	*	*		4 000 000
4	(三)投资收益(填写A105030)	4 000 000	0		4 000 000

(五)成本法核算转公允价值计量的税会差异

1. 会计规定。原持有的对被投资单位具有控制的长期股权投资,因部分处置等原因导致持股比例下降,不能再对被投资单位实施控制或施加共同控制或重大影响的,应改按金融工具确认和计量准则进行会计处理,丧失控制权之日的公允价值与账面价值之间的差额计入当期投资收益。

[例2-2-21] 本公司持有S公司60%的有表决权股份,能够对S公司实施控制,对该股权投资采用成本法核算。

2020年10月,本公司将该项投资中的80%出售给非关联方,取得价款8 000万元。相关手续于当日完成。至此无法再对S公司实施控制,也不能施加共同控制或重大影响,将剩余股权投资转为其他权益工具投资。出售时,该项长期股权投资的账面价值为8 000万元,剩余股权投资的公允价值为2 000万元。不考虑相关税费等其他因素影响。

账务处理如下:

①确认有关股权投资的处置损益:

借:银行存款　　　　　　　　　　　　　　　　　　　　　　80 000 000

　　贷:长期股权投资　　　　　　　　　　　　　　　　　　　　64 000 000

    投资收益   16 000 000

②剩余股权投资转为其他权益工具投资，当天公允价值为 2 000 万元，账面价值为 1 600 万元，差额应计入当期投资收益：

  借：其他权益工具投资   20 000 000
    贷：长期股权投资   16 000 000
      投资收益   4 000 000

2. 税收规定。对剩余部分股权投资，企业所得税法规定应当以历史成本的对应比例作为计税基础。

3. 税会差异。

（1）投资成本与计税基础的差异。对剩余部分股权投资，会计上处理以其公允价值作为投资成本；企业所得税法规定以历史成本的对应比例作为计税基础。两者存在差异，在年度汇算清缴纳税申报时应进行纳税调整。

[例2－2－21]中，本公司会计上投资成本为2 000万元，企业所得税计税基础为1 600万元。

（2）收益确认的差异。会计规定丧失控制之日的公允价值与账面价值之间的差额应计入当期投资收益；企业所得税法规定不应当确认相关损益。两者存在差异，对会计上确认的投资收益，在年度汇算清缴纳税申报时应调减应纳税所得额。

4. 年度纳税申报表调整（见表2－48和表2－49）。

表 2－48   A105030 投资收益纳税调整明细表

金额单位：人民币元（列至角分）

行次	项目	持有收益			处置收益						纳税调整金额
		账载金额	税收金额	纳税调整金额	会计确认的处置收入	税收计算的处置收入	处置投资的账面价值	处置投资的计税基础	会计确认的处置所得或损失	税收计算的处置所得	纳税调整金额
		1	2	3 (2-1)	4	5	6	7	8 (4-6)	9 (5-7)	10 (9-8)	11 (3+10)
6	六、长期股权投资				20 000 000	16 000 000	16 000 000	16 000 000	4 000 000	0	-4 000 000	-4 000 000
10	合计（1+2+3+4+5+6+7+8+9）				20 000 000	16 000 000	16 000 000	16 000 000	4 000 000	0	-4 000 000	-4 000 000

表 2－49   A105000 纳税调整项目明细表

金额单位：人民币元（列至角分）

行次	项目	账载金额	税收金额	调增金额	调减金额
		1	2	3	4
1	一、收入类调整项目（2+3+…+8+10+11）	*	*		4 000 000
4	（三）投资收益（填写A105030）	4 000 000	0		4 000 000

(六) 权益法核算转公允价值计量的税会差异

1. 会计规定。原持有的对被投资单位具有共同控制或重大影响的长期股权投资,因部分处置等原因导致持股比例下降,不能再对被投资单位施加共同控制或重大影响的,应改按金融工具确认和计量准则规定对剩余股权投资进行会计处理,其在丧失共同控制或重大影响之日的公允价值与账面价值之间的差额计入当期损益。

原采用权益法核算的其他综合收益应当在终止采用权益法核算时,采用与被投资单位直接处置相关资产或负债相同的基础进行会计处理,因被投资方除净损益、其他综合收益和利润分配以外的其他所有者权益变动而确认的所有者权益,应当在终止采用权益法核算时全部转入当期损益。

[例2-2-22] 本公司持有T公司30%的有表决权股份,能够对T公司施加重大影响,对该股权投资采用权益法核算。2020年10月,本公司将该项投资中的50%出售给非关联方,取得价款1 800万元。相关手续于当日完成。

至此,本公司无法再对T公司施加重大影响,将剩余股权投资转为其他权益工具投资。出售时,该项长期股权投资的账面价值为3 200万元,其中投资成本为2 600万元,损益调整为300万元,其他综合收益为200万元(性质为被投资单位的其他债权投资的累计公允价值变动),除净损益、其他综合收益和利润分配外的其他所有者权益变动为100万元。剩余股权的公允价值为1 800万元。不考虑相关税费等其他因素影响。

账务处理如下:
①确认有关股权投资的处置损益:
借:银行存款   18 000 000
    贷:长期股权投资   16 000 000
        投资收益   2 000 000

②由于终止采用权益法核算,将原确认的相关其他综合收益全部转入当期损益:
借:其他综合收益   2 000 000
    贷:投资收益   2 000 000

③由于终止采用权益法核算,将原计入资本公积的其他所有者权益变动全部转入当期损益:
借:资本公积——其他资本公积   1 000 000
    贷:投资收益   1 000 000

④剩余股权投资转为其他权益工具投资,当天公允价值为1 800万元,账面价值为1 600万元,差额应计入当期投资收益:
借:其他权益工具投资   18 000 000
    贷:长期股权投资   16 000 000
        投资收益   2 000 000

2. 税会差异。关于投资成本与计税基础,以及收益确认的税会差异,参考成本法核算转公允价值计量的税会差异。

权益法核算转公允价值计量时,原股权投资持有期间确认的其他综合收益和其他资本公积的处理:会计规定,除其他综合收益中不得重分类进损益的部分外,全部转入当期损益;企业所得税法规定,企业持有各项资产期间资产增值或者减值,不得调整该资产的计税基础，也不需要确认损益。两者存在差异，在年度汇算清缴纳税申报时，应调减应纳税所得额。

[例2-2-22]中，其他权益工具投资会计投资成本为1 800万元，企业所得税计税基础为1 300万元。

3. 年度纳税申报表调整（见表2-50和表2-51）。

表2-50   A105030 投资收益纳税调整明细表

金额单位：人民币元（列至角分）

行次	项目	持有收益			处置收益						纳税调整金额
		账载金额	税收金额	纳税调整金额	会计确认的处置收入	税收计算的处置收入	处置投资的账面价值	处置投资的计税基础	会计确认的处置所得或损失	税收计算的处置所得	纳税调整金额	
		1	2	3 (2-1)	4	5	6	7	8 (4-6)	9 (5-7)	10 (9-8)	11 (3+10)
6	六、长期股权投资				18 000 000	13 000 000	16 000 000	13 000 000	2 000 000	0	-2 000 000	-2 000 000
10	合计（1+2+3+4+5+6+7+8+9）				18 000 000	13 000 000	16 000 000	13 000 000	2 000 000	0	-2 000 000	-2 000 000

表2-51   A105000 纳税调整项目明细表

金额单位：人民币元（列至角分）

行次	项目	账载金额	税收金额	调增金额	调减金额
		1	2	3	4
1	一、收入类调整项目（2+3+…+8+10+11）	*	*		2 000 000
4	（三）投资收益（填写A105030）	2 000 000	0		2 000 000

五、长期股权投资处置的税会差异

1. 会计规定。企业持有长期股权投资的过程中，出于各方面的考虑，决定将所持有的被投资单位的股权全部或部分对外出售时，应结转与所售股权相对应的长期股权投资的账面价值，一般情况下，出售所得价款与处置长期股权投资账面价值之间的差额，应确认为处置损益。

投资方全部处置权益法核算的长期股权投资时，原权益法核算的相关其他综合收益应当在终止采用权益法核算时采用与被投资单位直接处置相关资产或负债相同的基础进行会计处理，因被投资方除净损益、其他综合收益和利润分配以外的其他所有者权益变动而确认的所有者权益，应当在终止采用权益法核算时全部转入当期投资收益。投资方部分处置权益法核算的长期股权投资，剩余股权仍采用权益法核算的，原权益法核算的相关其他综合收益，以及因被投资方除净损益、其他综合收益和利润分配以外的其他所有者权益变动而确认的所有者权益，应当按比例结转入当期投资收益。

企业通过多次交易分步处置对子公司股权投资直至丧失控制权，如果上述交易属于

"一揽子交易"的，应当将各项交易作为一项处置子公司股权投资并丧失控制权的交易进行会计处理；但是，在丧失控制权之前每一次处置价款与所处置的股权对应的长期股权投资账面价值之间的差额，在个别财务报表中，应当先确认为其他综合收益，到丧失控制权时再一并转入丧失控制权的当期损益。

2. 税收规定。

（1）《企业所得税法实施条例》第七十一条规定，企业在转让或者处置投资资产时，投资资产的成本，准予扣除。

（2）《国家税务总局关于贯彻落实企业所得税法若干税收问题的通知》（国税函〔2010〕79号）第三条规定，企业转让股权收入，应于转让协议生效且完成股权变更手续时，确认收入的实现。转让股权收入扣除为取得该股权所发生的成本后，为股权转让所得。企业在计算股权转让所得时，不得扣除被投资企业未分配利润等股东留存收益中按该项股权所可能分配的金额。

3. 税会差异。处置长期股权投资的会计处理，将出售所得价款与处置长期股权投资账面价值之间的差额，确认为处置损益；企业所得税法规定，将转让股权收入扣除为取得该股权所发生的成本，作为股权转让所得。税会的处理思路是一致的，但在整个长期股权投资取得、持有期间，因为存在大量的税会差异，导致长期股权投资账面价值与计税基础之间存在差异，出现税会损益金额不一致的情况。

[例2-2-23] 沿用[例2-2-22]，长期股权投资出售部分会计账面价值为1 600万元，相应的会计损益为200万元（1 800 - 1 600），另确认其他综合收益和其他所有者权益变动损益为300万元，合计为500万元。企业所得税计税基础为1 300万元，确认损益为500万元（1 800 - 1 300）。税会不存在差异，不需要纳税调整。

如果会计确认的其他综合收益中有不允许转损益的部分，如重新计量设定受益计划净损益，将会产生税会差异，在年度汇算清缴纳税申报时应调增应纳税所得额。

第三节 投资性房地产准则与税法差异分析及调整

投资性房地产，是指为赚取租金或资本增值，或两者兼有而持有的房地产。为了规范投资性房地产的确认、计量和相关信息的披露，根据《企业会计准则——基本准则》，财政部于2006年制定了《企业会计准则第3号——投资性房地产》，至今未进行过修订。

一、投资性房地产概述

（一）企业所得税政策适用分析

《企业所得税法实施条例》第五十六条规定，企业的各项资产，包括固定资产、生物资产、无形资产、长期待摊费用、投资资产、存货等。

企业所得税法中没有规定投资性房地产概念，其应当适用其他类资产的相关税收政策规定。分析如下：

一是《企业所得税法实施条例》第七十一条规定，企业所得税法所称投资资产，是指企业对外进行权益性投资和债权性投资形成的资产。第一百一十九条规定，债权性投资，是指企业直接或者间接从关联方获得的，需要偿还本金和支付利息或者需要以其他具有支付利息性质的方式予以补偿的融资。权益性投资，是指企业接受的不需要偿还本金和支付利息，投资人对企业净资产拥有所有权的投资。投资性房地产概念不符合上述规定。

二是《企业所得税法实施条例》第五十七条规定，企业所得税法所称固定资产，是指企业为生产产品、提供劳务、出租或者经营管理而持有的、使用时间超过12个月的非货币性资产，包括房屋、建筑物、机器、机械、运输工具以及其他与生产经营活动有关的设备、器具、工具等。《企业所得税法实施条例》第六十五条规定，企业所得税法所称无形资产，是指企业为生产产品、提供劳务、出租或者经营管理而持有的、没有实物形态的非货币性长期资产，包括专利权、商标权、著作权、土地使用权、非专利技术、商誉等。

投资性房地产正是用于出租的非货币性资产，符合固定资产和无形资产的定义。

三是《企业所得税法实施条例》第四十七条规定，企业根据生产经营活动的需要租入固定资产支付的租赁费，如果是以融资租赁方式租入固定资产发生的租赁费支出，按照规定构成融资租入固定资产价值的部分应当提取折旧费用，分期扣除。

从上述规定看，对承租人租赁土地、房屋等资产采用了与固定资产、无形资产相统一的税收规定。因此，为了避免交易双方因采用不同的税收规定而无法相互衔接的问题，出租方应当适用固定资产和无形资产的相关规定。

四是投资性房地产准则规定采用成本模式计量的建筑物的后续计量，适用《企业会计准则第4号——固定资产》；采用成本模式计量的土地使用权的后续计量，适用《企业会计准则第6号——无形资产》。会计准则将投资性房地产单独作为一类资产进行规范，但其中仍然适用固定资产和无形资产准则的相关内容，其处理与固定资产和无形资产存在非常紧密的内在联系。

综上所述，编者认为投资性房地产企业所得税政策适用，可以参照固定资产和无形资产所得税处理方式。

（二）投资性房地产适用范围

下列各项属于投资性房地产：

（1）已出租的土地使用权和已出租的建筑物：指以经营租赁方式出租的土地使用权和建筑物。其中，用于出租的土地使用权是指企业通过出让或转让方式取得的土地使用权；用于出租的建筑物是指企业拥有产权的建筑物。

（2）持有并准备增值后转让的土地使用权：指企业取得的、准备增值后转让的土地使用权。按照国家有关规定认定的闲置土地，不属于持有并准备增值后转让的土地使用权。

某项房地产，部分用于赚取租金或资本增值、部分用于生产商品、提供劳务或经营管理，能够单独计量和出售的、用于赚取租金或资本增值的部分，应当确认为投资性房地产；不能够单独计量和出售的、用于赚取租金或资本增值的部分，不确认为投资性房地产。

企业将建筑物出租，按租赁协议向承租人提供的相关辅助服务在整个协议中不重大的，如企业将办公楼出租并向承租人提供保安、维修等辅助服务，应当将该建筑物确认为投资性房地产。企业拥有并自行经营的旅馆饭店，其经营目的主要是通过提供客房服务赚取服务收入，该旅馆饭店不确认为投资性房地产。

下列各项不属于投资性房地产：

（1）自用房地产，即为生产商品、提供劳务或者经营管理而持有的房地产。
（2）作为存货的房地产，即房地产开发企业的开发产品。
（3）企业代建的房地产。
（4）投资性房地产的租金收入和售后租回，适用《企业会计准则第21号——租赁》。

（三）投资性房地产确认条件

投资性房地产同时满足下列两个条件的，才能予以确认：一是与该投资性房地产有关的经济利益很可能流入企业；二是该投资性房地产的成本能够可靠地计量。

（四）投资性房地产后续计量方法

企业应当在资产负债表日采用成本模式对投资性房地产进行后续计量，有确凿证据表明投资性房地产的公允价值能够持续可靠取得的，可以对投资性房地产采用公允价值模式进行后续计量。采用公允价值模式计量的，应当同时满足下列条件：

1. 投资性房地产所在地有活跃的房地产交易市场。所在地，通常是指投资性房地产所在的城市。对于大中型城市，应当为投资性房地产所在的城区。

2. 企业能够从活跃的房地产交易市场上取得同类或类似房地产的市场价格及其他相关信息，从而对投资性房地产的公允价值作出合理的估计。

同类或类似的房地产，对建筑物而言，是指所处地理位置和地理环境相同、性质相同、结构类型相同或相近、新旧程度相同或相近、可使用状况相同或相近的建筑物；对土地使用权而言，是指同一城区、同一位置区域、所处地理环境相同或相近、可使用状况相同或相近的土地。

（五）房地产的转换

房地产的转换，是因房地产用途发生改变而对房地产进行的重新分类。

1. 房地产转换的条件。企业有确凿证据表明房地产用途发生改变，满足下列条件之一的，应当将投资性房地产转换为其他资产或者将其他资产转换为投资性房地产：

（1）投资性房地产开始自用。
（2）作为存货的房地产，改为出租。
（3）自用土地使用权停止自用，用于赚取租金或资本增值。
（4）自用建筑物停止自用，改为出租。

确凿证据包括两个方面：一是企业董事会应当就改变房地产用途形成正式的书面决议；二是房地产因用途改变而发生实际状态上的改变。

2. 转换日的确定。

（1）投资性房地产开始自用，是指投资性房地产转为自用房地产。其转换日为房地产达到自用状态，企业开始将房地产用于生产商品、提供劳务或者经营管理的日期。

（2）作为存货的房地产改为出租，或者自用建筑物、自用土地使用权停止自用改为出租，其转换日为租赁期开始日。

二、投资性房地产计量的税会差异

（一）投资性房地产初始计量的税会差异

1. 会计规定。投资性房地产应当按照成本进行初始计量。
（1）外购投资性房地产的成本，包括购买价款、相关税费和可直接归属于该资产的其他支出。

(2) 自行建造投资性房地产的成本,由建造该项资产达到预定可使用状态前所发生的必要支出构成。

(3) 以其他方式取得的投资性房地产的成本,按照相关会计准则的规定确定。

2. 税会差异。投资性房地产初始计量的会计处理,与固定资产和无形资产基本一致,其税会差异参考相关内容。

(二) 投资性房地产后续支出的税会差异

1. 会计规定。与投资性房地产有关的后续支出,满足投资性房地产规定的确认条件的,应当计入投资性房地产成本;不满足规定的确认条件的,应当在发生时计入当期损益。

2. 税会差异。投资性房地产后续支出的会计处理,与固定资产的处理原则基本一致,其税会差异参考相关内容。

(三) 投资性房地产按成本模式后续计量的税会差异

1. 会计规定。

(1) 采用成本模式计量的建筑物的后续计量,适用《企业会计准则第4号——固定资产》。

(2) 采用成本模式计量的土地使用权的后续计量,适用《企业会计准则第6号——无形资产》。

存在减值迹象的,应当按照《企业会计准则第8号——资产减值》的规定进行处理。

2. 税会差异。会计规定,采用成本模式计量的建筑物和土地使用权的后续计量,适用固定资产和无形资产准则,其会计处理与固定资产和无形资产一致,税会差异参考相关内容。

(四) 投资性房地产按公允模式后续计量的税会差异

1. 会计规定。采用公允价值模式计量的,投资性房地产不计提折旧或进行摊销,应当以资产负债表日投资性房地产的公允价值为基础调整其账面价值,公允价值与原账面价值之间的差额计入当期损益。

2. 税收规定。

(1)《企业所得税法》第八条规定,企业实际发生的与取得收入有关的、合理的支出,包括成本、费用、税金、损失和其他支出,准予在计算应纳税所得额时扣除。

第二十一条规定,在计算应纳税所得额时,企业财务、会计处理办法与税收法律、行政法规的规定不一致的,应当依照税收法律、行政法规的规定计算。

(2)《国家税务总局关于企业所得税应纳税所得额若干税务处理问题的公告》(国家税务总局公告2012年第15号)第八条规定,根据《企业所得税法》第二十一条规定,对企业依据财务会计制度规定,并实际在财务会计处理上已确认的支出,凡没有超过《企业所得税法》和有关税收法规规定的税前扣除范围和标准的,可按企业实际会计处理确认的支出,在企业所得税税前扣除,计算其应纳税所得额。

3. 税会差异。

(1) 折旧、摊销费用处理的差异。投资性房地产按公允价值模式计量时,会计上未计提折旧、摊销,在会计利润中并未扣除投资性房地产的折旧、摊销费用。企业所得税法规定未实际发生的、与取得收入无关的或者不合理的支出不得税前扣除。会计上未计提折旧、摊销，故税前也不给予扣除，两者不存在差异。

（2）公允价值变动损益的差异。会计规定，对投资性房地产采用公允价值模式计量，每个资产负债表日公允价值变动损益将计入当期损益；企业所得税法规定，各项资产，以历史成本为计税基础，持有各项资产期间资产增值或者减值，不得调整该资产的计税基础。两者存在差异，在年度汇算清缴纳税申报时，应根据其借贷不同方向，分别调增或者调减应纳税所得额。

（五）投资性房地产计量模式变更的税会差异

1. 会计规定。企业对投资性房地产的计量模式一经确定，不得随意变更。如，存在确凿证据表明投资性房地产的公允价值能够持续可靠取得的，企业可以将原采用成本模式计量的投资性房地产，转换为采用公允价值模式计量。企业应当对其全部投资性房地产采用同一种模式计量，不能同时采用成本模式和公允价值模式两种模式计量。同时，已采用公允价值模式计量的投资性房地产，不得从公允价值模式转为成本模式。

成本模式转为公允价值模式的，应当作为会计政策变更，按照《企业会计准则第28号——会计政策、会计估计变更和差错更正》处理。

［例2-3-1］2021年1月1日，本公司董事会决定将投资性房地产后续计量模式从成本模式转换为公允价值模式。当日，该房地产公允价值为10 000万元。该房地产为2015年12月外购的一栋写字楼，支付价款为6 000万元，预计使用年限为40年，净残值为0，采用直线法计提折旧。同日，公司将该写字楼租赁给某公司使用。2020年以前，本公司对投资性房地产一直采用成本模式进行后续计量。

账务处理如下：

借：投资性房地产	100 000 000
投资性房地产累计折旧	7 500 000
贷：投资性房地产	60 000 000
递延所得税负债	11 875 000
盈余公积	3 562 500
利润分配——未分配利润	32 062 500

2. 税会差异。

（1）投资性房地产成本与计税基础的差异。会计上规定，成本模式转为公允价值模式的处理，应当作为会计政策变更，进行追溯调整。企业所得税法规定，持有各项资产期间资产增值或者减值，除国务院财政、税务主管部门规定可以确认损益外，不得调整该资产的计税基础。两者存在差异。

［例2-3-1］中，会计上投资性房地产新成本为公允价值10 000万元，企业所得税计税基础为5 250万元（6 000-750）。

（2）损益确认影响的税会差异。会计规定采用追溯调整法，投资性房地产新成本上升，除按照《企业会计准则第18号——所得税》的规定及适用税率，确认递延所得税负债（负债类科目）外，差额调整期初留存收益（所有者权益类科目），不影响当期损益；企业所得税规定，公允价值变动不计入当期应纳税所得额。两者不存在差异。

三、自用房地产与投资性房地产转换的税会差异

(一) 自用房地产转为成本模式计量投资性房地产的税会差异

1. 会计规定。成本模式下,应当将房地产转换前的账面价值作为转换后的入账价值。

[例2-3-2] 2020年6月30日,本公司董事会决定将一栋自用办公楼整体出租并形成正式的书面决议(不考虑土地使用权)。同日与某公司签订租赁合同,租期为2年,年租金为1 000万元。2020年7月1日为租赁期开始日。该写字楼为2014年6月30日购建完成达到预定可使用状态,成本为20 000万元,预计使用年限为40年,预计净残值为0,均采用直线法计提折旧。2020年收到本年6个月的租金500万元。不考虑其他相关税费影响。

假设采用成本模式进行后续计量,按直线法按年计提折旧。

账务处理如下:

①2020年6月30日转换日:

借:投资性房地产	200 000 000
累计折旧	30 000 000
贷:固定资产	200 000 000
投资性房地产累计折旧	30 000 000

②确认2020年租金收入:

借:银行存款	5 000 000
贷:其他业务收入	5 000 000

③确认2020年下半年办公楼计提折旧:

借:其他业务成本	2 500 000
贷:投资性房地产累计折旧	2 500 000

④2021年12月31日账务处理:

借:银行存款	10 000 000
贷:其他业务收入	10 000 000
借:其他业务成本	5 000 000
贷:投资性房地产累计折旧	5 000 000

2. 税会差异。在转换日,会计规定将房地产转换前的账面价值作为转换后的入账价值;企业所得税法规定,要保持资产的计税基础不变。两者不存在差异,不需要进行纳税调整。

(二) 自用房地产转为公允模式计量投资性房地产的税会差异

1. 会计规定。自用房地产转换为采用公允价值模式计量的投资性房地产,该项投资性房地产应当按照转换日的公允价值计量。

转换日的公允价值小于原账面价值的,其差额计入当期损益。

转换日的公允价值大于原账面价值的,其差额作为其他综合收益,计入所有者权益。处置该项投资性房地产时,原计入所有者权益的部分应当转入处置当期损益。

在投资性房地产持有期间的资产负债表日,按照公允价值计量,公允价值与账面价值差额计入当期损益。

[例2-3-3] 沿用[例2-3-2],假设该投资性房地产采用公允价值模式进行后续计

量,2020年6月30日和2020年12月31日办公楼公允价值分别为20 000万元和19 000万元。2021年12月31日办公楼公允价值为21 000万元。

账务处理如下:

①2020年6月30日转换日:

借:投资性房地产——成本	200 000 000
累计折旧	30 000 000
贷:固定资产	200 000 000
其他综合收益	30 000 000

②确认2020年租金收入:

| 借:银行存款 | 5 000 000 |
| 贷:其他业务收入 | 5 000 000 |

③2020年12月31日公允价值变动:

| 借:公允价值变动损益 | 10 000 000 |
| 贷:投资性房地产——公允价值变动 | 10 000 000 |

④2021年12月31日:

借:银行存款	10 000 000
贷:其他业务收入	10 000 000
借:投资性房地产——公允价值变动	20 000 000
贷:公允价值变动损益	20 000 000

2. 税会差异。

(1) 转换日公允价值与原账面价值差额的差异。会计规定,转换日公允价值与原账面价值,根据其差额的方向,分别适用不同的会计处理:公允价值小于原账面价值的,其差额计入当期损益(公允价值变动损益);公允价值大于原账面价值的,其差额计入所有者权益(其他综合收益)。企业所得税法规定,要保持资产的计税基础不变。两种情况下税会差异不同:第一种情况,因为公允价值变动损益计入当期损益,减少了会计利润,两者会产生税会差异,在年度汇算清缴纳税申报时应调增应纳税所得额;第二种情况,其他综合收益是所有者权益类科目,不影响当期损益,两者存在差异,但在年度汇算清缴纳税申报时,不需要进行纳税调整。

(2) 资产负债表日公允价值变动的差异。会计规定,按照公允价值计量,公允价值与账面价值差额计入当期损益(公允价值变动损益);企业所得税法规定,要保持资产的计税基础不变。两者存在差异,在年度汇算清缴纳税申报时,应根据公允价值变动损益科目方向,相应调整应纳税所得额。

(3) 折旧、摊销金额税前扣除的差异。会计规定,按公允价值计量的投资性房地产,不计提折旧摊销金额;企业所得税法规定,未实际发生的、与取得收入无关的或者不合理的支出不得税前扣除。两者不存在差异,在年度汇算清缴纳税申报时,不需要进行纳税调整。

3. 年度纳税申报表调整。

(1) 2020年度汇算清缴申报如表2-52和表2-53所示。

表 2-52　　　　　　　A105080　资产折旧、摊销及纳税调整明细表

金额单位：人民币元（列至角分）

行次	项目	账载金额			税收金额					纳税调整金额
		资产原值	本年折旧、摊销额	累计折旧、摊销额	资产计税基础	税收折旧、摊销额	享受加速折旧政策的资产按税收一般规定计算的折旧、摊销额	加速折旧、摊销统计额	累计折旧、摊销额	
		1	2	3	4	5	6	7=5-6	8	9(2-5)
1	一、固定资产（2+3+4+5+6+7）	200 000 000	2 500 000	30 000 000	200 000 000	2 500 000	*	*	30 000 000	0
2	所有固定资产 （一）房屋、建筑物	200 000 000	2 500 000	30 000 000	200 000 000	2 500 000	*	*	30 000 000	0

表 2-53　　　　　　　A105000　纳税调整项目明细表

金额单位：人民币元（列至角分）

行次	项目	账载金额	税收金额	调增金额	调减金额
		1	2	3	4
1	一、收入类调整项目（2+3+…+8+10+11）	*	*	10 000 000	
7	（六）公允价值变动净损益	-10 000 000	*	10 000 000	
31	三、资产类调整项目（32+33+34+35）	*	*		0
32	（一）资产折旧、摊销（填写A105080）	2 500 000	2 500 000		0

（2）2021年度汇算清缴申报如表2-54和表2-55所示。

表 2-54　　　　　　　A105080　资产折旧、摊销及纳税调整明细表

金额单位：人民币元（列至角分）

行次	项目	账载金额			税收金额					纳税调整金额
		资产原值	本年折旧、摊销额	累计折旧、摊销额	资产计税基础	税收折旧、摊销额	享受加速折旧政策的资产按税收一般规定计算的折旧、摊销额	加速折旧、摊销统计额	累计折旧、摊销额	
		1	2	3	4	5	6	7=5-6	8	9(2-5)
1	一、固定资产（2+3+4+5+6+7）	200 000 000	0	30 000 000	200 000 000	0	*	*	37 500 000	0
2	所有固定资产 （一）房屋、建筑物	200 000 000	0	30 000 000	200 000 000	0	*	*	37 500 000	0

表 2-55　　　　　　　A105000　纳税调整项目明细表

金额单位：人民币元（列至角分）

行次	项目	账载金额	税收金额	调增金额	调减金额
		1	2	3	4
1	一、收入类调整项目（2+3+…+8+10+11）	*	*		20 000 000
7	（六）公允价值变动净损益	20 000 000	*		20 000 000
31	三、资产类调整项目（32+33+34+35）	*	*		0
32	（一）资产折旧、摊销（填写A105080）	0	0		0

（三）成本模式计量投资性房地产转回自用房地产的税会差异

1. 会计处理。转换日，按该项投资性房地产的成本，借记"固定资产"或"无形资产"科目，按该项投资性房地产的成本，贷记"投资性房地产——成本"科目；按该项投资房地产的累计折旧，借记"投资性房地产累计折旧"科目，贷记"累计折旧"科目。

[例2-3-4] 沿用[例2-3-2]，2022年收到6个月租金500万元。租赁期届满时，企业董事会做出书面决议明确表明，该房地产收回作为固定资产入账，当日达到自用状态。

2022年6月30日账务处理如下：

借：银行存款　　　　　　　　　　　　　　　　　　　5 000 000
　　贷：其他业务收入　　　　　　　　　　　　　　　　　5 000 000
借：其他业务成本　　　　　　　　　　　　　　　　　2 500 000
　　贷：投资性房地产累计折旧　　　　　　　　　　　　2 500 000
借：固定资产　　　　　　　　　　　　　　　　　　200 000 000
　　投资性房地产累计折旧　　　　　　　　　　　　 40 000 000
　　贷：投资性房地产　　　　　　　　　　　　　　 200 000 000
　　　　累计折旧　　　　　　　　　　　　　　　　　40 000 000

2. 税会差异。在转换日，会计规定将投资性房地产成本转换为固定资产入账价值；企业所得税法规定，要保持资产的计税基础不变。两者不存在差异，不需要进行纳税调整。

（四）公允模式计量投资性房地产转回自用房地产的税会差异

1. 会计规定。采用公允价值模式计量的投资性房地产转换为自用房地产时，应当以其转换当日的公允价值作为自用房地产的账面价值，公允价值与原账面价值的差额（无论大于还是小于）计入当期损益。其与自用房地产转为公允模式计量投资性房地产略有区别。

[例2-3-5] 沿用[例2-3-3]，2022年收到6个月租金500万元。2022年6月30日办公楼公允价值为24 000万元。租赁期届满时，企业董事会做出书面决议明确表明，该房地产收回作为固定资产入账，当日达到自用状态。假设尚可使用年限为32年。

账务处理如下：

①2022年6月30日：

借：银行存款　　　　　　　　　　　　　　　　　　5 000 000
　　贷：其他业务收入　　　　　　　　　　　　　　　　5 000 000
借：固定资产　　　　　　　　　　　　　　　　　　240 000 000
　　贷：投资性房地产——成本　　　　　　　　　　200 000 000
　　　　　　　　——公允价值变动　　　　　　　　10 000 000
　　　　　公允价值变动损益　　　　　　　　　　　　30 000 000
②2022年12月31日：
借：管理费用　　　　　　　　　　　　　　　　　　3 750 000
　　贷：累计折旧　　　　　　　　　　　　　　　　　3 750 000

2. 税会差异。

（1）固定资产入账价值与计税基础的差异。会计规定，应当以其转换当日的公允价值作为自用房地产的账面价值；企业所得税法规定，要保持资产的计税基础不变。两者存在差异。

[例2-3-5]中，会计入账价值为24 000万元，企业所得税计税基础为17 000万元（20 000 - 3 000）。

（2）公允价值变动损益的差异。会计规定，公允价值与原账面价值的差额计入当期损益；企业所得税法规定，要保持资产的计税基础不变。两者存在差异，在年度汇算清缴纳税申报时，应根据公允价值变动损益科目方向，相应调整应纳税所得额。

（3）折旧、摊销金额税前扣除的差异。会计规定，按公允价值计量的投资性房地产，不计提折旧摊销金额；企业所得税法规定，未实际发生的、与取得收入无关的或者不合理的支出不得税前扣除。两者不存在差异，但因其入账价值与计税基础的差异，在年度汇算清缴纳税申报时，应调减应纳税所得额。

3. 年度纳税申报表调整如表2-56和表2-57所示。

表2-56　　　　　　A105080　资产折旧、摊销及纳税调整明细表

金额单位：人民币元（列至角分）

行次	项目		账载金额			税收金额				纳税调整金额
		资产原值	本年折旧、摊销额	累计折旧、摊销额	资产计税基础	税收折旧、摊销额	享受加速折旧政策的资产按税收一般规定计算的折旧、摊销额	加速折旧、摊销统计额	累计折旧、摊销额	
		1	2	3	4	5	6	7 = 5-6	8	9 (2-5)
1	一、固定资产（2+3+4+5+6+7）	240 000 000	3 750 000	3 750 000	200 000 000	2 500 000	*	*	32 500 000	1 250 000
2	所有固定资产 （一）房屋、建筑物	240 000 000	3 750 000	3 750 000	200 000 000	2 500 000	*	*	32 500 000	1 250 000

表 2-57　　　　　　　　　　A105000　纳税调整项目明细表

金额单位：人民币元（列至角分）

行次	项目	账载金额	税收金额	调增金额	调减金额
		1	2	3	4
1	一、收入类调整项目（2+3+…+8+10+11）	*	*		30 000 000
7	（六）公允价值变动净损益	30 000 000	*		30 000 000
31	三、资产类调整项目（32+33+34+35）	*	*	2 500 000	
32	（一）资产折旧、摊销（填写A105080）	3 750 000	2 500 000	2 500 000	

四、存货房地产与投资性房地产转换的税会差异

（一）存货房地产转为成本模式计量的投资性房地产的税会差异

1. 会计规定。与自用房地产转为成本模式计量投资性房地产不同，存货房地产在未使用和出租的状态下，不需要计提折旧费用。

[例 2-3-6] 本公司的子公司 U 公司，从事房地产开发业务。2020 年 3 月 31 日，该公司董事会就 U 公司开发的一栋写字楼的商铺不再用于出售而改用作出租形成了书面决议。

2020 年 6 月 10 日，U 公司与 B 公司签订了租赁协议，租赁期开始日为 2020 年 7 月 1 日，租赁期 2 年，年租金为 100 万元。该商铺的账面原值为 2 000 万元，未计提存货跌价准备。若采用成本模式进行后续计量，该商铺预计使用年限为 40 年，预计净残值为 0，采用直线法计提折旧。U 公司在 2020 年 12 月 31 日收到半年租金 50 万元。假定不考虑增值税因素。

账务处理如下：

①2020 年 6 月 30 日：

借：投资性房地产　　　　　　　　　　　　　　　　　　　20 000 000
　　贷：开发产品　　　　　　　　　　　　　　　　　　　　　　　20 000 000

②2020 年 12 月 31 日收取租金：

借：银行存款　　　　　　　　　　　　　　　　　　　　　　500 000
　　贷：其他业务收入　　　　　　　　　　　　　　　　　　　　　500 000

③提取折旧：

借：其他业务成本　　　　　　　　　　　　　　　　　　　　250 000
　　贷：投资性房地产累计折旧　　　　　　　　　　　　　　　　　250 000

④2021 年 12 月 31 日：

借：银行存款　　　　　　　　　　　　　　　　　　　　　1 000 000
　　贷：其他业务收入　　　　　　　　　　　　　　　　　　　　1 000 000

借：其他业务成本　　　　　　　　　　　　　　　　　　　　500 000
　　贷：投资性房地产累计折旧　　　　　　　　　　　　　　　　　500 000

2. 税会差异。在转换日，会计规定将房地产转换前的账面价值作为转换后的入账价值；企业所得税法规定，要保持资产的计税基础不变。两者不存在差异，不需要进行纳税调整。

（二）存货房地产转为公允模式计量的投资性房地产

1. 会计规定。存货房地产转换为采用公允价值模式计量的投资性房地产，该项投资性房地产应当按照转换日的公允价值计量。

转换日的公允价值小于原账面价值的，其差额计入当期损益。

转换日的公允价值大于原账面价值的，其差额作为其他综合收益，计入所有者权益。处置该项投资性房地产时，原计入所有者权益的部分应当转入处置当期损益。

［例2-3-7］沿用［例2-3-6］，若采用公允价值模式进行后续计量，2020年6月30日和2020年12月31日商铺公允价值分别为2 000万元和1 900万元。2021年12月31日商铺公允价值为2 100万元，收到本年租金100万元。

账务处理如下：

①2020年6月30日：

借：投资性房地产——成本　　　　　　　　　　　　　　　　20 000 000

　　贷：开发产品　　　　　　　　　　　　　　　　　　　　20 000 000

②2020年12月31日收取租金：

借：银行存款　　　　　　　　　　　　　　　　　　　　　　500 000

　　贷：其他业务收入　　　　　　　　　　　　　　　　　　500 000

③2020年12月31日对投资性房地产按公允价值计量：

借：公允价值变动损益　　　　　　　　　　　　　　　　　　1 000 000

　　贷：投资性房地产——公允价值变动　　　　　　　　　　1 000 000

④2021年12月31日：

借：银行存款　　　　　　　　　　　　　　　　　　　　　　1 000 000

　　贷：其他业务收入　　　　　　　　　　　　　　　　　　1 000 000

借：投资性房地产——公允价值变动　　　　　　　　　　　　2 000 000

　　贷：公允价值变动损益　　　　　　　　　　　　　　　　2 000 000

2. 税会差异。

（1）转换日公允价值与原账面价值差额的差异。会计规定，转换日公允价值与原账面价值，根据其差额的方向，分别适用不同的会计处理：公允价值小于原账面价值的，其差额计入当期损益（公允价值变动损益）；公允价值大于原账面价值的，其差额计入所有者权益（其他综合收益）。企业所得税法规定，要保持资产的计税基础不变，两种情况下税会差异不同：第一种情况，公允价值变动损益计入当期损益，减少了会计利润，两者产生税会差异，在年度汇算清缴纳税申报时，应调增应纳税所得额；第二种情况，其他综合收益是所有者权益类科目，不影响当期损益，虽然两者存在差异，但在年度汇算清缴纳税申报时，不需要进行纳税调整。

（2）资产负债表日公允价值变动的差异。会计规定，按照公允价值计量，公允价值与账面价值差额计入当期损益（公允价值变动损益）；企业所得税法规定，要保持资产的计税基础不变。两者产生差异，在年度汇算清缴纳税申报时，应根据公允价值变动损益科目方向，相应调整应纳税所得额。

（3）折旧、摊销金额税前扣除的差异。会计规定，按公允价值计量的投资性房地产，不计提折旧摊销金额；企业所得税法规定，未实际发生的、与取得收入无关的或者不合理的支出不得税前扣除。两者不存在差异。

3. 年度纳税申报表调整。

（1）2020年度汇算清缴申报如表2-58和表2-59所示。

表 2-58　　　　　　　A105080　资产折旧、摊销及纳税调整明细表

金额单位：人民币元（列至角分）

行次	项目	账载金额			税收金额						纳税调整金额
		资产原值	本年折旧、摊销额	累计折旧、摊销额	资产计税基础	税收折旧、摊销额	享受加速折旧政策的资产按税收一般规定计算的折旧、摊销额	加速折旧、摊销统计额	累计折旧、摊销额	
		1	2	3	4	5	6	7=5-6	8	9(2-5)
1	一、固定资产（2+3+4+5+6+7）	20 000 000	0	0	20 000 000	0	*	*	0	0
2	所有固定资产 （一）房屋、建筑物	20 000 000	0	0	20 000 000	0	*	*	0	0

表 2-59　　　　　　　A105000　纳税调整项目明细表

金额单位：人民币元（列至角分）

行次	项目	账载金额	税收金额	调增金额	调减金额
		1	2	3	4
1	一、收入类调整项目（2+3+…+8+10+11）	*	*	1 000 000	
7	（六）公允价值变动净损益	-1 000 000	*	1 000 000	
31	三、资产类调整项目（32+33+34+35）	*	*		0
32	（一）资产折旧、摊销（填写A105080）	0	0		0

（2）2021 年度汇算清缴申报如表 2-60 和表 2-61 所示。

表 2-60　　　　　　　A105080　资产折旧、摊销及纳税调整明细表

金额单位：人民币元（列至角分）

行次	项目	账载金额			税收金额						纳税调整金额
		资产原值	本年折旧、摊销额	累计折旧、摊销额	资产计税基础	税收折旧、摊销额	享受加速折旧政策的资产按税收一般规定计算的折旧、摊销额	加速折旧、摊销统计额	累计折旧、摊销额	
		1	2	3	4	5	6	7=5-6	8	9(2-5)
1	一、固定资产（2+3+4+5+6+7）	20 000 000	0	0	20 000 000	0	*	*	0	0
2	所有固定资产 （一）房屋、建筑物	20 000 000	0	0	20 000 000	0	*	*	0	0

表 2-61　　　　　　　　　　A105000　纳税调整项目明细表

金额单位：人民币元（列至角分）

行次	项目	账载金额	税收金额	调增金额	调减金额
		1	2	3	4
1	一、收入类调整项目（2＋3＋…＋8＋10＋11）	*	*		2 000 000
7	（六）公允价值变动净损益	2 000 000	*		2 000 000
31	三、资产类调整项目（32＋33＋34＋35）	*	*		0
32	（一）资产折旧、摊销（填写A105080）	0	0		0

（三）成本模式计量投资性房地产转回存货房地产的税会差异

1. 会计规定。同成本模式计量投资性房地产转回自用房地产。

[例2-3-8] 沿用[例2-3-6]，2022年6月30日对外出租的房地产租赁期届满，本公司董事会做出书面决议明确表明，将该房地产重新开发用于对外销售，即从投资性房地产转换为存货。U公司在2022年6月30日收到半年租金50万元。账务处理如下：

借：银行存款　　　　　　　　　　　　　　　　　　　　500 000
　　贷：其他业务收入　　　　　　　　　　　　　　　　　500 000
借：其他业务成本　　　　　　　　　　　　　　　　　　250 000
　　贷：投资性房地产累计折旧　　　　　　　　　　　　　250 000
借：开发产品　　　　　　　　　　　　　　　　　　19 000 000
　　投资性房地产累计折旧　　　　　　　　　　　　　1 000 000
　　贷：投资性房地产　　　　　　　　　　　　　　　20 000 000

2. 税收规定。《房地产开发经营业务企业所得税处理办法》（国税发〔2009〕31号）规定，企业开发产品转为自用的，其实际使用时间累计未超过12个月又销售的，不得在税前扣除折旧费用。

3. 税会差异。在转换日，会计规定将投资性房地产账面价值转换为开发产品的入账价值；企业所得税法规定，要保持资产的计税基础不变，且因持续时间超过12个月，企业计提的折旧费用允许税前扣除。两者不存在差异，不需要进行纳税调整。

（四）公允模式计量投资性房地产转回存货房地产的税会差异

1. 会计规定。同公允模式计量投资性房地产转回自用房地产。

[例2-3-9] 沿用[例2-3-7]，2022年6月30日对外出租的房地产租赁期届满，本公司董事会作出书面决议明确表明，将该房地产重新开发用于对外销售，即从投资性房地产转换为存货。转换日该房地产的公允价值为2 400万元。U公司在2022年6月30日收到半年租金50万元。

账务处理如下：

借：银行存款　　　　　　　　　　　　　　　　　　　　500 000
　　贷：其他业务收入　　　　　　　　　　　　　　　　　500 000
借：开发产品　　　　　　　　　　　　　　　　　　24 000 000

贷：投资性房地产——成本　　　　　　　　　　　　　　　20 000 000
　　　　　　　　——公允价值变动　　　　　　　　　　　　1 000 000
　　公允价值变动损益　　　　　　　　　　　　　　　　　　3 000 000

2. 税会差异。

（1）固定资产入账价值与计税基础的差异。会计规定，应当以其转换当日的公允价值作为存货房地产的账面价值；企业所得税法规定，要保持资产的计税基础不变。两者存在差异。

[例2-3-9]中，会计入账价值为2 400万元，企业所得税计税基础为2 000万元。

（2）公允价值变动损益的差异。会计规定，公允价值与原账面价值的差额计入当期损益；企业所得税法规定，要保持资产的计税基础不变。两者存在差异，在年度汇算清缴纳税申报时，应根据公允价值变动损益科目方向，相应调整应纳税所得额。

（3）折旧、摊销金额税前扣除的差异。会计规定，按公允价值计量的投资性房地产，不计提折旧摊销金额；企业所得税法规定，未实际发生的、与取得收入无关的或者不合理的支出不得税前扣除。两者不存在差异，在年度汇算清缴纳税申报时，不需要调整应纳税所得额。

3. 年度纳税申报表调整（见表2-62和表2-63）。

表2-62　　　　A105080　资产折旧、摊销及纳税调整明细表

金额单位：人民币元（列至角分）

行次	项目		账载金额			税收金额				纳税调整金额
		资产原值	本年折旧、摊销额	累计折旧、摊销额	资产计税基础	税收折旧、摊销额	享受加速折旧政策的资产按税收一般规定计算的折旧、摊销额	加速折旧、摊销统计额	累计折旧、摊销额	
		1	2	3	4	5	6	7=5-6	8	9(2-5)
1	一、固定资产（2+3+4+5+6+7）	20 000 000	0	0	200 000 000	0	*	*	0	0
2	所有固定资产 （一）房屋、建筑物	20 000 000	0	0	200 000 000	0	*	*	0	0

五、投资性房地产处置的税会差异

（一）会计规定

当投资性房地产被处置，或者永久退出使用且预计不能从其处置中取得经济利益时，应当终止确认该项投资性房地产。

表 2-63　　　　　　　　　　A105000　纳税调整项目明细表

金额单位：人民币元（列至角分）

行次	项目	账载金额	税收金额	调增金额	调减金额
		1	2	3	4
1	一、收入类调整项目（2+3+…+8+10+11）	*	*		3 000 000
7	（六）公允价值变动净损益	3 000 000	*		3 000 000
31	三、资产类调整项目（32+33+34+35）	*	*		0
32	（一）资产折旧、摊销（填写A105080）	0	0		0

企业出售、转让、报废投资性房地产或者发生投资性房地产毁损，应当将处置收入扣除其账面价值和相关税费后的金额计入当期损益。

[例2-3-10] 2018年6月20日，本公司与承租方签订办公楼租赁合同，租赁期为自2018年7月1日起2年，年租金为500万元。该办公楼的成本为10 000万元，折旧年限为40年，残值为0，按直线法计提折旧，已计提折旧为5 000万元，公允价值为6 000万元，本公司采用公允价值模式对投资性房地产进行后续计量。该办公楼2018年12月31日的公允价值为6 500万元，2019年12月31日的公允价值为6 600万元。2020年6月30日，本公司收回租赁期届满的办公楼并对外出售，取得价款7 000万元。

[分析] 转换日产生其他综合收益 = 6 000 - (10 000 - 5 000) = 1 000（万元）

出售办公楼而应确认的损益金额 = 公允价值 - 账面价值 + 其他综合收益 = 7 000 - 6 600 + 1 000 = 1 400（万元）

账务处理如下：

①自用房地产转为投资性房地产时：

借：投资性房地产——成本　　　　　　　　　　　　　　60 000 000
　　累计折旧　　　　　　　　　　　　　　　　　　　　50 000 000
　　贷：固定资产　　　　　　　　　　　　　　　　　　　　　100 000 000
　　　　其他综合收益　　　　　　　　　　　　　　　　　　　10 000 000

②累计公允价值变动损益 = 6 600 - 6 000 = 600（万元）

借：投资性房地产——公允价值变动　　　　　　　　　　6 000 000
　　贷：公允价值变动损益　　　　　　　　　　　　　　　　　6 000 000

③对外出售时：

借：银行存款　　　　　　　　　　　　　　　　　　　70 000 000
　　贷：其他业务收入　　　　　　　　　　　　　　　　　　　70 000 000

借：其他业务成本　　　　　　　　　　　　　　　　　50 000 000
　　其他综合收益　　　　　　　　　　　　　　　　　10 000 000
　　公允价值变动损益　　　　　　　　　　　　　　　　6 000 000
　　贷：投资性房地产——成本　　　　　　　　　　　　　　60 000 000
　　　　　　　　　　——公允价值变动　　　　　　　　　　6 000 000

（二）税收规定

1.《企业所得税法》第十六条规定，企业转让资产，该项资产的净值，准予在计算应纳税所得额时扣除。

2.《企业所得税法实施条例》第七十四条规定，企业所得税法第十六条所称资产的净值，是指有关资产、财产的计税基础减除已经按照规定扣除的折旧、折耗、摊销、准备金等后的余额。

（三）税会差异

会计规定，应当将处置收入扣除其账面价值和相关税费后的金额计入当期损益，同时将转换为投资性房地产时确认的其他综合收益转入当期损益；企业所得税法规定，企业转让资产，该项资产的净值，准予在计算应纳税所得额时扣除。两者不存在差异，但是投资性房地产入账价值与计税基础，持有期间按公允价值模式计量投资性房地产公允价值变动，导致其账面价值和计税基础不一致，会计损益和应纳税所得额出现差异。

[例2-3-10]中，出售日会计的账面价值为6 600万元，影响损益金额是1 400万元；企业所得税计税基础为5 000万元（10 000-5 000），应纳税所得额为2 000万元（7 000-5 000），差额为600万元。形成差额600万元的原因是，会计核算以前年度已经确认公允价值变动600万元，企业所得税作纳税调减处理，因此在处置时需作纳税调增处理。

（四）年度纳税申报表调整（见表2-64）。

表2-64　　　　　　A105000　纳税调整项目明细表

金额单位：人民币元（列至角分）

行次	项目	账载金额	税收金额	调增金额	调减金额
		1	2	3	4
1	一、收入类调整项目（2+3+…+8+10+11）	*	*		
7	（六）公允价值变动净损益	-6 000 000	*	6 000 000	
31	三、资产类调整项目（32+33+34+35）	*	*		
46	合计（1+12+31+36+44+45）	*	*	6 000 000	

第三章 扣除类税会差异分析及纳税调整

第一节 职工薪酬准则与税法差异分析及调整

职工薪酬,是指企业为获得职工提供的服务或解除劳动关系而给予的各种形式的报酬或补偿。为了规范职工薪酬的确认、计量和相关信息的披露,根据《企业会计准则——基本准则》,财政部于 2006 年制定了《企业会计准则第 9 号——职工薪酬》,并于 2014 年进行了修订。

一、职工薪酬税会差异概述

(一) 职工薪酬范围的税会差异

1. 会计规定。职工薪酬包括短期薪酬、离职后福利、辞退福利和其他长期职工福利。企业提供给职工配偶、子女、受赡养人、已故员工遗属及其他受益人等的福利,也属于职工薪酬。

(1) 短期薪酬。短期薪酬是指企业预期在职工提供相关服务的年度报告期间结束后 12 个月内将全部予以支付的职工薪酬,因解除与职工的劳动关系给予的补偿除外。因解除与职工的劳动关系给予的补偿属于辞退福利的范畴。短期薪酬主要包括:

①职工工资、奖金、津贴和补贴,是指企业按照构成工资总额的计时工资、计件工资、支付给职工的超额劳动报酬等的劳动报酬,为了补偿职工特殊或额外的劳动消耗和因其他特殊原因支付给职工的津贴,以及为了保证职工工资水平不受物价影响支付给职工的物价补贴等。其中,企业按照短期奖金计划向职工发放的奖金属于短期薪酬,按照长期奖金计划向职工发放的奖金属于其他长期职工福利。

②职工福利费,是指企业向职工提供的生活困难补助、丧葬补助费、抚恤费、职工异地安家费、防暑降温费等职工福利支出。

③医疗保险费、工伤保险费和生育保险费等社会保险费,是指企业按照国家规定的基准和比例计算,向社会保险经办机构缴存的医疗保险费、工伤保险费和生育保险费。

④住房公积金,是指企业按照国家规定的基准和比例计算,向住房公积金管理机构缴存

的住房公积金。

⑤工会经费和职工教育经费，是指企业为了改善职工文化生活、为职工学习先进技术和提高文化水平和业务素质，用于开展工会活动和职工教育及职业技能培训等相关支出。

⑥短期带薪缺勤，是指职工虽然缺勤但企业仍向其支付报酬的安排，包括年休假、病假、婚假、产假、丧假、探亲假等。长期带薪缺勤属于其他长期职工福利。

⑦短期利润分享计划，是指因职工提供服务而与职工达成的基于利润或其他经营成果提供薪酬的协议。长期利润分享计划属于其他长期职工福利。

⑧其他短期薪酬，是指除上述薪酬以外的其他为获得职工提供的服务而给予的短期薪酬。

(2) 离职后福利。离职后福利是指企业为获得职工提供的服务而在职工退休或与企业解除劳动关系后，提供的各种形式的报酬和福利，属于短期薪酬和辞退福利的除外。

离职后福利计划，是指企业与职工就离职后福利达成的协议，或者企业为向职工提供离职后福利制定的规章或办法等。离职后福利计划按照企业承担的风险和义务情况，可以分为设定提存计划和设定受益计划。

(3) 辞退福利。辞退福利是指企业在职工劳动合同到期之前解除与职工的劳动关系，或者为鼓励职工自愿接受裁减而给予职工的补偿。辞退福利主要包括：

①在职工劳动合同尚未到期前，不论职工本人是否愿意，企业决定解除与职工的劳动关系而给予的补偿。

②在职工劳动合同尚未到期前，为鼓励职工自愿接受裁减而给予的补偿，职工有权利选择继续在职或接受补偿离职。

辞退福利通常采取解除劳动关系时一次性支付补偿的方式，也可能采取在职工不再为企业带来经济利益后，将职工工资支付到辞退后未来某一期间的方式。

企业应当根据辞退福利的定义和包括的内容，区分辞退福利与正常退休的养老金。辞退福利是在职工与企业签订的劳动合同到期前，企业根据法律与职工本人或职工代表（如工会）签订的协议，或者基于商业惯例，承诺当其提前终止对职工的雇佣关系时支付的补偿，引发补偿的事项是辞退，因此，企业应当在辞退职工时进行辞退福利的确认和计量。职工在正常退休时获得的养老金，是其与企业签订的劳动合同到期时，或者职工达到了国家规定的退休年龄时获得的退休后生活补偿金额，引发补偿的事项是职工在职时提供的服务，而不是退休本身，因此，企业应当在职工提供服务的会计期间进行养老金的确认和计量。另外，职工虽然没有与企业解除劳动合同，但未来不再为企业提供服务，不能为企业带来经济利益，企业承诺提供实质上具有辞退福利性质的经济补偿的，如发生"内退"的情况，在其正式退休日期之前应当比照辞退福利处理，在其正式退休日期之后，应当按照离职后福利处理。

(4) 其他长期职工福利。其他长期职工福利是指除短期薪酬、离职后福利、辞退福利之外所有的职工薪酬，包括长期带薪缺勤、长期残疾福利、长期利润分享计划等。

2. 税收规定。《企业所得税法实施条例》第三十四条规定，工资、薪金，是指企业每一纳税年度支付给在本企业任职或者受雇的员工的所有现金形式或者非现金形式的劳动报酬，包括基本工资、奖金、津贴、补贴、年终加薪、加班工资，以及与员工任职或者受雇有关的其他支出。

3. 税会差异。从会计准则和企业所得税法概念来看，职工薪酬与工资、薪金既有联系，又有区别。会计准则职工薪酬概念外延大于工资、薪金概念外延，其既包括企业所得税法规定的工资、薪金，也包括职工福利费、职工教育经费、工会经费等三项费用，还包括社会保险，以及其他一些不可以税前扣除，但与职工相关的支出，如支付给职工配偶、子女、受赡养人、已故员工遗属及其他受益人等的福利。在职工薪酬范围上，两者存在差异。

企业所得税法规范的工资薪金总额是计提职工福利费、工会经费、职工教育经费的基数，所以企业所得税纳税申报时，必须严格区分两者的概念。对于不属于工资、薪金支出的其他职工薪酬，在年度汇算清缴申报时，应按照相关税法规定，判断是否可以税前扣除，并进行纳税调整。

（二）职工范围的税会差异

1. 会计规定。职工薪酬准则所称的职工，是指与企业订立劳动合同的所有人员，也包括虽未与企业订立劳动合同但由企业正式任命的人员。具体而言，职工薪酬准则所称的职工至少应当包括以下 3 类：

（1）与企业订立劳动合同的所有人员，含全职、兼职和临时职工。按照《中华人民共和国劳动法》和《中华人民共和国劳动合同法》的规定，企业作为用人单位应当与劳动者订立劳动合同。准则中的职工首先应当包括这部分人员，即与企业订立了固定期限、无固定期限或者以完成一定工作作为期限的劳动合同的所有人员。

（2）未与企业订立劳动合同但由企业正式任命的人员，如部分董事会成员、监事会成员等。企业按照有关规定设立董事、监事，或者董事会、监事会的，如所聘请的独立董事、外部监事等，虽然没有与企业订立劳动合同，但属于由企业正式任命的人员，属于准则所称的职工。

（3）在企业的计划和控制下，虽未与企业订立劳动合同或未由其正式任命，但向企业所提供服务与职工所提供服务类似的人员，也属于职工的范畴，包括通过企业与劳务中介公司签订用工合同而向企业提供服务的人员，这些劳务用工人员属于准则所称的职工。

2. 税收规定。

（1）《国家税务总局关于企业工资薪金和职工福利费等支出税前扣除问题的公告》（国家税务总局公告 2015 年第 34 号）规定，企业接受外部劳务派遣用工所实际发生的费用，应分两种情况按规定在税前扣除：按照协议（合同）约定直接支付给劳务派遣公司的费用，应作为劳务费支出；直接支付给员工个人的费用，应作为工资薪金支出和职工福利费支出。其中，属于工资薪金支出的费用，准予计入企业工资薪金总额的基数，作为计算其他各项相关费用扣除的依据。

（2）《国家税务总局关于促进残疾人就业税收优惠政策相关问题的公告》（国家税务总局公告 2015 年第 55 号）规定，以劳务派遣形式就业的残疾人，属于劳务派遣单位的职工。劳务派遣单位可按照《财政部 国家税务总局关于促进残疾人就业税收优惠政策的通知》（财税〔2007〕92 号）规定，享受相关税收优惠政策。

（3）《财政部 税务总局关于实施小微企业普惠性税收减免政策的通知》（财税〔2019〕13 号）规定，小型微利企业是指从事国家非限制和禁止行业，且同时符合年度应纳税所得额不超过 300 万元、从业人数不超过 300 人、资产总额不超过 5 000 万元等三个条件的企业。

从业人数，包括与企业建立劳动关系的职工人数和企业接受的劳务派遣用工人数。所称

从业人数和资产总额指标,应按企业全年的季度平均值确定。具体计算公式如下:

季度平均值=(季初值+季末值)÷2

全年季度平均值=全年各季度平均值之和÷4

年度中间开业或者终止经营活动的,以其实际经营期作为一个纳税年度确定上述相关指标。

3. 税会差异。

(1)职工的范围。会计准则上的职工是指与企业订立劳动合同的所有人员,也包括虽未与企业订立劳动合同但由企业正式任命的人员,以及虽未与企业订立劳动合同或未由其正式任命,但向企业所提供服务与职工所提供服务类似的人员;企业所得税法则强调职工是在本企业任职或者受雇的员工。会计上的职工范围明显大于税法规定的范围,其"应付职工薪酬——工资薪金"科目核算的金额可能会大于税法规定的工资薪金总额,同时会对计提"三费"的基数产生影响。

(2)职工与从业人员。企业所得税法不但规定"职工"的概念,同时还规定了"从业人员"的概念,这两个概念在具体税收政策中作用不同。"职工"强调人员与企业之间存在任职和受雇关系,"从业人员"强调人员是否实际为企业提供服务,这一概念与会计上的职工有点类似,主要是确定企业是否可以享受相关优惠政策时的一个判断指标。

二、短期薪酬计量的税会差异

(一)职工工资、津补贴计量的税会差异

1. 会计规定。企业应当在职工为其提供服务的会计期间,将实际发生的短期薪酬确认为负债,并计入当期损益。

企业发生的职工工资、津贴和补贴等短期薪酬,应当根据职工提供服务情况和工资标准等计算应计入职工薪酬的工资总额,并按照受益对象计入当期损益或相关资产成本,借记"生产成本""制造费用""管理费用"等科目,贷记"应付职工薪酬"科目。发放时,借记"应付职工薪酬"科目,贷记"银行存款"等科目。

[例3-1-1] 2020年,本公司应发工资1 560万元。其中,生产部门生产工人工资1 000万元;生产部门管理人员工资200万元;管理部门管理人员工资360万元。假定不考虑其他因素以及所得税影响。

账务处理如下:

借:生产成本	10 000 000
制造费用	2 000 000
管理费用	3 600 000
贷:应付职工薪酬——工资	15 600 000

2. 税收规定。

(1)《企业所得税法实施条例》第三十四条规定,企业发生的合理的工资、薪金支出,准予扣除。

(2)《国家税务总局关于企业工资薪金及职工福利费扣除问题的通知》(国税函〔2009〕3号)规定,《企业所得税法实施条例》所称的"合理工资薪金",是指企业按照股东大会、董事会、薪酬委员会或相关管理机构制定的工资薪金制度规定实际发放给员工的工

资薪金。税务机关在对工资薪金进行合理性确认时,可按以下原则掌握:

①企业制定了较为规范的员工工资薪金制度;

②企业所制定的工资薪金制度符合行业及地区水平;

③企业在一定时期所发放的工资薪金是相对固定的,工资薪金的调整是有序进行的;

④企业对实际发放的工资薪金,已依法履行了代扣代缴个人所得税义务;

⑤有关工资薪金的安排,不以减少或逃避税款为目的。

(3)《国家税务总局关于修订〈中华人民共和国企业所得税年度纳税申报表(A类,2017年版)〉部分表单样式及填报说明的公告》(国家税务总局公告2018年第57号)《职工薪酬支出及纳税调整明细表》(A105050)填报说明,第1行"一、工资薪金支出":填报纳税人本年度支付给在本企业任职或者受雇的员工的所有现金形式或非现金形式的劳动报酬及其会计核算、纳税调整等金额。

(4)《国家税务总局关于企业工资薪金和职工福利费等支出税前扣除问题的公告》(国家税务总局公告2015年第34号)规定,企业在年度汇算清缴结束前向员工实际支付的已预提汇缴年度工资薪金,准予在汇缴年度按规定扣除。

3. 税会差异。

(1)工资合理性的差异。会计进行工资费用的核算只要求"实际发生";企业所得税法则在判断合理性问题时列举了具体的参考标准,从工资薪金支出的真实性、合理性等多个角度进行规范限制。但税法的这些判断条件不是试图干预企业工资金额的水平,而是防止企业虚列工资,蓄意避税。如果企业不存在这样的动机,税法通常不会在工资数量问题上限制企业的决策。

(2)工资支付的差异。会计进行工资费用的核算只要求"实际发生";企业所得税法则除了要求判断合理性外,还要求实际支付,对在规定期限内未实际支付的工资,不得税前扣除,两者存在税会差异,在年度汇算清缴申报时,需要调增应纳税所得额。

(二)职工福利费的税会差异

1. 会计规定。企业发生的职工福利费,应当在实际发生时根据实际发生额计入当期损益或相关资产成本。

企业向职工提供非货币性福利的,应当按照公允价值计量。如企业以自产的产品作为非货币性福利提供给职工的,应当按照该产品的公允价值和相关税费确定职工薪酬金额,并计入当期损益或相关资产成本。相关收入的确认、销售成本的结转以及相关税费的处理,与企业正常商品销售的会计处理相同。企业以外购的商品作为非货币性福利提供给职工的,应当按照该商品的公允价值和相关税费确定职工薪酬的金额,并计入当期损益或相关资产成本。

[例3-1-2] 本公司共有职工200名,2020年10月15日,本公司决定以其生产的笔记本电脑作为节日福利发放给公司每名职工。每台笔记本电脑的售价为1.4万元,成本为1万元。本公司适用的增值税税率为13%。假定200名职工中170名为直接参加生产的职工,30名为总部管理人员。假定于当日将笔记本电脑发放给各职工。

[分析] 根据上述资料,本公司计算笔记本电脑的售价总额及其增值税销项税额如下:

笔记本电脑的售价总额 = 1.40 × 170 + 1.40 × 30 = 238 + 42 = 280(万元)

笔记本电脑的增值税销项税额 = 238 × 13% + 42 × 13% = 30.94 + 5.46 = 36.4(万元)

应当计入生产成本的职工薪酬金额 = 238 + 30.94 = 268.94(万元)

应当计入管理费用的职工薪酬金额 = 42 + 5.46 = 47.46（万元）

账务处理如下：

借：生产成本 2 689 400
　　管理费用 474 600
　　　贷：应付职工薪酬——非货币性福利 3 164 000
借：应付职工薪酬——非货币性福利 3 164 000
　　　贷：主营业务收入 2 800 000
　　　　　应交税费——应交增值税（销项税额） 364 000
借：主营业务成本 2 000 000
　　　贷：库存商品 2 000 000

2. 税收规定。

（1）《企业所得税法实施条例》第四十条规定，企业发生的职工福利费支出，不超过工资、薪金总额14%的部分，准予扣除。

（2）《国家税务总局关于企业工资薪金及职工福利费扣除问题的通知》（国税函〔2009〕3号）规定，《企业所得税法实施条例》第四十条规定的企业职工福利费，包括以下内容：

①尚未实行分离办社会职能的企业，其内设福利部门所发生的设备、设施和人员费用，包括职工食堂、职工浴室、理发室、医务所、托儿所、疗养院等集体福利部门的设备、设施及维修保养费用和福利部门工作人员的工资薪金、社会保险费、住房公积金、劳务费等。

②为职工卫生保健、生活、住房、交通等所发放的各项补贴和非货币性福利，包括企业向职工发放的因公外地就医费用、未实行医疗统筹企业职工医疗费用、职工供养直系亲属医疗补贴、供暖费补贴、职工防暑降温费、职工困难补贴、救济费、职工食堂经费补贴、职工交通补贴等。

③按照其他规定发生的其他职工福利费，包括丧葬补助费、抚恤费、安家费、探亲假路费等。

（3）《国家税务总局关于企业工资薪金和职工福利费等支出税前扣除问题的公告》（国家税务总局公告2015年第34号）规定，列入企业员工工资薪金制度、固定与工资薪金一起发放的福利性补贴，符合《国家税务总局关于企业工资薪金及职工福利费扣除问题的通知》（国税函〔2009〕3号）第一条规定的，可作为企业发生的工资薪金支出，按规定在税前扣除。不能同时符合上述条件的福利性补贴，应作为国税函〔2009〕3号文件第三条规定的职工福利费，按规定计算限额税前扣除。

3. 税会差异。

（1）职工福利费发放形式的差异。会计上规定福利性支出，已经实行货币化改革的，分月按标准发放或支付的住房补贴、交通补贴或者车改补贴、通信补贴，应当纳入职工工资总额，不再纳入职工福利费管理。尚未实行货币化改革的，企业发生的相关支出作为职工福利费管理。企业所得税法规定，列入企业员工工资薪金制度、固定与工资薪金一起发放的福利性补贴，可作为企业发生的工资薪金支出；不符合条件的福利性补贴应作为职工福利费确认，两者不存在税会差异。

（2）职工福利费范围的差异。会计上规定的职工福利费包括为职工支付的各类支出，企业所得税则明确了可以税前扣除的职工福利费的具体范围。会计处理列支的职工福利费，不符合国税函〔2009〕3号文件规定范围的，如给职工配偶、子女、受赡养人、已故员工遗属及其他受益人等的福利，两者存在差异，在年度汇算清缴申报时需要调增应纳税所得额。

（3）扣除标准的差异。会计上规定，企业根据实际发生的福利费金额进行确认，没有具体的金额限制；企业所得税法规定，企业每一纳税年度能够税前扣除的福利费不能超过工资总额的14%，超过部分本期及以后各期均不能扣除。税法规定了福利费用扣除标准，会计上处理超过标准的支出，在年度汇算清缴纳税申报时应调增应纳税所得额。两者存在永久性差异。

［例3-1-2］中，会计列支支出316.4万元，税法扣除标准为218.4万元（1 560×14%）。

4. 年度纳税申报表调整如表3-1、表3-2所示。

表3-1　　　　　　A105050　职工薪酬支出及纳税调整明细表

金额单位：人民币元（列至角分）

行次	项目	账载金额	实际发生额	税收规定扣除率	以前年度累计结转扣除额	税收金额	纳税调整金额	累计结转以后年度扣除额
		1	2	3	4	5	6（1-5）	7（2+4-5）
3	二、职工福利费支出	3 164 000	3 164 000	14%	*	2 184 000	980 000	*
13	合计（1+3+4+7+8+9+10+11+12）	3 164 000	3 164 000	14%	*	2 184 000	980 000	

表3-2　　　　　　A105000　纳税调整项目明细表

金额单位：人民币元（列至角分）

行次	项目	账载金额	税收金额	调增金额	调减金额
		1	2	3	4
12	二、扣除类调整项目（13+14+…+24+26+27+28+29+30）	*	*	980 000	
14	（二）职工薪酬（填写A105050）	3 164 000	2 184 000	980 000	

（三）工会经费和职工教育经费的税会差异

1. 会计规定。《财政部　全国总工会　发展改革委　教育部　科技部　国防科工委　人事部　劳动保障部　国资委　国家税务总局　全国工商联关于印发〈关于企业职工教育经费提取与使用管理的意见〉的通知》（财建〔2006〕317号）规定，企业职工教育培训经费列支范围包括：

（1）上岗和转岗培训；

（2）各类岗位适应性培训；

（3）岗位培训、职业技术等级培训、高技能人才培训；

（4）专业技术人员继续教育；

（5）特种作业人员培训；

（6）企业组织的职工外送培训的经费支出；

（7）职工参加的职业技能鉴定、职业资格认证等经费支出；

（8）购置教学设备与设施；

（9）职工岗位自学成才奖励费用；

（10）职工教育培训管理费用；

（11）有关职工教育的其他开支。

企业职工参加社会上的学历教育以及个人为取得学位而参加的在职教育，所需费用应由个人承担，不能挤占企业的职工教育培训经费。企业按规定提取的工会经费和职工教育经费，应当在职工为其提供服务的会计期间，根据规定的计提基础和计提比例计算确定相应的职工薪酬金额，并确认相关负债，按照受益对象计入当期损益或相关资产成本，借记"生产成本""制造费用""管理费用"等科目，贷记"应付职工薪酬"科目。

[例3-1-3]沿用[例3-1-1]，公司分别按照职工工资总额的2%和1.5%计提工会经费和职工教育经费。

根据上述资料，公司计算其2020年的职工薪酬金额如下：

应当计入生产成本的职工薪酬金额＝1 000×（2%＋1.5%）＝35（万元）

应当计入制造费用的职工薪酬金额＝200×（2%＋1.5%）＝7（万元）

应当计入管理费用的职工薪酬金额＝360×（2%＋1.5%）＝12.6（万元）

账务处理如下：

借：生产成本	350 000
制造费用	70 000
管理费用	126 000
贷：应付职工薪酬——工会经费	312 000
——职工教育经费	234 000

2. 税收规定。

（1）《企业所得税法实施条例》第四十一条规定，企业拨缴的工会经费，不超过工资、薪金总额2%的部分，准予扣除。

第四十二条规定，除国务院财政、税务主管部门另有规定外，企业发生的职工教育经费支出，不超过工资、薪金总额2.5%的部分，准予扣除；超过部分，准予在以后纳税年度结转扣除。

（2）《财政部　国家税务总局关于进一步鼓励软件产业和集成电路产业发展企业所得税政策的通知》（财税〔2012〕27号）规定，集成电路设计企业和符合条件软件企业的职工培训费用，应单独进行核算并按实际发生额在计算应纳税所得额时扣除。

（3）《国家税务总局关于企业所得税执行中若干税务处理问题的通知》（国税函〔2009〕202号）规定，软件生产企业发生的职工教育经费中的职工培训费用，根据《财政部、国家税务总局关于企业所得税若干优惠政策的通知》（财税〔2008〕1号）规定，可以全额在企业所得税前扣除。软件生产企业应准确划分职工教育经费中的职工培训费支出，对于不能准确划分的，以及准确划分后职工教育经费中扣除职工培训费用的余额，一律按照《企业所得税法实施条例》第四十二条规定的比例扣除。

（4）《财政部　税务总局关于企业职工教育经费税前扣除政策的通知》（财税〔2018〕51号）规定，企业发生的职工教育经费支出，不超过工资薪金总额8%的部分，准予在计算企业所得税应纳税所得额时扣除；超过部分，准予在以后纳税年度结转扣除。

（5）《国家税务总局关于企业所得税若干问题的公告》（国家税务总局公告2011年第34号）规定，航空企业实际发生的飞行员养成费、飞行训练费、乘务训练费、空中保卫员训练费等空勤训练费用，根据《企业所得税法实施条例》第二十七条规定，可以作为航空企业运输成本在税前扣除。

（6）《国家税务总局关于企业所得税应纳税所得额若干问题的公告》（国家税务总局公告2014年第29号）规定，核力发电企业为培养核电厂操纵员发生的培养费用，可作为企业的发电成本在税前扣除。企业应将核电厂操纵员培养费与员工的职工教育经费严格区分，单独核算，员工实际发生的职工教育经费支出不得计入核电厂操纵员培养费直接扣除。

（7）《国家税务总局关于工会经费企业所得税税前扣除凭据问题的公告》（国家税务总局公告2010年第24号）规定，全国总工会决定从2010年7月1日起，启用财政部统一印制并套印财政部票据监制章的《工会经费收入专用收据》，同时废止《工会经费拨缴款专用收据》。企业拨缴的职工工会经费，不超过工资薪金总额2%的部分，凭工会组织开具的《工会经费收入专用收据》在企业所得税税前扣除。

（8）《国家税务总局关于税务机关代收工会经费企业所得税税前扣除凭据问题的公告》（国家税务总局公告2011年第30号）规定，自2010年1月1日起，在委托税务机关代收工会经费的地区，企业拨缴的工会经费，也可凭合法、有效的工会经费代收凭据依法在税前扣除。

（9）《中共中央组织部 财政部 国家税务总局关于非公有制企业党组织工作经费问题的通知》（组通字〔2014〕42号）规定，非公有制企业党组织工作经费纳入企业管理费列支，不超过职工年度工资薪金总额1%的部分，可以据实在企业所得税前扣除。

3. 税会差异。

（1）扣除标准的差异。会计上规定，企业按规定提取的工会经费和职工教育经费，按照受益对象计入当期损益或相关资产成本；企业所得税法规定，企业发生的职工教育经费支出，不超过工资薪金总额8%的部分，准予扣除，超过部分，准予在以后纳税年度结转扣除，工会经费支出，不超过工资薪金总额2%的部分，准予扣除。两者存在差异，超过税法规定标准的，在年度汇算清缴申报时应调增应纳税所得额。

（2）费用列支凭据的差异。会计上未规定提取工会经费的列支凭证。企业所得税法规定，应取得《工会经费收入专用收据》或者合法、有效的工会经费代收凭据，才能在税前扣除，两者存在差异。对未取得合法、有效税前扣除凭证的费用支出，在年度汇算清缴申报时需要作纳税调增处理。

（四）保险费用和住房公积金的税会差异

1. 会计规定。企业为职工缴纳的医疗保险费、工伤保险费、生育保险费等社会保险费（不包括失业和养老）和住房公积金，应当在职工为其提供服务的会计期间，根据规定的计提基础和计提比例计算确定相应的职工薪酬金额，并确认相关负债，按照受益对象计入当期损益或相关资产成本。

《关于住房公积金管理若干具体问题的指导意见》（建金管〔2005〕5号）规定，设区城市（含地、州、盟，下同）应当结合当地经济、社会发展情况，统筹兼顾各方面承受能力，合理确定住房公积金缴存比例。单位和职工缴存比例不应低于5%，原则上不高于

12%。缴存住房公积金的月工资基数,原则上不应超过职工工作地所在设区城市统计部门公布的上一年度职工月平均工资的 2 倍或 3 倍。

[例 3 - 1 - 4] 沿用 [例 3 - 1 - 1],根据本公司所在地政府规定,公司按照职工工资总额的 10% 和 8% 计提并缴存社会保险费和住房公积金。

根据上述资料,公司计算其 2020 年的职工薪酬金额如下:
应当计入生产成本的职工薪酬金额 = 1 000 ×（10% + 8%）= 180（万元）
应当计入制造费用的职工薪酬金额 = 200 ×（10% + 8%）= 36（万元）
应当计入管理费用的职工薪酬金额 = 360 ×（10% + 8%）= 64.8（万元）
账务处理如下:
借：生产成本   1 800 000
  制造费用   360 000
  管理费用   648 000
  贷：应付职工薪酬——社会保险费   1 560 000
        ——住房公积金   1 248 000

2. 税收规定。

(1)《企业所得税法实施条例》第三十五条规定,企业依照国务院有关主管部门或者省级人民政府规定的范围和标准为职工缴纳的基本养老保险费、基本医疗保险费、失业保险费、工伤保险费、生育保险费等基本社会保险费和住房公积金,准予扣除。

企业为投资者或者职工支付的补充养老保险费、补充医疗保险费,在国务院财政、税务主管部门规定的范围和标准内,准予扣除。

第三十六条规定,除企业依照国家有关规定为特殊工种职工支付的人身安全保险费和国务院财政、税务主管部门规定可以扣除的其他商业保险费外,企业为投资者或者职工支付的商业保险费,不得扣除。

(2)《财政部 国家税务总局关于补充养老保险费 补充医疗保险费有关企业所得税政策问题的通知》(财税〔2009〕27 号)规定,自 2008 年 1 月 1 日起,企业根据国家有关政策规定,为在本企业任职或者受雇的全体员工支付的补充养老保险费、补充医疗保险费,分别在不超过职工工资总额 5% 标准内的部分,在计算应纳税所得额时准予扣除;超过的部分,不予扣除。

(3)《国家税务总局关于企业所得税有关问题的公告》(国家税务总局公告 2016 年第 80 号)规定,企业职工因公出差乘坐交通工具发生的人身意外保险费支出,准予企业在计算应纳税所得额时扣除。

(4)《国家税务总局关于责任保险费企业所得税税前扣除有关问题的公告》(国家税务总局公告 2018 年第 52 号)规定,企业参加雇主责任险、公众责任险等责任保险,按照规定缴纳的保险费,准予在企业所得税税前扣除。

3. 税会差异。

(1) 社会保险费范围的差异。会计上规定,计入短期薪酬科目的社会保险费仅包括医疗保险费、工伤保险费、生育保险费,而不包括养老保险和失业保险,这两项保险计入离职后福利。企业所得税年度纳税申报表《职工薪酬支出及纳税调整明细表》(A105050) 第 8 行 "五、各类基本社会保障性缴款",需要填报纳税人依照国务院有关主管部门或者省级人民政府规定的范围和标准为职工缴纳的各类基本社会保险费。两者存在差异，在填报年度纳税申报表时，需要将会计短期薪酬科目的社会保险费和计入离职后福利相关金额合并填列。

（2）扣除标准的差异。会计上规定企业为职工缴纳的各类社会保险费和住房公积金，应当按照受益对象计入当期损益或相关资产成本；企业所得税法规定对部分保险支出确定了扣除标准，如补充养老保险费、补充医疗保险费。两者存在差异，超过规定标准的支出，在年度汇算清缴申报时需要调增应纳税所得额。

（3）扣除条件的差异。会计上规定企业为职工缴纳的各类社会保险费和住房公积金，可以计入相关成本费用。企业所得税法则明确了社会保险费等税前扣除的相关条件，如补充养老保险费、补充医疗保险费，只有为在本企业任职或者受雇的全体员工缴纳的才可以税前扣除。两者存在差异，《职工薪酬支出及纳税调整明细表》（A105050）第10行"七、补充养老保险"填列的应是为全体员工缴纳的，如仅为高管人员支付的上述费用，企业所得税税前不得扣除，在年度汇算清缴申报时需要调增应纳税所得额。

（五）短期带薪缺勤的税会差异

1. 会计上规定。带薪缺勤应当根据性质及职工享有的权利，分为累积带薪缺勤和非累积带薪缺勤两类。企业应当对累积带薪缺勤和非累积带薪缺勤分别进行会计处理。如果带薪缺勤属于长期带薪缺勤的，企业应当作为其他长期职工福利处理。

（1）累积带薪缺勤及其会计处理。累积带薪缺勤是指带薪权利可以结转下期的带薪缺勤，本期尚未用完的带薪缺勤权利可以在未来期间使用。企业应当在职工提供了服务从而增加了其未来享有的带薪缺勤权利时，确认与累积带薪缺勤相关的职工薪酬，并以累积未行使权利而增加的预期支付金额计量。

有些累积带薪缺勤在职工离开企业时，对于未行使的权利，职工有权获得现金支付。职工在离开企业时能够获得现金支付的，企业应当确认企业必须支付的、职工全部累积未使用权利的金额。企业应当根据资产负债表日因累积未使用权利而导致的预期支付的追加金额，作为累积带薪缺勤费用进行预计。

（2）非累积带薪缺勤及其会计处理。非累积带薪缺勤是指带薪权利不能结转下期的带薪缺勤，本期尚未用完的带薪缺勤权利将予以取消，并且职工离开企业时也无权获得现金支付。我国企业职工休婚假、产假、丧假、探亲假、病假期间的工资通常属于非累积带薪缺勤。

由于职工提供服务本身不能增加其能够享受的福利金额，企业在职工未缺勤时不应当计提相关费用和负债。为此，准则规定，企业应当在职工实际发生缺勤的会计期间确认与非累积带薪缺勤相关的职工薪酬。企业确认职工享有的与非累积带薪缺勤权利相关的薪酬，视同职工出勤确认的当期损益或相关资产成本。

通常情况下，与非累积带薪缺勤相关的职工薪酬已经包括在企业每期向职工发放的工资等薪酬中，因此不必额外作相应的账务处理。

[例3-1-5] 公司从2020年1月1日起，实行累积带薪缺勤制度。该制度规定，每个职工每年可享受5个工作日带薪年休假，未使用的年休假只能向后结转一个日历年度，超过1年未使用的权利作废；职工休年休假时，首先使用当年可享受的权利，不足部分再从上年结转的带薪年休假中扣除；职工离开公司时，对未使用的累积带薪年休假无权获得现金支付。

2020 年 12 月 31 日，每个职工当年平均未使用带薪年休假为 2 天。公司预计 2021 年有 170 名职工将享受不超过 5 天的带薪年休假，剩余 30 名职工每人将平均享受 6 天半的年休假，假定这 30 名职工全部为总部管理人员，公司平均每名职工每个工作日工资为 500 元。假设在 2021 年 5 月 31 日前并未实际支付上述工资。

[分析] 根据上述资料，公司职工 2020 年已休带薪年休假的，由于在休假期间照发工资，因此相应的薪酬已经计入公司每月确认的薪酬金额中。与此同时，公司还需要预计职工 2020 年享有但尚未使用的、预期将在下一年度使用的累积带薪缺勤，并计入当期损益或者相关资产成本。在本例中，2020 年 12 月 31 日预计由于职工累积未使用的带薪年休假权利而导致预期将支付的工资负债即为 45 天（30×1.5 天）的年休假工资金额 22 500 元（45×500）。

账务处理如下：

借：管理费用　　　　　　　　　　　　　　　　　　　　　　22 500
　　贷：应付职工薪酬——累积带薪缺勤　　　　　　　　　　　22 500

2. 税收规定。

（1）《国家税务总局关于企业工资薪金和职工福利费等支出税前扣除问题的公告》（国家税务总局公告 2015 年第 34 号）规定，企业在年度汇算清缴结束前向员工实际支付的已预提汇缴年度工资薪金，准予在汇缴年度按规定扣除。

（2）《国家税务总局关于企业所得税若干税务事项衔接问题的通知》（国税函〔2009〕98 号）规定，原执行工效挂钩办法的企业，在 2008 年 1 月 1 日以前已按规定提取，但因未实际发放而未在税前扣除的工资储备基金余额，2008 年及以后年度实际发放时，可在实际发放年度企业所得税前据实扣除。

3. 税会差异。会计上规定，根据权责发生制原则，将应付给职工的工资薪金确认为负债，并同时根据受益对象计入相关资产成本或当期损益。企业所得税法则根据收付实现制原则，强调"实际支付"的结果，未实际支付的工资薪金不能税前扣除。两者存在差异。上述支出形成"应付职工薪酬"明细科目贷方余额，如果在企业所得税汇算清缴期结束前实际支付了，应该计入汇算清缴年度的应纳税所得额，不需要纳税调整；如果在汇算清缴期结束后支付的，应计入下一年度的应纳税所得额，应调增应纳税所得额。

4. 年度纳税申报表调整（见表 3-3、表 3-4）。

表 3-3　　　　A105050　职工薪酬支出及纳税调整明细表

金额单位：人民币元（列至角分）

行次	项目	账载金额	实际发生额	税收规定扣除率	以前年度累计结转扣除额	税收金额	纳税调整金额	累计结转以后年度扣除额
		1	2	3	4	5	6 (1-5)	7 (2+4-5)
1	一、工资薪金支出	15 622 500	15 600 000	*	*	15 600 000	22 500	*
2	其中：股权激励			*	*			*
13	合计（1+3+4+7+8+9+10+11+12）	15 622 500	15 600 000	*	*	15 600 000	22 500	

表 3-4　　　　　　　　A105000　纳税调整项目明细表

金额单位：人民币元（列至角分）

行次	项目	账载金额	税收金额	调增金额	调减金额
		1	2	3	4
12	二、扣除类调整项目（13＋14＋…＋24＋26＋27＋28＋29＋30）	*	*	22 500	
14	（二）职工薪酬（填写 A105050）	15 622 500	15 600 000	22 500	

（六）短期利润分享计划（或奖金计划）的税会差异

1. 会计规定。企业制订有短期利润分享计划的，如当职工完成规定业绩指标，或者在企业工作了特定期限后，能够享有按照企业净利润的一定比例计算的薪酬，企业应当按照准则的规定，进行有关会计处理。

（1）短期利润分享计划确认条件。企业会计准则规定，短期利润分享计划同时满足下列条件的，企业应当确认相关的应付职工薪酬，并计入当期损益或相关资产成本：一是企业因过去事项导致现在具有支付职工薪酬的法定义务或推定义务。二是因利润分享计划所产生的应付职工薪酬义务能够可靠估计。

（2）关于义务金额能够可靠估计。属于下列三种情形之一的，视为义务金额能够可靠估计：一是在财务报告批准报出之前企业已确定应支付的薪酬金额。二是该利润分享计划的正式条款中包括确定薪酬金额的方式。三是过去的惯例为企业确定推定义务金额提供了明显证据。

企业在计量利润分享计划产生的应付职工薪酬时，应当反映职工因离职而没有得到利润分享计划支付的可能性。

（3）不属于短期利润分享计划。如果企业预期在职工为其提供相关服务的年度报告期间结束后 12 个月内，不需要全部支付利润分享计划产生的应付职工薪酬，该利润分享计划应当适用本准则其他长期职工福利的有关规定。

企业根据经营业绩或职工贡献等情况提取的奖金，属于奖金计划，应当比照短期利润分享计划进行处理。

［例 3－1－6］公司于 2020 年初制订和实施了一项短期利润分享计划，以对公司管理层进行激励。该计划规定，公司全年的净利润指标为 1 亿元，如果在公司管理层的努力下完成的净利润超过 1 亿元，公司管理层将可以分享超过 1 亿元净利润部分的 5% 作为额外报酬。假定至 2020 年 12 月 31 日，公司全年实际完成净利润 1.2 亿元。假定不考虑离职等其他因素，则公司管理层按照利润分享计划可以分享利润 100 万元［（1.2－1.0）×5%×10 000］作为其额外的薪酬。

2020 年 12 月 31 日的账务处理如下：

借：管理费用　　　　　　　　　　　　　　　　　　　　　　1 000 000
　　贷：应付职工薪酬——利润分享计划　　　　　　　　　　　　1 000 000

2. 税收规定。《企业所得税法实施条例》第三十四条规定，企业发生的合理的工资、薪金支出，准予扣除。前款所称工资、薪金，是指企业每一纳税年度支付给在本企业任职或者受雇的员工的所有现金形式或者非现金形式的劳动报酬，包括基本工资、奖金、津贴、补贴、年终加薪、加班工资，以及与员工任职或者受雇有关的其他支出。

3. 税会差异。会计上规定短期利润分享计划（或奖金计划）实际上就是奖金的一种计算发放形式，按照企业所得税法规定准予税前扣除。会计上短期利润分享计划有可能规定不是在次年年初发放或者离职人员不享有等发放条件，对于当年已经列支成本费用的上述支出，未实际支付的费用，两者存在差异，应当调增应纳税所得额。

同时，该支出还将影响职工福利费、工会经费和职工教育经费的税前扣除标准。

三、其他职工薪酬计量的税会差异

（一）离职后福利的确认和计量概述

离职后福利包括退休福利（如养老金和一次性的退休支付）及其他离职后福利（如离职后人寿保险和离职后医疗保障）。企业向职工提供了离职后福利的，无论是否设立了单独主体接受提存金并支付福利，均应当适用职工薪酬准则的相关要求进行会计处理。

职工正常退休时获得的养老金等离职后福利，是职工与企业签订的劳动合同到期或者职工达到了国家规定的退休年龄时，获得的离职后生活补偿金额。企业给予补偿的事项是职工在职时提供的服务而不是退休本身，因此，企业应当在职工提供服务的会计期间对离职后福利进行确认和计量。

离职后福利计划，是指企业与职工就离职后福利达成的协议，或者企业为向职工提供离职后福利制定的规章或办法等。企业应当按照企业承担的风险和义务情况，将离职后福利计划分类为设定提存计划和设定受益计划两种类型，分别进行会计处理。

（二）设定提存计划计量的税会差异

1. 会计规定。设定提存计划是指企业向单独主体（如基金等）缴存固定费用后，不再承担进一步支付义务的离职后福利计划。

对于设定提存计划，企业应当根据在资产负债表日为换取职工在会计期间提供的服务而应向单独主体缴存的提存金，确认为职工薪酬负债，并计入当期损益或相关资产成本。

[例3-1-7] 沿用 [例3-1-1]，公司根据所在地政府规定，按照职工工资总额的12%计提基本养老保险费，缴存当地社会保险经办机构。2020年，缴存的基本养老保险费，应计入生产成本的金额为120万元，应计入制造费用的金额为24万元，应计入管理费用的金额为43.2万元。账务处理如下：

借：生成本　　　　　　　　　　　　　　　　　　　　　1 200 000
　　制造费用　　　　　　　　　　　　　　　　　　　　　　240 000
　　管理费用　　　　　　　　　　　　　　　　　　　　　　432 000
　　贷：应付职工薪酬——设定提存计划　　　　　　　　1 872 000

2. 税会差异。会计规定中的设定提存计划，主要是指社会保险费中的基本养老保险、失业保险、补充养老保险，以及企业年金等内容，上述内容的税收规定及税会差异，详见社会保险和住房公积金部分内容。

（三）设定受益计划计量的税会差异

1. 会计规定。设定提存计划和设定受益计划的区分，取决于离职后福利计划的主要条款和条件所包含的经济实质。在设定提存计划下，企业的义务以企业应向独立主体缴存的提存金金额为限，职工未来所能取得的离职后福利金额取决于向独立主体支付的提存金金额，以及提存金所产生的投资回报,从而精算风险和投资风险实质上要由职工来承担。在设定受益计划下,企业的义务是为现在及以前的职工提供约定的福利,精算风险和投资风险实质上由企业来承担。

企业存在一项或多项设定受益计划的,对于每一项计划应当按照下列步骤分别进行会计处理。

(1) 确定设定受益计划义务的现值和当期服务成本。企业应当根据预期累计福利单位法,采用无偏且相互一致的精算假设对有关人口统计变量和财务变量等做出估计,计量设定受益计划所产生的义务,并确定相关义务的归属期间。设定受益计划的最终义务受到许多变量的影响,如职工离职率、死亡率、职工缴付的提存金等。

企业应当根据资产负债表日与设定受益计划义务期限和币种相匹配的国债或活跃市场上的高质量公司债券的市场收益率确定折现率,将设定受益计划所产生的义务予以折现,以确定设定受益计划义务的现值和当期服务成本。

企业在确定设定受益计划义务的现值、当期服务成本以及过去服务成本时,应当根据计划的福利方式将设定受益计划产生的福利义务归属于职工提供服务的期间,并计入当期损益或相关资产成本。

[例3-1-8] 本公司在2020年1月1日设立了一项设定受益计划,并于当日开始实施。该设定受益计划规定:

①公司向所有在职员工提供统筹外补充退休金,这些职工在退休后每年可以额外获得12万元退休金,直至去世。

②职工获得该额外退休金基于自该计划开始日起为公司提供的服务,而且应当自该设定受益计划开始日起一直为公司服务至退休。

为简化起见,假定符合计划的职工为100人,当前平均年龄为40岁,退休年龄为60岁,还可以为公司服务20年。假定在退休前无人离职,退休后平均剩余寿命为15年。假定适用的折现率为10%。并且假定不考虑未来通货膨胀影响等其他因素。

①计算设定受益计划义务及其现值如表3-5所示。

表3-5　　　　　　　　　　计算设定受益计划义务及其现值

单位:万元

	退休后第1年	退休后第2年	退休后第3年	退休后第4年	…	退休后第14年	退休后第15年
(1) 当年支付	1 200	1 200	1 200	1 200	…	1 200	1 200
(2) 折现率(%)	10	10	10	10	…	10	10
(3) 复利现值系数	0.909 1	0.826 4	0.751 3	0.683 0	…	0.263 3	0.239 4
(4) 退休时点现值=(1)×(3)	1 091	992	902	820	…	316	287
(5) 退休时点现值合计	9 127						

②计算职工服务期间每期服务成本如表3-6所示。

表 3-6 计算职工服务期间每期服务成本

单位：万元

服务年份	服务第 1 年	服务第 2 年	…	服务第 19 年	服务第 20 年
福利归属			…		
——以前年度	0	456.35	…	8 214.3	8 670.65
——当年	456.35	456.35	…	456.35	456.53
——以前年度 + 当年	456.35	912.7	…	8 670.65	9 127
期初义务	0	74.62	…	6 788.68	7 882.41
利息	0	7.46	…	678.87	788.24
当期服务成本	74.62 *	82.08 **	…	414.86 ****	456.35
期末义务	74.62	164.16	…	7 882.41	9 127 ***

* $74.62 = \dfrac{456.35}{(1+10\%)^{19}}$

** $82.08 = \dfrac{456.35}{(1+10\%)^{18}}$

**** $414.86 = \dfrac{456.35}{(1+10\%)}$

**** 含尾数调整。

第 1 年年末账务处理如下：

借：管理费用（或相关资产成本） 746 200
　　贷：应付职工薪酬——设定受益计划义务 746 200

第 2 年年末账务处理如下：

借：财务费用（或相关资产成本） 74 600
　　贷：应付职工薪酬——设定受益计划义务 74 600
借：管理费用（或相关资产成本） 820 800
　　贷：应付职工薪酬——设定受益计划义务 820 800

第 3 年至第 20 年，以此类推以后年度账务处理。

（2）确定设定受益计划净负债或净资产。如果设定受益计划存在对应资产的，企业应当将设定受益计划义务的现值减去设定受益计划资产公允价值所形成的赤字或盈余确认为一项设定受益计划净负债或净资产。计划资产包括长期职工福利基金持有的资产、符合条件的保险单等。

（3）确定应当计入当期损益的金额。报告期末，企业应当在损益中确认的设定受益计划产生的职工薪酬成本包括服务成本、设定受益净负债或净资产的利息净额。其中，服务成本包括当期服务成本、过去服务成本和结算利得或损失。

①当期服务成本。当期服务成本是指因职工当期提供服务所导致的设定受益计划义务现值的增加额。在［例 3-1-8］中，服务第 1 年年末应当计入当期损益的当期服务成本为 74.62 万元。

②过去服务成本。过去服务成本是指设定受益计划修改所导致的与以前期间职工服务相关的设定受益计划义务现值的增加或减少。当企业设立或取消一项设定受益计划或是改变现有设定受益计划下的应付福利时，设定受益计划就发生了修改。

[例3-1-9] 沿用 [例3-1-8]，2021年年末，假设2020年1月1日公司建立这项设定受益计划时上述人员已经服务两年，公司决定一次性增加职工退休福利20万元，适用上述100名职工，即过去服务成本增加20万元。

账务处理如下：

借：管理费用——过去服务成本　　　　　　　　　　　　　　200 000
　　贷：应付职工薪酬——设定受益计划义务　　　　　　　　　　　200 000

③结算利得和损失。企业应当在设定受益计划结算时，确认一项结算利得或损失。设定受益计划结算，是指企业为了消除设定受益计划所产生的部分或所有未来义务进行的交易，而不是根据计划条款和所包含的精算假设向职工支付福利。设定受益计划结算利得或损失是下列两项的差额：一是在结算日确定的设定受益计划义务的现值。二是结算价格，包括转移的计划资产的公允价值和企业直接发生的与结算相关的支付。

④设定受益计划净负债或净资产的利息净额。设定受益计划净负债或净资产的利息净额是指设定受益净负债或净资产在职工提供服务期间由于时间变化而产生的变动，包括计划资产的利息收益、设定受益计划义务的利息费用以及资产上限影响的利息。

(4) 确定应当计入其他综合收益的金额。企业应当将重新计量设定受益计划净负债或净资产所产生的变动计入其他综合收益，并且在后续会计期间不允许转回至损益。重新计量设定受益计划净负债或净资产所产生的变动包括下列内容：

①精算利得或损失，即由于精算假设和经验调整导致之前所计量的设定受益计划义务现值的增加或减少。企业未能预计的过高或过低的职工离职率、提前退休率、死亡率以及折现率变化等因素，将导致设定受益计划产生精算利得和损失。

[例3-1-10] 沿用 [例3-1-9]，假定公司在该计划开始后职工提供服务的第3年年末重新计量该设定受益计划的净负债。发现，由于预期寿命等精算假设和经验调整导致该设定受益计划义务的现值增加，形成精算损失15万元。

账务处理如下：

借：其他综合收益——设定受益计划净负债或净资产重新计量　　150 000
　　贷：应付职工薪酬——设定受益计划义务　　　　　　　　　　　150 000

②计划资产回报，扣除包括在设定受益净负债或净资产的利息净额中的金额。

③资产上限影响的变动，扣除包括在设定受益计划净负债或净资产的利息净额中的金额。

2. 税收规定。

(1)《国家税务总局关于企业工资薪金和职工福利费等支出税前扣除问题的公告》（国家税务总局公告2015年第34号）规定，企业在年度汇算清缴结束前向员工实际支付的已预提汇算清缴年度工资薪金，准予在汇算清缴年度按规定扣除。

(2)《国家税务总局办公厅关于强化部分总局定点联系企业共性税收风险问题整改工作的通知》（税总办函〔2014〕652号）规定，按照《企业所得税法》第八条及《企业所得税法实施条例》第二十七条规定，与企业取得收入不直接相关的离退休人员工资、福利费等支出，不得在企业所得税前扣除。

3. 税会差异。

(1) 确认时间的差异。会计上规定无论是设定提存计划和设定受益计划，都应将相关费用计入职工提供服务的期间的当期损益或相关资产成本。企业所得税规定企业实际发生的支出准予在计算应纳税所得额时扣除。两者存在差异，对于会计处理按期确认并计入成本费用的离职后福利，不得税前扣除，在年度汇算清缴申报时，需要调增应纳税所得额。

（2）计入其他综合收益的差异。会计上规定企业应当将重新计量设定受益计划净负债或净资产所产生的变动计入其他综合收益，并且在后续会计期间不允许转回至损益，因此其不影响会计损益。企业所得税规定企业未实际发生的支出在计算应纳税所得额时不得扣除。两者存在差异，但因为既不影响会计利润也不影响应纳税所得额，所以在年度汇算清缴时不需要进行纳税调整。

（3）实际支付时的差异。会计处理，企业应当在职工提供服务的会计期间对离职后福利进行确认和计量，因此实际支付时，企业是冲减负债金额（应付职工薪酬）。企业所得税处理，基于职工在职时提供的服务而未实际支付，应属于工资薪金，只是支付时间延迟到职工退休以后，允许在实际支付时税前扣除。在支付年度汇算清缴申报时，需要调减应纳税所得额。

4. 年度纳税申报表调整。

（1）2020年度汇算清缴申报如表3－7、表3－8所示。

表3－7　　　　　　A105050　职工薪酬支出及纳税调整明细表

金额单位：人民币元（列至角分）

行次	项目	账载金额	实际发生额	税收规定扣除率	以前年度累计结转扣除额	税收金额	纳税调整金额	累计结转以后年度扣除额
		1	2	3	4	5	6（1-5）	7（2+4-5）
1	一、工资薪金支出	746 200	0	*	*	0	746 200	*
2	其中：股权激励			*	*			*
13	合计（1+3+4+7+8+9+10+11+12）	746 200	0	*	*	0	746 200	

表3－8　　　　　　A105000　纳税调整项目明细表

金额单位：人民币元（列至角分）

行次	项目	账载金额	税收金额	调增金额	调减金额
		1	2	3	4
12	二、扣除类调整项目（13+14+…+24+26+27+28+29+30）	*	*	746 200	
14	（二）职工薪酬（填写A105050）	746 200	0	746 200	

（2）2021年度汇算清缴申报如表3－9、表3－10所示。

表 3-9　　　　　　　　A105050　职工薪酬支出及纳税调整明细表

金额单位：人民币元（列至角分）

行次	项目	账载金额	实际发生额	税收规定扣除率	以前年度累计结转扣除额	税收金额	纳税调整金额	累计结转以后年度扣除额
		1	2	3	4	5	6 (1-5)	7 (2+4-5)
1	一、工资薪金支出	1 095 400	0	*	*	0	1 095 400	*
2	其中：股权激励			*	*			*
13	合计（1+3+4+7+8+9+10+11+12）	1 095 400	0	*	*	0	1 095 400	*

表 3-10　　　　　　　　A105000　纳税调整项目明细表

金额单位：人民币元（列至角分）

行次	项目	账载金额	税收金额	调增金额	调减金额
		1	2	3	4
12	二、扣除类调整项目（13+14+…+24+26+27+28+29+30）	*	*	1 095 400	
14	（二）职工薪酬（填写A105050）	1 095 400	0	1 095 400	

（四）辞退福利的税会差异

1. 会计规定。辞退福利是指企业在职工劳动合同到期之前解除与职工的劳动关系而给予职工的补偿。由于导致义务产生的事项是终止雇佣而不是为获得职工的服务，企业应当将辞退福利作为单独一类职工薪酬进行会计处理。

（1）辞退福利的确认。企业在确定提供的经济补偿是否为辞退福利时，应当区分辞退福利和正常退休养老金。辞退福利是在职工与企业签订的劳动合同到期前，企业根据法律与职工本人或职工代表（如工会）签订的协议，或者基于商业惯例，承诺当其提前终止对职工的雇佣关系时支付的补偿，引发补偿的事项是辞退。

对于职工虽然没有与企业解除劳动合同，但未来不再为企业提供服务，不能为企业带来经济利益，企业承诺提供实质上具有辞退福利性质的经济补偿的，如发生"内退"的情况，在其正式退休日期之前应当比照辞退福利处理，在其正式退休日期之后，应当按照离职后福利处理。

（2）辞退福利的计量。企业向职工提供辞退福利的，应当在企业不能单方面撤回因解除劳动关系计划或裁减建议所提供的辞退福利时、企业确认涉及支付辞退福利的重组相关的成本或费用时两者孰早日，确认辞退福利产生的职工薪酬负债，并计入当期损益。

超过一年支付的辞退计划，企业应当选择恰当的折现率，以折现后的金额计量应计入当期损益的辞退福利金额。

2. 税收规定。《国家税务总局关于华为集团内部人员调动离职补偿税前扣除问题的批复》（税总函〔2015〕299号）规定，企业根据公司财务制度为职工提取离职补偿费，在进行年度企业所得税汇算清缴时，对当年度"预提费用"科目发生额进行纳税调整，待职工从企业离职并实际领取离职补偿费后,企业可按规定进行税前扣除。

3. 税会差异。会计规定,辞退福利的成本或费用应当计入辞退当期损益。企业所得税法规定,职工从企业离职并实际领取离职补偿费可按规定税前扣除。两者在确认时间上存在差异,对于会计处理计入当期成本费用的辞退福利,不得税前扣除,在年度汇算清缴纳税申报时,需要调增应纳税所得额。企业实际发生上述费用时,按照企业所得税法规定可以税前扣除,在年度汇算清缴申报时,需要调减应纳税所得额。

(五)其他长期职工福利计量的税会差异

1. 会计规定。其他长期职工福利是指除短期薪酬、离职后福利和辞退福利以外的其他所有职工福利。其他长期职工福利包括长期带薪缺勤、其他长期服务福利、长期残疾福利、长期利润分享计划和长期奖金计划等。

(1) 企业向职工提供的其他长期职工福利,符合设定提存计划条件的,应当按照设定提存计划的有关规定进行会计处理;符合设定受益计划条件的,企业应当按照设定受益计划的有关规定,确认和计量其他长期职工福利净负债或净资产。在报告期末,企业应当将其他长期职工福利产生的职工薪酬成本确认为下列组成部分:

①服务成本。
②其他长期职工福利净负债或净资产的利息净额。
③重新计量其他长期职工福利净负债或净资产所产生的变动。

为了简化相关会计处理,上述项目的总净额应计入当期损益或相关资产成本。

(2) 长期残疾福利水平取决于职工提供服务期间长短的,企业应在职工提供服务的期间确认应付长期残疾福利义务,计量时应当考虑长期残疾福利支付的可能性和预期支付的期限;与职工提供服务期间长短无关的,企业应当在导致职工长期残疾的事件发生的当期确认应付长期残疾福利义务。

2. 税会差异。其他长期职工福利计量的会计规定与离职后福利基本一致,唯一区别是相关费用全部计入当期损益,而不需要计入其他综合收益。因此,其税收规定和税会差异与离职后福利一致,具体内容见离职后福利计量的相关内容。

第二节 股份支付准则与税法差异分析及调整

股份支付,是指企业为获取职工和其他方提供服务而授予权益工具或者承担以权益工具为基础确定的负债的交易。为了规范股份支付的确认、计量和相关信息的披露,根据《企业会计准则——基本准则》,财政部于2006年制定《企业会计准则第11号——股份支付》,至今未修订。

一、股份支付准则概述

企业授予职工期权、认股权证等衍生工具或其他权益工具,对职工进行激励或补偿,以换取职工提供的服务,实质上属于职工薪酬的组成部分,但由于股份支付是以权益工具的公允价值为计量基础,因此单独由股份支付准则进行规范。

（一）股份支付的四个环节

典型的股份支付通常涉及四个主要环节是：授予、可行权、行权和出售。涉及以下日期概念：

1. 授予日，是股份支付协议获得股东大会批准的日期。

2. 可行权日，是指满足可行权条件，职工或其他方具有从企业取得权益工具或现金权利的日期。

3. 等待期，是指可行权条件得到满足的期间。

4. 行权日，是指可行权条件得到满足，职工和其他方具有从企业取得权益工具或现金的权利的日期。

5. 出售日，是指股票的持有人将行使期权所取得的期权股票出售的日期。

（二）股份支付的工具

股份支付分为以权益结算的股份支付和以现金结算的股份支付。

1. 以权益结算的股份支付，是指企业为获取服务以股份或其他权益工具作为对价进行结算的交易。

2. 以现金结算的股份支付，是指企业为获取服务承担以股份或其他权益工具为基础计算确定的交付现金或其他资产义务的交易。

权益结算和现金结算虽然很像，但是可以通过结算企业的结算工具进行区分，比如模拟股票和现金股票增值权属于以现金结算的股份支付的代表工具，限制性股票和股票期权属于以权益结算的股份支付的代表工具。企业会计准则所指的权益工具是指企业自身权益工具。

（三）股份支付的条件

股份支付条件包括可行权的条件和非可行权的条件。可行权条件是指能够确定企业是否得到职工或其他方提供的服务，且该服务使职工或其他方具有获取股份支付协议规定的权益工具或现金等权利的条件；反之，为非可行权条件。可行权条件具体又包括服务期限条件和业绩条件。

1. 服务期限条件，是指职工完成规定服务期限才可行权的条件。如"公司授予其研发人员 20 万份现金股票增值权，这些研发人员在公司连续服务 2 年，即可按照公司股价的增值幅度获得现金"，其中连续服务 2 年就是服务期限条件。

2. 业绩条件，是指职工或其他方完成规定服务期限且企业达到特定业绩目标时职工才可行权的条件，具体包括市场条件和非市场条件。

（1）市场条件，是指行权价格、可行权条件以及行权可能性与权益工具的市场价格相关的业绩条件，如股份支付协议中关于股价至少上升至何种水平才可行权的规定。如"公司与其子公司高管签订协议，授予该公司高管 100 万份股票期权，并约定如 3 年后该公司的股票价格超过 30 元，该公司高管可以以每股 4 元的价款自本公司购买该公司股票。"其中 3 年后该公司的股票价格超过 30 元就是市场条件。

（2）非市场条件，是指除市场条件之外的其他业绩条件，如股份支付协议中关于达到最低盈利目标或销售目标才可行权的规定。如"公司自市场回购本公司股票 100 万股，并与销售人员签订协议，如果未来 3 年销售业绩达标，销售人员将无偿取得该部分股票"，其中未来 3 年销售业绩达标就是非市场条件。

二、授予股票期权的税会差异

(一) 授予日的税会差异

1. 会计规定。股票期权属于以权益结算的股份支付,所以应当以授予职工权益工具的公允价值计量。权益工具的公允价值,应当按照《企业会计准则第22号——金融工具确认和计量》确定。

(1) 授予后立即可行权的。授予后立即可行权的换取职工服务的以权益结算的股份支付,应当在授予日按照权益工具的公允价值计入相关成本或费用,相应增加资本公积。

(2) 授予后有等待期的。除了立即可行权的股份支付外,无论以权益结算的股份支付或者以现金结算的股份支付,企业在授予日都不进行会计处理。

[例3-2-1] 本公司从2020年开始实施一项股份支付计划,相关协议资料如下:

2019年12月1日,经股东会批准,公司向其10名高级管理人员每人授予10万股股票期权,这些激励对象从2020年1月1日起在该公司连续服务3年且3年后,即2022年12月31日股价达到30元/股,即可以每股5元的价格购买10万股普通股股票(面值为1元),从而获益,如果未达到30元/股的价格,则股份支付协议作废。

2019年12月1日,公司估计该期权的公允价值为12元/股,2019年12月31日估计该期权公允价值为12元/股,2019年12月31日公司股票的收盘价为每股15元。

[**分析**] 可行权条件有2个,分别是:连续服务3年为服务期限条件;3年后股价达到30元/股为市场条件。

授予日会计处理:2019年12月1日为授予日,因为存在等待期,所以不进行账务处理。2019年12月31日也不需要进行账务处理。

2. 税收规定。《国家税务总局关于我国居民企业实行股权激励计划有关企业所得税处理问题的公告》(国家税务总局公告2012年第18号)规定,股票期权,是指《上市公司股权激励管理办法(试行)》(证监公司字〔2005〕151号)中规定的上市公司按照股权激励计划授予激励对象在未来一定期限内,以预先确定的价格和条件购买本公司一定数量股票的权利。

上市公司依照《上市公司股权激励管理办法(试行)》要求建立职工股权激励计划,并按我国企业会计准则的有关规定,在股权激励计划授予激励对象时,按照该股票的公允价格及数量,计算确定作为上市公司相关年度的成本或费用,作为换取激励对象提供服务的对价。上述企业建立的职工股权激励计划,其企业所得税的处理,按以下规定执行:

(1) 对股权激励计划实行后立即可以行权的,上市公司可以根据实际行权时该股票的公允价格与激励对象实际行权支付价格的差额和数量,计算确定作为当年上市公司工资薪金支出,依照税法规定进行税前扣除。

(2) 对股权激励计划实行后,需待一定服务年限或者达到规定业绩条件(以下简称等待期)方可行权的。上市公司等待期内会计上计算确认的相关成本费用,不得在对应年度计算缴纳企业所得税时扣除。

3. 税会差异。对于有等待期的股票期权形式的以权益结算的股份支付,会计规定在授予日不进行会计处理。企业所得税法规定,不得在对应年度计算缴纳企业所得税时扣除。因此,在授予日两者不存在差异。

(二) 等待期的税会差异

1. 会计规定。完成等待期内的服务或达到规定业绩条件才可行权的换取职工服务的以权益结算的股份支付,在等待期内的每个资产负债表日,应当以对可行权权益工具数量的最佳估计为基础,按照权益工具授予日的公允价值,将当期取得的服务计入相关成本或费用和资本公积。

(1) 确定等待期长度。对于可行权条件为规定服务期间的股份支付,等待期为授予日至可行权日的期间;对于可行权条件为规定业绩的股份支付,应当在授予日根据最可能的业绩结果预计等待期的长度。

等待期长度确定后,业绩条件为非市场条件的,如果后续信息表明需要调整等待期长度,应对前期确定的等待期长度进行修改;业绩条件为市场条件的,不应因此改变等待期长度。对于可行权条件为业绩条件的股份支付,在确定权益工具的公允价值时,应考虑市场条件的影响,只要职工满足了其他所有非市场条件,企业就应当确认已取得的服务。

(2) 权益工具数量的调整。等待期长度确定后,在等待期内每个资产负债表日,企业应当根据最新取得的可行权职工人数变动等后续信息做出最佳估计,修正预计可行权的权益工具数量。业绩条件为非市场条件的,如果后续信息表明需要调整对可行权情况的估计的,应对前期估计进行修改。在可行权日,最终预计可行权权益工具的数量应当与实际可行权工具的数量一致。

(3) 账务处理。计算截至当期累计应确认的成本费用金额,再减去前期累计已确认金额,作为当期应确认的成本费用金额。对于附有市场条件的股份支付,只要职工满足了其他所有非市场条件,企业就应当确认已取得的服务。

[例3-2-2] 沿用 [例3-2-1],截至2020年12月31日,有1名激励对象离开公司;公司估计3年中离开的激励对象的比例将达到20%。2020年12月31日该期权的公允价值为15元/股,公司股票的收盘价为每股20元,预计2年后股价将达到30元/股。

2021年12月31日,当年又有1名激励对象离开公司,预计次年还将有一名高管离职。2021年12月31日该期权的公允价值为20元/股,公司股票的收盘价为每股25元,预计1年后股价超过30元/股。

2022年12月31日,当年没有激励对象离开。2022年12月31日该股票的收盘价为38元/股。

账务处理如下:

①2020年截至当期累计应确认的成本费用金额 = $10 \times (1 - 20\%) \times 10 \times 12 \times 1 \div 3 = 320$ (万元)

借:管理费用 3 200 000
  贷:资本公积——其他资本公积 3 200 000

②2021年应确认的成本费用金额 = $10 \times (1 - 30\%) \times 10 \times 12 \times 2 \div 3 - 320 = 240$ (万元)

借:管理费用 2 400 000
  贷:资本公积——其他资本公积 2 400 000

③2022年应确认的成本费用金额 = $10 \times (1 - 20\%) \times 10 \times 12 \times 3 \div 3 - 320 - 240 = 400$ (万元)

借:管理费用 4 000 000

贷：资本公积——其他资本公积　　　　　　　　　　　　　　　4 000 000

2. 税收规定。《国家税务总局关于我国居民企业实行股权激励计划有关企业所得税处理问题的公告》（国家税务总局公告 2012 年第 18 号）规定，对股权激励计划实行后，需待一定服务年限或者达到规定业绩条件（以下简称等待期）方可行权的。上市公司等待期内会计上计算确认的相关成本费用，不得在对应年度计算缴纳企业所得税时扣除。在股权激励计划可行权后，上市公司方可根据该股票实际行权时的公允价格与当年激励对象实际行权支付价格的差额及数量，计算确定作为当年上市公司工资薪金支出，依照税法规定进行税前扣除。

股票实际行权时的公允价格，以实际行权日该股票的收盘价格确定。

3. 税会差异。会计上规定，计算截至当期累计应确认的成本费用金额，再减去前期累计已确认金额，作为当期应确认的成本费用金额，计入当期损益；企业所得税法规定，等待期内会计上计算确认的相关成本费用，不得在对应年度计算缴纳企业所得税时扣除。两者存在差异，对会计当期确认的成本费用，在年度汇算清缴纳税申报时应调增应纳税所得额。

4. 年度纳税申报表调整。

（1）2020 年度汇算清缴申报如表 3-11、表 3-12 所示。

表 3-11　　　　　　A105050　职工薪酬支出及纳税调整明细表

金额单位：人民币元（列至角分）

行次	项目	账载金额	实际发生额	税收规定扣除率	以前年度累计结转扣除额	税收金额	纳税调整金额	累计结转以后年度扣除额
		1	2	3	4	5	6 (1-5)	7 (2+4-5)
1	一、工资薪金支出	3 200 000	0	*	*	0	3 200 000	*
2	其中：股权激励	3 200 000	0	*	*	0	3 200 000	*
13	合计（1+3+4+7+8+9+10+11+12）	3 200 000	0	*	*	0	3 200 000	*

表 3-12　　　　　　A105000　纳税调整项目明细表

金额单位：人民币元（列至角分）

行次	项目	账载金额	税收金额	调增金额	调减金额
		1	2	3	4
12	二、扣除类调整项目（13+14+…+24+26+27+28+29+30）	*	*	3 200 000	
14	（二）职工薪酬（填写 A105050）	3 200 000	0	3 200 000	

（2）2021 年度汇算清缴申报如表 3-13、表 3-14 所示。

表 3-13　　　　　A105050　职工薪酬支出及纳税调整明细表

金额单位：人民币元（列至角分）

行次	项目	账载金额	实际发生额	税收规定扣除率	以前年度累计结转扣除额	税收金额	纳税调整金额	累计结转以后年度扣除额
		1	2	3	4	5	6 (1-5)	7 (2+4-5)
1	一、工资薪金支出	2 400 000	0	*	*	0	2 400 000	*
2	其中：股权激励	2 400 000	0	*	*	0	2 400 000	*
13	合计（1+3+4+7+8+9+10+11+12）	2 400 000	0	*	*	0	2 400 000	*

表 3-14　　　　　A105000　纳税调整项目明细表

金额单位：人民币元（列至角分）

行次	项目	账载金额	税收金额	调增金额	调减金额
		1	2	3	4
12	二、扣除类调整项目（13+14+…+24+26+27+28+29+30）	*	*	2 400 000	
14	（二）职工薪酬（填写A105050）	2 400 000	0	2 400 000	

（3）2022年度汇算清缴申报如表3-15、表3-16所示。

表 3-15　　　　　A105050　职工薪酬支出及纳税调整明细表

金额单位：人民币元（列至角分）

行次	项目	账载金额	实际发生额	税收规定扣除率	以前年度累计结转扣除额	税收金额	纳税调整金额	累计结转以后年度扣除额
		1	2	3	4	5	6 (1-5)	7 (2+4-5)
1	一、工资薪金支出	4 000 000	0	*	*	0	4 000 000	*
2	其中：股权激励	4 000 000	0	*	*	0	4 000 000	*
13	合计（1+3+4+7+8+9+10+11+12）	4 000 000	0	*	*	0	4 000 000	*

表 3-16　　　　　A105000　纳税调整项目明细表

金额单位：人民币元（列至角分）

行次	项目	账载金额	税收金额	调增金额	调减金额
		1	2	3	4
12	二、扣除类调整项目（13+14+…+24+26+27+28+29+30）	*	*	4 000 000	
14	（二）职工薪酬（填写A105050）	4 000 000	0	4 000 000	

（三）行权的税会差异

1. 会计规定。对于权益结算涉及职工的股份支付，企业应当按照授予日权益工具的公允价值计入成本费用和资本公积（其他资本公积），在可行权日之后不再对已确认的相关成本或费用和所有者权益总额进行调整，不确认其后续公允价值变动。

在行权日，企业根据实际行权的权益工具数量，计算确定应转入实收资本或股本的金额，将其转入实收资本或股本。

[例3-2-3] 沿用[例3-2-2]，假设全部8名激励对象都在2023年行权，当日该股票的收盘价格为35元/股。

行权时账务处理如下：

借：银行存款	4 000 000
资本公积——其他资本公积	9 600 000
贷：股本	800 000
资本公积——股本溢价	12 800 000

2. 税会差异。会计上规定，在行权日企业根据实际行权的权益工具数量，计算确定应转入实收资本或股本的金额，将其转入实收资本或股本；企业所得税法规定，根据该股票实际行权时的公允价格与当年激励对象实际行权支付价格的差额及数量，计算确定作为当年上市公司工资薪金支出，按规定税前扣除。两者存在差异，在年度汇算清缴纳税申报时应进行纳税调整。

本例中，会计上3年确认管理费用960万元，而企业所得税计算可以税前扣除费用=（该股票实际行权时的公允价格-激励对象实际行权支付价格）×数量=（35-5）×8×10=2 400（万元）。在年度汇算清缴纳税申报时应调减应纳税所得额。

3. 年度纳税申报表调整（见表3-17、表3-18）。

表3-17　　　　　A105050　职工薪酬支出及纳税调整明细表

金额单位：人民币元（列至角分）

行次	项目	账载金额	实际发生额	税收规定扣除率	以前年度累计结转扣除额	税收金额	纳税调整金额	累计结转以后年度扣除额
		1	2	3	4	5	6 (1-5)	7 (2+4-5)
1	一、工资薪金支出	0	24 000 000	*	*	24 000 000	-24 000 000	*
2	其中：股权激励	0	24 000 000	*	*	24 000 000	-24 000 000	*
13	合计（1+3+4+7+8+9+10+11+12）	0	24 000 000	*	*	24 000 000	-24 000 000	*

表3-18　　　　　A105000　纳税调整项目明细表

金额单位：人民币元（列至角分）

行次	项目	账载金额	税收金额	调增金额	调减金额
		1	2	3	4
12	二、扣除类调整项目（13+14+…+24+26+27+28+29+30）	*	*		24 000 000
14	（二）职工薪酬（填写A105050）	0	24 000 000		24 000 000

三、授予限制性股票的税会差异

限制性股票的股权激励方式是指激励对象按照股权激励计划规定的条件,从上市公司获得一定数量的上市公司股票,且只有在符合股权激励计划规定条件的情况下,才可申请解锁限制性股票,解锁后的限制性股票可依法自由流通。

(一)授予日的税会差异

1. 会计规定。上市公司实施限制性股票的股权激励计划,主要做法是上市公司以非公开发行的方式向激励对象授予一定数量的公司股票,并规定锁定期和解锁期。在锁定期和解锁期内,该股票不得上市流通。达到解锁条件,可以解锁;如果全部或部分股票未被解锁而失效,则由上市公司按照事先约定的价格进行股票回购。

[例3-2-4] 公司采用授予职工限制性股票的形式实施股权激励计划。2020年1月1日以非公开发行的方式向30名管理人员每人授予10万股自身股票,授予价格为8元/股。当日,30名管理人员全部认购,认购款项为2 400万元,公司履行了相关增资手续。该限制性股票股权激励在授予日的公允价值为18元/股。该计划规定,授予对象从2020年1月1日起在本公司连续服务满2年的,则所授予股票将于2022年1月1日全部解锁;期间离职的,公司将按照原授予价格8元/股回购。至2022年1月1日,所授予股票不得流通或转让,激励对象取得的现金股利暂由公司管理,作为应付股利在解锁时向激励对象支付;对于未能解锁的限制性股票,公司在回购股票时应扣除激励对象已享有的该部分现金股利(现金股利可撤销)。

授予日收到职工缴纳的认股款时,账务处理如下:

借:银行存款　　　　　　　　　　　　　　　　　　24 000 000
　　贷:股本　　　　　　　　　　　　　　　　　　　3 000 000
　　　　资本公积——股本溢价　　　　　　　　　　21 000 000

同时,针对未满足条件而需要回购的部分确认负债:

借:库存股　　　　　　　　　　　　　　　　　　　24 000 000
　　贷:其他应付款——限制性股票回购义务　　　　24 000 000

2. 税收规定。《国家税务总局关于我国居民企业实行股权激励计划有关企业所得税处理问题的公告》(国家税务总局公告2012年第18号)规定,限制性股票,是指《上市公司股权激励管理办法(试行)》(证监公司字〔2005〕151号)中规定的激励对象按照股权激励计划规定的条件,从上市公司获得的一定数量的本公司股票。

上市公司等待期内会计上计算确认的相关成本费用,不得在对应年度计算缴纳企业所得税时扣除。

3. 税会差异。授予限制性股票的股权激励,在授予日会计处理不影响会计利润。限制性股票,可理解为授权即行权的股票期权,对于股票登记至员工名下的限制性股票,员工取得限制性股票时已获得收益,企业实施股权激励的相关成本费用可按规定于税前扣除,税会没有差异;对于股票不登记至员工名下的限制性股票,待员工实际行权时,确认相关成本费用并于税前扣除,税会存在差异。

(二)等待期内的税会差异

1. 会计规定。等待期内每个资产负债表日,企业应将取得的职工提供的服务计入成本费用,计入成本费用的金额应当按照授予日权益工具的公允价值计量。

[例 3 – 2 – 5] 沿用 [例 3 – 2 – 4]，2020 年度，甲公司有 1 名管理人员离职，估计未来 1 年将有 2 名管理人员离职。

[分析] 等待期内应当综合考虑限制性股票锁定期和解锁期。

2020 年确认相关成本费用的金额 =（30 – 1 – 2）× 10 ×（18 – 8）× 1/2 = 1 350（万元）

账务处理如下：

借：管理费用　　　　　　　　　　　　　　　　　　　　13 500 000
　　贷：资本公积——其他资本公积　　　　　　　　　　　　　13 500 000

2. 税会差异。对于授予限制性股票的股份支付，在等待期内处理的会计规定和税收规定与股票期权完全一致，其税会差异也一致，具体参考授予股票期权等待期内相关内容。

3. 年度纳税申报表调整（见表 3 – 19、表 3 – 20）。

表 3 – 19　　　　　　　　A105050　职工薪酬支出及纳税调整明细表

金额单位：人民币元（列至角分）

行次	项目	账载金额	实际发生额	税收规定扣除率	以前年度累计结转扣除额	税收金额	纳税调整金额	累计结转以后年度扣除额
		1	2	3	4	5	6 (1–5)	7 (2+4–5)
1	一、工资薪金支出	13 500 000	0	*	*	0	13 500 000	*
2	其中：股权激励	13 500 000	0	*	*	0	13 500 000	*
13	合计（1 + 3 + 4 + 7 + 8 + 9 + 10 + 11 + 12）	13 500 000	0	*	*	0	13 500 000	*

表 3 – 20　　　　　　　　A105000　纳税调整项目明细表

金额单位：人民币元（列至角分）

行次	项目	账载金额	税收金额	调增金额	调减金额
		1	2	3	4
12	二、扣除类调整项目（13 + 14 + … + 24 + 26 + 27 + 28 + 29 + 30）	*	*	13 500 000	
14	（二）职工薪酬（填写 A105050）	13 500 000	0	13 500 000	

（三）等待期内现金股利的税会差异

1. 会计规定。对于等待期内现金股利，会计针对预计未来可解锁限制性股票持有者和预计未来不可解锁限制性股票持有者分别进行处理，其中针对预计未来可解锁限制性股票持有者的现金股利应当按照利润分配进行处理；针对预计未来不可解锁限制性股票持有者的现金股利因实际不需要支付，所以不能按照利润分配进行处理，而应当按照冲减负债进行处理。针对预计未来不可解锁限制性股票持有者的现金股利还有例外情况，如股份支付计划条款规定，该项现金股利不可以撤销，则不能冲减负债，而应当直接计入当期损益（管理费用科目）。

[例 3 – 2 – 6] 沿用 [例 3 – 2 – 5]，公司 2020 年宣告发放现金股利为每股 2 元（限制性股票持有人享有同等分配权利）。

[分析] ①预计未来可解锁限制性股票持有者 27 名（30 – 1 – 2），上市公司应分配给限

制股票持有者的现金股利应当作为利润分配进行会计处理。2020年12月31日预计未来可解锁限制性股票持有者的现金股利540万元（27名×10万股×2）。

账务处理如下：
借：利润分配　　　　　　　　　　　　　　　　　　　　　　5 400 000
　　贷：应付股利　　　　　　　　　　　　　　　　　　　　　　　5 400 000

同时，因为该股利是可以撤销的（对于未能解锁的限制性股票，甲公司在回购股票时应扣除），所以还应当冲销授予日确认的负债金额。

账务处理如下：
借：其他应付款　　　　　　　　　　　　　　　　　　　　　5 400 000
　　贷：库存股　　　　　　　　　　　　　　　　　　　　　　　　5 400 000

②对于预计未来不可解锁限制性股票持有者3名（1+2），上市公司应分配给限制性股票持有者的现金股利实际不需要发放，所以不应当作为利润分配处理，而应当直接冲减相关负债。2020年12月31日，预计未来不可解锁限制性股票持有者的现金股利为60万元（3名×10万股×2）。

账务处理如下：
借：其他应付款　　　　　　　　　　　　　　　　　　　　　　600 000
　　贷：应付股利　　　　　　　　　　　　　　　　　　　　　　　　600 000

③针对实际离职的1名管理人员，还应当按照约定的回购价格进行回购股票，冲减回购义务。由于现金股利可撤销，同时应冲减应付股利。

账务处理如下：
借：其他应付款　　　　　　　　　　　　　　　　　　　　　　600 000
　　应付股利——限制性股票股利　　　　　　　　　　　　　　200 000
　　贷：银行存款　　　　　　　　　　　　　　　　　　　　　　　800 000
借：股本　　　　　　　　　　　　　　　　　　　　　　　　　100 000
　　资本公积——股本溢价　　　　　　　　　　　　　　　　　　700 000
　　贷：库存股　　　　　　　　　　　　　　　　　　　　　　　　800 000

假设条款规定该现金股利不可撤销，则账务处理如下：
借：管理费用　　　　　　　　　　　　　　　　　　　　　　　200 000
　　贷：应付股利——限制性股票股利　　　　　　　　　　　　　　200 000
借：其他应付款　　　　　　　　　　　　　　　　　　　　　　800 000
　　应付股利——限制性股票股利　　　　　　　　　　　　　　200 000
　　贷：银行存款　　　　　　　　　　　　　　　　　　　　　　1 000 000

2. 税收规定。《企业所得税法》第十条规定，在计算应纳税所得额时，向投资者支付的股息、红利等权益性投资收益款项不得扣除。

对于等待期内现金股利的处理，国家税务总局公告2012年第18号没有做出具体规范。

3. 税会差异。通过上述例题可以看出，等待期内现金股利并不影响当期损益（不可解锁且不可撤销，直接计入管理费用情形除外），因此也不存在纳税调整问题。对不可解锁且不可撤销，直接计入管理费用这种例外情形，因为形式上属于利润分配，企业所得税法规定不允许税前扣除，在年度汇算清缴纳税申报时，应当调增应纳税所得额。

4. 年度纳税申报表调整如表 3-21 所示。

此处假设条款规定该现金股利不可撤销。

表 3-21　　　　A105000　　纳税调整项目明细表

金额单位：人民币元（列至角分）

行次	项目	账载金额 1	税收金额 2	调增金额 3	调减金额 4
12	二、扣除类调整项目（13+14+…+24+26+27+28+29+30）	*	*	200 000	
30	（十七）其他	200 000	0	200 000	

（四）解锁的税会差异

1. 会计规定。达到限制性股票解锁条件而无须回购的股票，按照解锁股票相对应的负债的账面价值冲减其他应付款，按照解锁股票相对应的库存股的账面价值对应冲减库存股，如有差额计入"资本公积——股本溢价"科目。

[例 3-2-7] 沿用 [例 3-2-6]，2021 年度，公司没有管理人员离职，即公司 2 年中离职的管理人员实际为 1 名。2022 年 1 月 1 日公司股票的收盘价为每股 25 元。

账务处理如下：

①2021 年确认相关成本费用的金额 =（30-1）×10×（18-8）×2÷2-1 350 = 1 550（万元）

借：管理费用　　　　　　　　　　　　　　　　　　　　　15 500 000
　　　贷：资本公积——其他资本公积　　　　　　　　　　　　　　　15 500 000

②同时解锁日将其他资本公积转入股本溢价：

借：资本公积——其他资本公积　　　　　　　　　　　　　29 000 000
　　　贷：资本公积——股本溢价　　　　　　　　　　　　　　　　　29 000 000

③对原应当计入利润分配，而冲减负债的支出进行调整：

借：利润分配　　　　　　　　　　　　　　　　　　　　　　400 000
　　　贷：库存股　　　　　　　　　　　　　　　　　　　　　　　　　400 000

④同时达到限制性股票解锁条件而无须回购的股票处理：

借：其他应付款　　　　　　　　　　　　　　　　　　　　17 400 000
　　　贷：库存股　　　　　　　　　　　　　　　　　　　　　　　　17 400 000

借：应付股利　　　　　　　　　　　　　　　　　　　　　　5 800 000
　　　贷：银行存款　　　　　　　　　　　　　　　　　　　　　　　5 800 000

2. 税收规定。《国家税务总局关于我国居民企业实行股权激励计划有关企业所得税处理问题的公告》（国家税务总局公告 2012 年第 18 号）规定，在股权激励计划可行权后，上市公司方可根据该股票实际行权时的公允价格与当年激励对象实际行权支付价格的差额及数量，计算确定作为当年上市公司工资薪金支出，依照税法规定进行税前扣除。

3. 税会差异。会计规定，企业应将取得的职工提供的服务的成本费用计入当期损益。企业所得税法规定，根据该股票实际行权时的公允价格与当年激励对象实际行权支付价格的差额及数量，计算确定作为当年上市公司工资薪金支出，依照税法规定进行税前扣除。两者存在差异，在年度汇算清缴纳税申报时应进行纳税调整。

[例3-2-7]中，会计上2020年确认费用1 350万元，2021年确认费用1 550万元，合计2 900万元。

企业所得税上2022年可以税前扣除费用=（该股票实际行权时的公允价格－激励对象实际行权支付价格）×数量=（25－8）×29×10=4 930（万元）。差额在年度汇算清缴纳税申报时应调减应纳税所得额。

4. 年度纳税申报表调整。

（1）2021年度汇算清缴申报如表3-22、表3-23所示。

表3-22　　　　A105050　职工薪酬支出及纳税调整明细表

金额单位：人民币元（列至角分）

行次	项目	账载金额	实际发生额	税收规定扣除率	以前年度累计结转扣除额	税收金额	纳税调整金额	累计结转以后年度扣除额
		1	2	3	4	5	6 (1-5)	7 (2+4-5)
1	一、工资薪金支出	15 500 000	0	*	*	0	15 500 000	*
2	其中：股权激励	15 500 000	0	*	*	0	15 500 000	*
13	合计（1+3+4+7+8+9+10+11+12）	15 500 000	0	*	*	0	15 500 000	*

表3-23　　　　A105000　纳税调整项目明细表

金额单位：人民币元（列至角分）

行次	项目	账载金额	税收金额	调增金额	调减金额
		1	2	3	4
12	二、扣除类调整项目（13+14+…+24+26+27+28+29+30）	*	*	15 500 000	
14	（二）职工薪酬（填写A105050）	15 500 000	0	15 500 000	

（2）2022年度汇算清缴申报如表3-24、表3-25所示。

表3-24　　　　A105050　职工薪酬支出及纳税调整明细表

金额单位：人民币元（列至角分）

行次	项目	账载金额	实际发生额	税收规定扣除率	以前年度累计结转扣除额	税收金额	纳税调整金额	累计结转以后年度扣除额
		1	2	3	4	5	6 (1-5)	7 (2+4-5)
1	一、工资薪金支出	0	49 300 000	*	*	49 300 000	-49 300 000	0
2	其中：股权激励	0	49 300 000	*	*	49 300 000	-49 300 000	*
13	合计（1+3+4+7+8+9+10+11+12）	0	49 300 000	*	*	49 300 000	-49 300 000	

表 3-25　　　　　　　A105000　纳税调整项目明细表

金额单位：人民币元（列至角分）

行次	项目	账载金额	税收金额	调增金额	调减金额
		1	2	3	4
12	二、扣除类调整项目（13＋14＋…＋24＋26＋27＋28＋29＋30）	*	*		49 300 000
14	（二）职工薪酬（填写 A105050）	0	49 300 000		49 300 000

四、现金股票增值权的税会差异

现金股票增值权属于以现金结算的股份支付的代表工具。

（一）授予日的税会差异

1. 会计规定。授予后立即可行权的以现金结算的股份支付，应当在授予日以企业承担负债的公允价值计入相关成本或费用，相应增加负债。

除了立即可行权的股份支付外，无论以权益结算的股份支付或者以现金结算的股份支付，企业在授予日都不进行会计处理。

[例 3-2-8] 公司有关以现金结算的股份支付资料如下：2020 年 1 月 1 日，公司为其 20 名销售人员每人授予 1 万份现金股票增值权，这些人员从 2020 年 1 月 1 日起必须在该公司连续服务 3 年，同时 3 年的产品销售数量分别达到 1 000 万台、1 500 万台、2 000 万台，即可自 2022 年 12 月 31 日起根据公司股价的增长幅度获得现金，该增值权应在 2023 年 12 月 31 日之前行使完毕。

[分析] 行权条件包括连续服务 3 年为服务期限条件，3 年的销售数量为非市场业绩条件。

2020 年 1 月 1 日，授予日不进行账务处理。

2. 税收规定。《财政部　国家税务总局关于股票增值权所得和限制性股票所得征收个人所得税有关问题的通知》（财税〔2009〕5 号）规定，股票增值权是指上市公司授予公司员工在未来一定时期和约定条件下，获得规定数量的股票价格上升所带来收益的权利。被授权人在约定条件下行权，上市公司按照行权日与授权日二级市场股票差价乘以授权股票数量，发放给被授权人现金。

3. 税会差异。对于现金股票增值权，授予日会计处理与权益结算股份支付基本一致，其税会差异参考股票期权授予日的相关内容。

（二）等待期的税会差异

1. 会计规定。以现金结算的股份支付，应当按照企业承担的以股份或其他权益工具为基础计算确定的负债的公允价值计量。

完成等待期内的服务或达到规定业绩条件以后才可行权的以现金结算的股份支付，在等待期内的每个资产负债表日，应当以对可行权情况的最佳估计为基础，按照企业承担负债的公允价值金额，将当期取得的服务计入成本或费用和相应的负债。

在资产负债表日，后续信息表明企业当期承担债务的公允价值与以前估计不同的，应当进行调整，并在可行权日调整至实际可行权水平。

[**例 3-2-9**] 沿用 [例 3-2-8]。

①2020 年 12 月 31 日，每份现金股票增值权的公允价值为 12 元。本年有 2 名销售人员离开公司，公司估计还将有 2 名销售人员离开。2020 年实际销售数量为 1 050 万台。

[**分析**] "应付职工薪酬"科目发生额 = (20 - 2 - 2) × 1 × 12 × 1 ÷ 3 = 64 (万元)

账务处理如下：

借：销售费用　　　　　　　　　　　　　　　　　　　　　640 000
　　贷：应付职工薪酬　　　　　　　　　　　　　　　　　　640 000

②2021 年 12 月 31 日，每份现金股票增值权的公允价值为 15 元。本年又有 1 名销售人员离开公司，公司估计还将有 2 名销售人员离开。2021 年实际销售数量为 1 560 万台。

[**分析**] "应付职工薪酬"科目余额 = (20 - 2 - 1 - 2) × 1 × 15 × 2 ÷ 3 = 150 (万元)

"应付职工薪酬"科目发生额 = 150 - 64 = 86 (万元)

账务处理如下：

借：销售费用　　　　　　　　　　　　　　　　　　　　　860 000
　　贷：应付职工薪酬　　　　　　　　　　　　　　　　　　860 000

2. 税收规定。

(1)《国家税务总局关于我国居民企业实行股权激励计划有关企业所得税处理问题的公告》(国家税务总局公告 2012 年第 18 号) 规定，本公告所称股权激励，是指《上市公司股权激励管理办法 (试行)》中规定的上市公司以本公司股票为标的，对其董事、监事、高级管理人员及其他员工 (以下简称激励对象) 进行的长期性激励。股权激励实行方式包括授予限制性股票、股票期权以及其他法律法规规定的方式。

(2)《上市公司股权激励管理办法 (试行)》(证监公司字〔2005〕151 号) 规定，本办法所称股权激励是指上市公司以本公司股票为标的，对其董事、监事、高级管理人员及其他员工进行的长期性激励。

上市公司以限制性股票、股票期权及法律、行政法规允许的其他方式实行股权激励计划的，适用本办法的规定。

(3)《上市公司股权激励管理办法》(2017 年 5 月 4 日中国证券监督管理委员会 2017 年第 6 次主席办公会议审议通过，自 2017 年 8 月 13 日起施行。根据 2018 年 8 月 15 日中国证券监督管理委员会《关于修改〈上市公司股权激励管理办法〉的决定》修正) 规定，上市公司以限制性股票、股票期权实行股权激励的，适用本办法；以法律、行政法规允许的其他方式实行股权激励的，参照本办法有关规定执行。

3. 税会差异。对于以现金结算的股份支付，会计规定适用股份支付准则进行会计处理，按照企业承担负债的公允价值金额，将当期取得的服务计入成本或费用。因为不是以本公司股票为标的进行激励，企业所得税法规定不能按照国家税务总局公告 2012 年第 18 号进行处理，而应当按照职工薪酬规定进行处理。两者存在差异，会计处理计入成本或费用的金额，因当年并未实际支付，不得税前扣除，在年度汇算清缴纳税申报时应当调增应纳税所得额。

4. 年度纳税申报表调整。

(1) 2020 年度汇算清缴申报如表 3-26、表 3-27 所示。

表 3-26　　　　　　　　A105050　职工薪酬支出及纳税调整明细表

金额单位：人民币元（列至角分）

行次	项目	账载金额	实际发生额	税收规定扣除率	以前年度累计结转扣除额	税收金额	纳税调整金额	累计结转以后年度扣除额
		1	2	3	4	5	6 (1-5)	7 (2+4-5)
1	一、工资薪金支出	640 000	0	*	*	0	640 000	0
2	其中：股权激励	0	0	*	*	0	0	*
13	合计（1+3+4+7+8+9+10+11+12）	640 000	0	*	*	0	640 000	*

表 3-27　　　　　　　　A105000　纳税调整项目明细表

金额单位：人民币元（列至角分）

行次	项目	账载金额	税收金额	调增金额	调减金额
		1	2	3	4
12	二、扣除类调整项目（13+14+…+24+26+27+28+29+30）	*	*	640 000	
14	（二）职工薪酬（填写A105050）	640 000	0	640 000	

（2）2021年度汇算清缴申报如表3-28、表3-29所示。

表 3-28　　　　　　　　A105050　职工薪酬支出及纳税调整明细表

金额单位：人民币元（列至角分）

行次	项目	账载金额	实际发生额	税收规定扣除率	以前年度累计结转扣除额	税收金额	纳税调整金额	累计结转以后年度扣除额
		1	2	3	4	5	6 (1-5)	7 (2+4-5)
1	一、工资薪金支出	860 000	0	*	*	0	860 000	0
2	其中：股权激励	0	0	*	*	0	0	*
13	合计（1+3+4+7+8+9+10+11+12）	860 000	0	*	*	0	860 000	*

表 3-29　　　　　　　　A105000　纳税调整项目明细表

金额单位：人民币元（列至角分）

行次	项目	账载金额	税收金额	调增金额	调减金额
		1	2	3	4
12	二、扣除类调整项目（13+14+…+24+26+27+28+29+30）	*	*	860 000	
14	（二）职工薪酬（填写A105050）	860 000	0	860 000	

（三）行权日后的税会差异

1. 会计规定。对于以现金结算的股份支付，企业在可行权日之后不再确认成本费用，负债（应付职工薪酬）公允价值的变动应当计入当期损益（公允价值变动损益）。这是与以权益结算的股份支付最大的区别。

[例 3-2-10] 沿用 [例 3-2-9]，2022 年 12 月 31 日，有 10 人行使股票增值权取得了现金，每份增值权现金支出额为 16 元。2022 年 12 月 31 日，每份现金股票增值权的公允价值为 18 元。本年又有 1 名销售人员离开。2022 年实际销售数量为 2 050 万台。

[分析] ①行权时现金支出 = 10 × 1 × 16 = 160（万元）

账务处理如下：

借：应付职工薪酬	1 600 000
贷：银行存款	1 600 000

②确认费用：

"应付职工薪酬"科目余额 =（20 - 2 - 1 - 1 - 10）× 1 × 18 × 3 ÷ 3 = 108（万元）

"应付职工薪酬"科目发生额 = 108 + 160 - 150 = 118（万元）

账务处理如下：

借：销售费用	1 180 000
贷：应付职工薪酬	1 180 000

2023 年 12 月 31 日（超过等待期，可行权日以后），剩余 6 人全部行使了股票增值权取得了现金，每份增值权现金支出额为 20 元。

[分析] ①行权时现金支出 = 6 × 1 × 20 = 120（万元）

账务处理如下：

借：应付职工薪酬	1 200 000
贷：银行存款	1 200 000

②确认公允价值变动损益：

"应付职工薪酬"科目余额 = 0

"应付职工薪酬"科目发生额 = 0 + 120 - 108 = 12（万元）

账务处理如下：

借：公允价值变动损益	120 000
贷：应付职工薪酬	120 000

2. 税收规定。《企业所得税法实施条例》第三十四条规定，企业发生的合理的工资、薪金支出，准予扣除。

3. 税会差异。会计上规定在可行权日之后不再确认成本费用，但是负债公允价值的变动应当计入当期损益；企业所得税法规定，合理的工资、薪金支出，准予扣除。两者存在差异，主要表现在两个方面：一是负债的公允价值变动，企业所得税规定不得税前扣除，在年度汇算清缴纳税申报时应调增应纳税所得额；二是会计行权时冲减负债，不再确认新的成本费用，企业所得税规定实际支付的合理工资、薪金支出准予扣除，在年度汇算清缴纳税申报时应调减应纳税所得额。综合以上两点差异，在年度汇算清缴纳税申报时，应当调整的应纳税所得额为以上两项的差额。

[例 3-2-10] 中，2022 年应调减应纳税所得额 160-118=42（万元）

2023 年应调减应纳税所得额 120-12=108（万元）

两年合计调减应纳税所得额 42+108=150（万元）

与等待期内调增的应纳税所得额 150 万元（64+86）一致。

4. 年度纳税申报表调整。

（1）2022 年度汇算清缴申报如表 3-30、表 3-31 所示。

表 3-30   A105050   职工薪酬支出及纳税调整明细表

金额单位：人民币元（列至角分）

行次	项目	账载金额	实际发生额	税收规定扣除率	以前年度累计结转扣除额	税收金额	纳税调整金额	累计结转以后年度扣除额
		1	2	3	4	5	6 (1-5)	7 (2+4-5)
1	一、工资薪金支出	1 180 000	1 600 000	*	*	1 600 000	-420 000	0
13	合计（1+3+4+7+8+9+10+11+12）	1 180 000	1 600 000	*	*	1 600 000	-420 000	*

表 3-31   A105000   纳税调整项目明细表

金额单位：人民币元（列至角分）

行次	项目	账载金额	税收金额	调增金额	调减金额
		1	2	3	4
12	二、扣除类调整项目（13+14+…+24+26+27+28+29+30）	*	*		420 000
14	（二）职工薪酬（填写A105050）	1 180 000	1 600 000		420 000
46	合计（1+12+31+36+44+45）	*	*	*	420 000

（2）2023 年度汇算清缴申报如表 3-32、表 3-33 所示。

表 3-32   A105050   职工薪酬支出及纳税调整明细表

金额单位：人民币元（列至角分）

行次	项目	账载金额	实际发生额	税收规定扣除率	以前年度累计结转扣除额	税收金额	纳税调整金额	累计结转以后年度扣除额
		1	2	3	4	5	6 (1-5)	7 (2+4-5)
1	一、工资薪金支出	120 000	1 200 000	*	*	1 200 000	-1 080 000	0
13	合计（1+3+4+7+8+9+10+11+12）	120 000	1 200 000	*	*	1 200 000	-1 080 000	0

表 3-33　　　　　　　　　A105000　纳税调整项目明细表

金额单位：人民币元（列至角分）

行次	项目	账载金额	税收金额	调增金额	调减金额
		1	2	3	4
12	二、扣除类调整项目（13+14+…+24+26+27+28+29+30）	*	*		1 080 000
14	（二）职工薪酬（填写A105050）	120 000	1 200 000		1 080 000
46	合计（1+12+31+36+44+45）	*	*		1 080 000

会计确认公允价值变动损失 120 000 元，对应科目为应付职工薪酬，在纳税申报调整时已经统一处理，因此不需要再单独进行纳税调整。

五、计划条款修改与取消的税会差异

通常情况下，股份支付协议生效后，不应对其条款和条件随意修改。但在某些情况下，可能需要修改授予权益工具的股份支付协议中的条款和条件，甚至取消和作废整个股份支付计划。

（一）条款和条件修改的税会差异

1. 会计规定。

（1）有利修改。企业应当分别以下情况，确认导致股份支付公允价值总额升高以及其他对职工有利的修改的影响：

①如果修改增加了所授予的权益工具的公允价值，企业应按照权益工具公允价值的增加相应地确认取得服务的增加。权益工具公允价值的增加是指，修改前后的权益工具在修改日的公允价值之间的差额。

②如果修改增加了所授予的权益工具的数量，企业应将增加的权益工具的公允价值相应地确认为取得服务的增加。

③如果企业按照有利于职工的方式修改可行权条件，如缩短等待期、变更或取消业绩条件（非市场条件），企业在处理可行权条件时，应当考虑修改后的可行权条件。

[例3-2-11] 沿用[例3-2-2]，假定公司 2021 年 1 月 1 日将授予日的公允价值由每股 12 元修改为每股 15 元。

[分析]

①2021 年应确认的成本费用金额 = 10×（1-30%）×10×15×2÷3-320=380（万元）

账务处理如下：

借：管理费用　　　　　　　　　　　　　　　　　　　　　　　3 800 000

　　贷：资本公积——其他资本公积　　　　　　　　　　　　　　　　3 800 000

②2022 年应确认的成本费用金额 = 10×（1-20%）×10×15×3÷3-320-380=500（万元）

账务处理如下：

借：管理费用　　　　　　　　　　　　　　　　　　　　　　　5 000 000

　　贷：资本公积——其他资本公积　　　　　　　　　　　　　　　　5 000 000

（2）不利修改。如果企业以减少股份支付公允价值总额的方式或其他不利于职工的方式修改条款和条件，企业仍应继续对取得的服务进行会计处理，如同该变更从未发生。具体包括以下几种情况：

①如果修改减少了授予的权益工具的公允价值，企业应当继续以权益工具在授予日的公允价值为基础，确认取得服务的金额，而不应考虑权益工具公允价值的减少。

②如果修改减少了授予的权益工具的数量，企业应当将减少部分作为已授予的权益工具的取消来进行处理。

③如果企业以不利于职工的方式修改了可行权条件，如延长等待期、增加或变更业绩条件（非市场条件），企业在处理可行权条件时，不应考虑修改后的可行权条件。

[例3-2-12] 沿用[例3-2-2]，假定公司2021年1月1日将授予日的公允价值由每股12元修改为每股10元。

[分析] ①2021年应确认的成本费用金额 = 10×（1-30%）×10×12×2÷3-320 = 240（万元）

账务处理如下：
借：管理费用　　　　　　　　　　　　　　　　　　　　　　　　　2 400 000
　　贷：资本公积——其他资本公积　　　　　　　　　　　　　　　　 2 400 000

②2022年应确认的成本费用金额 = 10×（1-20%）×10×12×3÷3-320-240 = 400（万元）

账务处理如下：
借：管理费用　　　　　　　　　　　　　　　　　　　　　　　　　4 000 000
　　贷：资本公积——其他资本公积　　　　　　　　　　　　　　　　 4 000 000

2. 税会差异。由于条款和条件修改，仅涉及可能按照修改后的条款和条件计算每个等待期计入成本费用的金额，其账务处理和税收规定均未发生变化。两者税会差异参见上述相关内容。

3. 年度纳税申报表调整。假定公司2021年1月1日将授予日的公允价值由每股12元修改为每股15元。

（1）2021年度汇算清缴申报如表3-34、表3-35所示。

表3-34　　　　　A105050　职工薪酬支出及纳税调整明细表

金额单位：人民币元（列至角分）

行次	项目	账载金额	实际发生额	税收规定扣除率	以前年度累计结转扣除额	税收金额	纳税调整金额	累计结转以后年度扣除额
		1	2	3	4	5	6 (1-5)	7 (2+4-5)
1	一、工资薪金支出	3 800 000	0	*	*	0	3 800 000	*
2	其中：股权激励	3 800 000	0	*	*	0	3 800 000	*
13	合计（1+3+4+7+8+9+10+11+12）	3 800 000	0	*	*	0	3 800 000	*

表3-35　　　　　A105000　纳税调整项目明细表

金额单位：人民币元（列至角分）

行次	项目	账载金额 1	税收金额 2	调增金额 3	调减金额 4
12	二、扣除类调整项目（13+14+…+24+26+27+28+29+30）	*	*	3 800 000	
14	（二）职工薪酬（填写A105050）	3 800 000	0	3 800 000	

（2）2022年度汇算清缴申报如表3-36、表3-37所示。

表3-36　　　　　A105050　职工薪酬支出及纳税调整明细表

金额单位：人民币元（列至角分）

行次	项目	账载金额	实际发生额	税收规定扣除率	以前年度累计结转扣除额	税收金额	纳税调整金额	累计结转以后年度扣除额
		1	2	3	4	5	6（1-5）	7（2+4-5）
1	一、工资薪金支出	5 000 000	0	*	*	0	5 000 000	*
2	其中：股权激励	5 000 000	0	*	*	0	5 000 000	*
13	合计（1+3+4+7+8+9+10+11+12）	5 000 000	0	*	*	0	5 000 000	*

表3-37　　　　　A105000　纳税调整项目明细表

金额单位：人民币元（列至角分）

行次	项目	账载金额 1	税收金额 2	调增金额 3	调减金额 4
12	二、扣除类调整项目（13+14+…+24+26+27+28+29+30）	*	*	5 000 000	
14	（二）职工薪酬（填写A105050）	5 000 000	0	5 000 000	

（二）计划取消或结算的税会差异

1. 会计规定。如果企业在等待期内取消了所授予的权益工具或结算了所授予的权益工具（因未满足可行权条件而被作废的除外），企业应当：

（1）将取消或结算作为加速可行权处理，立即确认原本应在剩余等待期内确认的金额。

（2）在取消或结算时支付给职工的所有款项均应作为权益的回购处理，回购支付的金额高于该权益工具在回购日公允价值的部分，计入当期损益。

[例3-2-13]经股东会批准，公司于2019年1月1日实施一项股权激励计划，其主要内容为：公司向20名部门经理每人授予1万股股票期权，行权条件为：公司2019年度实现的净利润较前1年增长5%；截至2020年12月31日，2个会计年度平均净利润增长率为6%；截至2021年12月31日，3个会计年度平均净利润增长率为7%；从达到上述业绩条件的当年末起，即可以每股5元的价格购买1万股公司股票，从而获益，行权期为3年。具

(2) 不利修改。如果企业以减少股份支付公允价值总额的方式或其他不利于职工的方式修改条款和条件，企业仍应继续对取得的服务进行会计处理，如同该变更从未发生。具体包括以下几种情况：

①如果修改减少了授予的权益工具的公允价值，企业应当继续以权益工具在授予日的公允价值为基础，确认取得服务的金额，而不应考虑权益工具公允价值的减少。

②如果修改减少了授予的权益工具的数量，企业应当将减少部分作为已授予的权益工具的取消来进行处理。

③如果企业以不利于职工的方式修改了可行权条件，如延长等待期、增加或变更业绩条件（非市场条件），企业在处理可行权条件时，不应考虑修改后的可行权条件。

[例3-2-12] 沿用[例3-2-2]，假定公司2021年1月1日将授予日的公允价值由每股12元修改为每股10元。

[分析] ①2021年应确认的成本费用金额 = 10 × (1 - 30%) × 10 × 12 × 2 ÷ 3 - 320 = 240（万元）

账务处理如下：

借：管理费用　　　　　　　　　　　　　　　　　　　　　2 400 000
　　贷：资本公积——其他资本公积　　　　　　　　　　　　2 400 000

②2022年应确认的成本费用金额 = 10 × (1 - 20%) × 10 × 12 × 3 ÷ 3 - 320 - 240 = 400（万元）

账务处理如下：

借：管理费用　　　　　　　　　　　　　　　　　　　　　4 000 000
　　贷：资本公积——其他资本公积　　　　　　　　　　　　4 000 000

2. 税会差异。由于条款和条件修改，仅涉及可能按照修改后的条款和条件计算每个等待期计入成本费用的金额，其账务处理和税收规定均未发生变化。两者税会差异参见上述相关内容。

3. 年度纳税申报表调整。假定公司2021年1月1日将授予日的公允价值由每股12元修改为每股15元。

(1) 2021年度汇算清缴申报如表3-34、表3-35所示。

表3-34　　　　A105050　职工薪酬支出及纳税调整明细表

金额单位：人民币元（列至角分）

行次	项目	账载金额	实际发生额	税收规定扣除率	以前年度累计结转扣除额	税收金额	纳税调整金额	累计结转以后年度扣除额
		1	2	3	4	5	6 (1-5)	7 (2+4-5)
1	一、工资薪金支出	3 800 000	0	*	*	0	3 800 000	*
2	其中：股权激励	3 800 000	0	*	*	0	3 800 000	*
13	合计 (1+3+4+7+8+9+10+11+12)	3 800 000	0	*	*	0	3 800 000	*

表 3-35　　　　A105000　纳税调整项目明细表

金额单位：人民币元（列至角分）

行次	项目	账载金额	税收金额	调增金额	调减金额
		1	2	3	4
12	二、扣除类调整项目（13+14+…+24+26+27+28+29+30）	*	*	3 800 000	
14	（二）职工薪酬（填写A105050）	3 800 000	0	3 800 000	

（2）2022年度汇算清缴申报如表 3-36、表 3-37 所示。

表 3-36　　　　A105050　职工薪酬支出及纳税调整明细表

金额单位：人民币元（列至角分）

行次	项目	账载金额	实际发生额	税收规定扣除率	以前年度累计结转扣除额	税收金额	纳税调整金额	累计结转以后年度扣除额
		1	2	3	4	5	6（1-5）	7（2+4-5）
1	一、工资薪金支出	5 000 000	0	*	*	0	5 000 000	*
2	其中：股权激励	5 000 000	0	*	*	0	5 000 000	*
13	合计（1+3+4+7+8+9+10+11+12）	5 000 000	0	*	*	0	5 000 000	*

表 3-37　　　　A105000　纳税调整项目明细表

金额单位：人民币元（列至角分）

行次	项目	账载金额	税收金额	调增金额	调减金额
		1	2	3	4
12	二、扣除类调整项目（13+14+…+24+26+27+28+29+30）	*	*	5 000 000	
14	（二）职工薪酬（填写A105050）	5 000 000	0	5 000 000	

（二）计划取消或结算的税会差异

1. 会计规定。如果企业在等待期内取消了所授予的权益工具或结算了所授予的权益工具（因未满足可行权条件而被作废的除外），企业应当：

（1）将取消或结算作为加速可行权处理，立即确认原本应在剩余等待期内确认的金额。

（2）在取消或结算时支付给职工的所有款项均应作为权益的回购处理，回购支付的金额高于该权益工具在回购日公允价值的部分，计入当期损益。

[例 3-2-13] 经股东会批准，公司于2019年1月1日实施一项股权激励计划，其主要内容为：公司向20名部门经理每人授予1万股股票期权，行权条件为：公司2019年度实现的净利润较前1年增长5%；截至2020年12月31日，2个会计年度平均净利润增长率为6%；截至2021年12月31日，3个会计年度平均净利润增长率为7%；从达到上述业绩条件的当年末起，即可以每股5元的价格购买1万公司股票，从而获益，行权期为3年。具

体资料如下：

①公司 2019 年度实现的净利润较前一年增长 4%，本年度有 1 名经理人员离职。公司预计截至 2020 年 12 月 31 日 2 个会计年度平均净利润增长率将达到 6%，未来 1 年将有 1 名管理人员离职。2019 年 1 月 2 日公司股票的收盘价为每股 10 元，2019 年 1 月 2 日公司估计该期权的公允价值为每股 12 元。

②2020 年 4 月 2 日，公司经股东会批准取消原授予经理人员的股权激励计划，同时以现金补偿原授予股票期权且尚未离职的经理人员 300 万元。年初至取消股权激励计划前，有 1 名管理人员离职。

[分析] ①2019 年可行权条件为净利润较前一年增长 5%，实际增长为 4%，没有达到可行权条件，但预计 2020 年将达到可行权条件。因此，等待期为 2 年。

2019 年年末确认的管理费用 =（20 - 1 - 1）× 1 × 12 × 1 ÷ 2 = 108（万元）

账务处理如下：

借：管理费用　　　　　　　　　　　　　　　　　　　　　1 080 000
　　贷：资本公积——其他资本公积　　　　　　　　　　　　1 080 000

②2020 年 4 月 2 日因为股权激励计划取消应确认的管理费用 =（20 - 1 - 1）× 1 × 12 × 3 ÷ 3 - 108 = 108（万元）

以现金补偿 300 万元高于该权益工具在回购日公允价值 216 万元的部分，应该计入当期费用（管理费用）。

账务处理如下：

借：管理费用　　　　　　　　　　　　　　　　　　　　　1 080 000
　　贷：资本公积——其他资本公积　　　　　　　　　　　　1 080 000
借：资本公积——其他资本公积　　　　　　　　　　　　　2 160 000
　　管理费用　　　　　　　　　　　　　　　　　　　　　　840 000
　　贷：银行存款　　　　　　　　　　　　　　　　　　　　3 000 000

2. 税收规定。《企业所得税法实施条例》第三十四条规定，企业发生的合理的工资、薪金支出，准予扣除。前款所称工资、薪金，是指企业每一纳税年度支付给在本企业任职或者受雇的员工的所有现金形式或者非现金形式的劳动报酬，包括基本工资、奖金、津贴、补贴、年终加薪、加班工资，以及与员工任职或者受雇有关的其他支出。

3. 税会差异。股权激励实质上也是企业为了获取职工服务而支付的补偿，因此股权激励取消后以现金支付给职工的现金补偿属于职工薪酬。会计规定，在取消时采取加速行权的处理方式，将未确认的成本费用一次性确认，确认的成本费用与实际支付的现金补偿差额也计入当期损益；企业所得税法规定，在实际支付时可以税前扣除。两者在等待期内处理存在差异。

[例 3 - 2 - 13] 中，会计计入损益为 192 万元（108 + 84），企业所得税影响应纳税所得额 300 万元，在年度汇算清缴纳税申报时，应当调减应纳税所得额 108 万元，与前一年度调增金额相同。

4. 年度纳税申报表调整。

（1）2019 年度汇算清缴申报如表 3 - 38、表 3 - 39 所示。

表 3-38　　　　　A105050　职工薪酬支出及纳税调整明细表

金额单位：人民币元（列至角分）

行次	项目	账载金额	实际发生额	税收规定扣除率	以前年度累计结转扣除额	税收金额	纳税调整金额	累计结转以后年度扣除额
		1	2	3	4	5	6（1-5）	7（2+4-5）
1	一、工资薪金支出	1 080 000	0	*	*	0	1 080 000	*
2	其中：股权激励	1 080 000	0	*	*	0	1 080 000	*
13	合计（1+3+4+7+8+9+10+11+12）	1 080 000	0	*	*	0	1 080 000	*

表 3-39　　　　　A105000　纳税调整项目明细表

金额单位：人民币元（列至角分）

行次	项目	账载金额	税收金额	调增金额	调减金额
		1	2	3	4
12	二、扣除类调整项目（13+14+…+24+26+27+28+29+30）	*	*	1 080 000	
14	（二）职工薪酬（填写A105050）	1 080 000	0	1 080 000	

（2）2020 年度汇算清缴申报如表 3-40、表 3-41 所示。

表 3-40　　　　　A105050　职工薪酬支出及纳税调整明细表

金额单位：人民币元（列至角分）

行次	项目	账载金额	实际发生额	税收规定扣除率	以前年度累计结转扣除额	税收金额	纳税调整金额	累计结转以后年度扣除额
		1	2	3	4	5	6（1-5）	7（2+4-5）
1	一、工资薪金支出	1 920 000	3 000 000	*	*	3 000 000	-1 080 000	*
2	其中：股权激励			*	*			*
13	合计（1+3+4+7+8+9+10+11+12）	1 920 000	3 000 000			3 000 000	-1 080 000	*

表 3-41　　　　　A105000　纳税调整项目明细表

金额单位：人民币元（列至角分）

行次	项目	账载金额	税收金额	调增金额	调减金额
		1	2	3	4
12	二、扣除类调整项目（13+14+…+24+26+27+28+29+30）	*	*		1 080 000
14	（二）职工薪酬（填写A105050）	1 920 000	3 000 000		1 080 000

（三）计划作废的税会差异

未满足可行权条件的会计处理包括两种情况：一是没有满足服务期限或者非市场的业绩

条件时的会计处理;二是满足服务期限条件和非市场条件,但是没有满足市场条件或非可行权条件时的会计处理。其中,没有满足服务期限或者非市场的业绩条件时的会计处理属于股份支付计划作废。

1. 会计规定。作废是指由于服务期限条件或者非市场的业绩条件没有得到满足,导致职工未能获得授予的权益工具的情形。对于作废,如果没有满足服务或者非市场的业绩条件,则实际可行权的权益工具的数量为零,即接受的服务累计确认的费用为零。作废是源于职工没有能够满足其提前设定的可行权条件,故对于作废的股权激励应冲销以前确认的相关费用。

作废与前面涉及的取消不同。取消往往源于企业的主动行为,企业会计准则要求在等待期内如果取消了授予的权益工具,企业应当对取消所授予的权益性工具作加速行权处理,将剩余等待期内应确认的金额立即计入当期损益,视同剩余等待期内的股权支付计划已经全部满足可行权条件。

实务中,企业"主动取消"和"自动作废"的账务处理差别很大,一个是全额确认相关成本费用,一个是冲回已经确认的成本费用,不确认相关成本费用。

[例3-2-14] 经股东会批准,公司于2019年1月1日实施一项股权激励计划,其主要内容为:公司向20名部门经理每人授予1万股股票期权,行权条件为:公司2019年度实现的净利润较前1年增长5%;截至2020年12月31日,2个会计年度平均净利润增长率为6%;截至2021年12月31日,3个会计年度平均净利润增长率为7%;从达到上述业绩条件的当年末起,即可以每股5元的价格购买1万股公司股票,从而获益,行权期为3年。具体资料如下:

①公司2019年度实现的净利润较前一年增长4%,本年度有1名经理人员离职。公司预计截至2020年12月31日2个会计年度平均净利润增长率将达到6%,未来1年将有1名管理人员离职。2019年1月2日公司股票的收盘价为每股10元,2019年1月2日公司估计该期权的公允价值为每股12元。

②2020年度,公司有1名管理人员离职,实现的净利润较前一年增长6%。该年末,公司预计截至2021年12月31日3个会计年度平均净利润增长率将达到7%,未来1年将有1名管理人员离职。2020年12月31日该期权的公允价值为每股13元。

③2021年度,公司有1名管理人员离职,实现的净利润较前一年增长8%。

[分析]

①2019年年末确认的管理费用 = (20-1-1) ×1×12×1÷2 = 108(万元)

账务处理如下:

借:管理费用　　　　　　　　　　　　　　　　　　　　　　1 080 000
　　贷:资本公积——其他资本公积　　　　　　　　　　　　　　1 080 000

②2020年年末确认的管理费用 = (20-1-1-1) ×1×12×2÷3-108 = 28(万元)

账务处理如下:

借:管理费用　　　　　　　　　　　　　　　　　　　　　　　280 000
　　贷:资本公积——其他资本公积　　　　　　　　　　　　　　　280 000

③2021年因未达到非市场的业绩条件,该项计划作废,需要冲回以前年度确认的期权费用。

账务处理如下:

借:资本公积——其他资本公积　　　　　　　　　　　　　　1 360 000

贷：管理费用　　　　　　　　　　　　　　　　　　　　　　　　1 360 000

2. 税会差异。会计上规定没有满足服务权限或者非市场的业绩条件时，会计处理应冲销以前确认的相关费用，会计处理在服务当期确认成本费用，在未达到行权条件时冲回前期确认的成本费用；企业所得税法规定，没有实际支付的工资薪金不得税前扣除。两者存在差异，在年度汇算清缴纳税申报时，服务当期应调增应纳税所得额，在计划作废时，应调减应纳税所得额。

3. 年度纳税申报表调整。

（1）2020年度汇算清缴申报如表3-42、表3-43所示。

表3-42　　　　　　　　A105050　职工薪酬支出及纳税调整明细表

金额单位：人民币元（列至角分）

行次	项目	账载金额	实际发生额	税收规定扣除率	以前年度累计结转扣除额	税收金额	纳税调整金额	累计结转以后年度扣除额
		1	2	3	4	5	6（1-5）	7（2+4-5）
1	一、工资薪金支出	280 000	0	*	*	0	280 000	*
2	其中：股权激励	280 000	0	*	*	0	280 000	*
13	合计（1+3+4+7+8+9+10+11+12）	280 000	0	*	*	0	280 000	*

表3-43　　　　　　　　A105000　纳税调整项目明细表

金额单位：人民币元（列至角分）

行次	项目	账载金额	税收金额	调增金额	调减金额
		1	2	3	4
12	二、扣除类调整项目（13+14+…+24+26+27+28+29+30）	*	*	280 000	
14	（二）职工薪酬（填写A105050）	280 000	0	280 000	

（2）2021年度汇算清缴申报如表3-44、表3-45所示。

表3-44　　　　　　　　A105050　职工薪酬支出及纳税调整明细表

金额单位：人民币元（列至角分）

行次	项目	账载金额	实际发生额	税收规定扣除率	以前年度累计结转扣除额	税收金额	纳税调整金额	累计结转以后年度扣除额
		1	2	3	4	5	6（1-5）	7（2+4-5）
1	一、工资薪金支出	-1 360 000	0	*	*	0	-1 360 000	*
2	其中：股权激励	-1 360 000	0	*	*	0	-1 360 000	*
13	合计（1+3+4+7+8+9+10+11+12）	-1 360 000	0	*	*	0	-1 360 000	*

表 3-45　　　　　　　　A105000　纳税调整项目明细表

金额单位：人民币元（列至角分）

行次	项目	账载金额	税收金额	调增金额	调减金额
		1	2	3	4
12	二、扣除类调整项目（13＋14＋…＋24＋26＋27＋28＋29＋30）	*	*		1 360 000
14	（二）职工薪酬（填写 A105050）	－1 360 000	0		1 360 000

第三节　借款费用准则与税法差异分析及调整

借款费用，是指企业因借款而发生的利息及其他相关成本，包括借款利息、折价或者溢价的摊销、辅助费用以及因外币借款而发生的汇兑差额等。为了规范借款费用的确认、计量和相关信息的披露，根据《企业会计准则——基本准则》，财政部于 2006 年制定了《企业会计准则第 17 号——借款费用》，至今未进行修订。

一、借款费用税会差异概述

企业发生的借款费用，可直接归属于符合资本化条件的资产的购建或者生产的，应当予以资本化，计入相关资产成本；其他借款费用，应当在发生时根据其发生额确认为费用，计入当期损益。

（一）应资本化的资产范围的税会差异

1. 会计规定。符合资本化条件的资产，是指需要经过相当长时间的购建或者生产活动才能达到预定可使用或者可销售状态的固定资产、无形资产、投资性房地产和存货等资产。"相当长时间"是指为资产的购建或者生产所必需的时间，通常为一年以上（含一年）。

其中，符合借款费用资本化条件的存货，主要包括房地产开发企业开发的用于对外出售的房地产开发产品、企业制造的用于对外出售的大型机械设备等。这类存货通常需要经过相当长时间的建造或者生产过程，才能达到预定可销售状态。

2. 税收规定。《企业所得税法实施条例》第三十七条规定，企业为购置、建造固定资产、无形资产和经过 12 个月以上的建造才能达到预定可销售状态的存货发生借款的，在有关资产购置、建造期间发生的合理的借款费用，应当作为资本性支出计入有关资产的成本，并依照本条例的规定扣除。

3. 税会差异。会计上规定，需要经过相当长时间的购建或者生产活动才能达到预定可使用或者可销售状态的固定资产、投资性房地产和存货等资产，借款费用才需要资本化；企业所得税法规定中只将存货限定在经过 12 个月以上的建造才能达到预定可销售状态范围内，购置、建造固定资产、无形资产没有时间限制条件，应理解为只要是为购置、建造固定资产、无形资产发生的借款费用，不论时间长短均应当资本化。两者存在差异，对会计费用化而企业所得税要求资本化的借款费用，在年度汇算清缴纳税申报时应调增应纳税所得额。

(二) 开始资本化时点的税会差异

1. 会计规定。会计上规定借款费用同时满足下列条件的，才能开始资本化：

（1）资产支出已经发生，资产支出包括为购建或者生产符合资本化条件的资产而以支付现金、转移非现金资产或者承担带息债务形式发生的支出；

（2）借款费用已经发生；

（3）为使资产达到预定可使用或者可销售状态所必要的购建或者生产活动已经开始。

比如，一项工程在3月1日取得借款，5月1日支付工程款，6月1日工程开工建造。该项目开始资本化的时点为6月1日，因为6月1日三个条件才能同时满足。

2. 税收规定。《企业所得税法实施条例》第三十七条规定，企业为购置、建造固定资产、无形资产和经过12个月以上的建造才能达到预定可销售状态的存货发生借款的，在有关资产购置、建造期间发生的合理的借款费用，应当作为资本性支出计入有关资产的成本，并依照本条例的规定扣除。

《国家税务总局关于研发费用税前加计扣除归集范围有关问题的公告》（国家税务总局公告2017年第40号）规定，企业开展研发活动中实际发生的研发费用形成无形资产的，其资本化的时点与会计处理保持一致。

3. 税会差异。对于开始资本化时点，会计规定同时满足三个条件的，才能开始资本化。企业所得税规定在有关资产购置、建造期间发生的合理的借款费用，应当作为资本性支出，没有明确规定具体条件。根据《国家税务总局关于修订企业所得税年度纳税申报表的公告》（国家税务总局公告2020年第24号）规定，税收规定不明确的，在没有明确规定之前，暂按国家统一会计制度计算。两者不存在差异。

(三) 暂停资本化时点的税会差异

1. 会计规定。符合资本化条件的资产在购建或者生产过程中发生非正常中断，且中断时间连续超过3个月的，应当暂停借款费用的资本化。在中断期间发生的借款费用应当确认为费用，计入当期损益，直至资产的购建或者生产活动重新开始。如果中断是所购建或者生产的符合资本化条件的资产达到预定可使用或者可销售状态必要的程序，借款费用的资本化应当继续进行。

（1）非正常中断。通常是由于企业管理决策上的原因或者其他不可预见的原因等所导致的中断。比如，企业因与施工方发生了质量纠纷，或者工程、生产用料没有及时供应，或者资金周转发生了困难，或者施工、生产发生了安全事故，或者发生了与资产购建、生产有关的劳动纠纷等原因，导致资产购建或者生产活动发生中断，均属于非正常中断。

（2）正常中断。非正常中断与正常中断显著不同。正常中断通常仅限于因购建或者生产符合资本化条件的资产达到预定可使用或者可销售状态所必要的程序，或者事先可预见的不可抗力因素导致的中断。比如，某些工程建造到一定阶段必须暂停下来进行质量或者安全检查，检查通过后才可继续下一阶段的建造工作，这类中断是在施工前可以预见的，而且是工程建造必须经过的程序，属于正常中断。

某些地区的工程在建造过程中，由于可预见的不可抗力因素（如雨季或冰冻季节等原因）导致施工出现停顿，也属于正常中断。比如，某企业在北方某地建造某工程期间，正遇冰冻季节，工程施工因此中断，待冰冻季节过后方能继续施工。由于该地区在施工期间出现较长时间的冰冻为正常情况，由此导致的施工中断是可预见的不可抗力因素导致的中断，属于正常中断。

2. 税收规定。同开始资本化时点税收规定。

3. 税会差异。会计上规定购建或者生产过程中发生非正常中断，且中断时间连续超过3个月的，应当暂停借款费用的资本化；企业所得税法规定，在有关资产购置、建造期间发生的合理的借款费用，应当作为资本性支出计入有关资产的成本，企业所得税法规定不考虑暂停资本化问题的。两者存在差异，此期间费用化的借款费用，在年度汇算清缴纳税申报时，应当调增应纳税所得额。

（四）停止资本化时点的税会差异

1. 会计规定。购建或者生产符合资本化条件的资产达到预定可使用或者可销售状态时，借款费用应当停止资本化。在符合资本化条件的资产达到预定可使用或者可销售状态之后所发生的借款费用，应当在发生时根据其发生额确认为费用，计入当期损益。购建或者生产符合资本化条件的资产达到预定可使用或者可销售状态，可从下列几个方面进行判断：

（1）符合资本化条件的资产的实体建造（包括安装）或者生产工作已经全部完成或者实质上已经完成。

（2）所购建或者生产的符合资本化条件的资产与设计要求、合同规定或者生产要求相符或者基本相符，即使有极个别与设计、合同或者生产要求不相符的地方，也不影响其正常使用或者销售。

（3）继续发生在所购建或生产的符合资本化条件的资产上的支出金额很少或者几乎不再发生。

（4）购建或者生产符合资本化条件的资产需要试生产或者试运行的，在试生产结果表明资产能够正常生产出合格产品，或者试运行结果表明资产能够正常运转或者营业时，应当认为该资产已经达到预定可使用或者可销售状态。

（5）购建或者生产的符合资本化条件的资产的各部分分别完工的，每部分在其他部分继续建造或者生产过程中可供使用或者可对外销售，且为使该部分资产达到预定可使用或可销售状态所必要的购建或者生产活动实质上已经完成的，应当停止与该部分资产相关的借款费用的资本化，因为该部分资产已经达到了预定可使用或者可销售状态。

（6）购建或者生产的资产的各部分分别完工，但必须等到整体完工后才可使用或者对外销售的，应当在该资产整体完工时停止借款费用的资本化。在这种情况下，即使各部分资产已经分别完工，也不能认为该部分资产已经达到了预定可使用或者可销售状态，企业只能在所购建或者生产的资产整体完工时，才能认为资产已经达到了预定可使用或者可销售状态，借款费用才可停止资本化。

2. 税收规定。同开始资本化时点税收规定。

3. 税会差异。对于停止资本化时点，会计上规定是在资产达到预定可使用或者可销售状态之时，并规定了具体的判断标准。企业所得税法只是规定在有关资产购置、建造期间发生的合理的借款费用，应当作为资本性支出。企业所得税法规定没有涉及竣工结算这一时点。根据《国家税务总局关于修订企业所得税年度纳税申报表的公告》（国家税务总局公告2020年第24号）规定，税收规定不明确的，在没有明确规定之前，暂按国家统一会计制度计算。两者不存在差异。

二、专门借款费用的税会差异

借款费用应予资本化的借款范围既包括专门借款,也包括一般借款。专门借款,是指为购建或者生产某项符合资本化条件的资产而专门借入的款项,通常应当有标明专门用途的借款合同。一般借款,是指通常没有特指必须用于某项符合资本化条件的资产的购建或者生产的借款合同。需要说明的是借款费用应予资本化的借款范围与长期借款和短期借款分类无关。

(一) 人民币专门借款的税会差异

1. 会计规定。

(1) 关于利息费用。为购建或者生产符合资本化条件的资产而借入专门借款的,应当以专门借款当期实际发生的利息费用,减去将尚未动用的借款资金存入银行取得的利息收入或进行暂时性投资取得的投资收益后的金额确定。在资本化期间内,每一会计期间的利息资本化金额不应当超过当期相关借款实际发生的利息金额。

(2) 关于折价或者溢价的摊销。借款存在折价或者溢价的,应当按照实际利率法确定每一会计期间应摊销的折价或者溢价金额,调整每期利息金额。

(3) 关于辅助费用。专门借款发生的辅助费用,在所购建或者生产的符合资本化条件的资产达到预定可使用或者可销售状态之前发生的,应当在发生时根据其发生额予以资本化,计入符合资本化条件的资产的成本;在所购建或者生产的符合资本化条件的资产达到预定可使用或者可销售状态之后发生的,应当在发生时根据其发生额确认为费用,计入当期损益。

[例3-3-1] 公司拟自建一条生产线,与该生产线建造相关的情况如下:

①2020年1月2日,公司发行公司债券,专门筹集生产线建设资金。该公司债券为3年期分期付息、到期还本债券,面值为3 000万元,票面年利率为5%,发行价格为3 069.75万元,另在发行过程中支付中介机构佣金150万元,实际募集资金净额为2 919.75万元。

②生产线建造工程于2020年1月2日开工,采用外包方式进行,预计工期1年。有关建造支出情况如下:

2020年1月2日,支付建造商1 000万元;

2020年5月1日,支付建造商1 600万元;

2020年8月1日,支付建造商1 400万元。

③2020年9月1日,生产线建造工程出现人员伤亡事故,被当地安监部门责令停工整改,至2020年12月底整改完毕。工程于2021年1月1日恢复建造,当日向建造商支付工程款1 200万元。建造工程于2021年3月31日完成,并经有关部门验收,试生产出合格产品。为帮助职工正确操作使用新建生产线,公司自2020年3月31日起对一线员工进行培训,至4月30日结束,共发生培训费用120万元。该生产线自2021年5月1日起实际投入使用。

④公司将闲置专门借款资金投资固定收益理财产品,月收益率为0.5%。

不考虑相关税费以及其他因素。

[分析] ①确定公司生产线建造工程借款费用的资本化期间为:

开始资本化时点为2020年1月2日;暂停资本化时点,因为出现人员伤亡事故,被当地安监部门责令停工整改,属于非正常停工,暂停资本化时点为9月1日至12月31日;停止资本化时点,因为对一线员工进行培训时间不属于资本化范围,终止资本化时点为2021年3月31日。

②计算公司发行公司债券的实际利率,并对发行债券进行会计处理:

通过计算得出实际利率:r=6%

账务处理如下:

借:银行存款 29 197 500
　　应付债券——利息调整 802 500
　　贷:应付债券——面值 30 000 000

③计算公司2020年专门借款应予资本化的金额,并对生产线建造工程进行账务处理:

2020年1月2日至2020年8月31日资本化期间8个月;2020年1月2日,支付1 000万元;5月1日,支付1 600万元;8月1日,支付1 400万元;公司将闲置专门借款投资理财产品,月收益率为0.5%。

2020年专门借款利息资本化金额 = 2 919.75×6%×8÷12 - (2 919.75 - 1 000)×0.5%×4 - (2 919.75 - 1 000 - 1 600)×0.5%×3 = 73.60(万元)

2020年专门借款利息费用化金额 = 2 919.75×6%×4/12 = 58.40(万元)

账务处理如下:

借:在建工程 40 000 000
　　贷:银行存款 40 000 000
借:在建工程 736 000
　　财务费用 584 000
　　应收利息 431 850
　　贷:应付利息 1 500 000
　　　　应付债券——利息调整 251 850

④计算公司2021年专门借款应予资本化的金额,并对生产线建造工程进行账务处理。

2021年专门借款利息资本化金额 = (2 919.75 + 25.185)×6%×3÷12 = 44.17(万元)

2021年专门借款利息费用化金额 = (2 919.75 + 25.185)×6%×9÷12 = 132.53(万元)

账务处理如下:

借:在建工程 12 000 000
　　贷:银行存款 12 000 000
借:在建工程 441 700
　　财务费用 1 325 300
　　贷:应付利息 1 500 000
　　　　应付债券——利息调整 267 000

固定资产入账价值 = 4 000 + 73.6 + 1 200 + 44.17 = 5 317.77(万元)

结转固定资产账务处理如下:

借:固定资产 53 177 700
　　贷:在建工程 53 177 700

2. 税收规定。《企业所得税法实施条例》第三十八条规定，企业在生产经营活动中发生的下列利息支出，准予扣除：

①非金融企业向金融企业借款的利息支出、金融企业的各项存款利息支出和同业拆借利息支出、企业经批准发行债券的利息支出；

②非金融企业向非金融企业借款的利息支出，不超过按照金融企业同期同类贷款利率计算的数额的部分。

3. 税会差异。会计上规定区分专门借款还是一般借款，是人民币借款还是外币借款。企业所得税法规定区分借款来源，是从金融机构借款还是非金融机构借款，从一般企业借款还是从关联方企业借款，从法人借款还是个人借款，并对不同来源借款利息做出税前扣除规定。两者存在以下差异：

（1）暂停资本化时点的差异。[例3-3-1]中，2020年暂停资本化期间借款费用58.4万元不得税前扣除，在年度汇算清缴纳税申报时应调增应纳税所得额，同时增加固定资产的计税基础，并在后续持有期间的折旧允许税前扣除。

（2）溢价或者折价摊销的差异。会计规定借款存在折价或者溢价的，应当按照实际利率法确定每一会计期间应摊销的折价或者溢价金额，调整每期利息金额。借款存在折价或者溢价的，按照票面利率法进行企业所得税处理，两者存在时间性差异。

（3）尚未动用借款利息收入或者投资收益的差异。会计上规定应当以专门借款当期实际发生的利息费用，减去将尚未动用的借款资金存入银行取得的利息收入或进行暂时性投资取得的投资收益后的金额，计入有关资产的成本；企业所得税法规定，各项资产的计税基础是历史成本，是企业取得该项资产时实际发生的支出，不包括冲减的收入，收入与支出应当分别确定。两者存在差异。

[例3-3-1]中，应收利息43.185万元，应确认利息收入，在年度汇算清缴纳税申报时，应调增应纳税所得额，同时增加固定资产的计税基础，并税前扣除后续持有期间的折旧。

4. 年度纳税申报表调整如表3-46、表3-47所示。

表3-46　　　　　　　　A105030　投资收益纳税调整明细表

金额单位：人民币元（列至角分）

行次	项目	持有收益			处置收益						纳税调整金额
		账载金额	税收金额	纳税调整金额	会计确认的处置收入	税收计算的处置收入	处置投资的账面价值	处置投资的计税基础	会计确认的处置所得或损失	税收计算的处置所得	纳税调整金额	
		1	2	3(2-1)	4	5	6	7	8(4-6)	9(5-7)	10(9-8)	11(3+10)
1	一、交易性金融资产	0	431 850	431 850								431 850
10	合计（1+2+3+4+5+6+7+8+9）	0	431 850	431 850								431 850

表 3-47　　　　　　　　A105000　纳税调整项目明细表

金额单位：人民币元（列至角分）

行次	项目	账载金额	税收金额	调增金额	调减金额
		1	2	3	4
1	一、收入类调整项目（2+3+…+8+10+11）	*	*	431 850	
4	（三）投资收益（填写A105030）	0	431 850	431 850	
12	二、扣除类调整项目（13+14+…+24+26+27+28+29+30）	*	*	584 000	
18	（六）利息支出	584 000	0	584 000	

（二）外币专门借款

1. 会计规定。

与人民币专门借款的相关规定相比，外币专门借款会计处理主要增加：在资本化期间内，外币专门借款本金及利息的汇兑差额，也应当予以资本化，计入符合资本化条件的资产的成本。相比较外币专门借款，外币一般借款本金及利息的汇兑差额，应当予以费用化。

[例 3-3-2] 公司于2019年12月31日，为建造某工程项目专门向当地银行借入美元借款1 000万元，年利率为6%，期限为2年，假定不考虑与借款有关的辅助费用、利息收入或投资收益。合同约定，每年1月5日支付上年利息，到期还本。工程于2020年1月1日开始实体建造，并于当日支付相关价款。2021年6月30日完工。2021年1月5日，公司实际支付利息时，共以美元银行存款支付60万美元利息。

其他资料：公司的记账本位币为人民币，外币业务采用外币业务发生当日的市场汇率折算。假设美元兑换人民币的市场汇率如下：

2019年12月31日为1:6.90；2020年1月1日为1:6.91；2020年12月31日为1:6.95；2021年1月5日为1:6.94；2021年6月30日为1:6.93。

[分析] ①计算2020年资本化金额：

实际利息费用 = 1 000 × 6% × 6.95 = 6 × 6.95 = 417（万元）

账务处理如下：

借：在建工程　　　　　　　　　　　　　　　　　　　　　4 170 000
　　贷：应付利息　　　　　　　　　　　　　　　　　　　　　　　4 170 000

外币专门借款本金及利息汇兑差额 = 1 000 × (6.95 - 6.90) + 60 × (6.95 - 6.95) = 50（万元）

账务处理如下：

借：在建工程　　　　　　　　　　　　　　　　　　　　　　500 000
　　贷：长期借款　　　　　　　　　　　　　　　　　　　　　　　500 000

②2021年1月5日实际支付利息时账务处理：

借：应付利息　　　　　　　　　　　　　　　　　　　　　4 170 000
　　贷：银行存款——美元　　　　　　　　　　　　　　　　　　4 164 000
　　　　在建工程　　　　　　　　　　　　　　　　　　　　　　　6 000

③计算2021年6月30日的利息及汇兑差额资本化金额：

应付利息 = 1 000 × 6% × 1 ÷ 2 × 6.93 = 207.9（万元）

账务处理如下：

借：在建工程　　　　　　　　　　　　　　　　　　2 079 000
　　贷：应付利息　　　　　　　　　　　　　　　　　　2 079 000

外币本金及利息汇兑差额 = 1 000 ×（6.93 - 6.95）+ 30 ×（6.93 - 6.93）= -20（万元）

账务处理如下：

借：长期借款　　　　　　　　　　　　　　　　　　　200 000
　　贷：在建工程　　　　　　　　　　　　　　　　　　　200 000

2. 税收规定。《企业所得税法实施条例》第三十九条规定，企业在货币交易中，以及纳税年度终了时将人民币以外的货币性资产、负债按照期末即期人民币汇率中间价折算为人民币时产生的汇兑损失，除已经计入有关资产成本以及与向所有者进行利润分配相关的部分外，准予扣除。

3. 税会差异。会计上规定，外币专门借款本金及利息的汇兑差额，应当予以资本化，计入符合资本化条件的资产的成本；企业所得税法规定，汇兑损失除已经计入有关资产成本以及与向所有者进行利润分配相关的部分外，准予税前扣除。两者不存在差异，不需要进行纳税调整。

三、一般借款费用的税会差异

为购建或者生产符合资本化条件的资产而占用了一般借款的，企业应当根据累计资产支出超过专门借款部分的资产支出加权平均数乘以所占用一般借款的资本化率，计算确定一般借款应予资本化的利息金额。

（一）资本化率及资产支出加权平均数概述

1. 资本化率。资本化率应当根据一般借款加权平均利率计算确定。

所占用一般借款加权平均利率 = 所占用一般借款当期实际发生的利息之和 ÷ 所占用一般借款本金加权平均数

其中：所占用一般借款本金加权平均数 = Σ（所占用每笔一般借款本金 × 每笔一般借款在当期所占用的天数 ÷ 当期天数）

［例3-3-3］公司为建造办公楼借入一般借款及其资产支出资料如下：

①占用一般借款：

2020年3月1日借款4 000万元，借款期限3年，年利率为6%，利息按年支付。

2020年9月1日借款9 000万元，借款期限2年，年利率为8%，利息按年支付。

②资产支出：

2020年7月1日支出3 000万元，12月1日支出1 500万元。

2021年1月1日支出6 000万元，3月1日支出2 400万元。

③办公楼2020年7月1日开工建造，2021年6月30日工程达到预定可以使用状态。

［**分析**］① 2020年资本化期间：7月1日至12月31日。

所占用一般借款本金加权平均数 = 4 000 × 6 ÷ 12 + 9 000 × 4/12 = 5 000（万元）

所占用一般借款年资本化率 =（4 000 × 6% × 6 ÷ 12 + 9 000 × 8% × 4 ÷ 12）÷ 5 000 = 7.2%

②2021年资本化期间：1月1日至6月30日。

所占用一般借款本金加权平均数 = 4 000×6÷12+9 000×6÷12 = 6 500（万元）

所占用一般借款年资本化率 = (4 000×6%×6÷12+9 000×8%×6÷12)÷6 500 = 7.38%

2. 资产支出加权平均数。

[例 3 - 3 - 4] 沿用 [例 3 - 3 - 3]。

[分析]

①2020 年占用了一般借款的资产支出：3 000 万元占用 6 个月，1 500 万元占用 1 个月。

资产支出加权平均数 = 3 000×6/12+1 500×1÷12 = 1 625（万元）

②2021 年占用了一般借款的资产支出：3 000 万元占用 6 个月，1 500 万元占用 6 个月，6 000 万元占用 6 个月，2 400 万元占用 4 个月。

资产支出加权平均数 = (3 000+1 500+6 000)×6÷12+2 400×4÷12 = 6 050（万元）

（二）资本化费用的税会差异

1. 会计规定。一般借款的会计规定与专门借款会计规定基本类似，只是计算应予以资本化金额的方法不同。专门借款是以专门借款当期实际发生的利息费用，减去将尚未动用的借款资金存入银行取得的利息收入或进行暂时性投资取得的投资收益后的金额确定；而一般借款是根据累计资产支出超过专门借款部分的资产支出加权平均数乘以所占用一般借款的资本化率，计算确定一般借款应予资本化的利息金额。

其主要区别有：一是一般借款不存在尚未动用借款利息收入或者投资收益处理问题；二是辅助费用处理规定不同。企业会计准则规定一般借款发生的辅助费用，应当在发生时根据其发生额确认为费用，计入当期损益。

[例 3 - 3 - 5] 沿用 [例 3 - 3 - 4]。

①2020 年应予以资本化的金额 = 1 625×7.2% = 117（万元）

全部借款费用的金额 = 4 000×6%×10÷12+9 000×8%×4÷12 = 440（万元）

账务处理如下：

借：在建工程　　　　　　　　　　　　　　　　　　　1 170 000
　　财务费用　　　　　　　　　　　　　　　　　　　3 230 000
　　贷：应付利息　　　　　　　　　　　　　　　　　　　　4 400 000

②2021 年应予以资本化的金额 = 6 050×7.38% = 446.49（万元）

全部借款费用的金额 = 4 000×6%+9 000×8% = 960（万元）

账务处理如下：

借：在建工程　　　　　　　　　　　　　　　　　　　4 464 900
　　财务费用　　　　　　　　　　　　　　　　　　　5 135 100
　　贷：应付利息　　　　　　　　　　　　　　　　　　　　9 600 000

2. 税收规定，同专门借款税收规定。

3. 税会差异。除下列两项外，一般借款费用的税会差异与专门借款费用的税会差异基本一致。

（1）尚未动用借款利息收入或者投资收益的差异。一般借款的借款费用会计处理不存在尚未动用借款利息收入或者投资收益，税会不存在差异。

（2）辅助费用的差异。会计规定，一般借款发生的辅助费用，应当在发生时根据其发生额确认为费用，计入当期损益；企业所得税法规定，有关资产购置、建造期间发生的合理的借款费用，应当作为资本性支出计入有关资产的成本，未明确借款费用是否包括辅助费用。根据《国家税务总局关于修订企业所得税年度纳税申报表的公告》（国家税务总局公告2020年第24号）规定，税收规定不明确的，在没有明确规定之前，暂按国家统一会计制度计算。因此，辅助费用也属于借款费用，在有关资产购置、建造期间发生的合理的借款辅助费用，应当作为资本性支出计入有关资产的成本。两者存在差异，在年度汇算清缴纳税申报时应调增应纳税所得额。

四、企业所得税规定借款来源产生的税会差异

（一）向非金融机构和自然人借款的税会差异

1. 会计规定。会计准则规定对实际发生的借款费用应据实列支。

[例3-3-6] 公司2020年9月1日从其他企业取得短期借款3 000万元，年利率7%（银行同期利率4%），期限6个月，合同约定按月支付利息。公司提供了"金融企业同期同类贷款利率情况说明"，说明中可参考的金融企业实际贷款年利率5%。年末因企业资金紧张，11月和12月利息至年末尚未支付。

每月利息支出 = 3 000 × 7% ÷ 12 = 17.5（万元）

2020年度合计 = 17.5 × 4 = 70（万元）

实际支付 = 17.5 × 2 = 35（万元）

每月计提利息账务处理如下：

借：财务费用　　　　　　　　　　　　　　　　　　　175 000
　　贷：应付利息　　　　　　　　　　　　　　　　　　　175 000

实际支付时账务处理如下：

借：应付利息　　　　　　　　　　　　　　　　　　　175 000
　　贷：银行存款　　　　　　　　　　　　　　　　　　　175 000

2. 税收规定。

（1）《企业所得税法实施条例》第三十八条规定，企业在生产经营活动中发生的下列利息支出，准予扣除：

①非金融企业向金融企业借款的利息支出、金融企业的各项存款利息支出和同业拆借利息支出、企业经批准发行债券的利息支出；

②非金融企业向非金融企业借款的利息支出，不超过按照金融企业同期同类贷款利率计算的数额的部分。

（2）《国家税务总局关于企业向自然人借款的利息支出企业所得税税前扣除问题的通知》（国税函〔2009〕777号），企业向除规定以外的内部职工或其他人员借款的利息支出，其借款情况同时符合以下条件的，其利息支出在不超过按照金融企业同期同类贷款利率计算的数额的部分，根据《企业所得税法》第八条和《实施条例》第二十七条规定，准予扣除：一是企业与个人之间的借贷是真实、合法、有效的，并且不具有非法集资目的或其他违反法律、法规的行为；二是企业与个人之间签订了借款合同。

（3）《国家税务总局关于企业所得税若干问题的公告》（国家税务总局公告2011年第34号）规定：非金融企业向非金融企业借款的利息支出，不超过按照金融企业同期同类贷

款利率计算的数额的部分，准予税前扣除。鉴于目前我国对金融企业利率要求的具体情况，企业在按照合同要求首次支付利息并进行税前扣除时，应提供"金融企业的同期同类贷款利率情况说明"，以证明其利息支出的合理性。

非金融企业向非金融企业借款的利息支出，应提供"金融企业的同期同类贷款利率情况说明"，以证明其利息支出的合理性。"金融企业的同期同类贷款利率情况说明"中，应包括在签订该借款合同当时，本省任何一家金融企业提供同期同类贷款利率情况。该金融企业应为经政府有关部门批准成立的可以从事贷款业务的企业，包括银行、财务公司、信托公司等金融机构。"同期同类贷款利率"是指在贷款期限、贷款金额、贷款担保以及企业信誉等条件基本相同下，金融企业提供贷款的利率。既可以是金融企业公布的同期同类平均利率，也可以是金融企业对某些企业提供的实际贷款利率。

3. 税会差异。企业会计准则对实际发生的借款费用应据实列支，不区分债权人的身份是法人还是自然人，不区分债务人与债权人的关系是关联方还是非关联方，也不区分债权人的性质是金融企业还是非金融企业；企业所得税法规定，非金融企业向非金融企业借款的利息支出，企业在按照合同要求首次支付利息并税前扣除时，应提供"金融企业的同期同类贷款利率情况说明"后才能按规定税前扣除。两者存在差异，在年度汇算清缴纳税申报时应进行纳税调整。

［例3-3-6］中，企业2020年可以税前扣除的利息 = 3 000×5%×2÷12 = 25（万元）在年度汇算清缴纳税申报时需要纳税调增45万元。

4. 年度纳税申报表调整（见表3-48）。

表3-48　　　　　　　　　A105000　纳税调整项目明细表

金额单位：人民币元（列至角分）

行次	项目	账载金额	税收金额	调增金额	调减金额
		1	2	3	4
12	二、扣除类调整项目（13+14+…+24+26+27+28+29+30）	*	*	450 000	
18	（六）利息支出	700 000	250 000	450 000	

（二）向关联方借款的税会差异

1. 会计规定。会计准则规定利息费用根据实际借入本金及约定利率（或实际利率）计算。

［例3-3-7］公司2020年度给子公司A公司提供借款2 000万元，年利率10%，其可以提供的金融企业的同类同期贷款利率为5%。A公司注册资本500万元，资本公积100万元，留存收益100万元（假设该笔业务不符合独立交易原则）。

2. 税收规定。

（1）《企业所得税法》第四十六条规定，企业从其关联方接受的债权性投资与权益性投资的比例超过规定标准而发生的利息支出，不得在计算应纳税所得额时扣除。

（2）《企业所得税法实施条例》第一百一十九条规定，债权性投资是指企业直接或者间接从关联方获得的，需要偿还本金和支付利息或者需要以其他具有支付利息性质的方式予以补偿的融资。企业间接从关联方获得的债权性投资，包括：

①关联方通过无关联第三方提供的债权性投资；
②无关联第三方提供的、由关联方担保且负有连带责任的债权性投资；
③其他间接从关联方获得的具有负债实质的债权性投资。

权益性投资是指企业接受的不需要偿还本金和支付利息，投资人对企业净资产拥有所有权的投资。

(3)《财政部 国家税务总局关于企业关联方利息支出税前扣除标准有关税收政策问题的通知》（财税〔2008〕121号）规定，在计算应纳税所得额时，除金融企业以外的其他企业实际支付给关联方的利息支出，不超过2:1比例和《企业所得税法》及其实施条例有关规定计算的部分，准予扣除，超过的部分不得在发生当期和以后年度扣除。

企业如果能够按照《企业所得税法》及其实施条例的有关规定提供相关资料，并证明相关交易活动符合独立交易原则的；或者该企业的实际税负不高于境内关联方的，其实际支付给境内关联方的利息支出，在计算应纳税所得额时准予扣除。

(4)《特别纳税调整实施办法（试行）》（国税发〔2009〕2号）规定，《企业所得税法》第四十六条所称不得在计算应纳税所得额时扣除的利息支出应按以下公式计算：不得扣除利息支出 = 年度实际支付的全部关联方利息 ×（1 - 标准比例 ÷ 关联债资比例）

其中，标准比例是指《财政部 国家税务总局关于企业关联方利息支出税前扣除标准有关税收政策问题的通知》（财税〔2008〕121号）规定的比例。

关联债资比例是指根据《企业所得税法》第四十六条及《企业所得税法实施条例》第一百一十九条的规定，企业从其全部关联方接受的债权性投资（以下简称关联债权投资）占企业接受的权益性投资（以下简称权益投资）的比例，关联债权投资包括关联方以各种形式提供担保的债权性投资。关联债资比例的具体计算方法如下：

关联债资比例 = 年度各月平均关联债权投资之和 ÷ 年度各月平均权益投资之和

其中：各月平均关联债权投资 = （关联债权投资月初账面余额 + 月末账面余额）÷ 2

各月平均权益投资 = （权益投资月初账面余额 + 月末账面余额）÷ 2

权益投资为企业资产负债表所列示的所有者权益金额。如果所有者权益小于实收资本（股本）与资本公积之和，则权益投资为实收资本（股本）与资本公积之和；如果实收资本（股本）与资本公积之和小于实收资本（股本）金额，则权益投资为实收资本（股本）金额。

3. 税会差异。企业会计准则规定利息费用根据实际借入本金及约定利率（或实际利率）计算；企业所得税法规定，对于从关联方借入的资金形成的利息，与向无关联关系非金融机构和自然人借款不同，应考虑利率标准的要求，且受关联债资比例的限制。两者存在差异，在年度汇算清缴纳税申报时应进行纳税调整。

［例3-3-7］中，A公司会计确认利息支出影响财务费用 = 2 000 × 10% = 200（万元）

不超过金融企业同期同类贷款利率标准 = 2 000 × 5% = 100（万元）

超过部分不得扣除。同时，超过关联债资比例部分的利息支出 = （2 000 - 700 × 2）× 5% = 30（万元）

超过部分的30万元也不得扣除，两项合计，年度汇算清缴纳税申报时应调增130万元（200 - 100 + 30）。

4. 年度纳税申报表调整（见表3-49）。

表 3 – 49　　　　　　　　　　A105000　纳税调整项目明细表

金额单位：人民币元（列至角分）

行次	项目	账载金额	税收金额	调增金额	调减金额
		1	2	3	4
12	二、扣除类调整项目（13 + 14 + … + 24 + 26 + 27 + 28 + 29 + 30）	*	*	1 300 000	
18	（六）利息支出	2 000 000	700 000	1 300 000	

（三）投资未到位发生利息支出的税会差异

1. 会计规定。企业会计准则规定利息费用根据实际借入本金及约定利率（或实际利率）计算。

[例 3 – 3 – 8] 甲公司子公司 U 成立于 2018 年 1 月 1 日，股东为本公司和乙公司，公司章程约定认缴的出资额为 2 000 万元人民币，均为货币出资。其中乙股东认缴出资 1 000 万元。甲公司章程规定认缴期限为：乙公司首次认缴出资 500 万元，已经按期认缴，余额 500 万元约定在 2019 年 12 月 31 日前认缴。至 2020 年 12 月 31 日其仍未履行认缴义务。U 公司 2020 年度借款情况如表 3 – 50 所示。

表 3 – 50　　　　　　　　　　U 公司 2020 年度借款情况

单位：万元

借款日期	借款金额	利率	期限	还款日期	借款余额
2019 年 1 月 1 日	1 000	7%	2	2020 年 12 月 31 日	1 000
2020 年 1 月 1 日	2 000	6%	1	2020 年 12 月 31 日	3 000

2. 税收规定。《国家税务总局关于企业投资者投资未到位而发生的利息支出企业所得税前扣除问题的批复》（国税函〔2009〕312 号）规定，企业由于投资者投资未到位而发生的利息支出扣除问题，凡企业投资者在规定期限内未缴足其应缴资本额的，该企业对外借款所发生的利息，相当于投资者实缴资本额与在规定期限内应缴资本额的差额应计付的利息，其不属于企业合理的支出，应由企业投资者负担，不得在计算企业应纳税所得额时扣除。

具体计算不得扣除的利息，应以企业一个年度内每一账面实收资本与借款余额保持不变的期间作为一个计算期，每一计算期内不得扣除的借款利息按该期间借款利息发生额乘以该期间企业未缴足的注册资本占借款总额的比例计算，公式为：

企业每一计算期不得扣除的借款利息 = 该期间借款利息额 × 该期间未缴足注册资本额 ÷ 该期间借款额

企业一个年度内不得扣除的借款利息总额为该年度内每一计算期不得扣除的借款利息额之和。

3. 税会差异。会计准则规定，利息费用根据实际借入本金及约定利率（或实际利率）计算；企业所得税法规定，企业由于投资者投资未到位而发生的利息支出，应由企业投资者负担，不得在计算企业应纳税所得额时扣除。两者存在差异，在年度汇算清缴纳税申报时应进行纳税调整。

[例 3 – 3 – 8] 中，以公司章程约定股东认缴和出资期限确认投资是否到位，则 U 公司

2019年没有未到位资金。2020年未到位资金500万元。不得扣除的借款利息=（1 000×7%+2 000×6%）×500/3 000=31.67（万元）。在年度汇算清缴纳税申报时应调增应纳税所得额。

4. 年度纳税申报表调整（见表3-51）。

表3-51　　　　　　A105000　纳税调整项目明细表

金额单位：人民币元（列至角分）

行次	项目	账载金额	税收金额	调增金额	调减金额
		1	2	3	4
12	二、扣除类调整项目（13+14+…+24+26+27+28+29+30）	*	*	316 700	
18	（六）利息支出	1 900 000	1 583 300	316 700	

第四章 资产类税会差异分析及纳税调整

第一节 存货准则与税法差异分析及调整

存货是指企业在日常活动中持有以备出售的产成品或商品、处在生产过程中的在产品、在生产过程或提供劳务过程中耗用的材料和物料等，具体包括原材料、在产品、半成品、产成品、商品、周转材料等类别。为了规范存货的确认、计量和相关信息的披露，根据《企业会计准则——基本准则》，财政部于2006年制定《企业会计准则第1号——存货》，至今未进行过修订。

一、存货确认的税会差异

（一）会计规定

企业会计准则规定存货同时满足下列条件的，才能予以确认：

1. 与该存货有关的经济利益很可能流入企业；
2. 该存货的成本能够可靠地计量。

[例4-1-1] 为进一步宣传本公司品牌形象，2020年本公司市场部聘请专业设计机构为公司设计银制商标（LOGO）摆件，制成后分发给各地代理商作品牌宣传。2020年6月，支付给专业设计机构设计费100万元；8月订制摆件1 000件，每件合同价格1万元。2020年12月，市场部收到订制摆件并于次年1月分发各地代理商。双方约定，无论代理商是否退出，均无需返还该摆件。

[分析] 根据存货确认条件，企业采购用于广告营销活动的特定商品，向客户预付货款未取得商品时，应作为预付账款进行会计处理，待取得相关商品时直接计入当期损益（销售费用），不作为存货处理。

账务处理如下：

借：预付账款 11 000 000
　　贷：银行存款 11 000 000

借：销售费用 11 000 000
　　贷：预付账款 11 000 000

（二）税收规定

《企业所得税法实施条例》第七十二条规定，企业所得税法所称存货，是指企业持有以备出售的产品或者商品、处在生产过程中的在产品、在生产或者提供劳务过程中耗用的材料和物料等。

（三）税会差异

企业会计准则与企业所得税法关于存货的定义基本一致，但企业会计准则关于存货的确认条件，企业所得税法没有相关规定。两者存在差异，在年度汇算清缴纳税申报时，应进行纳税调整。

［例4－1－1］中，会计处理直接确认为当期损益，企业所得税法规定应当确认为存货，在分发各地代理商时按照视同销售的规定进行税务处理。两者存在差异，在2020年度汇算清缴纳税申报时，应调增应纳税所得额1 100万元，同时确认存货的计税基础1 100万元。

（四）年度纳税申报表调整

1. 2020年度汇算清缴申报如表4－1所示。

表4－1　　　　　　　A105000　纳税调整项目明细表

金额单位：人民币元（列至角分）

行次	项目	账载金额	税收金额	调增金额	调减金额
		1	2	3	4
12	二、扣除类调整项目（13＋14＋…＋24＋26＋27＋28＋29＋30）	*	*	11 000 000	
30	（十七）其他	11 000 000	0	11 000 000	

2. 2021年度汇算清缴申报如表4－2和表4－3所示。

表4－2　　　　A105010　视同销售和房地产开发企业特定业务纳税调整明细表

金额单位：人民币元（列至角分）

行次	项目	税收金额	纳税调整金额
		1	2
1	一、视同销售（营业）收入（2＋3＋4＋5＋6＋7＋8＋9＋10）	11 000 000	11 000 000
3	（二）用于市场推广或销售视同销售收入	11 000 000	11 000 000
11	二、视同销售（营业）成本（12＋13＋14＋15＋16＋17＋18＋19＋20）	11 000 000	－11 000 000
13	（二）用于市场推广或销售视同销售成本	11 000 000	－11 000 000

表4－3　　　　　　　A105000　纳税调整项目明细表

金额单位：人民币元（列至角分）

行次	项目	账载金额	税收金额	调增金额	调减金额
		1	2	3	4
1	一、收入类调整项目（2＋3＋…＋8＋10＋11）	*	*	11 000 000	
2	（一）视同销售收入（填写A105010）	*	11 000 000	11 000 000	*
12	二、扣除类调整项目（13＋14＋…＋24＋26＋27＋28＋29＋30）	*	*		22 000 000
13	（一）视同销售成本（填写A105010）	*	11 000 000	*	11 000 000
30	（十七）其他	0	11 000 000		11 000 000

二、存货计量的税会差异

(一) 存货初始计量的税会差异

1. 会计规定。存货应当按照成本进行初始计量。存货成本包括采购成本、加工成本和其他成本。

(1) 存货的采购成本，包括购买价款、相关税费、运输费、装卸费、保险费以及其他可归属于存货采购成本的费用。

(2) 存货的加工成本，包括直接人工以及按照一定方法分配的制造费用。制造费用，是指企业为生产产品和提供劳务而发生的各项间接费用。

(3) 存货的其他成本，是指除采购成本、加工成本以外的，使存货达到目前场所和状态所发生的其他支出。

(4) 下列费用应当在发生时确认为当期损益，不计入存货成本：

①非正常消耗的直接材料、直接人工和制造费用。

②仓储费用（不包括在生产过程中为达到下一个生产阶段所必需的仓储费用）。

③不能归属于使存货达到目前场所和状态的其他支出。

收获时农产品的成本、非货币性资产交换、债务重组和企业合并取得的存货的成本，应当分别按照《企业会计准则第5号——生物资产》《企业会计准则第7号——非货币性资产交换》《企业会计准则第12号——债务重组》和《企业会计准则第20号——企业合并》确定，不适用《企业会计准则第1号——存货》规定。

[例4-1-2] 本公司2020年11月购进甲材料100吨，货款为100万元，增值税进项税额为13万元；同时取得运输增值税专用发票，注明的运输费用10万元，进项税额0.9万元，发生的保险费为5万元，入库前的挑选整理费用为5.54万元；验收入库时发现数量短缺2%，经查属于运输途中的合理损耗。

该批甲材料实际成本为：

实际总成本 = 100 + 10 + 5 + 5.54 = 120.54（万元）

实际入库数量 = 100 × (1 - 2%) = 98（吨）

实际单位成本 = 120.54 ÷ 98 = 1.23（万元/吨）

账务处理如下：

借：原材料——甲材料　　　　　　　　　　　　　　　　　1 205 400
　　应交税费——应交增值税（进项税额）　　　　　　　　　139 000
　　贷：银行存款　　　　　　　　　　　　　　　　　　　1 344 400

2. 税收规定。《企业所得税法实施条例》第七十二条规定，存货按照以下方法确定成本：

(1) 通过支付现金方式取得的存货，以购买价款和支付的相关税费为成本；

(2) 通过支付现金以外的方式取得的存货，以该存货的公允价值和支付的相关税费为成本；

(3) 生产性生物资产收获的农产品，以产出或者采收过程中发生的材料费、人工费和分摊的间接费用等必要支出为成本。

3. 税会差异。存货成本与计税基础的计量，一般情况下会计规定与企业所得税法规定是一致的，存货成本包含借款费用、非货币性资产交换换入存货、存货盘盈等。借款费用、非货币性资产交换的税会差异已在有关章节讲述；存货盘盈的会计处理应按其重置成本作为入账价值，企业所得税处理则以该存货的公允价值为成本，两者处理产生差异，在企业使用或者销售存货年度汇算清缴纳税申报时，应进行纳税调整。

（二）存货期末计量的税会差异

1. 会计规定。会计准则规定，资产负债表日存货应当按照成本与可变现净值孰低计量。如果存货成本高于其可变现净值的，应当计提存货跌价准备，计入当期损益。如果以前减计存货价值的影响因素已经消失的，减计的金额应当予以恢复，并在原已计提的存货跌价准备金额内转回，转回的金额计入当期损益。

（1）可变现净值，是指在日常活动中，存货的估计售价减去至完工时估计将要发生的成本、估计的销售费用以及相关税费后的金额。

①产成品、商品等直接用于出售的商品存货，其可变现净值＝估计售价－估计销售费用和相关税费

②需要经过加工的材料存货，需要判断：用其生产的产成品的可变现净值高于成本的，该材料仍然应当按照成本（材料的成本）计量；产品价格的下降表明产成品的可变现净值低于成本的，该材料应当按照成本与可变现净值孰低（材料的成本与材料的可变现净值孰低）计量：其可变现净值＝该材料所生产的产成品的估计售价－至完工估计将要发生的成本－产成品估计销售费用和相关税费

（2）可变现净值中估计售价的确定方法。

①为执行销售合同或者劳务合同而持有的存货，其可变现净值应当以合同价格为基础计算。

②企业持有的同一项存货的数量多于销售合同或劳务合同订购数量的，应分别确定其可变现净值并与其相对应的成本进行比较，分别确定存货跌价准备的计提或转回金额。超出合同部分的存货的可变现净值应当以一般销售价格为基础计算。

[**例4-1-3**] 沿用[例4-1-2]，2020年年末库存上月外购甲材料40吨，单位成本为1.23万元，甲材料的市场销售价格为每公斤1万元。现有甲材料可用于生产40件甲产品，预计加工成甲产品还需每件投入成本0.8万元。甲产品市场销售价格为每件2万元，预计平均运杂费等销售税费为每件0.1万元。未签订不可撤销的销售合同。

[**分析**] 甲材料是用于生产甲产品的，所以应先计算甲产品是否减值。

甲产品可变现净值＝40×（2－0.1）＝76（万元）

甲产品的成本＝40×1.23＋40×0.8＝81.2（万元）

由于甲产品发生减值，则甲材料可变现价值＝40×（2－0.8－0.1）＝44（万元）

需要计提存货跌价准备＝40×1.23－44＝5.2（万元）

期末资产负债表"存货"项目甲材料列报金额44万元。

账务处理如下：

借：资产减值损失　　　　　　　　　　　　　　　　　　　　　52 000
　　贷：存货跌价准备——甲材料　　　　　　　　　　　　　　　　　　52 000

2. 税收规定。《企业所得税法实施条例》第五十六条规定：企业的各项资产，包括固定

资产、生物资产、无形资产、长期待摊费用、投资资产、存货等，以历史成本为计税基础。企业持有各项资产期间资产增值或者减值，除国务院财政、税务主管部门规定可以确认损益外，不得调整该资产的计税基础。

3. 税会差异。会计上规定，存货在资产负债表日按照成本与可变现净值孰低计量，如果存货成本高于其可变现净值的，应当计提存货跌价准备，计入当期损益；企业所得税法规定，以历史成本为计税基础，持有各项资产期间资产增值或者减值不得调整该资产的计税基础。两者存在差异，在年度汇算清缴纳税申报时，应调增应纳税所得额；以后年度会计处理冲回的资产损失，应调减应纳税所得额。

4. 年度纳税申报表调整（见表4-4）。

表4-4　　　　　　　A105000　纳税调整项目明细表

金额单位：人民币元（列至角分）

行次	项目	账载金额	税收金额	调增金额	调减金额
		1	2	3	4
31	三、资产类调整项目（32+33+34+35）	*	*	52 000	
33	（二）资产减值准备金	52 000	*	52 000	

（三）存货发出计量的税会差异

1. 会计规定。企业会计准则规定，企业应当采用先进先出法、加权平均法或者个别计价法确定发出存货的实际成本。对于性质和用途相似的存货，应当采用相同的成本计算方法确定发出存货的成本。对于不能替代使用的存货、为特定项目专门购入或制造的存货以及提供的劳务，通常采用个别计价法确定发出存货的成本。对于已售存货，应当将其成本结转为当期损益，相应的存货跌价准备也应当予以结转。

（1）先进先出法是指以先购入的存货先发出（销售或耗用）这样一种存货实物流转假设为前提，对发出存货进行计价的方法。

（2）月末一次加权平均法是指以本月各批进货数量和月初数量为权数，去除本月进货成本和月初成本总和，计算出存货的加权平均单位成本，从而计算出本月发出存货及月末存货的成本。

本月发出存货的成本＝本月发出存货的数量×存货单位成本

本月月末库存存货的成本＝月末库存存货的数量×存货单位成本

（3）移动加权平均法是指企业按实际成本进行材料明细分类核算时，以各批材料收入数量和上批结余材料数量为权数，计算材料平均单位成本的一种方法。

移动加权平均单价＝（本次收入前结存商品金额＋本次收入商品金额）÷（本次收入前结存商品数量＋本次收入商品数量）

每次发出存货的成本＝当次发出存货的数量×移动加权平均单价

发出存货后库存存货的成本＝库存存货的数量×移动加权平均单价

（4）个别计价法，也叫个别认定法，是指对发出存货分别认定其单位成本和发出存货成本的方法。采用这种方法，要求具体存货项目具有明显的标志，而且数量不多，价值较大，如大件、贵重的物品。

[例4-1-4]沿用[例4-1-3]，本公司采用先进先出法计算发出材料成本。2021年

1月共发出甲材料20吨,单位成本为1.23万元。假设当月生产甲产品20件,成本40万元。

账务处理如下:

借:生产成本　　　　　　　　　　　　　　　　　　220 000
　　存货跌价准备——甲材料　　　　　　　　　　　 26 000
　　贷:原材料——甲材料　　　　　　　　　　　　　　　246 000

2. 税收规定。

(1)《企业所得税法》第十五条规定:企业使用或者销售存货,按照规定计算的存货成本,准予在计算应纳税所得额时扣除。

(2)《企业所得税法实施条例》第七十三条规定:企业使用或者销售的存货的成本计算方法,可以在先进先出法、加权平均法、个别计价法中选用一种。计价方法一经选用,不得随意变更。

3. 税会差异。存货发出的计价方法,会计规定与企业所得税法规定一致,两者不存在税会差异。

企业会计准则规定,对于已售存货,应当将其成本结转为当期损益,相应的存货跌价准备也应当予以结转;企业所得税法规定,计提的存货减值准备不得税前扣除,在损失实际发生当期按照《国家税务总局关于企业所得税资产损失资料留存备查有关事项的公告》(国家税务总局公告2018年第15号)规定的程序和方法计算扣除。两者存在差异,在年度汇算清缴纳税申报时,应调减应纳税所得额。

4. 年度纳税申报表调整。[例4-1-4]中,当月,以甲材料生产的甲产品企业所得税计税基础为42.6万元(40+2.6),大于会计成本40万元,差额2.6万元需要在当年度已销产品和未销产品之间进行分配,对属于已销产品的金额,在2021年度汇算清缴纳税申报时,应当调减应纳税所得额。

(四)存货盘亏毁损的税会差异

1. 会计规定。企业发生的存货毁损,应当将处置收入扣除账面价值和相关税费后的金额计入当期损益。存货的账面价值是存货成本扣减累计跌价准备后的金额。

存货盘亏造成的损失,应当计入当期损益。按管理权限报经批准后,根据造成存货盘亏或毁损的原因,分别以下情况进行处理:

(1)属于计量收发差错和管理不善等原因造成的存货短缺,应先扣除残料价值、可以收回的保险赔偿和过失人赔偿,将净损失计入管理费用。

(2)属于自然灾害等非正常原因造成的存货毁损,应先扣除处置收入(如残料价值)、可以收回的保险赔偿和过失人赔偿,将净损失计入营业外支出。

[例4-1-5]沿用[例4-1-4],2021年3月,本公司例行盘点,库存甲材料短缺1吨。经查,属于仓储过程中的正常损耗。

账务处理如下:

借:管理费用　　　　　　　　　　　　　　　　　　 12 418
　　存货跌价准备　　　　　　　　　　　　　　　　　 1 300
　　贷:原材料——甲材料　　　　　　　　　　　　　　 12 300
　　　　应交税费——应交增值税(进项税额转出)　　　 1 418

2. 税收规定。

(1)《国家税务总局关于企业所得税资产损失资料留存备查有关事项的公告》(国家税务总局公告 2018 年第 15 号)规定:企业向税务机关申报扣除资产损失,仅需填报企业所得税年度纳税申报表《资产损失税前扣除及纳税调整明细表》,不再报送资产损失相关资料。相关资料由企业留存备查。

(2)《企业资产损失所得税税前扣除管理办法》(国家税务总局公告 2011 年第 25 号)第九条规定:下列资产损失,应以清单方式申报扣除:

①企业在正常经营管理活动中,按照公允价格销售、转让、变卖非货币资产的损失;

②企业各项存货发生的正常损耗;

③企业固定资产达到或超过使用年限而正常报废清理的损失;

④企业生产性生物资产达到或超过使用年限而正常死亡发生的资产损失;

⑤企业按照市场公平交易原则,通过各种交易场所、市场等买卖债券、股票、期货、基金以及金融衍生产品等发生的损失。

前条以外的资产损失,应以专项申报的方式向税务机关申报扣除。企业无法准确判别是否属于清单申报扣除的资产损失,可以采取专项申报的形式申报扣除。

第二十六条规定:存货盘亏损失,为其盘亏金额扣除责任人赔偿后的余额,应依据以下证据材料确认:

①存货计税成本确定依据;

②企业内部有关责任认定、责任人赔偿说明和内部核批文件;

③存货盘点表;

④存货保管人对于盘亏的情况说明。

第二十七条规定:存货报废、毁损或变质损失,为其计税成本扣除残值及责任人赔偿后的余额,应依据以下证据材料确认:

①存货计税成本的确定依据;

②企业内部关于存货报废、毁损、变质、残值情况说明及核销资料;

③涉及责任人赔偿的,应当有赔偿情况说明;

④纳税人留存备查自行出具的有法定代表人、主要负责人和财务负责人签章证实有关损失的书面申明。

第二十八条规定,存货被盗损失,为其计税成本扣除保险理赔以及责任人赔偿后的余额,应依据以下证据材料确认:

①存货计税成本的确定依据;

②向公安机关的报案记录;

③涉及责任人和保险公司赔偿的,应有赔偿情况说明等。

3. 税会差异。会计上规定,以存货成本扣减累计跌价准备后的金额计入当期损益;企业所得税法规定,盘亏金额扣除责任人赔偿后的余额在应纳税所得额税前扣除。两者确认金额存在差异,在年度汇算清缴纳税申报时,应进行纳税调整。

4. 年度纳税申报表调整(见表 4-5、表 4-6)。

表 4－5　　　　　　　A105090　资产损失税前扣除及纳税调整明细表

金额单位：人民币元（列至角分）

行次	项目	资产损失直接计入本年损益金额	资产损失准备金核销金额	资产处置收入	赔偿收入	资产计税基础	资产损失的税收金额	纳税调整金额
		1	2	3	4	5	6 (5-3-4)	7
5	三、存货损失	12 418	1 300			13 718	13 718	-1 300
6	其中：存货盘亏、报废、损毁、变质或被盗损失	12 418	1 300			13 718	13 718	-1 300

表 4－6　　　　　　　A105000　纳税调整项目明细表

金额单位：人民币元（列至角分）

行次	项目	账载金额	税收金额	调增金额	调减金额
		1	2	3	4
31	三、资产类调整项目（32＋33＋34＋35）	*	*		1 300
34	（三）资产损失（填写 A105090）	*	*		1 300

第二节　固定资产准则与税法差异分析及调整

固定资产是指为生产商品、提供劳务、出租或经营管理而持有的、使用寿命超过一个会计年度的有形资产。为了规范固定资产的确认、计量和相关信息的披露，根据《企业会计准则——基本准则》，财政部于 2006 年制定了《企业会计准则第 4 号——固定资产》，至今未进行过修订。

一、固定资产初始计量的税会差异

固定资产应当按照成本进行初始计量。非货币性资产交换、债务重组、企业合并和融资租赁取得的固定资产的成本，因其适用《企业会计准则第 7 号——非货币性资产交换》《企业会计准则第 12 号——债务重组》《企业会计准则第 20 号——企业合并》和《企业会计准则第 21 号——租赁》等其他会计准则规定进行会计处理，在相应章节进行分析。

本节仅对外购、自制、投资者投入等方式取得固定资产初始计量的税会差异进行分析。

（一）外购固定资产成本的税会差异

1. 会计规定。外购固定资产的成本，包括购买价款、相关税费、使固定资产达到预定可使用状态前所发生的可归属于该项资产的运输费、装卸费、安装费和专业人员服务费等。以一笔款项购入多项没有单独标价的固定资产，应当按照各项固定资产公允价值比例对总成本进行分配，分别确定各项固定资产的成本。如果固定资产需要安装应先通过"在建工程"科目核算，然后安装完毕达到预定可使用状态时转入"固定资产"科目。

[例 4-2-1] 本公司是增值税一般纳税人，不动产适用的增值税税率为 9%。2020 年 6 月 15 日购入一栋办公楼，取得的增值税专用发票上注明的价款为 1 000 万元，增值税税额 90 万元。款项已经支付，不考虑其他因素。

账务处理如下：

借：固定资产　　　　　　　　　　　　　　　　　　　　　　　10 000 000
　　应交税费——应交增值税（进项税额）　　　　　　　　　　　　900 000
　　贷：银行存款　　　　　　　　　　　　　　　　　　　　　　10 900 000

2. 税收规定。《企业所得税法实施条例》第五十八条规定，外购的固定资产，以购买价款和支付的相关税费以及直接归属于使该资产达到预定用途发生的其他支出为计税基础。

3. 税会差异。外购取得的固定资产的成本，会计规定与企业所得税法规定一致，两者没有差异，不需要进行纳税调整。

（二）分期付款购买固定资产成本的税会差异

1. 会计规定。采用分期付款方式购买资产，且在合同中规定的付款期限比较长，超过正常信用条件延期支付，实质上具有融资性质的，固定资产的成本以购买价款的现值为基础确定。实际支付的价款与购买价款的现值之间的差额，除按照《企业会计准则第 17 号——借款费用》规定应予以资本化的以外，应当在信用期间内计入当期损益。

[例 4-2-2] 2019 年 12 月 31 日，本公司与某公司签订一项购货合同，从该公司购入一台不需要安装的大型机器设备。合同约定，采用分期付款方式支付价款。该设备价款共计 10 000 万元（不含增值税），约定分 5 期平均支付，首期款项 2 000 万元于当日支付，其余款项在以后 4 年平均支付，每年的付款日期为当年 12 月 31 日。在支付款项时收到增值税专用发票。假定折现率为 10%，（P/A，10%，4）= 3.1 699。

本公司账务处理如下：

购买设备价款的现值为：2 000 + 2 000 ×（P/A，10%，4）= 2 000 + 2 000 × 3.1 699 = 8 339.8（万元）

2019 年 12 月 31 日：

借：固定资产　　　　　　　　　　　　　　　　　　　　　　　83 398 000
　　未确认融资费用　　　　　　　　　　　　　　　　　　　　　16 602 000
　　贷：长期应付款　　　　　　　　　　　　　　　　　　　　　100 000 000
借：长期应付款　　　　　　　　　　　　　　　　　　　　　　　20 000 000
　　应交税费——应交增值税（进项税额）　　　　　　　　　　　2 600 000
　　贷：银行存款　　　　　　　　　　　　　　　　　　　　　　22 600 000

2020 年 12 月 31 日，未确认融资费用的分摊额不符合资本化条件，计入财务费用。

未确认融资费用的分摊额 =（长期应付款期初余额 - 未确认融资费用期初余额）× 折现率 =（8 000 - 1 660.2）× 10% = 633.98（万元）

借：财务费用　　　　　　　　　　　　　　　　　　　　　　　　6 339 800
　　贷：未确认融资费用　　　　　　　　　　　　　　　　　　　6 339 800
借：长期应付款　　　　　　　　　　　　　　　　　　　　　　　20 000 000
　　应交税费——应交增值税（进项税额）　　　　　　　　　　　2 600 000
　　贷：银行存款　　　　　　　　　　　　　　　　　　　　　　22 600 000

2. 税会差异。会计上规定,采用分期付款方式购买固定资产的成本,以购买价款的现值为基础确定,同时支付的价款与购买价款的现值之间的差额采用实际利率法摊销;企业所得税法规定,以购买价款为基础确定计税基础,不考虑现值问题。两者存在差异,导致固定资产账面价值与计税基础不同,影响之后年度折旧金额的计算和税前扣除,应在固定资产使用期内每年度汇算清缴纳税申报时进行纳税调整。同时,会计按实际利率法摊销计入财务费用的支出,税法规定不得扣除,也需要一并进行纳税调整。

[例4-2-2]中,会计成本为8 339.8万元,企业所得税计税基础为10 000万元。

3. 年度纳税申报表调整(见表4-7)。

表4-7　　　　　A105000　　纳税调整项目明细表

金额单位:人民币元(列至角分)

行次	项目	账载金额	税收金额	调增金额	调减金额
		1	2	3	4
12	二、扣除类调整项目(13+14+…+24+26+27+28+29+30)	*	*	6 339 800	
22	(十)与未实现融资收益相关在当期确认的财务费用	6 339 800	0	6 339 800	

(三)自建固定资产成本的税会差异

1. 会计规定。自行建造固定资产的成本,由建造该项资产达到预定可使用状态前所发生的必要支出构成,包括工程用物资成本、人工成本、缴纳的相关税费、应予资本化的借款费用以及应分摊的间接费用等。企业自行建造固定资产可分为自营建造和出包建造两种方式。

(1) 自营方式建造固定资产。成本应当按照直接材料、直接人工、直接机械施工费等计量。

①工程物资,应当按照实际支付的买价、运输费、保险费等相关税费作为实际成本。用于不动产和动产的工程物资,其进项税额均可以抵扣。包括工程物资盘盈、盘亏、报废、毁损,增加所建工程项目的成本或冲减所建工程项目的成本。

②其他支出,如为建造工程发生的管理费、可行性研究费、临时设施费、公证费、监理费、应负担的税金、符合资本化条件的借款费用,以及负荷联合试车费等,计入在建工程项目成本。

(2) 出包方式建造固定资产。

①建筑工程、安装工程支出,应通过"在建工程"科目核算,且企业与承包单位结算的工程款,应通过该科目核算。

②其他支出的处理与自营方式建造固定资产略有不同,应当按照建筑工程支出、安装工程支出、在安装设备支出的比例分摊计入相应的项目。

[例4-2-3]公司经董事会批准,新建一条生产线。建造的生产线由3个单项工程组成,包括建造生产车间、安装生产线以及安装环保设备。2019年2月1日,公司与某公司签订合同,将该项目出包给某公司承建。根据双方签订的合同,建造生产车间的价款为1 000万元,安装生产线的价款为200万元,安装环保设备需支付安装费用300万元。建造

期间发生的有关事项如下（为简化不考虑增值税）：

①2019年7月30日，建造生产车间的工程进度达到100%，与某公司办理工程价款结算1 000万元，用银行存款付讫。账务处理如下：

借：在建工程——生产车间　　　　　　　　　　　　　　　10 000 000
　　贷：银行存款　　　　　　　　　　　　　　　　　　　　　　10 000 000

②2019年8月1日，购入需安装的生产线，价款1 000万元已用银行存款付讫。账务处理如下：

借：在建工程——生产线　　　　　　　　　　　　　　　　10 000 000
　　贷：银行存款　　　　　　　　　　　　　　　　　　　　　　10 000 000

③2019年9月1日，购入需安装的环保设备，价款500万元已用银行存款付讫。账务处理如下：

借：在建工程——环保设备　　　　　　　　　　　　　　　　5 000 000
　　贷：银行存款　　　　　　　　　　　　　　　　　　　　　　 5 000 000

④2019年10月10日，生产线及环保设备安装到位，与某公司办理设备安装价款结算，价款为500万元，款项已支付。账务处理如下：

借：在建工程——生产线　　　　　　　　　　　　　　　　　2 000 000
　　　　　　——环保设备　　　　　　　　　　　　　　　　　3 000 000
　　贷：银行存款　　　　　　　　　　　　　　　　　　　　　　 5 000 000

⑤2019年11月30日，工程项目发生管理费、可行性研究费、公证费、监理费共计100万元，进行负荷联合试车领用本企业材料100万元，用银行存款支付，试车期间取得产品销售收入50万元（不考虑增值税）。

账务处理如下：

借：在建工程——待摊支出　　　　　　　　　　　　　　　　2 000 000
　　贷：原材料　　　　　　　　　　　　　　　　　　　　　　　 1 000 000
　　　　银行存款　　　　　　　　　　　　　　　　　　　　　　 1 000 000
借：银行存款　　　　　　　　　　　　　　　　　　　　　　　　 500 000
　　贷：在建工程——待摊支出　　　　　　　　　　　　　　　　　500 000

⑥2019年12月31日，完成试车，各项指标达到设计要求。

待摊支出分配率 =（200 - 50）÷（生产车间1 000 + 生产线1 200 + 环保设备800）× 100% = 150 ÷ 3 000 × 100% = 5%

生产车间应分配的待摊支出 = 1 000 × 5% = 50（万元）

生产线应分配的待摊支出 = 1 200 × 5% = 60（万元）

环保设备应分配的待摊支出 = 800 × 5% = 40（万元）

⑦结转在建工程。账务处理如下：

借：在建工程——生产车间　　　　　　　　　　　　　　　　 500 000
　　　　　　——生产线　　　　　　　　　　　　　　　　　　　600 000
　　　　　　——环保设备　　　　　　　　　　　　　　　　　　400 000
　　贷：在建工程——待摊支出　　　　　　　　　　　　　　　 1 500 000

⑧计算已完工的固定资产的成本。

生产车间的成本 = 1 000 + 50 = 1 050（万元）
生产线的成本 = 1 000 + 200 + 60 = 1 260（万元）
环保设备的成本 = 500 + 300 + 40 = 840（万元）

⑨结转固定资产。账务处理如下：

借：固定资产——生产车间　　　　　　　　　　　　10 500 000
　　　　　　——生产线　　　　　　　　　　　　　12 600 000
　　　　　　——环保设备　　　　　　　　　　　　 8 400 000
　　贷：在建工程——生产车间　　　　　　　　　　 10 500 000
　　　　　　　　——生产线　　　　　　　　　　　 12 600 000
　　　　　　　　——环保设备　　　　　　　　　　　8 400 000

2. 税收规定。

（1）《企业所得税法实施条例》第五十八条规定，自行建造的固定资产，以竣工结算前发生的支出为计税基础。

（2）《国家税务总局关于贯彻落实企业所得税法若干税收问题的通知》（国税函〔2010〕79号）规定，企业固定资产投入使用后，由于工程款项尚未结算未取得全额发票的，可暂按合同规定的金额计入固定资产计税基础计提折旧，待发票取得后进行调整。但该项调整应在固定资产投入使用后12个月内进行。

（3）《企业所得税法》第六条规定，企业以货币形式和非货币形式从各种来源取得的收入，为收入总额。

3. 税会差异。

（1）成本终止计量时间的差异。会计上规定，成本终止计量时间是达到预定可使用状态前；企业所得税法规定，成本终止计量时间是竣工结算前。在实务中，固定资产达到预定可使用状态与办理竣工结算时间不一致，两者存在差异，也将影响固定资产未来累计折旧的计算和扣除。

（2）固定资产暂估入账处理的差异。会计上规定，已投入使用未办理结算手续固定资产，应当按照估计价值确定其成本，并计提折旧，待办理竣工决算后，再按实际成本调整原来的暂估价值，不需要调整原已计提的折旧额；企业所得税法规定，待发票取得后进行调整。两者都允许暂时先将其由"在建工程"科目转入"固定资产"科目，但也存在差异：一是会计上规定没有限定具体的调整期限；企业所得税法明确了调整的期限，即"在固定资产投入使用后12个月内进行"。二是会计上规定未来调整的内容仅仅是固定资产的入账价值，已提折旧额不需要调整；企业所得税法规定调整的项目既包括固定资产的原值也包括已提折旧额。如果两者计算的暂估折旧金额不同，在年度汇算清缴纳税申报时，应调整应纳税所得额。

（3）试运行收入处理的差异。会计上规定，固定资产建造完成前发生的试运行收入要冲减固定资产的成本；企业所得税法规定，要计入当期收入总额。当固定资产在建造过程中发生试运行收入时，将使固定资产入账价值小于计税基础，也将影响固定资产未来累计折旧的计算和扣除，在年度汇算清缴纳税申报时，应调减应纳税所得额。

（4）借款费用处理的差异。参考借款费用准则与税法差异分析及调整一节。

4. 年度纳税申报表调整（见表4-8）。

表 4-8　　　　　　　A105000　纳税调整项目明细表

金额单位：人民币元（列至角分）

行次	项目	账载金额	税收金额	调增金额	调减金额
		1	2	3	4
1	一、收入类调整项目（2+3+…+8+10+11）	*	*	500 000	
11	（九）其他	0	500 000	500 000	

同时，3项固定资产入账价值合计3 150万元，计税基础3 200万元。

（四）投资者投入固定资产成本的税会差异

1. 会计规定。投资者投入固定资产的成本，应当按照投资合同或协议约定的价值确定，但合同或协议约定价值不公允的除外。如果投资者投入的是旧固定资产，不应在账面反映投资人已经提取的折旧额，应该以投资合同或协议约定的价值（该价值不公允的除外）作为固定资产的入账价值。

[例4-2-4] 本公司2020年4月30日与某公司签订入股协议，本公司向其增发100万股普通股，占公司发行在外普通股比例1%。某公司以一台其生产的设备作为对价支付给本公司并开具了增值税专用发票，发票金额1 000万元，税额130万元。2020年6月30日，某公司将作为对价的资产所有权转移给本公司。当日某公司股价11元，本公司支付补价30万元。

本公司账务处理如下：

借：固定资产　　　　　　　　　　　　　　　　　　　　　10 000 000
　　应交税费——应交增值税（进项税额）　　　　　　　　　1 300 000
　　贷：股本　　　　　　　　　　　　　　　　　　　　　　1 000 000
　　　　资本公积　　　　　　　　　　　　　　　　　　　10 000 000
　　　　银行存款　　　　　　　　　　　　　　　　　　　　 300 000

2. 税收规定。

（1）《企业所得税法实施条例》第五十八条规定，通过捐赠、投资、非货币性资产交换、债务重组等方式取得的固定资产，以该资产的公允价值和支付的相关税费为计税基础。

（2）《财政部　国家税务总局关于非货币性资产投资企业所得税政策问题的通知》（财税〔2014〕116号）规定，居民企业（以下简称企业）以非货币性资产对外投资确认的非货币性资产转让所得，可在不超过5年期限内，分期均匀计入相应年度的应纳税所得额，按规定计算缴纳企业所得税。

被投资企业取得非货币性资产的计税基础，应按非货币性资产的公允价值确定。

3. 税会差异。会计上规定，投资者投入固定资产应当按照投资合同或协议约定的价值确定，但合同或协议约定价值不公允的除外；企业所得税法规定，以该资产的公允价值和支付的相关税费为计税基础。投资者投入固定资产会计入账价值和计税基础的初始计量，两者不存在差异。

（五）存在弃置义务固定资产成本的税会差异

1. 会计规定。企业会计准则规定，确定固定资产成本时，应当考虑预计弃置费用因素。弃置费用通常是指根据企业承担的环境保护和生态恢复等义务所确定的支出，是企业在购置固定资产时或者在特定期间内出于生产存货以外的其他目的而使用有关固定资产时所产生的拆卸、搬运和场地清理义务等支出。对于石油天然气、核电站核设施等，企业应当按照《企业会计准则第13号——或有事项》的规定，按照现值计算确定应计入固定资产成本的金额和相应的预计负债。

企业在特定期间内由于使用有关固定资产生产存货而发生类似支出的，不属于弃置费用，应当计入生产当期的生产成本或期间费用。

[例4-2-5] 经国家审批，公司计划建造一个核电站，其主体设备核反应堆将会对当地的生态环境产生一定的影响。根据法律规定，企业应在该项设备使用期满后将其拆除，并对造成的污染进行整治。2020年1月1日，该项设备建造完成并交付使用，建造成本共5亿元。预计使用寿命30年，预计弃置费用为1 000万元。假定折现率（即实际利率）为8%，$(P/F, 8\%, 30) = 0.099\ 4$。

账务处理如下：

① 2020年1月1日弃置费用的现值 = 1 000 × 0.099 4 = 99.4（万元）

固定资产入账价值 = 50 000 + 99.4 = 50 099.4（万元）

借：固定资产　　　　　　　　　　　　　　　　　　　　　500 994 000
　　贷：在建工程　　　　　　　　　　　　　　　　　　　　500 000 000
　　　　预计负债　　　　　　　　　　　　　　　　　　　　　　994 000

② 每年按折现率8%，增加预计负债不符合资本化条件，直接计入当期损益。

2020年12月31日：

借：财务费用　　　　　　　　　　　　　　　　　　　　　　　79 520
　　贷：预计负债　　　　　　　　　　　　　　　　　　　　　　79 520

2020年12月31日预计负债余额 = 99.4 + 7.952 = 107.352（万元）

2. 税收规定。

（1）《企业所得税法实施条例》第四十五条规定：企业依照法律、行政法规有关规定提取的用于环境保护、生态恢复等方面的专项资金，准予扣除。上述专项资金提取后改变用途的，不得扣除。

（2）《国家税务总局关于发布〈海上油气生产设施弃置费企业所得税管理办法〉的公告》（国家税务总局公告2011年第22号）规定，参与开采海上油气资源的中国企业和外国企业，可按照本办法规定提取弃置费用，具体包括弃置前期研究、停产准备、工程设施弃置、油井弃置等相关费用。

① 采用年限平均法分月计提弃置费，应按照以下公式计算：

当月计提弃置费 =（预备方案中的弃置费总额 - 累计已计提弃置费用）÷ 合同生产期（月）- 当月弃置费专款账户损益

本条及下条公式中的"当月弃置费专款账户损益"，包括专款账户利息、汇兑损益等。其中汇兑损益为弃置费以人民币以外货币计提存储情况下，按照上月末即期人民币汇率中间价折算为人民币时，弃置费专款账户余额发生的汇兑损益。

本办法实施前已进入商业生产的海上油（气）田，合同生产期（月）为开始计提弃置费的剩余月份。

② 采用产量法计提弃置费，应按照以下公式计算：

本月计提弃置费 = （预备方案中的弃置费总额 - 累计已计提弃置费用）×本月计提比例 - 当月弃置费专款账户损益

本月计提比例 = 本月油（气）田实际产量 ÷ （本月油（气）田实际产量 + 期末探明已开发储量）

作业者应在纳税年度结束后，就当年提取的弃置费具体情况进行调整。企业应在年度汇算清缴时，根据作业者的调整情况，确认本年度弃置费列支数额。

③油（气）田企业或合作各方企业应承担或者按投资比例承担设施废弃处置的责任和义务，其按本办法计提的弃置费，应依照规定作为环境保护、生态恢复等方面专项资金，并准予在计算企业年度应纳税所得额时扣除。

作业者实施海上油（气）田设施废弃处置时发生的弃置费，应单独归集核算，并从按照本办法规定提取的弃置费中扣除。

④作业者完成海上油（气）田设施废弃处置后，提取的弃置费仍有余额，应相应调增弃置费余额所归属企业当年度的应纳税所得额；实际发生的弃置费超过计提的部分，应作为企业当年度费用，在计算企业应纳税所得额时扣除。

3. 税会差异。会计上规定，在固定资产建造期间按照弃置费用现值计算确定应计入固定资产成本的金额，固定资产建造完成后计提的弃置费直接计入当期损益；企业所得税法规定，用于环境保护、生态恢复等方面的专项资金，准予扣除，未明确规定提取的用于环境保护、生态恢复等方面的专项资金计入固定资产成本。根据《国家税务总局关于修订企业所得税年度纳税申报表的公告》（国家税务总局公告2020年第24号）规定，如企业按照企业会计准则规定进行会计处理，所得税应认可这种处理方式，不需要进行纳税调整。

（六）盘盈固定资产成本的税会差异

1. 会计规定。企业会计准则规定，盘盈固定资产应按照前期差错进行会计处理。《企业会计准则第28号——会计政策、会计估计变更和差错更正（2006）》规定，企业对于前期差错，应当采用追溯重述法更正重要的前期差错，但确定前期差错累积影响数不切实可行的除外。

（1）前期差错是指由于没有运用或错误运用下列两种信息，而对前期财务报表造成省略漏报或错报：一是编报前期财务报表时预期能够取得并加以考虑的可靠信息；二是前期财务报告批准报出时能够取得的可靠信息。

前期差错通常包括计算错误、应用会计政策错误、疏忽或曲解事实以及舞弊产生的影响以及存货、固定资产盘盈等。从适用企业会计准则的情况看，一般来说，固定资产的盘盈均属于企业重要事项，应当采用追溯重述法更正。

（2）追溯重述法是指在发现前期差错时，视同该项前期差错从未发生过，从而对财务报表相关项目进行更正的方法。企业应当在重要的前期差错发现当期的财务报表中，调整前期比较数据。

[例4-2-6] 本公司2020年6月盘盈一台机器设备，同类设备市场价格为100万元，估计设备的成新程度是5成新。

账务处理如下：

借：固定资产　　　　　　　　　　　　　　　　　　　　500 000

　　贷：以前年度损益调整　　　　　　　　　　　　　　　　500 000

借：以前年度损益调整　　　　　　　　　　　　500 000
　　贷：盈余公积　　　　　　　　　　　　　　　　50 000
　　　　利润分配——未分配利润　　　　　　　　450 000

2. 税收规定。

（1）《企业所得税法实施条例》第二十二条规定，企业资产溢余收入、逾期未退包装物押金收入、确实无法偿付的应付款项、已作坏账损失处理后又收回的应收款项、债务重组收入、补贴收入、违约金收入、汇兑收益等属于企业所得税法第六条第（九）项所称其他收入。

（2）《企业所得税法实施条例》第五十八条规定，盘盈的固定资产，以同类固定资产的重置完全价值为计税基础。

3. 税会差异。会计上规定，盘盈固定资产作为重要的前期差错，直接调整年初未分配利润；企业所得税法规定，资产溢余收入属于应税收入，计入盘盈资产所属纳税年度的收入总额之中。两者存在差异，在年度汇算清缴纳税申报时应调增应纳税所得额。

4. 年度纳税申报表调整（见表4-9）。

表4-9　　　　　　　　　　A105000　纳税调整项目明细表

金额单位：人民币元（列至角分）

行次	项目	账载金额	税收金额	调增金额	调减金额
		1	2	3	4
1	一、收入类调整项目（2+3+…+8+10+11）	*	*	500 000	
11	（九）其他	0	500 000	500 000	

二、固定资产后续计量的税会差异

（一）固定资产折旧范围的税会差异

1. 会计规定。企业应当对所有固定资产计提折旧。但是，已提足折旧继续使用的固定资产和单独计价入账的土地除外。

折旧，是指在固定资产使用寿命内，按照确定的方法对应计折旧额进行系统分摊。应计提折旧额，是指应当计提折旧的固定资产的原价扣除其预计净残值后的金额。已计提减值准备的固定资产，还应当扣除已计提的固定资产减值准备累计金额。

2. 税收规定。《企业所得税法》第十一条规定，在计算应纳税所得额时，企业按照规定计算的固定资产折旧，准予扣除。下列固定资产不得计算折旧扣除：

（1）房屋、建筑物以外未投入使用的固定资产；
（2）以经营租赁方式租入的固定资产；
（3）以融资租赁方式租出的固定资产；
（4）已足额提取折旧仍继续使用的固定资产；
（5）与经营活动无关的固定资产；
（6）单独估价作为固定资产入账的土地；
（7）其他不得计算折旧扣除的固定资产。

3. 税会差异。企业所得税法规定不得计算折旧扣除的7类固定资产中，（2）（3）（4）

(6) 规定与会计上规定一致,(1)(5)(7) 与会计上规定不一致,税会差异在两个方面:一是固定资产是否使用;二是固定资产与生产经营活动是否直接相关。企业所得税法规定,对于未使用的固定资产(除房屋、建筑物以外)和与经营活动无关的固定资产,不允许计提折旧税前扣除。如按会计上规定计提折旧并计入相关成本费用,在年度汇算清缴纳税申报时应调增应纳税所得额。

(二) 固定资产预计净残值的税会差异

1. 会计规定。预计净残值是指假定固定资产预计使用寿命已满并处于使用寿命终了时的预期状态,企业目前从该项资产处置中获得的扣除预计处置费用后的金额。企业应当根据固定资产的性质和使用情况,合理确定固定资产的预计净残值。

预计净残值一经确定,不得随意变更。但是,企业至少应当于每年年度终了,对固定资产的预计净残值进行复核,预计净残值预计数与原先估计数有差异的,应当调整预计净残值。固定资产预计净残值的改变应当作为会计估计变更处理,企业对会计估计变更应当采用未来适用法处理。

[例 4-2-7] 沿用 [例 4-2-1],公司 2020 年 6 月购入的不动产,预计尚可使用年限为 40 年,预计净残值率为 5%,采用直线法计提折旧。2020 年底,公司对该项固定资产的预计净残值进行复核,预计净残值预计数与原先估计数有差异,调整预计净残值率为 3%。

账务处理如下:

①2020 年 7—12 月,每月计提折旧 = 1 000 × (1 - 5%) ÷ 40 ÷ 12 = 1.98(万元)

借:管理费用　　　　　　　　　　　　　　　　　　　　　19 800
　　贷:累计折旧　　　　　　　　　　　　　　　　　　　　　19 800

②2021 年 1 月开始,每月应计提折旧 = (1 000 - 1.98 × 6) × (1 - 3%) ÷ 39.5 ÷ 12 = 2.02(万元)

借:管理费用　　　　　　　　　　　　　　　　　　　　　20 200
　　贷:累计折旧　　　　　　　　　　　　　　　　　　　　　20 200

2. 税收规定。

(1)《企业所得税法实施条例》第五十九条规定,企业应当根据固定资产的性质和使用情况,合理确定固定资产的预计净残值。固定资产的预计净残值一经确定,不得变更。

(2)《国家税务总局关于企业所得税若干税务事项衔接问题的通知》(国税函〔2009〕98 号)规定,新税法实施前已投入使用的固定资产,企业已按原税法规定预计净残值并计提的折旧,不作调整。新税法实施后,对此类继续使用的固定资产,可以重新确定其残值,并就其尚未计提折旧的余额,按照新税法规定的折旧年限减去已经计提折旧的年限后的剩余年限,按照新税法规定的折旧方法计算折旧。

3. 税会差异。会计上规定,企业至少应当于每年年度终了,对固定资产的预计净残值进行复核,预计净残值预计数与原先估计数有差异的,应当调整预计净残值;企业所得税法规定,固定资产的预计净残值一经确定,不得变更。两者存在差异,如果会计处理调整预计净残值,导致计算并计入相关成本费用累计折旧金额与按原预计净残值计算累计折旧金额不一致,应在年度汇算清缴缴纳税申报时进行纳税调整。

4. 年度纳税申报表调整。2021 年度汇算清缴申报如表 4-10、表 4-11 所示。

表 4-10　　　　　　　A105080　资产折旧、摊销及纳税调整明细表

金额单位：人民币元（列至角分）

行次	项目		账载金额			税收金额					纳税调整金额
			资产原值	本年折旧、摊销额	累计折旧、摊销额	资产计税基础	税收折旧、摊销额	享受加速折旧政策的资产按税收一般规定计算的折旧、摊销额	加速折旧、摊销统计额	累计折旧、摊销额	
			1	2	3	4	5	6	7=5-6	8	9(2-5)
1	一、固定资产（2+3+4+5+6+7）		10 000 000	242 400	361 200	10 000 000	237 600	*	*	356 400	4 800
2	所有固定资产	（一）房屋、建筑物	10 000 000	242 400	361 200	10 000 000	237 600	*	*	356 400	4 800

表 4-11　　　　　　　A105000　纳税调整项目明细表

金额单位：人民币元（列至角分）

行次	项目	账载金额	税收金额	调增金额	调减金额
		1	2	3	4
31	三、资产类调整项目（32+33+34+35）	*	*	4 800	
32	（一）资产折旧、摊销（填写A105080）	242 400	237 600	4 800	
46	合计（1+12+31+36+44+45）	*	*	4 800	

（三）固定资产使用寿命的税会差异

1. 会计规定。企业应当根据固定资产的性质和使用情况，合理确定固定资产的使用寿命。企业确定固定资产使用寿命，应当考虑下列因素：

（1）预计生产能力或实物产量；

（2）预计有形损耗和无形损耗；

（3）法律或者类似规定对资产使用的限制。

固定资产的使用寿命一经确定，不得随意变更。但企业至少应当于每年年度终了，对固定资产的使用寿命进行复核。使用寿命预计数与原先估计数有差异的，应当调整固定资产使用寿命。固定资产使用寿命的改变应当作为会计估计变更处理，企业对会计估计变更应当采用未来适用法处理。

[例 4-2-8] 沿用 [例 4-2-2]，2019 年 12 月 31 日，购入一台不需要安装的大型机器设备，公司根据固定资产的性质和使用情况，合理确定固定资产的使用寿命为 10 年。预计残值率 5%，按直线法计提折旧。2020 年 12 月 31 日，对固定资产的使用寿命进行复核，确定该项固定资产只可以使用 8 年，预计残值率不变。

账务处理如下：

① 2020 年开始按月计提折旧金额 = 8 339.8 ×（1-5%）÷ 10 ÷ 12 = 66.02（万元）

借：生产成本　　　　　　　　　　　　　　　　　　　　　　　　660 200

　　　　贷：累计折旧　　　　　　　　　　　　　　　　　　　　660 200

②2021 年开始按月计提折旧金额 =（8 339.8 - 66.02 × 12）×（1 - 5%）÷ 7 ÷ 12 = 85.36（万元）

　　　　借：生产成本　　　　　　　　　　　　　　　　　　　　853 600
　　　　　　贷：累计折旧　　　　　　　　　　　　　　　　　　　853 600

③2021 年 12 月 31 日，未确认融资费用的分摊额计入财务费用。

未确认融资费用的分摊额 =（长期应付款期初余额 - 未确认融资费用期初余额）× 折现率 =（6 000 - 1 026.22）× 10% = 497.378（万元）

　　　　借：财务费用　　　　　　　　　　　　　　　　　　　4 973 780
　　　　　　贷：未确认融资费用　　　　　　　　　　　　　　　4 973 780
　　　　借：长期应付款　　　　　　　　　　　　　　　　　　20 000 000
　　　　　　应交税费——应交增值税（进项税额）　　　　　　　2 600 000
　　　　　　贷：银行存款　　　　　　　　　　　　　　　　　22 600 000

2. 税收规定。

（1）《企业所得税法实施条例》第六十条规定，除国务院财政、税务主管部门另有规定外，固定资产计算折旧的最低年限如下：

①房屋、建筑物，为 20 年；

②飞机、火车、轮船、机器、机械和其他生产设备，为 10 年；

③与生产经营活动有关的器具、工具、家具等，为 5 年；

④飞机、火车、轮船以外的运输工具，为 4 年；

⑤电子设备，为 3 年。

（2）《企业所得税法》第三十二条规定，企业的固定资产由于技术进步等原因，确需加速折旧的，可以缩短折旧年限或者采取加速折旧的方法。

（3）《财政部　国家税务总局关于进一步鼓励软件产业和集成电路产业发展企业所得税政策的通知》（财税〔2012〕27 号）规定，企业外购的软件，凡符合固定资产或无形资产确认条件的，可以按照固定资产或无形资产进行核算，其折旧或摊销年限可以适当缩短，最短可为 2 年（含）。集成电路生产企业的生产设备，其折旧年限可以适当缩短，最短可为 3 年。

（4）《财政部　国家税务总局关于开采油（气）资源企业费用和有关固定资产折耗摊销折旧税务处理问题的通知》（财税〔2009〕49 号）规定，油气企业在开始商业性生产之前发生的开发支出，可不分用途，全部累计作为开发资产的成本，自对应的油（气）田开始商业性生产月份的次月起，可不留残值，按直线法计提的折旧准予扣除，其最低折旧年限为 8 年。

（5）《国家税务总局关于企业所得税应纳税所得额若干问题的公告》（国家税务总局公告 2014 年第 29 号）第五条规定，企业固定资产会计折旧年限如果短于税法规定的最低折旧年限，其按会计折旧年限计提的折旧高于按税法规定的最低折旧年限计提的折旧部分，应调增当期应纳税所得额；企业固定资产会计折旧年限已期满且会计折旧已提足，但税法规定的最低折旧年限尚未到期且税收折旧尚未足额扣除，其未足额扣除的部分准予在剩余的税收折旧年限继续按规定扣除。企业固定资产会计折旧年限如果长于税法规定的最低折旧年限，其折旧应按会计折旧年限计算扣除，税法另有规定除外。

3. 税会差异。

（1）使用寿命与最低年限的差异。会计上规定，企业应当根据固定资产的性质和使用情况，自行合理确定固定资产的使用寿命；企业所得税法规定，不同行业、固定资产不同类型，规定有最低折旧年限。两者存在差异，如果会计折旧年限短于税法规定的最低折旧年限，其按会计折旧年限计提的折旧高于按税法规定的最低折旧年限计提的折旧部分，应调增当期应纳税所得额；如果会计折旧年限长于税法规定的最低折旧年限，其折旧应按会计折旧年限计算扣除，不需要进行纳税调整。

（2）使用寿命复核的差异。会计上规定，企业至少应当于每年年度终了，对固定资产的使用寿命进行复核，使用寿命预计数与原先估计数有差异的，应当调整使用寿命；企业所得税法规定，固定资产的最低折旧年限，不得进行调整。两者存在差异，在年度汇算清缴纳税申报时应进行纳税调整。

4. 年度纳税申报表调整。

（1）2020年度汇算清缴申报如表4-12、表4-13所示。

表4-12 A105080 资产折旧、摊销及纳税调整明细表

金额单位：人民币元（列至角分）

行次	项目	账载金额			税收金额					纳税调整金额
		资产原值	本年折旧、摊销额	累计折旧、摊销额	资产计税基础	税收折旧、摊销额	享受加速折旧政策的资产按税收一般规定计算的折旧、摊销额	加速折旧、摊销统计额	累计折旧、摊销额	
		1	2	3	4	5	6	7 = 5 - 6	8	9 (2 - 5)
1	一、固定资产（2+3+4+5+6+7）	83 398 000	7 922 400	7 922 400	100 000 000	9 500 000	*	*	9 500 000	-1 577 600
3	所有固定资产 （二）飞机、火车、轮船、机器、机械和其他生产设备	83 398 000	7 922 400	7 922 400	100 000 000	9 500 000	*	*	9 500 000	-1 577 600

表4-13 A105000 纳税调整项目明细表

金额单位：人民币元（列至角分）

行次	项目	账载金额	税收金额	调增金额	调减金额
		1	2	3	4
12	二、扣除类调整项目（13+14+…+24+26+27+28+29+30）	*	*	6 339 800	
22	（十）与未实现融资收益相关在当期确认的财务费用	6 339 800	0	6 339 800	
31	三、资产类调整项目（32+33+34+35）	*	*		1 577 600
32	（一）资产折旧、摊销（填写A105080）	7 922 400	9 500 000		1 577 600
46	合计（1+12+31+36+44+45）	*	*	6 339 800	1 577 600

(2) 2021年度汇算清缴申报如表4-14、表4-15所示。

表4-14　　　　　　　A105080　资产折旧、摊销及纳税调整明细表

金额单位：人民币元（列至角分）

行次	项目	账载金额			税收金额					纳税调整金额
		资产原值	本年折旧、摊销额	累计折旧、摊销额	资产计税基础	税收折旧、摊销额	享受加速折旧政策的资产按税收一般规定计算的折旧、摊销额	加速折旧、摊销统计额	累计折旧、摊销额	
		1	2	3	4	5	6	7=5-6	8	9(2-5)
1	一、固定资产（2+3+4+5+6+7）	83 398 000	10 243 200	18 165 600	100 000 000	9 500 000	*	*	19 000 000	743 200
3	所有固定资产 （二）飞机、火车、轮船、机器、机械和其他生产设备	83 398 000	10 243 200	18 165 600	100 000 000	9 500 000	*	*	19 000 000	743 200

表4-15　　　　　　　A105000　纳税调整项目明细表

金额单位：人民币元（列至角分）

行次	项目	账载金额	税收金额	调增金额	调减金额
		1	2	3	4
12	二、扣除类调整项目（13+14+…+24+26+27+28+29+30）	*	*	4 973 780	
22	（十）与未实现融资收益相关在当期确认的财务费用	4 973 780	0	4 973 780	
31	三、资产类调整项目（32+33+34+35）	*	*	743 200	
32	（一）资产折旧、摊销（填写A105080）	10 243 200	9 500 000	743 200	
46	合计（1+12+31+36+44+45）	*	*	5 716 980	

（四）固定资产折旧方法的税会差异

1. 会计规定。企业应当根据与固定资产有关的经济利益的预期实现方式，合理选择固定资产折旧方法。可选用的折旧方法包括年限平均法、工作量法、双倍余额递减法和年数总和法等。

（1）年限平均法：

年折旧额 =（原价 - 预计净残值）÷ 预计使用年限

或 = 固定资产原价 × 年折旧率

（2）双倍余额递减法：

年折旧额 = 期初固定资产净值（原值 - 折旧）× 2 ÷ 预计使用年限

最后两年改为直线法。

（3）年数总和法：

年折旧额 =（原价 - 预计净残值）× 年折旧率

年折旧率 = 尚可使用年数/年数总和

（4）工作量法。工作量法又称工作效率法，在这种方法下，每期折旧额与每期固定资产的实际工作量密切联系。工作量法侧重于对使用强度的确认，弥补了平均年限法只注重使用年限的不足。

工作量法计算公式如下：

每一工作量折旧额 =（固定资产原值 - 预计净残值）÷ 预计总工作量

某项固定资产某一期间折旧额 = 该项固定资产当期工作量 × 每一工作量折旧额

固定资产的折旧方法一经确定，不得随意变更。但企业至少应当于每年年度终了，对固定资产的折旧方法进行复核。与固定资产有关的经济利益预期实现方式有重大改变的，应当改变固定资产折旧方法。折旧方法的改变应当作为会计估计变更处理，企业对会计估计变更应当采用未来适用法处理。

[例 4-2-9] 沿用 [例 4-2-3]，2019 年 12 月 31 日转固定资产的环保设备，公司根据该项固定资产有关的经济利益的预期实现方式，选择年数总和法折旧方法，合理确定固定资产的使用寿命 10 年，预计残值率 5%。假设不符合企业所得税法加速折旧条件。

账务处理如下：

2020 年应当计提折旧 = 840 ×（1 - 5%）× 10 ÷ 55 = 145.1（万元）

每月计提折旧 = 145.1 ÷ 12 = 12.1（万元）

借：制造费用　　　　　　　　　　　　　　　　　　　　　121 000
　　贷：累计折旧　　　　　　　　　　　　　　　　　　　　121 000

2021 年应当计提折旧 = 840 ×（1 - 5%）× 9 ÷ 55 = 130.58（万元）

每月计提折旧 = 130.58 ÷ 12 = 10.88（万元）

借：制造费用　　　　　　　　　　　　　　　　　　　　　108 800
　　贷：累计折旧　　　　　　　　　　　　　　　　　　　　108 800

2. 税收规定。

（1）《企业所得税法》第三十二条规定，企业的固定资产由于技术进步等原因，确需加速折旧的，可以缩短折旧年限或者采取加速折旧的方法。

（2）《企业所得税法实施条例》第五十九条规定，固定资产按照直线法计算的折旧，准予扣除。

（3）《企业所得税法实施条例》第九十八条规定，企业所得税法所称可以采取缩短折旧年限或者采取加速折旧的方法的固定资产，包括：

①由于技术进步，产品更新换代较快的固定资产；

②常年处于强震动、高腐蚀状态的固定资产。

采取缩短折旧年限方法的，最低折旧年限不得低于本条例第六十条规定折旧年限的 60%；采取加速折旧方法的，可以采取双倍余额递减法或者年数总和法。

（3）《国家税务总局关于企业固定资产加速折旧所得税处理有关问题的通知》（国税发〔2009〕81 号）规定，企业拥有并用于生产经营的主要或关键的固定资产，由于技术进步，产品更新换代较快的，或者常年处于强震动、高腐蚀状态的，可以缩短折旧年限或者采取加速折旧的方法计提折旧。企业在原有的固定资产未达到《企业所得税法实施条例》规定的最低折旧年限前，使用功能相同或类似的新固定资产替代旧固定资产的，企业可根据旧固定资产的实际使用年限和本通知的规定，对新替代的固定资产采取缩短折旧年限或者加速折旧的方法计提折旧。

企业采取缩短折旧年限方法的,对其购置的新固定资产,最低折旧年限不得低于《企业所得税法实施条例》第六十条规定的折旧年限的60%;若为购置已使用过的固定资产,其最低折旧年限不得低于《企业所得税法实施条例》规定的最低折旧年限减去已使用年限后剩余年限的60%。最低折旧年限一经确定,一般不得变更。

①双倍余额递减法是指在不考虑固定资产预计净残值的情况下,根据每期期初固定资产原值减去累计折旧后的金额和双倍的直线法折旧率计算固定资产折旧的一种方法。应用这种方法计算折旧额时,由于每年年初固定资产净值没有减去预计净残值,所以在计算固定资产折旧额时,应在其折旧年限到期前的两年期间,将固定资产净值减去预计净残值后的余额平均摊销。计算公式如下:

年折旧率 = 2 ÷ 预计使用寿命(年)× 100%

月折旧率 = 年折旧率 ÷ 12

月折旧额 = 月初固定资产账面净值 × 月折旧率

②年数总和法又称年限合计法,是指将固定资产的原值减去预计净残值后的余额,乘以一个以固定资产尚可使用寿命为分子、以预计使用寿命逐年数字之和为分母的逐年递减的分数计算每年的折旧额。计算公式如下:

年折旧率 = 尚可使用年限 ÷ 预计使用寿命的年数总和 × 100%

月折旧率 = 年折旧率 ÷ 12

月折旧额 = (固定资产原值 - 预计净残值)× 月折旧率

3. 税会差异。

(1)折旧方法选择的差异。会计上规定,企业应当根据与固定资产有关的经济利益的预期实现方式,自行合理选择固定资产折旧方法;企业所得税法规定,除技术进步、产品更新换代较快的,或者常年处于强震动、高腐蚀状态等税法规定的特殊情况外,一般情况下固定资产只有按照直线法计算的折旧,才准予扣除。两者存在差异,在年度汇算清缴纳税申报时应进行纳税调整。

(2)折旧方法复核的差异。会计上规定,企业至少应当于每年年度终了,对固定资产的折旧方法进行复核,与固定资产有关的经济利益预期实现方式有重大改变的,应当调整折旧方法;企业所得税法规定,固定资产适用折旧方法的具体情形,一经确定不得变更。两者存在差异,在年度汇算清缴纳税申报时应进行纳税调整。

4. 年度纳税申报表调整。

(1)2020年度汇算清缴申报如表4-16、表4-17所示。

(2)2021年度汇算清缴申报如表4-18、表4-19所示。

(五)固定资产计提折旧起止时间的税会差异

1. 会计规定。固定资产应当按月计提折旧,当月增加的固定资产,当月不计提折旧,从下月起计提折旧;当月减少的固定资产,当月仍计提折旧,从下月起不计提折旧。

固定资产提足折旧后,不论能否继续使用,均不再计提折旧;提前报废的固定资产,也不再补提折旧。提足折旧,是指已经提足该项固定资产的应计折旧额。

2. 税收规定。《企业所得税法实施条例》第五十九条规定,企业应当自固定资产投入使用月份的次月起计算折旧;停止使用的固定资产,应当自停止使用月份的次月起停止计算折旧。

表 4-16　　　　　　　A105080　资产折旧、摊销及纳税调整明细表

金额单位：人民币元（列至角分）

行次	项目		账载金额			税收金额					纳税调整金额
			资产原值	本年折旧、摊销额	累计折旧、摊销额	资产计税基础	税收折旧、摊销额	享受加速折旧政策的资产按税收一般规定计算的折旧、摊销额	加速折旧、摊销统计额	累计折旧、摊销额	
			1	2	3	4	5	6	7=5-6	8	9(2-5)
1	一、固定资产（2+3+4+5+6+7）		8 400 000	1 451 000	1 451 000	8 400 000	798 000	*	*	798 000	653 000
3	所有固定资产	（二）飞机、火车、轮船、机器、机械和其他生产设备	8 400 000	1 451 000	1 451 000	8 400 000	798 000	*	*	798 000	653 000

表 4-17　　　　　　　A105000　纳税调整项目明细表

金额单位：人民币元（列至角分）

行次	项目	账载金额	税收金额	调增金额	调减金额
		1	2	3	4
31	三、资产类调整项目（32+33+34+35）	*	*	653 000	
32	（一）资产折旧、摊销（填写A105080）	1 451 000	798 000	653 000	
46	合计（1+12+31+36+44+45）	*	*	653 000	

表 4-18　　　　　　　A105080　资产折旧、摊销及纳税调整明细表

金额单位：人民币元（列至角分）

行次	项目		账载金额			税收金额					纳税调整金额
			资产原值	本年折旧、摊销额	累计折旧、摊销额	资产计税基础	税收折旧、摊销额	享受加速折旧政策的资产按税收一般规定计算的折旧、摊销额	加速折旧、摊销统计额	累计折旧、摊销额	
			1	2	3	4	5	6	7=5-6	8	9(2-5)
1	一、固定资产（2+3+4+5+6+7）		8 400 000	1 305 800	2 756 800	8 400 000	798 000	*	*	798 000	507 800
3	所有固定资产	（二）飞机、火车、轮船、机器、机械和其他生产设备	8 400 000	1 305 800	2 756 800	8 400 000	798 000	*	*	798 000	507 800

表4-19　　　　　　　　　A105000　　纳税调整项目明细表

金额单位：人民币元（列至角分）

行次	项目	账载金额	税收金额	调增金额	调减金额
		1	2	3	4
31	三、资产类调整项目（32+33+34+35）	*	*	507 800	
32	（一）资产折旧、摊销（填写A105080）	1 305 800	798 000	507 800	
46	合计（1+12+31+36+44+45）	*	*	507 800	

3. 税会差异。会计规定与企业所得税法规定基本一致，两者不存在差异。

（六）加速折旧优惠政策导向的税会差异

1. 会计规定。会计上规定没有优惠政策规定。

[**例4-2-10**] 本公司2020年6月20日购入生产设备一台，取得的增值税专用发票上注明的价款为300万元，增值税税额39万元。款项已经支付，不考虑其他因素。企业确定固定资产的使用寿命10年。预计残值率5%，按直线法计提折旧。

账务处理如下：

借：固定资产　　　　　　　　　　　　　　　　　　　　　3 000 000

　　应交税费——应交增值税（进项税额）　　　　　　　　　390 000

　　贷：银行存款　　　　　　　　　　　　　　　　　　　　3 390 000

2020年计提折旧=300×（1-5%）÷10÷12×6=14.25（万元）

借：生产成本　　　　　　　　　　　　　　　　　　　　　　142 500

　　贷：累计折旧　　　　　　　　　　　　　　　　　　　　142 500

2. 税收规定。

（1）《国家税务总局关于企业固定资产加速折旧所得税处理有关问题的通知》（国税发〔2009〕81号）规定：

①企业过去没有使用过与该项固定资产功能相同或类似的固定资产，但有充分的证据证明该固定资产的预计使用年限短于《企业所得税法实施条例》规定的计算折旧最低年限的，企业可根据该固定资产的预计使用年限和本通知的规定，对该固定资产采取缩短折旧年限或者加速折旧的方法。

②企业在原有的固定资产未达到规定的最低折旧年限前，使用功能相同或类似的新固定资产替代旧固定资产的，企业可根据旧固定资产的实际使用年限和本通知的规定，对新替代的固定资产采取缩短折旧年限或者加速折旧的方法。

（2）《财政部　国家税务总局关于完善固定资产加速折旧企业所得税政策的通知》（财税〔2014〕75号）规定：

①对生物药品制造业，专用设备制造业，铁路、船舶、航空航天和其他运输设备制造业，计算机、通信和其他电子设备制造业，仪器仪表制造业，信息传输、软件和信息技术服务业等6个行业的企业2014年1月1日后新购进的固定资产，可缩短折旧年限或采取加速折旧的方法。

②对上述6个行业的小型微利企业2014年1月1日后新购进的研发和生产经营共用的仪器、设备，单位价值不超过100万元的，允许一次性计入当期成本费用在计算应纳税所得

额时扣除，不再分年度计算折旧；单位价值超过 100 万元的，可缩短折旧年限或采取加速折旧的方法。

③对所有行业企业 2014 年 1 月 1 日后新购进的专门用于研发的仪器、设备，单位价值不超过 100 万元的，允许一次性计入当期成本费用在计算应纳税所得额时扣除，不再分年度计算折旧；单位价值超过 100 万元的，可缩短折旧年限或采取加速折旧的方法。

④对所有行业企业持有的单位价值不超过 5 000 元的固定资产，允许一次性计入当期成本费用在计算应纳税所得额时扣除，不再分年度计算折旧。

⑤企业按本通知第一条、第二条规定缩短折旧年限的，最低折旧年限不得低于《企业所得税法实施条例》第六十条规定折旧年限的 60%；采取加速折旧方法的，可采取双倍余额递减法或者年数总和法。

(3)《国家税务总局关于固定资产加速折旧税收政策有关问题的公告》（国家税务总局公告 2014 年第 64 号）规定：

①六大行业企业是指以上述行业业务为主营业务，其固定资产投入使用当年主营业务收入占企业收入总额 50%（不含）以上的企业。所称收入总额，是指《企业所得税法》第六条规定的收入总额。

②企业专门用于研发活动的仪器、设备已享受上述优惠政策的，在享受研发费加计扣除时，按照《财政部　国家税务总局　科技部关于完善研究开发费用税前加计扣除政策的通知》（财税〔2015〕119 号）的规定，就已经进行会计处理的折旧、费用等金额进行加计扣除。

③企业的固定资产既符合本公告优惠政策条件，同时又符合《国家税务总局关于企业固定资产加速折旧所得税处理有关问题的通知》（国税发〔2009〕81 号）、《财政部　国家税务总局关于进一步鼓励软件产业和集成电路产业发展企业所得税政策的通知》（财税〔2012〕27 号）中相关加速折旧政策条件的，可由企业选择其中最优惠的政策执行，且一经选择，不得改变。

(4)《财政部　国家税务总局关于进一步完善固定资产加速折旧企业所得税政策的通知》（财税〔2015〕106 号）规定：

①对轻工、纺织、机械、汽车四个领域重点行业的企业 2015 年 1 月 1 日后新购进的固定资产，可由企业选择缩短折旧年限或采取加速折旧的方法。

②对上述行业的小型微利企业 2015 年 1 月 1 日后新购进的研发和生产经营共用的仪器、设备，单位价值不超过 100 万元的，允许一次性计入当期成本费用在计算应纳税所得额时扣除，不再分年度计算折旧；单位价值超过 100 万元的，可由企业选择缩短折旧年限或采取加速折旧的方法。

③按照《企业所得税法》及其实施条例有关规定，企业根据自身生产经营需要，也可选择不实行加速折旧政策。

(5)《国家税务总局关于设备　器具扣除有关企业所得税政策执行问题的公告》（国家税务总局公告 2018 年第 46 号）规定：

①企业在 2018 年 1 月 1 日至 2020 年 12 月 31 日期间新购进的设备、器具，单位价值不超过 500 万元的，允许一次性计入当期成本费用在计算应纳税所得额时扣除，不再分年度计算折旧。

上述所称设备、器具，是指除房屋、建筑物以外的固定资产；所称购进，包括以货币形式购进或自行建造，其中以货币形式购进的固定资产包括购进的使用过的固定资产；以货币形式购进的固定资产，以购买价款和支付的相关税费以及直接归属于使该资产达到预定用途发生的其他支出确定单位价值，自行建造的固定资产，以竣工结算前发生的支出确定单位价值。

②固定资产购进时点按以下原则确认：以货币形式购进的固定资产，除采取分期付款或赊销方式购进外，按发票开具时间确认；以分期付款或赊销方式购进的固定资产，按固定资产到货时间确认；自行建造的固定资产，按竣工结算时间确认。

③企业选择享受一次性税前扣除政策的，其资产的税务处理可与会计处理不一致。

④企业根据自身生产经营核算需要，可自行选择享受一次性税前扣除政策。未选择享受一次性税前扣除政策的，以后年度不得再变更。

（6）《财政部 税务总局关于扩大固定资产加速折旧优惠政策适用范围的公告》（财政部 税务总局公告2019年第66号）规定，自2019年1月1日起，适用《财政部 国家税务总局关于完善固定资产加速折旧企业所得税政策的通知》（财税〔2014〕75号）和《财政部 国家税务总局关于进一步完善固定资产加速折旧企业所得税政策的通知》（财税〔2015〕106号）规定固定资产加速折旧优惠的行业范围，扩大至全部制造业领域。

（7）《国家税务总局关于研发费用税前加计扣除归集范围有关问题的公告》（国家税务总局公告2017年第40号）规定：企业用于研发活动的仪器、设备，符合税法规定且选择加速折旧优惠政策的，在享受研发费用税前加计扣除政策时，就税前扣除的折旧部分计算加计扣除。

3. 税会差异。企业所得税法规定固定资产加速折旧优惠政策，导致会计处理与企业所得税处理计提的累计折旧金额不一致，两者存在暂时性差异，在每期年度汇算清缴纳税申报时，应进行纳税调整。

4. 年度纳税申报表调整。

（1）2020年度汇算清缴申报如表4-20、表4-21所示。

（2）2021年度汇算清缴申报如表4-22、表4-23所示。

三、固定资产后续支出的税会差异

（一）固定资产更新改造支出的税会差异

1. 会计规定。固定资产的更新改造支出，满足以下确认条件的：一是与该固定资产有关的经济利益很可能流入企业；二是该固定资产的成本能够可靠地计量，应当计入固定资产成本，如有被替换的部分，应扣除其账面价值。

固定资产发生可资本化的后续支出时，应将固定资产的账面价值转入在建工程，并停止计提折旧。发生的后续支出，通过"在建工程"科目核算。在固定资产发生的后续支出完工并达到预定可使用状态时，再从在建工程转为固定资产，并按重新确定的使用寿命、预计净残值和折旧方法计提折旧。

[例4-2-11] 2020年12月，本公司对一台设备的主要部件电动机进行更换，该固定资产为2015年12月购入，其原价为1 000万元，采用年限平均法计提折旧，使用寿命为10年，预计净残值为零。2021年1月新购置电动机的价款为391万元，增值税为50.83万元，款项已经支付；符合固定资产确认条件，被更换的部件的原价为300万元。2021年3月达到预定可使用状态，预计设备的使用寿命、预计净残值不变。

表 4-20　　A105080　资产折旧、摊销及纳税调整明细表

金额单位：人民币元（列至角分）

行次	项目	账载金额			税收金额				纳税调整金额
		资产原值	本年折旧摊销额	累计折旧摊销额	资产计税基础	税收折旧摊销额	享受加速折旧政策的资产按税收一般规定计算的折旧、摊销额	加速折旧、摊销统计额	累计折旧摊销额	纳税调整金额
		1	2	3	4	5	6	7 (5-6)	8	9 (2-5)
1	一、固定资产 (2+3+4+5+6+7)	3 000 000	142 500	142 500	3 000 000	3 000 000	*	*	3 000 000	-2 857 500
3	（二）飞机、火车、轮船、机器、机械和其他生产设备	3 000 000	142 500	142 500	3 000 000	3 000 000	*	*	3 000 000	-2 857 500
11	其中：享受固定资产加速折旧及一次性扣除政策的资产加速折旧额大于一般折旧额的部分 （四）500万元以下设备器具一次性扣除	3 000 000	142 500		3 000 000	3 000 000	142 500	2 857 500	3 000 000	*

第四章 资产类税会差异分析及纳税调整 253

表 4-21　　　　　　　A105000　纳税调整项目明细表

金额单位：人民币元（列至角分）

行次	项目	账载金额	税收金额	调增金额	调减金额
		1	2	3	4
31	三、资产类调整项目（32+33+34+35）	*	*		2 857 500
32	（一）资产折旧、摊销（填写A105080）	142 500	3 000 000		2 857 500
46	合计（1+12+31+36+44+45）	*	*		2 857 500

表 4-22　　　　　　　A105080　资产折旧、摊销及纳税调整明细表

金额单位：人民币元（列至角分）

行次	项目	账载金额			税收金额					纳税调整金额
		资产原值	本年折旧、摊销额	累计折旧、摊销额	资产计税基础	税收折旧、摊销额	享受加速折旧政策的资产按税收一般规定计算的折旧、摊销额	加速折旧、摊销统计额	累计折旧、摊销额	
		1	2	3	4	5	6	7（5-6）	8	9（2-5）
1	一、固定资产（2+3+4+5+6+7）	3 000 000	290 000	432 500	3 000 000	0	*	*	3 000 000	290 000
3	所有固定资产 （二）飞机、火车、轮船、机器、机械和其他生产设备	3 000 000	290 000	432 500	3 000 000	0	*	*	3 000 000	290 000

表 4-23　　　　　　　A105000　纳税调整项目明细表

金额单位：人民币元（列至角分）

行次	项目	账载金额	税收金额	调增金额	调减金额
		1	2	3	4
31	三、资产类调整项目（32+33+34+35）	*	*	290 000	
32	（一）资产折旧、摊销（填写A105080）	290 000	0	290 000	
46	合计（1+12+31+36+44+45）	*	*	290 000	

账务处理如下：
①2020年12月，将固定资产的账面价值转入在建工程：
借：在建工程　　　　　　　　　　　　　　　　　　　　　　5 000 000
　　累计折旧　　　　　　　　　　　　　　　　　　　　　　5 000 000
　　贷：固定资产　　　　　　　　　　　　　　　　　　　　　　10 000 000
②被替换部分的账面价值=300÷10×5=150（万元）
借：营业外支出　　　　　　　　　　　　　　　　　　　　　　1 500 000

  贷：在建工程   1 500 000

③更换发生支出：

借：在建工程   3 910 000

  应交税费——应交增值税（进项税额）   508 300

  贷：银行存款等   4 418 300

④2021年3月31日达到预定可使用状态：

借：固定资产   7 410 000

  贷：在建工程   7 410 000

⑤更新改造后每月计提折旧金额 = 741 ÷（5×12-3）= 13（万元）

借：制造费用   130 000

  贷：累计折旧   130 000

2. 税收规定。

（1）《国家税务总局关于企业所得税若干问题的公告》（国家税务总局公告2011年第34号）规定，企业对房屋、建筑物固定资产在未足额提取折旧前进行改扩建的：

①如属于推倒重置的，该资产原值减除提取折旧后的净值，应并入重置后的固定资产计税基础，并在该固定资产投入使用后的次月起，按照税法规定的折旧年限，一并计提折旧；

②如属于提升功能、增加面积的，该固定资产的改扩建支出，并入该固定资产计税基础，并从改扩建完工投入使用后的次月起，重新按税法规定的该固定资产折旧年限计提折旧，如该改扩建后的固定资产尚可使用的年限低于税法规定的最低年限的，可以按尚可使用的年限计提折旧。

（2）《国家税务总局关于修订企业所得税年度纳税申报表的公告》（国家税务总局公告2020年第24号）规定，税收规定不明确的，在没有明确规定之前，暂按国家统一会计制度计算。

（3）《企业所得税法实施条例》第六十八条规定，改建的固定资产延长使用年限的，除企业所得税法第十三条第（一）项和第（二）项规定外，应当适当延长折旧年限。

3. 税会差异。

（1）房屋、建筑物的差异。

①推倒重置的差异。对于房屋、建筑物推倒重置的，会计上规定应区分为旧固定资产报废、清理处理，损失计入营业外支出，新建新的固定资产两项业务进行处理；企业所得税法规定将该资产原值减除提取折旧后的净值，并入重置后的固定资产计税基础作为一项业务进行处理。两者存在差异，在年度汇算清缴纳税申报时应进行纳税调整。

②提升功能、增加面积的差异。会计上规定通过"在建工程"科目重新确定改建后固定资产的入账价值；企业所得税法规定增加计税基础，是在原来确定的计税基础之上将更新改造支出增加其账面金额。改建后的固定资产的入账价值与计税基础存在差异，其对后续计提累计折旧金额的影响，需要根据实际具体问题具体分析。

（2）房屋、建筑物以外固定资产的差异。会计上规定，固定资产发生可资本化的后续支出时，将固定资产的账面价值转入在建工程，并停止计提折旧，发生的后续支出，通过"在建工程"科目核算；企业所得税法对此没有明确规定，根据国家税务总局公告2020年第24号规定，可以暂按国家统一会计制度处理。

如果上述改建行为应当适当延长折旧年限的,则会计计提的折旧金额会大于企业所得税法允许税前扣除的金额,在年度汇算清缴纳税申报时应当调增应纳税所得额。

(二) 已足额提取折旧和租入固定资产更新改造支出的税会差异

1. 会计规定。

(1) 固定资产提足折旧后,不论能否继续使用,均不再计提折旧。提足折旧,是指已经提足该项固定资产的应计折旧额。应计折旧额,是指应当计提折旧的固定资产的原价扣除其预计净残值后的金额。已计提减值准备的固定资产,还应当扣除已计提的固定资产减值准备累计金额。

(2) 企业以经营租赁方式租入的固定资产发生的改良支出,应予资本化,作为长期待摊费用,合理进行摊销。

2. 税收规定。

(1)《企业所得税法》第十三条规定,计算应纳税所得额时,企业发生的下列支出,作为长期待摊费用,按照规定摊销的,准予扣除:

①已足额提取折旧的固定资产的改建支出。

②租入固定资产的改建支出。

(2)《企业所得税法实施条例》第六十八条规定,企业所得税法所称固定资产的改建支出,是指改变房屋或者建筑物结构、延长使用年限等发生的支出。

已足额提取折旧的固定资产的改建支出,按照固定资产预计尚可使用年限分期摊销;租入固定资产的改建支出,按照合同约定的剩余租赁期限分期摊销。

3. 税会差异。对已足额提取折旧和租入的固定资产更新改造支出,会计上规定与企业所得税法规定基本一致,企业所得税法规定了长期待摊费用摊销期限,如果会计上确定的摊销期限与企业所得税法规定的摊销期限不一致,则两者产生差异,在年度汇算清缴纳税申报时应进行纳税调整。

(三) 固定资产修理费用的税会差异

1. 会计规定。固定资产的更新改造等后续支出,满足企业会计准则规定确认条件的,应当计入固定资产成本;不满足企业会计准则规定确认条件的固定资产修理费用等,应当在发生时计入当期损益。

(1) 大修理费用。企业对固定资产进行定期检查发生的大修理费用,有确凿证据表明符合固定资产确认条件的部分,可以计入固定资产成本,不符合固定资产的确认条件的应当费用化,计入当期损益。与固定资产有关的后续支出,如果使可能实现的经济利益超过了原先的估计,则把该支出作为资本性支出。一般而言,如果一项支出能够达到以下标准,则认为使可能实现的经济利益超过了原先的估计:

①延长固定资产的使用寿命;

②使所生产产品的质量有实质性的提高;

③使所生产产品的产量有实质性的提高;

④减少固定资产的操作成本等,则此项支出应归为资本性支出,计入固定资产的成本。

固定资产在定期大修理间隔期间,照提折旧。

(2) 日常修理费用。与固定资产有关的日常修理费用等后续支出,不符合固定资产确认条件。除与存货的生产和加工相关的固定资产的修理费用按照存货成本确定原则进行处理外,行政管理部门、企业专设的销售机构等发生的固定资产修理费用等后续支出直接计入管理费用或销售费用。

[例4-2-12] 沿用[例4-2-6],公司2020年6月盘盈一台机器设备,预计尚可使用年限5年,按直线法计提折旧,预计残值率10%。2021年1月,公司对该设备进行大修,支出材料费用10万元,预计将使所生产产品的质量有实质性的提高。

[分析] 2020年度计提折旧金额 = 50 × (1 - 10%) ÷ 5 ÷ 12 × 6 = 4.5(万元)

账务处理如下:

①2021年1月:

借:固定资产   100 000

  贷:原材料   100 000

②2021年计提折旧 = (50 - 4.5 + 10) × (1 - 10%) ÷ 4.5 = 11.1(万元)

借:生产成本   111 000

  贷:累计折旧   111 000

2. 税收规定。

(1)《企业所得税法》第十三条规定,在计算应纳税所得额时,企业发生的固定资产的大修理支出,作为长期待摊费用,按照规定摊销的,准予扣除。

(2)《企业所得税法实施条例》第六十九条规定,企业所得税法所称固定资产的大修理支出,是指同时符合下列条件的支出:

①修理支出达到取得固定资产时的计税基础50%以上;

②修理后固定资产的使用年限延长2年以上。

固定资产的大修理支出,按照固定资产尚可使用年限分期摊销。

(3)《国家税务总局关于企业所得税应纳税所得额若干问题的公告》(国家税务总局公告2014年第29号)规定,企业固定资产会计折旧年限如果短于税法规定的最低折旧年限,其按会计折旧年限计提的折旧高于按税法规定的最低折旧年限计提的折旧部分,应调增当期应纳税所得额;企业固定资产会计折旧年限已期满且会计折旧已提足,但税法规定的最低折旧年限尚未到期且税收折旧尚未足额扣除,其未足额扣除的部分准予在剩余的税收折旧年限继续按规定扣除。

3. 税会差异。

(1)资本化条件的差异。会计上规定,只要该项支出与该固定资产有关的经济利益很可能流入企业,且成本能够可靠地计量就应当资本化;企业所得税法规定,符合条件的应当资本化,不符合条件的费用化。两者存在差异,对于会计上处理为资本化但不满足税法条件,或者会计上处理未资本化而企业所得税法规定应当资本化的,会产生税会差异。

[例4-2-12]中,按照企业所得税法规定,上述修理费用不符合资本化条件,可以费用化。会计上资本化处理导致会计处理影响损益的折旧金额小于税法规定可以税前扣除金额,折旧应按会计规定计算扣除。两者不存在差异,不需要进行纳税调整。

(2)账务处理的差异。会计上处理计入固定资产成本,并按照固定资产的使用年限、预计净残值、折旧方法,计提累计折旧在会计利润中扣除;企业所得税处理作为长期待摊费用,按照固定资产尚可使用年限分期摊销。两者确认的会计科目不一致,扣除的计算方法也不相同,折旧金额会产生差异。如果会计上确认的折旧金额小于税法可以税前扣除金额,应按会计规定计算扣除,两者不存在差异;如果会计上确认的折旧金额大于税法可以税前扣除金额,应在年度汇算清缴纳税申报时调增应纳税所得额。

四、固定资产处置的税会差异

(一) 固定资产处置的税会差异

1. 会计规定。

(1) 固定资产终止确认的条件。固定资产满足下列条件之一的,应当予以终止确认:

①该固定资产处于处置状态。固定资产处置包括固定资产的出售、转让、报废或毁损、对外投资、非货币性资产交换、债务重组等。

②该固定资产预期通过使用或处置不能产生经济利益。固定资产的确认条件之一是"与该固定资产有关的经济利益很可能流入企业",如果一项固定资产预期通过使用或处置不能产生经济利益,就不再符合固定资产的定义和确认条件,应予终止确认。

(2) 固定资产处置的核算。一般通过"固定资产清理"科目核算。企业出售、转让、报废固定资产或发生固定资产毁损,应当将处置收入扣除账面价值和相关税费后的金额计入当期损益。固定资产的账面价值是固定资产成本扣减累计折旧和累计减值准备后的金额。

[例4-2-13] 沿用[例4-2-4],接受投资取得的设备尚可使用年限为5年,预计净残值率5%,按直线法计提折旧,2022年计提减值准备100万元。2023年6月将该设备处置,其公允价值300万元(不含增值税),已通过银行收讫。支付清理费用10万元,已通过银行付讫。

账务处理如下:

①2020年下半年计提折旧 = 1 000 × (1 - 5%) ÷ 5 ÷ 12 × 6 = 95 (万元)

2021年计提折旧 = 1 000 × (1 - 5%) ÷ 5 = 190 (万元)

2022年计提折旧 = 1 000 × (1 - 5%) ÷ 5 = 190 (万元)

借:资产减值损失	1 000 000
贷:固定资产减值准备	1 000 000

计提减值准备后账面价值 = 1 000 - 95 - 190 - 190 - 100 = 425 (万元)

2023年上半年计提折旧 = (425 - 1 000 × 5%) ÷ 2.5 ÷ 12 × 6 = 75 (万元)

处置时点账面价值 = 425 - 75 = 350 (万元)

②将固定资产转入清理:

借:固定资产清理	3 500 000
累计折旧	5 500 000
固定资产减值准备	1 000 000
贷:固定资产	10 000 000

③发生的清理费用:

借:固定资产清理	490 000
贷:银行存款	100 000
应交税费——应交增值税(销项税额)	390 000

④确认出售收入:

借:银行存款	3 390 000

     　　　　资产处置损益　　　　　　　　　　　　　　　　　600 000
     　　　　　贷：固定资产清理　　　　　　　　　　　　　　　　3 990 000
   2. 税收规定。
   （1）《企业所得税法实施条例》第十六条规定，企业所得税法所称转让财产收入，是指企业转让固定资产、生物资产、无形资产、股权、债权等财产取得的收入。
   （2）《国家税务总局关于企业取得财产转让等所得企业所得税处理问题的公告》（国家税务总局公告2010年第19号）规定，企业取得财产（包括各类资产、股权、债权等）转让收入、债务重组收入、接受捐赠收入、无法偿付的应付款收入等，不论是以货币形式、还是非货币形式体现，除另有规定外，均应一次性计入确认收入的年度计算缴纳企业所得税。
   3. 税会差异。
   （1）账面价值与计税基础的差异。会计规定的使用寿命、折旧方法、预计残值率、减值准备计提等规定与企业所得税法规定都存在一定差异，导致账面价值与计税基础存在差异，直接影响会计上处理确认资产处置损益与按企业所得税法计算转让所得不一致，在年度汇算清缴纳税申报时应进行纳税调整。
   [例4－2－13] 中，处置时会计账面价值350万元，会计上影响损益为－60万元，当年计提折旧75万元，合计影响损益－135万元；企业所得税法计税基础430万元，影响应纳税所得额－140万元 [300－（1 000－190×3）－10]，当年允许税前扣除折旧95万元，合计影响应纳税所得额－235万元。形成差额100万元的因素：一是按企业所得税法处理可以多扣折旧20万元，应当调减应纳税所得额；二是按企业所得税法计税基础比会计账面价值多80万元，应当调减应纳税所得额，合计调减100万元。
   （2）损失税前扣除的差异。会计上规定，确认资产处置损益，无论是利得还是损失都将直接计入税前利润；企业所得税法规定，处置损失要按照《企业资产损失所得税税前扣除管理办法》（国家税务总局公告2011年第25号）规定的要求税前扣除。对于未将相关资料留存备查，或者不符合税前扣除条件的损失，在年度汇算清缴纳税申报时应进行纳税调整。
   4. 年度纳税申报表调整。2023年度汇算清缴如表4－24、表4－25、表4－26所示。

表4－24　　　　　A105090　资产损失税前扣除及纳税调整明细表

金额单位：人民币元（列至角分）

行次	项目	资产损失直接计入本年损益金额	资产损失准备金核销金额	资产处置收入	赔偿收入	资产计税基础	资产损失的税收金额	纳税调整金额
		1	2	3	4	5	6 (5-3-4)	7
7	四、固定资产损失	600 000	1 000 000	2 900 000	0	4 300 000	1 400 000	－800 000
8	其中：固定资产盘亏、丢失、报废、损毁或被盗损失							
29	合计（1＋2＋5＋7＋9＋12＋14＋16＋24＋26＋27＋28）	600 000	1 000 000	2 900 000	0	4 300 000	1 400 000	－800 000

表 4-25　　　　　A105080　资产折旧、摊销及纳税调整明细表

金额单位：人民币元（列至角分）

行次	项目	账载金额			税收金额					纳税调整金额
		资产原值	本年折旧、摊销额	累计折旧、摊销额	资产计税基础	税收折旧、摊销额	享受加速折旧政策的资产按税收一般规定计算的折旧、摊销额	加速折旧、摊销统计额	累计折旧、摊销额	
		1	2	3	4	5	6	7=5-6	8	9(2-5)
1	一、固定资产(2+3+4+5+6+7)	10 000 000	750 000	5 500 000	10 000 000	950 000	*	*	5 700 000	-200 000
3	所有固定资产 (二) 飞机、火车、轮船、机器、机械和其他生产设备	10 000 000	750 000	5 500 000	10 000 000	950 000	*	*	5 700 000	-200 000

表 4-26　　　　　A105000　纳税调整项目明细表

金额单位：人民币元（列至角分）

行次	项目	账载金额	税收金额	调增金额	调减金额
		1	2	3	4
31	三、资产类调整项目(32+33+34+35)	*	*		1 000 000
32	(一) 资产折旧、摊销（填写A105080）	750 000	950 000		200 000
33	(二) 资产减值准备金				
34	(三) 资产损失（填写A105090）	600 000	1 400 000		800 000
46	合计(1+12+31+36+44+45)	*	*		1 000 000

本年冲减固定资产减值准备 100 万元，因对方科目为固定资产，不影响损益，所以不需要单独进行纳税调整。上述资产处置损失，需要按照相关文件规定税前扣除。

（二）固定资产盘亏的税会差异

企业会计准则规定，固定资产盘亏造成的损失，应当计入当期损益。其规定与《企业会计准则第 1 号——存货》规定略有不同，为了方便大家对照掌握不同资产盘盈、盘亏的会计处理，现将其对比如表 4-27 所示。

表 4-27　　　　　不同资产盘盈、盘亏的会计处理对比

项目	账务处理	
	发现时	处理时
现金盘盈	借：库存现金 　贷：待处理财产损溢	借：待处理财产损溢 　贷：其他应付款［例可以查明原因的］ 　　　营业外收入［例无法查明原因的］

续表

项目	账务处理	
	发现时	处理时
现金盘亏	借：待处理财产损溢 　　贷：库存现金	借：管理费用（企业承担部分） 　　其他应收款（责任赔款部分） 　　贷：待处理财产损溢
存货盘盈	借：库存商品/原材料等 　　贷：待处理财产损溢	借：待处理财产损溢 　　贷：管理费用
存货盘亏	借：待处理财产损溢 　　贷：库存商品/原材料等	借：管理费用或营业外支出（非正常损失） 　　贷：待处理财产损溢
固定资产盘盈	发现时，按前期差错处理： 借：固定资产 　　贷：以前年度损益调整	
固定资产盘亏	借：待处理财产损溢 　　累计折旧 　　贷：固定资产	借：其他应收款（保险赔款或责任人赔款） 　　营业外支出 　　贷：待处理财产损溢

固定资产盘亏的税会差异同存货盘亏，具体参考相关内容。

（三）持有待售固定资产处理的税会差异

企业持有待售的固定资产，《企业会计准则第 4 号——固定资产》仅规定应当对其预计净残值进行调整，没有明确更加具体的会计处理规定。2014 年财政部新增《企业会计准则第 42 号——持有待售的非流动资产、处置组和终止经营》，其中对持有待售的固定资产、无形资产等非流动资产的会计处理进行了明确。

1. 会计规定。

（1）基本概念。企业主要通过出售（包括具有商业实质的非货币性资产交换）而非持续使用一项非流动资产收回其账面价值的，应当将其划分为持有待售类别。企业不应当将拟结束使用而非出售的非流动资产划分为持有待售类别。

（2）划分为持有待售类别条件。

①根据类似交易中出售此类资产或处置组的惯例，在当前状况下即可立即出售；

②出售极可能发生，即企业已经就一项出售计划做出决议且获得确定的购买承诺，预计出售将在一年内完成。有关规定要求企业相关权力机构或者监管部门批准后方可出售的，应当已经获得批准。

确定的购买承诺，是指企业与其他方签订的具有法律约束力的购买协议，该协议包含交易价格、时间和足够严厉的违约惩罚等重要条款，使协议出现重大调整或者撤销的可能性极小。

（3）持有待售非流动资产的计量。

①划分为持有待售类别前的计量。企业将非流动资产首次划分为持有待售类别前，应当按照相关会计准则规定计量非流动资产的账面价值。

②划分为持有待售类别时的计量。企业初始计量或在资产负债表日重新计量持有待售的非流动资产时,其账面价值高于公允价值减去出售费用后的净额的,应当将账面价值减记至公允价值减去出售费用后的净额,减记的金额确认为资产减值损失,计入当期损益,同时计提持有待售资产减值准备。

③划分为持有待售类别后的计量。后续资产负债表日持有待售的非流动资产公允价值减去出售费用后的净额增加的,以前减记的金额应当予以恢复,并在划分为持有待售类别后确认的资产减值损失金额内转回,转回金额计入当期损益。划分为持有待售类别前确认的资产减值损失不得转回。

持有待售的非流动资产不应计提折旧或摊销。

④终止确认的计量。企业终止确认持有待售的非流动资产时,应当将尚未确认的利得或损失计入当期损益。

[例4-2-14] ×公司拥有一台生产设备,原价为1 200万元,年折旧额为120万元,截至2020年11月30日已计提折旧720万元,账面价值为480万元。2020年12月20日,与某公司签署生产设备转让协议,拟在3个月内将该台生产设备转让,假定该台生产设备满足划分为持有待售类别的其他条件。与某公司初步议定设备转让价格为450万元。预计公司还将为出售该资产支付20万元的出售费用。12月31日,重新预计出售该资产将支付10万元的出售费用。2021年2月25日,公司为转让该项资产支付清理费10万元。2月28日,公司完成对固定资产的转让,收到价款450万元。

①2020年12月20日,公司应当将该台生产设备划分为持有待售类别,并按照规定对该固定资产计提12月份的折旧10万元(120÷12)。2020年12月20日,该台生产设备在划分为持有待售类别前的账面价值为470万元(480-10),此后不再计提折旧。

②12月20日,公允价值减去出售费用后的净额为430万元(450-20),按照两者孰低计量。账务处理如下:

借:持有待售资产——固定资产　　　　　　　　　　　　　　　4 700 000
　　累计折旧　　　　　　　　　　　　　　　　　　　　　　　7 300 000
　　贷:固定资产　　　　　　　　　　　　　　　　　　　　　　　　　　12 000 000
借:资产减值损失　　　　　　　　　　　　　　　　　　　　　　400 000
　　贷:持有待售资产减值准备——固定资产　　　　　　　　　　　　　　400 000

③12月31日,公允价值减去出售费用后的净额为440万元(450-10),在划分为持有待售类别后确认的资产减值损失金额内转回,转回金额计入当期损益。账务处理如下:

借:持有待售资产减值准备——固定资产　　　　　　　　　　　100 000
　　贷:资产减值损失　　　　　　　　　　　　　　　　　　　　　　　100 000

④2021年2月,终止确认。账务处理如下:

借:银行存款　　　　　　　　　　　　　　　　　　　　　　　4 500 000
　　持有待售资产减值准备——固定资产　　　　　　　　　　　　300 000
　　贷:持有待售资产——固定资产　　　　　　　　　　　　　　　　　4 700 000
　　　　银行存款　　　　　　　　　　　　　　　　　　　　　　　　　100 000

2. 税收规定。《企业所得税法实施条例》第五十九条规定,企业应当自固定资产投入使用月份的次月起计算折旧;停止使用的固定资产,应当自停止使用月份的次月起停止计算折旧。

3. 税会差异。

（1）计提折旧的差异。会计上规定，持有待售类别当月折旧照提，持有待售期间的非流动资产不应计提折旧或摊销；企业所得税法规定，停止使用的固定资产，应当自停止使用月份的次月起停止计算折旧。两者不存在差异，不需要进行纳税调整。

（2）计量金额的差异。会计上规定，持有待售非流动资产按照账面价值与公允价值减去处置费用后的净额孰低进行计量；企业所得税法没有相关规定，应按照固定资产的原计税基础进行计量。两者存在差异，叠加固定资产持有期间使用寿命、预计净残值、折旧方法、计提减值准备等方面的税会差异，两者差异主要是计量金额差异，在年度汇算清缴纳税申报时应进行纳税调整。

［例4-2-14］中，2020年资产负债表日，会计上账面价值440万元，企业所得税法计税基础470万元。

（3）资产减值损失处理的差异。会计上规定，按照账面价值与公允价值减去处置费用后的净额孰低进行计量，同时减计的金额确认为资产减值损失，计入当期损益；企业所得税法规定，未经核定准备金支出不得税前扣除，实际处置资产时，按照税法规定计算的资产转让损失，准予税前扣除。两者存在差异，在年度汇算清缴纳税申报时应进行纳税调整。

4. 年度纳税申报表调整。

（1）2020年度汇算清缴申报如表4-28所示。

表4-28　　　　　　　　A105000　纳税调整项目明细表

金额单位：人民币元（列至角分）

行次	项目	账载金额	税收金额	调增金额	调减金额
		1	2	3	4
31	三、资产类调整项目（32+33+34+35）	*	*		
33	（二）资产减值准备金	300 000	*	300 000	

（2）2021年度汇算清缴申报如表4-29、表4-30所示。

表4-29　　　　　　　　A105090　资产损失税前扣除及纳税调整明细表

金额单位：人民币元（列至角分）

行次	项目	资产损失直接计入本年损益金额	资产损失准备金核销金额	资产处置收入	赔偿收入	资产计税基础	资产损失的税收金额	纳税调整金额
		1	2	3	4	5	6（5-3-4）	7
7	四、固定资产损失	0	300 000	4 400 000	0	4 700 000	300 000	-300 000
8	其中：固定资产盘亏、丢失、报废、损毁或被盗损失							

表 4-30　　　　　A105000　纳税调整项目明细表

金额单位：人民币元（列至角分）

行次	项目	账载金额	税收金额	调增金额	调减金额
		1	2	3	4
31	三、资产类调整项目（32+33+34+35）	*	*		300 000
34	（三）资产损失（填写A105090）	0	300 000		300 000
46	合计（1+12+31+36+44+45）	*	*		300 000

本年冲减持有待售固定资产减值准备30万元，因对方科目为持有待售固定资产，不影响损益，所以不需要单独进行纳税调整。

第三节　无形资产准则与税法差异分析及调整

无形资产，是指企业拥有或者控制的没有实物形态的可辨认非货币性资产。为了规范无形资产的确认、计量和相关信息的披露，根据《企业会计准则——基本准则》，财政部于2006年制定了《企业会计准则第6号——无形资产》，至今未进行过修订。

无形资产准则的部分规定及企业所得税法规定与固定资产相关内容类似，相同内容的税会差异在这里不再重复，本节仅就其不同内容涉及的税会差异进行分析及调整。

一、无形资产税会差异概述

（一）无形资产范围的税会差异

1. 会计规定。无形资产通常包括专利权、专有技术、商标权、版权或者著作权、专营权、土地使用权等。

（1）专利权。专利权是指国家专利主管机关依法授予发明创造专利申请人，对其发明创造在法定期限内所享有的专有权利，包括发明专利权、实用新型专利权和外观设计专利权。

（2）非专利技术。非专利技术也称专有技术，是指不为外界所知、在生产经营活动中已采用了的、不享有法律保护的、可以带来经济效益的各种技术和诀窍，一般包括工业专有技术、商业贸易专有技术、管理专有技术等。

（3）商标权。商标权是指专门在某类指定的商品或产品上使用特定名称或图案的权利。经商标局核准注册的商标为注册商标，包括商品商标、服务商标和集体商标、证明商标，商标注册人享有商标专用权，受法律保护。

（4）著作权。著作权又称版权，是指作者对其创作的文学、科学和艺术作品依法享有的某些特殊权利。著作权包括作品署名权、发表权、修改权和保护作品完整权，还包括复制权、发行权、出租权、展览权、放映权、广播权、信息网络传播权、摄制权、翻译权、汇编权以及应当由著作人享有的其他权利。

(5) 专营权。专营权也称特许权,是指企业在某一地区经营或销售某种特定商品的权利或是一家企业接受另一家企业使用其商标、商号、技术诀窍等的权利。专营权一般有两种形式,一是由政府授权,准许企业使用或在一定地区享有经营某种业务的特权,如烟草专卖权等;另一种指企业间依照签订的合同,有限期地使用另一家企业某些权利的权利。

(6) 土地使用权。土地使用权是指国家准许某企业在一定期间内对国有土地享有开发、利用、经营的权利。如果企业取得土地使用权是为了增值后准备转让的,则应当确认为投资性房地产,不列入无形资产。

作为投资性房地产的土地使用权、企业合并中形成的商誉和石油天然气矿区权益,因为分别适用《企业会计准则第3号——投资性房地产》《企业会计准则第20号——企业合并》和《企业会计准则第27号——石油天然气开采》而不属于无形资产准则规定的无形资产范围。

2. 税收规定。《企业所得税法实施条例》第五十六条规定,企业的各项资产,包括固定资产、生物资产、无形资产、长期待摊费用、投资资产、存货等,以历史成本为计税基础。

《企业所得税法实施条例》第六十五条规定,企业所得税法所称无形资产,是指企业为生产产品、提供劳务、出租或者经营管理而持有的、没有实物形态的非货币性长期资产,包括专利权、商标权、著作权、土地使用权、非专利技术、商誉等。

3. 税会差异。企业会计准则对资产划分相对更细致,除包括固定资产、生物资产、无形资产、长期待摊费用、投资资产、存货等与企业所得税类别相同的资产外,还包括投资性房地产、商誉资产、持有待售资产等企业所得税法规定未列明的资产类别,在无形资产范围上,两者存在差异。

企业会计准则中无形资产不包括投资性房地产、商誉资产等,以下分析无形资产税会差异不包括投资性房地产、商誉资产所形成的税会差异。

(二) 无形资产资本化条件的税会差异

1. 会计规定。

(1) 研究阶段与开发阶段。企业会计准则规定,企业内部研究开发项目的支出,应当区分研究阶段支出与开发阶段支出。

①研究是指为获取并理解新的科学或技术知识而进行的独创性的有计划调查。研究阶段是探索性的,为进一步开发活动进行资料及相关方面的准备,已进行的研究活动将来是否会转入开发、开发后是否会形成无形资产等均具有较大的不确定性。比如,意在获取知识而进行的活动,研究成果或其他知识的应用研究、评价和最终选择,材料、设备、产品、工序、系统或服务替代品的研究,新的或经改进的材料、设备、产品、工序、系统或服务的可能替代品的配制、设计、评价和最终选择等,均属于研究活动。

②开发是指在进行商业性生产或使用前,将研究成果或其他知识应用于某项计划或设计,以生产出新的或具有实质性改进的材料、装置、产品等。相对于研究阶段而言,开发阶段应当是已完成研究阶段的工作,在很大程度上具备了形成一项新产品或新技术的基本条件。比如,生产前或使用前的原型和模型的设计、建造和测试,不具有商业性生产经济规模的试生产设施的设计、建造和运营等,均属于开发活动。

(2) 研究支出与开发支出。

①企业内部研究开发项目研究阶段的支出,应当于发生时计入当期损益。

②企业内部研究开发项目，同时满足下列条件的，才能确认为无形资产：一是完成该无形资产以使其能够使用或出售在技术上具有可行性；二是具有完成该无形资产并使用或出售的意图；三是无形资产产生经济利益的方式，包括能够证明运用该无形资产生产的产品存在市场或无形资产自身存在市场，无形资产将在内部使用的，应当证明其有用性；四是有足够的技术、财务资源和其他资源支持，以完成该无形资产的开发，并有能力使用或出售该无形资产；五是归属于该无形资产开发阶段的支出能够可靠地计量。

2. 税收规定。《企业所得税法实施条例》第六十六条规定，自行开发的无形资产，以开发过程中该资产符合资本化条件后至达到预定用途前发生的支出为计税基础。

3. 税会差异。会计上规定，内部研究开发项目，满足条件的应当资本化为无形资产；企业所得税法规定，以开发过程中符合资本化条件后至达到预定用途前发生的支出为无形资产计税基础，未明确规定资本化的具体条件。按照《国家税务总局关于修订企业所得税年度纳税申报表的公告》（国家税务总局公告2020年第24号）规定，在没有明确规定之前，暂按国家统一会计制度计算。两者不存在差异，不需要进行纳税调整。

（三）土地使用权处理的税会差异

1. 会计规定。企业取得的土地使用权应区别用途分别计入不同的会计科目。

（1）无形资产。企业取得的土地使用权通常应确认为无形资产。

（2）投资性房地产。改变土地使用权用途，用于赚取租金或资本增值的，应当将其转为投资性房地产。

（3）固定资产。自行开发建造厂房等建筑物，相关的土地使用权与建筑物应当分别进行处理。外购土地及建筑物支付的价款应当在建筑物与土地使用权之间进行分配；难以合理分配的，应当全部作为固定资产。

（4）开发成本。房地产开发企业取得土地用于建造对外出售的房屋建筑物，相关的土地使用权账面价值应当计入所建造的房屋建筑物成本。

2. 税收规定。《企业所得税法实施条例》第六十五条规定，企业所得税法所称无形资产，是指企业为生产产品、提供劳务、出租或者经营管理而持有的、没有实物形态的非货币性长期资产，包括专利权、商标权、著作权、土地使用权、非专利技术、商誉等。

3. 税会差异。会计上规定，取得的土地使用权，可能计入无形资产、开发成本、投资性房地产等不同的科目，并按照不同企业会计准则规定采取不同的核算方式进行核算；企业所得税法没有明确规定投资性房地产的概念及处理。对划分为投资性房地产的无形资产税会差异，见第二章内容。

二、无形资产初始计量的税会差异

与固定资产相同，无形资产也应当按照成本进行初始计量。

（一）会计规定

企业会计准则规定，自行开发的无形资产，其成本包括自满足资本化条件后至达到预定用途前所发生的支出总额，但是对于以前已经费用化的支出不再调整。内部研发无形资产成本的确认原则如图4-1所示。

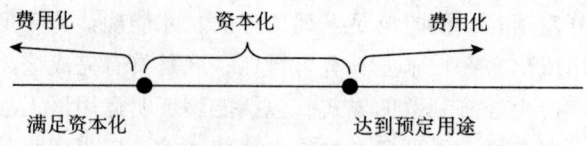

图 4-1 内部研发无形资产成本确认原则

1. 开发支出。包括开发该无形资产时耗费的材料、劳务成本、注册费、在开发该无形资产过程中使用的其他专利权和特许权的摊销、计提专用设备折旧，以及按照借款费用的处理原则可以资本化的利息支出。

2. 会计核算。企业自行开发无形资产发生的研发支出，应通过"研发支出"科目核算。期末，应将"研发支出——费用化支出"的金额转入"管理费用"科目；研发支出达到预定用途时，应将"研发支出——资本化支出"的金额转入无形资产。

[例 4-3-1] 公司于 2020 年 3 月开始自行研究开发一项新技术。相关资料如下：研究阶段发生职工薪酬 50 万元、计提专用设备折旧 50 万元；进入开发阶段后，相关支出符合资本化条件前发生的职工薪酬 100 万元、计提专用设备折旧 100 万元；符合资本化条件后发生职工薪酬 100 万元，计提专用设备折旧 200 万元；2020 年 10 月达到预定用途交付管理部门使用。职工薪酬中含"五险一金"50 万元。

账务处理如下：

①发生研发支出。

借：研发支出——费用化支出　　　　　　　　　　　　　　　3 000 000
　　　　　　——资本化支出　　　　　　　　　　　　　　　3 000 000
　　贷：应付职工薪酬　　　　　　　　　　　　　　　　　　2 500 000
　　　　累计折旧　　　　　　　　　　　　　　　　　　　　3 500 000

②月末，应将该科目归集的费用化支出金额转入当期损益。

借：管理费用　　　　　　　　　　　　　　　　　　　　　　3 000 000
　　贷：研发支出——费用化支出　　　　　　　　　　　　　3 000 000

③研究开发项目达到预定用途形成无形资产。

借：无形资产　　　　　　　　　　　　　　　　　　　　　　3 000 000
　　贷：研发支出——资本化支出　　　　　　　　　　　　　3 000 000

④2020 年无形资产摊销金额 = 300 ÷ 10 × 3 ÷ 12 = 7.5（万元）

借：管理费用　　　　　　　　　　　　　　　　　　　　　　75 000
　　贷：累计摊销　　　　　　　　　　　　　　　　　　　　75 000

（二）税收规定

《企业所得税法实施条例》第六十六条规定，无形资产按照以下方法确定计税基础：

1. 外购的无形资产，以购买价款和支付的相关税费以及直接归属于使该资产达到预定用途发生的其他支出为计税基础；

2. 自行开发的无形资产，以开发过程中该资产符合资本化条件后至达到预定用途前发生的支出为计税基础；

3. 通过捐赠、投资、非货币性资产交换、债务重组等方式取得的无形资产，以该资产的公允价值和支付的相关税费为计税基础。

（三）税会差异

会计上规定，自行研究开发的无形资产成本，与企业所得税法规定的计税基础一致，两者不存在差异。符合资本化条件的开发支出，如果会计上处理未资本化，而是费用化处理，实务中会形成税会差异，在年度汇算清缴申报时应调增应纳税所得额。

三、无形资产后续计量的税会差异

（一）无形资产摊销范围的税会差异

1. 会计规定。无形资产应当按照企业会计准则规定进行摊销，但使用寿命不确定的无形资产不应摊销。

2. 税收规定。《企业所得税法》第十二条规定，下列无形资产不得计算摊销费用扣除：

（1）自行开发的支出已在计算应纳税所得额时扣除的无形资产；

（2）自创商誉；

（3）与经营活动无关的无形资产；

（4）其他不得计算摊销费用扣除的无形资产。

3. 税会差异。

（1）经营活动关联性的差异。会计上规定，无形资产应当按照会计准则规定进行摊销，但使用寿命不确定的无形资产不予摊销，与经营活动无关的无形资产，也需要摊销；企业所得税法规定，与经营活动无关的无形资产不得计算摊销费用扣除。两者存在差异，在年度汇算清缴纳税申报时应调增应纳税所得额。

（2）使用寿命相关性的差异。会计上规定，使用寿命不确定的无形资产不应摊销；企业所得税法没有界定使用寿命不确定的无形资产概念，在一定期限内可以摊销。两者存在差异，在年度纳税申报时应调减应纳税所得额。

（二）无形资产预计净残值的税会差异

1. 会计规定。企业会计准则规定，无形资产的应摊销金额为其成本扣除预计残值后的金额。已计提减值准备的无形资产，还应扣除已计提的无形资产减值准备累计金额。使用寿命有限的无形资产，其残值应当视为零，但下列情况除外：

（1）有第三方承诺在无形资产使用寿命结束时购买该无形资产。

（2）可以根据活跃市场得到预计残值信息，并且该市场在无形资产使用寿命结束时很可能存在。

2. 税收规定。《企业所得税法实施条例》第六十七条规定，无形资产按照直线法计算的摊销费用，准予扣除。

3. 税会差异。会计上规定，使用寿命有限的无形资产，其残值应当视为零，但有例外情况，固定资产和生产性生物资产要合理确定预计净残值；企业所得税法没有规定无形资产确定预计净残值。根据国家税务总局公告2020年第24号规定，可以暂按国家统一会计制度处理。两者不存在差异，不需要进行纳税调整。

（三）无形资产使用寿命的税会差异

1. 会计规定。企业应当于取得无形资产时分析判断其使用寿命。无形资产的使用寿命为有限的，应当估计该使用寿命的年限或者构成使用寿命的产量等类似计量单位数量；无法预见无形资产为企业带来经济利益期限的，应当视为使用寿命不确定的无形资产。使用寿命不确定的无形资产不应摊销。

企业至少应当于每年年度终了，对无形资产的使用寿命进行复核。无形资产的使用寿命及摊销方法与以前估计不同的，应当改变摊销期限。

2. 税收规定。

（1）《企业所得税法实施条例》第六十七条规定，无形资产的摊销年限不得低于10年。作为投资或者受让的无形资产，有关法律规定或者合同约定了使用年限的，可以按照规定或者约定的使用年限分期摊销。

（2）《财政部 国家税务总局关于进一步鼓励软件产业和集成电路产业发展企业所得税政策的通知》（财税〔2012〕27号）规定，企业外购的软件，凡符合无形资产确认条件的，可以按照无形资产进行核算，其摊销年限可以适当缩短，最短可为2年（含）。

（3）《财政部 税务总局关于海南自由贸易港企业所得税优惠政策的通知》（财税〔2020〕31号）第三条规定，对在海南自由贸易港设立的企业，新购置（含自建、自行开发）固定资产或无形资产，单位价值不超过500万元（含）的，允许一次性计入当期成本费用在计算应纳税所得额时扣除，不再分年度计算折旧和摊销；新购置（含自建、自行开发）固定资产或无形资产，单位价值超过500万元的，可以缩短折旧、摊销年限或采取加速折旧、摊销的方法。

3. 税会差异。

（1）使用寿命与最低年限。会计上规定，无形资产的使用寿命为有限的，企业应当估计该使用寿命的年限。企业所得税法规定，无形资产的摊销年限不得低于10年，投资或者受让的无形资产除外。两者存在差异，如果会计摊销年限短于税法规定的最低摊销年限，其按会计摊销年限计提的摊销额会高于按税法规定的最低摊销年限计提的摊销额，差额应在年度汇算清缴纳税申报时，调增当期应纳税所得额；如果会计摊销年限长于税法规定的最低摊销年限，参照固定资产相关政策规定，其摊销额应按会计规定计算扣除，不需要进行纳税调整。

（2）使用寿命的复核。会计上规定，企业至少应当于每年年度终了，对无形资产的使用寿命进行复核，使用寿命预计数与原先估计数有差异的，应当调整使用寿命；企业所得税法规定无形资产的摊销年限不得低于10年。两者存在差异，如果会计处理调整使用寿命，导致计算并计入相关成本费用摊销额大于按最低摊销年限计算摊销额，在年度汇算清缴纳税申报时应调增应纳税所得额。

（四）无形资产摊销方法的税会差异

1. 会计规定。企业选择的无形资产摊销方法，应当反映与该项无形资产有关的经济利益的预期实现方式。无法可靠确定预期实现方式的，应当采用直线法摊销。

企业至少应当于每年年度终了，对使用寿命有限的无形资产的摊销方法进行复核。无形资产的摊销方法与以前估计不同的，应当改变摊销方法。

2. 税收规定。《企业所得税法实施条例》第六十七条规定，无形资产按照直线法计算的摊销费用，准予扣除。

3. 税会差异。

（1）摊销方法的选择。会计上规定，企业选择的无形资产摊销方法，应当反映与该项无形资产有关的经济利益的预期实现方式；企业所得税法规定，无形资产只有按照直线法计算的摊销额，才准予扣除。两者存在差异，如果企业选择了直线法以外的其他摊销方法，导致的摊销金额超过了税法规定可以税前扣除金额，在年度汇算清缴纳税申报时应调增应纳税所得额。

（2）摊销方法的复核。会计上规定，企业至少应当于每年年度终了，对使用寿命有限的无形资产的摊销方法进行复核，无形资产的摊销方法与以前估计不同的，应当改变摊销方法；企业所得税法规定，无形资产只能采用直线方法进行摊销。两者存在差异，如果会计处理调整摊销方法，导致计算并计入相关成本费用累计摊销金额大于按税法规定摊销方法计算摊销金额，在年度汇算清缴纳税申报时应当调增应纳税所得额。

（五）无形资产摊销起止时间的税会差异

1. 会计规定。企业会计准则规定，使用寿命有限的无形资产，其应摊销金额应当在使用寿命内系统合理摊销。企业摊销无形资产，应当自无形资产可供使用当月时起，至不再作为无形资产确认当月时止。

使用寿命不确定的无形资产不应摊销。

2. 税收规定。企业所得税法没有明确规定无形资产从何时起计算摊销。

3. 税会差异。会计上规定，摊销无形资产，应当自无形资产可供使用当月时起，至不再作为无形资产确认当月时止；企业所得税法没有规定无形资产摊销起止时间。根据国家税务总局公告2020年第24号规定，可以暂按国家统一会计制度处理，两者不存在差异。

（六）研发费用加计扣除优惠政策的税会差异

1. 会计规定。会计上没有规定。

［例4-3-2］公司2020年度进行了四项研发活动，项目名称分为A项目、B项目、C项目、D项目。

①A项目资料详见［例4-3-1］。

②B项目共发生研发费用200万元。其中，研发人员工资薪金40万元，"五险一金"10万元，直接消耗的材料费用50万元，用于中间试验和产品试制的模具、工艺装备开发及制造费10万元，用于研发活动设备的折旧费25万元，用于研发活动的专利权的摊销费25万元，新产品设计费10万元，专家咨询费10万元，职工补充养老保险20万元。会计核算时进行了费用化处理。

账务处理如下：

借：研发支出——费用化支出　　　　　　　　　　　2 000 000
　　贷：应付职工薪酬　　　　　　　　　　　　　　　700 000
　　　　原材料　　　　　　　　　　　　　　　　　　500 000
　　　　银行存款　　　　　　　　　　　　　　　　　300 000
　　　　累计折旧　　　　　　　　　　　　　　　　　250 000
　　　　累计摊销　　　　　　　　　　　　　　　　　250 000
借：管理费用　　　　　　　　　　　　　　　　　　2 000 000
　　贷：研发支出——费用化支出　　　　　　　　　2 000 000

③C项目2020年1月开始资本化，2020年7月停止资本化，结转形成无形资产。2020年共发生研发费用800万元。其中，研发人员工资薪金400万元，"五险一金"80万元，用于研发活动的仪器、设备的运行维护、调整、检验、维修等费用60万元，用于研发活动的设备的折旧费200万元，研发成果分析、评审费用20万元，知识产权申请费10万元，差旅

费、会议费 30 万元。该项无形资产按 10 年摊销。

账务处理如下：

借：研发支出——资本化支出		8 000 000
贷：应付职工薪酬		4 800 000
银行存款		1 200 000
累计折旧		2 000 000
借：无形资产		8 000 000
贷：研发支出——资本化支出		8 000 000

④D 项目委托境外机构研发，共支付研发活动劳务费用 300 万元。会计核算时进行了费用化处理。

借：管理费用		3 000 000
贷：银行存款		3 000 000

⑤以前年度研发活动直接形成产品在 2020 年 6 月完成销售，该产品已经计入上年度研发费用中对应的材料部分为 50 万元。

2. 税收规定。为了鼓励技术创新，企业所得税法特别规定了开发新技术、新产品、新工艺发生的研究开发费用可以享受加计扣除的优惠政策。

主要政策文件有：《财政部 国家税务总局 科技部关于完善研究开发费用税前加计扣除政策的通知》（财税〔2015〕119 号）、《国家税务总局关于企业研究开发费用税前加计扣除政策有关问题的公告》（国家税务总局公告 2015 年第 97 号）、《财政部 税务总局 科技部关于提高科技型中小企业研究开发费用税前加计扣除比例的通知》（财税〔2017〕34 号）、《科技部 财政部 国家税务总局关于印发〈科技型中小企业评价办法〉的通知》（国科发政〔2017〕115 号）、《国家税务总局关于提高科技型中小企业研究开发费用税前加计扣除比例有关问题的公告》（国家税务总局公告 2017 年第 18 号）、《国家税务总局关于研发费用税前加计扣除归集范围有关问题的公告》（国家税务总局公告 2017 年第 40 号）、《财政部 税务总局关于企业委托境外研究开发费用税前加计扣除有关政策问题的通知》（财税〔2018〕64 号）、《财政部 税务总局 科技部关于提高研究开发费税前加计扣除比例的通知》（财税〔2018〕99 号）等。

（1）研发活动是指企业为获得科学与技术新知识，创造性运用科学技术新知识，或实质性改进技术、产品（服务）、工艺而持续进行的具有明确目标的系统性活动。

财税〔2015〕119 号文件规定，下列活动不属于可享受税前加计扣除政策的活动：

①企业产品（服务）的常规性升级。

②对某项科研成果的直接应用，如直接采用公开的新工艺、材料、装置、产品、服务或知识等。

③企业在商品化后为顾客提供的技术支持活动。

④对现存产品、服务、技术、材料或工艺流程进行的重复或简单改变。

⑤市场调查研究、效率调查或管理研究。

⑥作为工业（服务）流程环节或常规的质量控制、测试分析、维修维护。

⑦社会科学、艺术或人文方面的研究。

同时，该文件还规定下列行业不适用税前加计扣除政策：

①烟草制造业。
②住宿和餐饮业。
③批发和零售业。
④房地产业。
⑤租赁和商务服务业。
⑥娱乐业。
⑦财政部和国家税务总局规定的其他行业。
（2）允许加计扣除的研发费用范围。

①人员人工费用，指直接从事研发活动人员的工资薪金、基本养老保险费、基本医疗保险费、失业保险费、工伤保险费、生育保险费和住房公积金，以及外聘研发人员的劳务费用。

国家税务总局公告2015年第97号指出，研究开发人员范围是指企业直接从事研发活动人员，包括研究人员、技术人员、辅助人员。

国家税务总局公告2017年第40号指出，研究人员是指主要从事研究开发项目的专业人员；技术人员是指具有工程技术、自然科学和生命科学中一个或一个以上领域的技术知识和经验，在研究人员指导下参与研发工作的人员；辅助人员是指参与研究开发活动的技工。

企业外聘研发人员是指与本企业签订劳务用工协议（合同）和临时聘用的研究人员、技术人员、辅助人员。

国家税务总局公告2017年第40号指出，人员人工费用指直接从事研发活动人员的工资薪金、基本养老保险费、基本医疗保险费、失业保险费、工伤保险费、生育保险费和住房公积金，以及外聘研发人员的劳务费用。

a. 接受劳务派遣的企业按照协议（合同）约定支付给劳务派遣企业，且由劳务派遣企业实际支付给外聘研发人员的工资薪金等费用，属于外聘研发人员的劳务费用。

b. 工资薪金包括按规定可以在税前扣除的对研发人员股权激励的支出。

c. 直接从事研发活动的人员、外聘研发人员同时从事非研发活动的，企业应对其人员活动情况做必要记录，并将其实际发生的相关费用按实际工时占比等合理方法在研发费用和生产经营费用间分配，未分配的不得加计扣除。

②直接投入费用，指研发活动直接消耗的材料、燃料和动力费用；用于中间试验和产品试制的模具、工艺装备开发及制造费，不构成固定资产的样品、样机及一般测试手段购置费，试制产品的检验费；用于研发活动的仪器、设备的运行维护、调整、检验、维修等费用，以及通过经营租赁方式租入的用于研发活动的仪器、设备租赁费。

国家税务总局公告2017年第40号规定：

以经营租赁方式租入的用于研发活动的仪器、设备，同时用于非研发活动的，企业应对其仪器设备使用情况做必要记录，并将其实际发生的租赁费按实际工时占比等合理方法在研发费用和生产经营费用间分配，未分配的不得加计扣除。

企业研发活动直接形成产品或作为组成部分形成的产品对外销售的，研发费用中对应的材料费用不得加计扣除。

产品销售与对应的材料费用发生在不同纳税年度且材料费用已计入研发费用的，可在销售当年以对应的材料费用发生额直接冲减当年的研发费用，不足冲减的，结转以后年度继续冲减。

③折旧费用，指用于研发活动的仪器、设备的折旧费。用于研发活动的仪器、设备，同时用于非研发活动的，企业应对其仪器设备使用情况做必要记录，并将其实际发生的折旧费按实际工时占比等合理方法在研发费用和生产经营费用间分配，未分配的不得加计扣除。

国家税务总局公告2017年第40号规定，企业用于研发活动的仪器、设备，符合税法规定且选择加速折旧优惠政策的，在享受研发费用税前加计扣除政策时，就税前扣除的折旧部分计算加计扣除。

④无形资产摊销，指用于研发活动的软件、专利权、非专利技术（包括许可证、专有技术、设计和计算方法等）的摊销费用。

用于研发活动的无形资产，同时用于非研发活动的，企业应对其无形资产使用情况做必要记录，并将其实际发生的摊销费按实际工时占比等合理方法在研发费用和生产经营费用间分配，未分配的不得加计扣除。

用于研发活动的无形资产，符合税法规定且选择缩短摊销年限的，在享受研发费用税前加计扣除政策时，就税前扣除的摊销部分计算加计扣除。

⑤新产品设计费、新工艺规程制定费、新药研制的临床试验费、勘探开发技术的现场试验费，指企业在新产品设计、新工艺规程制定、新药研制的临床试验、勘探开发技术的现场试验过程中发生的与开展该项活动有关的各类费用。

⑥其他相关费用，指与研发活动直接相关的其他费用，如技术图书资料费、资料翻译费、专家咨询费、高新科技研发保险费，研发成果的检索、分析、评议、论证、鉴定、评审、评估、验收费用，知识产权的申请费、注册费、代理费、差旅费、会议费、职工福利费、补充养老保险费、补充医疗保险费。

此类费用总额不得超过可加计扣除研发费用总额的10%。

⑦财政部和国家税务总局规定的其他费用。

（3）研发费用归集。

①多用途对象费用的归集，指企业从事研发活动的人员和用于研发活动的仪器、设备、无形资产，同时从事或用于非研发活动的，应对其人员活动及仪器设备、无形资产使用情况做必要记录，并将其实际发生的相关费用按实际工时占比等合理方法在研发费用和生产经营费用间分配，未分配的不得加计扣除。

②其他相关费用的归集与限额计算。国家税务总局公告2015年第97号指出，企业在一个纳税年度内进行多项研发活动的，应按照不同研发项目分别归集可加计扣除的研发费用。在计算每个项目其他相关费用的限额时应当按照以下公式计算：

其他相关费用限额 = 财税〔2015〕119号文件第一条第一项允许加计扣除的研发费用中的第1项至第5项的费用之和×10%/（1 – 10%）

当其他相关费用实际发生数小于限额时，按实际发生数计算税前加计扣除数额；当其他相关费用实际发生数大于限额时，按限额计算税前加计扣除数额。

③特殊收入的扣减。企业在计算加计扣除的研发费用时，应扣减已按规定归集计入研发费用，但在当期取得的研发过程中形成的下脚料、残次品、中间试制品等特殊收入；不足扣减的，允许加计扣除的研发费用按零计算。

企业研发活动直接形成产品或作为组成部分形成的产品对外销售的，研发费用中对应的材料费用不得加计扣除。

④财政性资金的处理。企业取得作为不征税收入处理的财政性资金用于研发活动所形成的费用或无形资产，不得计算加计扣除或摊销。

国家税务总局公告2017年第40号规定，企业取得的政府补助，会计处理时采用直接冲减研发费用方法且税务处理时未将其确认为应税收入的，应按冲减后的余额计算加计扣除金额。

⑤不允许加计扣除的费用。法律、行政法规和国务院财税主管部门规定不允许企业所得税前扣除的费用和支出项目不得计算加计扣除。

已计入无形资产但不属于财税〔2015〕119号文件中允许加计扣除研发费用范围的，企业摊销时不得计算加计扣除。

⑥资本化的时点。国家税务总局公告2017年第40号规定，企业开展研发活动中实际发生的研发费用形成无形资产的，其资本化的时点与会计处理保持一致。

⑦失败的研发活动。所发生的研发费用可享受税前加计扣除政策。

（4）特殊研发活动。

①委托开发。企业委托外部机构或个人进行研发活动所发生的费用，按照费用实际发生额的80%计入委托方研发费用并计算加计扣除，受托方不得再进行加计扣除。委托外部研究开发费用实际发生额应按照独立交易原则确定。

委托方与受托方存在关联关系的，受托方应向委托方提供研发项目费用支出明细情况。

国家税务总局公告2015年第97号规定，委托个人研发的，应凭个人出具的发票等合法有效凭证在税前加计扣除。

国家税务总局公告2017年第40号指出，国家税务总局公告2015年第97号第三条所称"研发活动发生费用"是指委托方实际支付给受托方的费用。无论委托方是否享受研发费用税前加计扣除政策，受托方均不得加计扣除。

②共同开发。企业共同合作开发的项目，由合作各方就自身实际承担的研发费用分别计算加计扣除。

③集中开发。企业集团根据生产经营和科技开发的实际情况，对技术要求高、投资数额大，需要集中研发的项目，其实际发生的研发费用，可以按照权利和义务相一致、费用支出和收益分享相配比的原则，合理确定研发费用的分摊方法，在受益成员企业间进行分摊，由相关成员企业分别计算加计扣除。

④境外研发。财税〔2018〕64号文件规定，委托境外进行研发活动所发生的费用，按照费用实际发生额的80%计入委托方的委托境外研发费用。委托境外研发费用不超过境内符合条件的研发费用2/3的部分，可以按规定在企业所得税前加计扣除。

委托境外进行研发活动应签订技术开发合同，并由委托方到科技行政主管部门进行登记。

上述所称委托境外进行研发活动不包括委托境外个人进行的研发活动。

⑤创意设计。企业为获得创新性、创意性、突破性的产品进行创意设计活动而发生的相关费用，可按照规定进行税前加计扣除。

创意设计活动是指多媒体软件、动漫游戏软件开发，数字动漫、游戏设计制作；房屋建筑工程设计（绿色建筑评价标准为三星）、风景园林工程专项设计；工业设计、多媒体设计、动漫及衍生产品设计、模型设计等。

(5) 会计核算与管理。

①企业应按照国家财务会计制度要求，对研发支出进行会计处理；同时，对享受加计扣除的研发费用按研发项目设置辅助账，准确归集核算当年可加计扣除的各项研发费用实际发生额。企业在一个纳税年度内进行多项研发活动的，应按照不同研发项目分别归集可加计扣除的研发费用。

②企业应对研发费用和生产经营费用分别核算，准确、合理归集各项费用支出，对划分不清的，不得实行加计扣除。

③加计扣除政策适用于会计核算健全、实行查账征收并能够准确归集研发费用的居民企业。

④企业研发费用各项目的实际发生额归集不准确、汇总额计算不准确的，税务机关有权对其税前扣除额或加计扣除额进行合理调整。

⑤税务机关对企业享受加计扣除优惠的研发项目有异议的，可以转请地市级（含）以上科技行政主管部门出具鉴定意见，科技部门应及时回复意见。企业承担省部级（含）以上科研项目的，以及以前年度已鉴定的跨年度研发项目，不再需要鉴定。

⑥企业符合规定的研发费用加计扣除条件而在2016年1月1日以后未及时享受该项税收优惠的，可以追溯享受并履行备案手续，追溯期限最长为3年。

(6) 税收优惠政策。

①《企业所得税法实施条例》第九十五条规定，研究开发费用的加计扣除，是指企业为开发新技术、新产品、新工艺发生的研究开发费用，未形成无形资产计入当期损益的，在按照规定据实扣除的基础上，按照研究开发费用的50%加计扣除；形成无形资产的，按照无形资产成本的150%摊销。

②《财政部　国家税务总局　科技部关于提高科技型中小企业研究开发费用税前加计扣除比例的通知》（财税〔2017〕34号）规定，科技型中小企业开展研发活动中实际发生的研发费用，未形成无形资产计入当期损益的，在按规定据实扣除的基础上，在2017年1月1日至2019年12月31日，再按实际发生额的75%在税前加计扣除；形成无形资产的，在上述期间按照无形资产成本的175%在税前摊销。

③《财政部　税务总局　科技部关于提高研究开发费用税前加计扣除比例的通知》（财税〔2018〕99号）规定，企业开展研发活动中实际发生的研发费用，未形成无形资产计入当期损益的，在按规定据实扣除的基础上，在2018年1月1日至2020年12月31日，再按照实际发生额的75%在税前加计扣除；形成无形资产的，在上述期间按照无形资产成本的175%在税前摊销。

3. 税会差异。会计上没有研发费用加计扣除优惠政策的规定；企业所得税法规定了研发支出加计扣除优惠政策。两者存在差异，导致会计处理无形资产累计摊销金额（或者直接计入成本费用金额）与企业所得税税前扣除金额不一致，在年度汇算清缴纳税申报时应调减应纳税所得额。

4. 年度纳税申报表调整（沿用［例4-3-2］）。

(1) 分析过程。

①A项目费用化支出300万元，资本化支出300万元，从2020年10月开始摊销。

②B项目第一至五项费用小计 = 人员人工费用（40万元 + 10万元）+ 直接投入费用（50万元 + 10万元）+ 折旧费用（25万元）+ 无形资产摊销（25万元）+ 新产品设计费等（10万元）= 170（万元）

第六项其他相关费用限额 = 按照B项目第一至五项费用之和 × 10% ÷ (1 - 10%) = 170 × 10% ÷ (1 - 10%) = 18.89（万元）

B项目其他相关费用实际发生数 = 专家咨询费10万元 + 职工补充养老保险20万元 = 30（万元）

经限额调整后的其他相关费用 = 孰小值（18.89，30）= 18.89（万元）

③C项目从2020年7月开始摊销。研发费用中第一至五项费用小计 = 人员人工费用（400万元 + 80万元）+ 直接投入费用（60万元）+ 折旧费用（200万元）+ 无形资产摊销（0）+ 新产品设计费等（0）= 740（万元）

第六项其他相关费用限额 = 按照C项目第一至五项费用之和 × 10% ÷ (1 - 10%) = 740 × 10% ÷ (1 - 10%) = 82.22（万元）

C项目其他相关费用实际发生数 = 研发成果分析、评审费用（20万元）+ 知识产权申请费（10万元）+ 差旅费、会议费（30万元）= 60（万元）

经限额调整后的其他相关费用 = 孰小值（82.22，60）= 60（万元）

④D项目委托境外机构研发，共支付研发活动劳务费用300万元。实际发生额的80%为240万元，因未超过境内符合条件的研发费用2/3，可以按规定在企业所得税前加计扣除。

⑤本年可加计扣除的研发费用合计 = A项目费用化支出 + 本年资本化支出摊销额 + B项目研发费用中第一至五项费用 + 经限额调整后的其他相关费用 + C项目本年资本化支出摊销额 + D项目可加计扣除的研发费用 = 300 + 7.5 + 170 + 18.89 + 800 ÷ 10 × 6 ÷ 12 + 240 = 776.39（万元）

其中本年费用化金额 = 300 + 170 + 18.89 + 240 = 728.89（万元）

本年资本化金额 = 7.5 + 800 ÷ 10 × 6 ÷ 12 = 47.5（万元）

⑥本年研发费用加计扣除额 = [允许扣除的研发费用合计 - 当年销售研发活动直接形成产品（包括组成部分）对应的材料部分] × 75% = (776.39 - 50) × 75% = 544.792 5（万元）

（2）年度纳税申报表填报如表4-31所示。

表4-31　　　　　　A107012　研发费用加计扣除优惠明细表

金额单位：人民币元（列至角分）

行次	项目	金额（数量）
1	本年可享受研发费用加计扣除项目数量	4
2	一、自主研发、合作研发、集中研发（3+7+16+19+23+34）	15 888 900
3	（一）人员人工费用（4+5+6）	7 800 000
4	1. 直接从事研发活动人员工资薪金	6 400 000
5	2. 直接从事研发活动人员五险一金	1 400 000
6	3. 外聘研发人员的劳务费用	

续表

行次	项目	金额（数量）
7	（二）直接投入费用（8＋9＋10＋11＋12＋13＋14＋15）	1 200 000
8	1. 研发活动直接消耗材料费用	500 000
9	2. 研发活动直接消耗燃料费用	
10	3. 研发活动直接消耗动力费用	
11	4. 用于中间试验和产品试制的模具、工艺装备开发及制造费	100 000
12	5. 用于不构成固定资产的样品、样机及一般测试手段购置费	
13	6. 用于试制产品的检验费	
14	7. 用于研发活动的仪器、设备的运行维护、调整、检验、维修等费用	600 000
15	8. 通过经营租赁方式租入的用于研发活动的仪器、设备租赁费	
16	（三）折旧费用（17＋18）	5 750 000
17	1. 用于研发活动的仪器的折旧费	
18	2. 用于研发活动的设备的折旧费	5 750 000
19	（四）无形资产摊销（20＋21＋22）	250 000
20	1. 用于研发活动的软件的摊销费用	
21	2. 用于研发活动的专利权的摊销费用	250 000
22	3. 用于研发活动的非专利技术（包括许可证、专有技术、设计和计算方法等）的摊销费用	
23	（五）新产品设计费等（24＋25＋26＋27）	100 000
24	1. 新产品设计费	100 000
25	2. 新工艺规程制定费	
26	3. 新药研制的临床试验费	
27	4. 勘探开发技术的现场试验费	
28	（六）其他相关费用（29＋30＋31＋32＋33）	900 000
29	1. 技术图书资料费、资料翻译费、专家咨询费、高新科技研发保险费	100 000
30	2. 研发成果的检索、分析、评议、论证、鉴定、评审、评估、验收费用	200 000
31	3. 知识产权的申请费、注册费、代理费	100 000
32	4. 职工福利费、补充养老保险费、补充医疗保险费	200 000
33	5. 差旅费、会议费	300 000
34	（七）经限额调整后的其他相关费用	788 900
35	二、委托研发（36＋37＋39）	3 000 000
36	（一）委托境内机构或个人进行研发活动所发生的费用	
37	（二）委托境外机构进行研发活动发生的费用	3 000 000
38	其中：允许加计扣除的委托境外机构进行研发活动发生的费用	2 400 000
39	（三）委托境外个人进行研发活动发生的费用	
40	三、年度研发费用小计（2＋36×80%＋38）	18 288 900
41	（一）本年费用化金额	7 288 900

续表

行次	项目	金额（数量）
42	（二）本年资本化金额	11 000 000
43	四、本年形成无形资产摊销额	475 000
44	五、以前年度形成无形资产本年摊销额	0
45	六、允许扣除的研发费用合计（41＋43＋44）	7 763 900
46	减：特殊收入部分	
47	七、允许扣除的研发费用抵减特殊收入后的金额（45－46）	7 763 900
48	减：当年销售研发活动直接形成产品（包括组成部分）对应的材料部分	500 000
49	减：以前年度销售研发活动直接形成产品（包括组成部分）对应材料部分结转金额	
50	八、加计扣除比例（％）	75%
51	九、本年研发费用加计扣除总额（47－48－49）×50	5 447 925
52	十、销售研发活动直接形成产品（包括组成部分）对应材料部分结转以后年度扣减金额（当47－48－49≥0，本行＝0；当47－48－49＜0，本行＝47－48－49的绝对值）	0

第四节 生物资产准则与税法差异分析及调整

生物资产，是指有生命的动物和植物。为了规范与农业生产相关的生物资产的确认、计量和相关信息的披露，根据《企业会计准则——基本准则》，财政部于2006年制定了《企业会计准则第5号——生物资产》，至今未进行过修订。

关于生物资产的企业会计准则部分规定及企业所得税法规定与固定资产、无形资产相关内容相似，相同内容的税会差异参考相关章节，本节仅就其不同内容涉及的税会差异进行分析。

一、生物资产准则适用范围的税会差异

（一）会计规定

生物资产分为消耗性生物资产、生产性生物资产和公益性生物资产。

1. 消耗性生物资产，是指为出售而持有的，或在将来收获为农产品的生物资产，包括生长中的大田作物、蔬菜、用材林以及存栏待售的牲畜等。

2. 生产性生物资产，是指为产出农产品、提供劳务或出租等目的而持有的生物资产，包括经济林、薪炭林、产畜和役畜等。

3. 公益性生物资产，是指以防护、环境保护为主要目的的生物资产，包括防风固沙林、水土保持林和水源涵养林等。

有生命的动物和植物具有生物转化的能力，这种能力导致生物资产质量或数量发生变化，通常表现为生长、蜕化、生产和繁殖等。生物资产的形态、价值以及产生经济利益的方式，随其出生、成长、衰老、死亡等自然规律和生产经营活动的变化而变化。

农产品与生物资产密不可分,当其附在生物资产上时,构成生物资产的一部分。收获的农产品从生物资产这一母体分离开始,不再具有生命和生物转化能力,或者其生命和生物转化能力受到限制,应当作为存货处理,适用《企业会计准则第1号——存货》的相关规定。

(二) 税收规定

《企业所得税法实施条例》第六十二条规定,生产性生物资产,是指企业为生产农产品、提供劳务或者出租等而持有的生物资产,包括经济林、薪炭林、产畜和役畜等。

(三) 税会差异

会计上规定,生物资产分为消耗性生物资产、生产性生物资产和公益性生物资产;企业所得税法只规范了生产性生物资产的所得税处理,对另两类生物资产没有明确规定。根据国家税务总局公告2020年第24号规定,可以暂按国家统一会计制度处理,两者不存在差异。

二、生物资产计量的税会差异

(一) 生物资产初始计量的税会差异

1. 会计规定。生物资产应当按照成本进行初始计量。其具体计量内容又因资产的取得方式不同而各不相同。

(1) 外购生物资产的成本,包括购买价款、相关税费、运输费、保险费以及可直接归属于购买该资产的其他支出。

(2) 自行栽培、营造、繁殖或养殖的消耗性生物资产的成本,应当按照下列规定确定:

①自行栽培的大田作物和蔬菜的成本,包括在收获前耗用的种子、肥料、农药等材料费、人工费和应分摊的间接费用等必要支出。

②自行营造的林木类消耗性生物资产的成本,包括郁闭前发生的造林费、抚育费、营林设施费、良种试验费、调查设计费和应分摊的间接费用等必要支出。

③自行繁殖的育肥畜的成本,包括出售前发生的饲料费、人工费和应分摊的间接费用等必要支出。

④水产养殖的动物和植物的成本,包括在出售或入库前耗用的苗种、饲料、肥料等材料费、人工费和应分摊的间接费用等必要支出。

(3) 自行营造或繁殖的生产性生物资产的成本,应当按照下列规定确定:

①自行营造的林木类生产性生物资产的成本,包括达到预定生产经营目的前发生的造林费、抚育费、营林设施费、良种试验费、调查设计费和应分摊的间接费用等必要支出。

②自行繁殖的产畜和役畜的成本,包括达到预定生产经营目的(成龄)前发生的饲料费、人工费和应分摊的间接费用等必要支出。

达到预定生产经营目的,是指生产性生物资产进入正常生产期,可以多年连续稳定产出农产品、提供劳务或出租。

(4) 自行营造的公益性生物资产的成本,应当按照郁闭前发生的造林费、抚育费、森林保护费、营林设施费、良种试验费、调查设计费和应分摊的间接费用等必要支出确定。

郁闭之前的林木类消耗性生物资产处在培植阶段,需要发生较多的造林费、抚育费、营林设施费、良种试验费、调查设计费等相关支出,这些支出应当予以资本化计入林木成本;郁闭之后的林木类消耗性生物资产基本上可以比较稳定地成活,一般只需要发生较少的管护费用,应当计入当期费用。

(5)投资者投入生物资产的成本,应当按照投资合同或协议约定的价值确定,但合同或协议约定价值不公允的除外。

(6)天然起源的生物资产的成本,应当按照名义金额确定。

天然林等天然起源的生物资产,有确凿证据表明企业能够拥有或者控制时,才能予以确认。企业拥有或控制的天然起源的生物资产,通常并未进行相关的农业生产,如企业从土地、河流湖泊中取得的天然生长的天然林、水生动植物等。企业应当按照名义金额确定天然起源的生物资产的成本,同时计入当期损益,名义金额为1元。

(7)因择伐、间伐或抚育更新性质采伐而补植林木类生物资产发生的后续支出,应当计入林木类生物资产的成本。

(8)非货币性资产交换、债务重组和企业合并取得的生物资产的成本,应当分别按照《企业会计准则第7号——非货币性资产交换》《企业会计准则第12号——债务重组》和《企业会计准则第20号——企业合并》的规定确定。

2. 税收规定。《企业所得税法实施条例》第六十二条规定,生产性生物资产按照以下方法确定计税基础:

(1)外购的生产性生物资产,以购买价款和支付的相关税费为计税基础;

(2)通过捐赠、投资、非货币性资产交换、债务重组等方式取得的生产性生物资产,以该资产的公允价值和支付的相关税费为计税基础。

3. 税会差异。消耗性生物资产和公益性生物资产,前面的内容已经进行了分析。对非货币性资产交换、债务重组等特殊方式取得的生产性生物资产税会差异,参考相关章节内容,此处仅对外购的生产性生物资产税会差异进行分析。

会计上规定外购的生产性生物资产初始计量的表述,与企业所得税法规定基本一致,两者不存在税会差异。

(二)生产性生物资产的使用寿命、预计净残值和折旧方法的税会差异

1. 会计规定。企业应当根据生产性生物资产的性质、使用情况和有关经济利益的预期实现方式,合理确定其使用寿命、预计净残值和折旧方法。

(1)使用寿命。企业确定生产性生物资产的使用寿命,应当考虑下列因素:

①该资产的预计产出能力或实物产量;

②该资产的预计有形损耗,如产畜和役畜衰老、经济林老化等;

③该资产的预计无形损耗,如因新品种的出现而使现有的生产性生物资产的产出能力和产出农产品的质量等方面相对下降、市场需求的变化使生产性生物资产产出的农产品相对过时等。

(2)折旧方法。可选用的折旧方法包括年限平均法、工作量法、产量法等。

(3)生产性生物资产的使用寿命、预计净残值和折旧方法一经确定,不得随意变更。

企业至少应当于每年年度终了对生产性生物资产的使用寿命、预计净残值和折旧方法进行复核。使用寿命或预计净残值的预期数与原先估计数有差异的,或者有关经济利益预期实现方式有重大改变的,应当作为会计估计变更,按照《企业会计准则第28号——会计政策、会计估计变更和差错更正》处理,调整生产性生物资产的使用寿命、预计净残值或者改变折旧方法。

2. 税收规定。《企业所得税法实施条例》第六十三条规定，生产性生物资产按照直线法计算的折旧，准予扣除。

企业应当根据生产性生物资产的性质和使用情况，合理确定生产性生物资产的预计净残值。生产性生物资产的预计净残值一经确定，不得变更。

《企业所得税法实施条例》第六十四条规定，生产性生物资产计算折旧的最低年限如下：

（1）林木类生产性生物资产，为10年；

（2）畜类生产性生物资产，为3年。

3. 税会差异。生产性生物资产使用寿命、预计净残值和折旧方法，企业所得税法规定与固定资产相关规定基本一致，税会差异也相似，税会差异分析及调整参考相关内容。

（三）生产性生物资产折旧起止时间的税会差异

1. 会计规定。企业对达到预定生产经营目的的生产性生物资产，应当按期计提折旧，并根据用途分别计入相关资产的成本或当期损益。

2. 税收规定。《企业所得税法实施条例》第六十三条规定，企业应当自生产性生物资产投入使用月份的次月起计算折旧；停止使用的生产性生物资产，应当自停止使用月份的次月起停止计算折旧。

3. 税会差异。会计上规定，生产性生物资产应当按期计提折旧，没有规定折旧起止时间；企业所得税法规定，自生产性生物资产投入使用月份的次月起计算折旧；停止使用的生产性生物资产，应当自停止使用月份的次月起停止计算折旧。两者存在差异，在年度汇算清缴纳税申报时应调增应纳税所得额。

（四）生物资产按公允价值计量的税会差异

1. 会计规定。有确凿证据表明生物资产的公允价值能够持续可靠取得的，应当对生物资产采用公允价值计量。采用公允价值计量的，应当同时满足下列条件：

（1）生物资产有活跃的交易市场。活跃的交易市场，是指同时具有下列特征的市场：

①市场内交易的对象具有同质性；

②可以随时找到自愿交易的买方和卖方；

③市场价格的信息是公开的。

（2）能够从交易市场上取得同类或类似生物资产的市场价格及其他相关信息，从而对生物资产的公允价值做出合理估计。

2. 税收规定。《企业所得税法实施条例》第五十六条规定，企业的各项资产，包括固定资产、生物资产、无形资产、长期待摊费用、投资资产、存货等，以历史成本为计税基础。历史成本，是指企业取得该项资产时实际发生的支出。

企业持有各项资产期间资产增值或者减值，除国务院财政、税务主管部门规定可以确认损益外，不得调整该资产的计税基础。

3. 税会差异。会计规定，生物资产的公允价值能够持续可靠取得的，应当对生物资产采用公允价值计量，每个资产负债表日公允价值变动损益将计入当期损益；企业所得税法规定，各项资产以历史成本为计税基础，持有各项资产期间资产增值或者减值，不得调整该资产的计税基础。两者存在差异，在年度汇算清缴纳税申报时，应根据其确认的不同借贷方向，分别调增或者调减应纳税所得额。

(五) 生物资产收获与处置的税会差异

1. 会计规定。

(1) 对于消耗性生物资产,应当在收获或出售时,按照其账面价值结转成本。结转成本的方法包括加权平均法、个别计价法、蓄积量比例法、轮伐期年限法等。

(2) 生产性生物资产收获的农产品成本,按照产出或采收过程中发生的材料费、人工费和应分摊的间接费用等必要支出计算确定,并采用加权平均法、个别计价法、蓄积量比例法、轮伐期年限法等方法,将其账面价值结转为农产品成本。

收获之后的农产品,应当按照《企业会计准则第1号——存货》处理。

2. 税收规定。《企业所得税法实施条例》第七十二条规定,生产性生物资产收获的农产品,以产出或者采收过程中发生的材料费、人工费和分摊的间接费用等必要支出为成本。

3. 税会差异。会计上规定,生物资产的收获按照消耗性生物资产和生产性生物资产分别进行处理;企业所得税法规定只规范了生产性生物资产的处理,关于生产性生物资产收获的农产品成本的规定,与会计上规定基本一致。两者不存在差异,不需要进行纳税调整。

第五节 租赁准则与税法差异分析及调整

租赁,是指在一定期间内,出租人将资产的使用权让与承租人以获取对价的合同。为了规范租赁的确认、计量和相关信息的列报,根据《企业会计准则——基本准则》,财政部于2006年制定了《企业会计准则第21号——租赁》,并于2018年进行了修订(以下简称新租赁准则)。新租赁准则采取了分步实施策略,即在境内外同时上市的企业及在境外上市的企业自2019年1月1日起实施;其他执行企业会计准则的企业自2021年1月1日起实施。

一、租赁准则概述

(一) 相关概念

1. 租赁开始日、租赁期开始日。

(1) 租赁开始日,是指租赁合同签署日与租赁各方就主要条款做出承诺日中的较早者。

(2) 租赁期开始日,是指出租人提供租赁资产使其可供承租人使用的起始日期。如果承租人在租赁协议约定的起租日或租金起付日之前,已经获得租赁资产使用权的控制,则表明租赁期已经开始。

2. 担保余值、未担保余值。

(1) 担保余值,是指与出租人无关的一方向出租人提供担保,保证在租赁结束时租赁资产的价值至少为某指定的金额。如果承租人提供了对余值的担保,则租赁付款额应包含该担保下预计应支付的款项,它反映了承租人预计将支付的金额,而不是承租人担保余值下的最大敞口。

[例4-5-1] 本公司作为承租人与出租人签订了汽车租赁合同,租赁期为5年。合同中就担保余值的规定为:如果标的汽车在租赁期结束时的公允价值低于4万元,则本公司需要向出租人支付汽车公允价值与4万元之间的差额。在租赁期开始日,公司预计标的汽车在

租赁期结束时的公允价值为 4 万元。

[分析] 在租赁期开始日，公司预计标的汽车在租赁期结束时的公允价值为 4 万元，即预计担保余值为 0，而不是承租人担保余值下的最大敞口 4 万元。

(2) 未担保余值，是指租赁资产余值中，出租人无法保证能够实现或仅由与出租人有关的一方予以担保的部分。

3. 使用权资产，是指承租人可以在租赁期内使用租赁资产的权利。

（二）租赁的分类

依据新租赁准则规定，取消了承租人经营租赁和融资租赁的分类，承租人不再将租赁区分为经营租赁或融资租赁，而是采用统一的会计处理模型，对短期租赁和低价值资产租赁以外的其他所有租赁均确认使用权资产和租赁负债。但出租人还是应当在租赁开始日将租赁分为融资租赁和经营租赁。一项租赁是属于融资租赁还是经营租赁取决于交易的实质，而不是合同的形式，如果一项租赁实质上转移了与租赁资产所有权有关的几乎全部风险和报酬，出租人应当将其分类为融资租赁。一项租赁存在下列一种或多种情形的，通常分类为融资租赁：

1. 在租赁期届满时，资产的所有权转移给承租人。

2. 承租人有购买租赁资产的选择权，所订立的购买价款预计将远低于行使选择权时租赁资产的公允价值，因而在租赁开始日就可合理地确定承租人将会行使这种选择权。

3. 资产的所有权虽然不转移，但租赁期占租赁资产使用寿命的大部分。这里的"大部分"，通常掌握在租赁期占租赁开始日租赁资产使用寿命的 75% 以上（含 75%，下同）。如果租赁资产是旧资产，在租赁前已使用年限超过资产自全新时起算可使用年限的 75% 以上时，则这条判断标准不适用，不能使用这条标准确定租赁的分类。

4. 在租赁开始日，租赁收款额的现值几乎相当于租赁资产公允价值。这里的"几乎相当于"，通常掌握在 90%（含 90%）以上。

5. 租赁资产性质特殊，如果不作较大改造，只有承租人才能使用。

不属于融资租赁的，出租人按照经营租赁进行会计处理。

（三）租赁准则的适用范围

新租赁准则适用于所有租赁，但下列各项除外：

1. 承租人通过许可使用协议取得的电影、录像、剧本、文稿等版权、专利等项目的权利，以及以出让、划拨或转让取得的土地使用权。

2. 出租人授予的知识产权许可，适用收入准则。

3. 勘探或使用矿产、石油、天然气及类似不可再生资源的租赁。

4. 承租人承租生物资产。

5. 采用建设经营移交等方式参与公共基础设施建设、运营的特许经营权合同。

二、租赁识别、分拆和租赁期的税会差异

（一）租赁识别的税会差异

1. 会计规定。根据新租赁准则规定，在合同开始日，企业应当评估合同是否为租赁或者包含租赁，以判断是否需要按照租赁准则规定进行会计处理。一项合同要被分类为租赁，必须满足三要素：

一是存在一定期间。"一定期间"可以表述为已识别资产的使用量，例如，某项设备的产出量。

二是存在已识别资产。如果某部分产能与其他部分在物理上不可区分，则该部分不属于已识别资产；或者资产供应方在整个使用期间拥有对该资产的实质性替换权，则该资产也不属于已识别资产。

三是资产供应方向客户转移了对已识别资产使用权的控制。这是指企业应当评估合同中的客户是否有权获得在使用期间因使用已识别资产所产生的几乎全部经济利益，并有权在该使用期间主导已识别资产的使用。

［例4-5-2］本公司从事便利店运营业务，与机场运营商某公司签订了使用机场内某处商业区域销售商品的3年期合同。合同规定了商业区域的面积，但商业区域可以位于机场内的任一登机区域，该公司有权在整个使用期间随时调整分配给本公司的商业区域位置。本公司使用易于移动的自动售货亭销售商品。机场有很多符合合同规定的区域供本公司使用。

［分析］某公司在整个使用期间有变更本公司使用的商业区域的实际能力，且通过替换商业区域将获得经济利益。因此，本公司控制的是自动售货亭，合同约定的是机场内的商业区域，而某公司有替换本公司所使用的商业性区域的实质性权利，此合同中不存在已识别资产，所以不属于租赁，应当按照其他企业会计准则规定进行会计处理。

2. 税收规定。企业所得税法没有相关租赁识别的规定。

3. 税会差异。会计上规定根据三要素评估合同是否为租赁或者包含租赁，同时还要遵循实质重于形式要求，即根据交易的实质，而不是法律形式判断业务性质；企业所得税法未对租赁的定义和识别进行单独规定，在实际工作中应参照相关法律的规定执行，并根据合同条款判断业务性质。两者的处理不同，存在税会差异。

［例4-5-2］中，因不符合新租赁准则规定的条件，需要按照其他企业会计准则规定进行会计处理，税法会按照合同条款判定为租赁业务，并按照租赁的相关税收规定进行企业所得税处理。

（二）租赁分拆的税会差异

1. 会计规定。新租赁准则规定，合同中同时包含多项单独租赁的，承租人和出租人应当将合同予以分拆，并分别各项单独租赁进行会计处理。合同中同时包含租赁和非租赁部分的，承租人和出租人应当将租赁和非租赁部分进行分拆，除非为简化处理，承租人可以按照租赁资产的类别选择是否分拆合同包含的租赁和非租赁部分。选择不分拆的，应当将各租赁部分及与其相关的非租赁部分合并为租赁，进行会计处理。而出租人则不可以选择不分拆。

［例4-5-3］本公司从某公司租赁一台推土机、一辆卡车和一台长臂挖掘机用于采矿业务，租赁期为3年。该公司同意在整个租赁期内维护各项设备。合同固定对价270万元，按年分期支付，每年90万元。假设本公司观察到该公司在市场上单独出租租赁期为3年的上述设备的价格分别为90万元、60万元和120万元，而对应的维护服务的单独售价分别为10万元、5万元和15万元。

［分析］如果本公司未采用简化处理，而是将非租赁部分（维护服务）与租入的各项设备分别进行会计处理。则应当将合同固定对价分摊至各项租赁和非租赁部分。

分摊率 = 270 ÷ （90 + 60 + 120 + 10 + 5 + 15） = 90%

推土机租赁付款额 = 90 × 90% = 81（万元）

卡车租赁付款额 = 60 × 90% = 54（万元）
长臂挖掘机租赁付款额 = 120 × 90% = 108（万元）
推土机维护服务付款额 = 10 × 90% = 9（万元）
卡车维护服务付款额 = 5 × 90% = 4.5（万元）
长臂挖掘机维护服务付款额 = 15 × 90% = 13.5（万元）

上述推土机、卡车和长臂挖掘机租赁付款额承租方与出租方双方应当按照新租赁准则进行会计处理；推土机、卡车和长臂挖掘机维护服务付款额双方则应当按照其他准则规定进行会计处理。

2. 税收规定。企业所得税法没有相关分拆规定。

3. 税会差异。会计上规定，除特殊事项外，承租人和出租人应当对合同、租赁和非租赁部分进行分拆，并分别按照不同的企业会计准则进行会计处理；企业所得税法未规定对这类业务进行分拆，应当统一按照租赁业务进行相关的所得税处理。两者的处理不同，存在税会差异。

[例 4 – 5 – 3] 中，推土机、卡车和长臂挖掘机服务收入对应金额，按照新收入准则规定，可以分拆合同包含的租赁和非租赁部分，对服务收入等非租赁部分应当按照新收入准则确认收入；税法规定统一作为租赁收入，按租金收入确认收入。

（三）租赁期的税会差异

1. 会计规定。新租赁准则规定，租赁期是指承租人有权使用租赁资产且不可撤销的期间。承租人有续租选择权，即有权选择续租该资产，且合理确定将行使该选择权的，租赁期还应当包含续租选择权涵盖的期间；承租人有终止租赁选择权，即有权选择终止租赁该资产，但合理确定将不会行使该选择权的，租赁期还应当包含终止租赁选择权涵盖的期间。

在确定租赁期和评估不可撤销的期间时，企业应根据租赁条款约定确定可强制执行合同的期间。如果承租人和出租人双方均有权在未经另一方许可的情况下终止租赁，且罚款金额不重大，则该租赁不可再强制执行。如果只有承租人有权终止租赁，则在确定租赁期时，企业应将该项权利视为可行使的终止租赁选择权予以考虑。如果只有出租人有权终止租赁，则不可撤销的租赁期包括终止租赁选择权所涵盖的期间。

[例 4 – 5 – 4] 本公司签订了一份不动产租赁合同，包括 4 年不可撤销期限和 2 年按照市价行使的续租选择权。在搬入该建筑之前，承租人花费了大量资金对租赁建筑进行了改良，预计在 4 年结束时租赁资产改良仍将具有重大价值，且该价值仅可以通过继续使用租赁资产实现。

[分析] 在此情况下，承租人合理确定将行使续租选择权，因为如果在 4 年结束时放弃该租赁资产改良，将蒙受重大经济损失。在租赁开始时，承租人确定租赁期为 6 年。

2. 税收规定。《企业所得税法实施条例》第六十八条规定，企业所得税法所称租入固定资产的改建支出，是指改变房屋或者建筑物结构、延长使用年限等发生的支出。上述支出按照合同约定的剩余租赁期限分期摊销。

3. 税会差异。会计上规定，虽然是按照租赁期限分期摊销，但租赁期限的计算却不一定是合同期限；企业所得税法规定，融资租赁的租金支出以及租入固定资产的改建支出均按照合同约定的租赁期限分期摊销。两者存在税会差异，每期分摊的费用应在年度汇算清缴纳税申报时进行纳税调整。

[例4-5-4]中，会计的租赁期限为6年，企业所得税按合同确定的租赁期限为4年。

三、承租人处理的税会差异

(一) 租赁类型判定的税会差异

1. 会计规定。新租赁准则规定，在租赁开始日，承租人应当对租赁确认使用权资产和租赁负债，应用短期租赁和低价值资产租赁简化处理的除外。这意味着，在新租赁准则下，承租人不再将租赁区分为经营租赁和融资租赁，而是采用统一的会计处理模型，对短期租赁和低价值资产租赁以外的所有租赁均确认使用权资产和租赁负债，并分别计提折旧和利息费用。

2. 税收规定。

(1)《企业所得税法实施条例》第四十七条规定，企业根据生产经营活动的需要租入固定资产支付的租赁费，按照以下方法扣除：

①以经营租赁方式租入固定资产发生的租赁费支出，按照租赁期限均匀扣除；

②以融资租赁方式租入固定资产发生的租赁费支出，按照规定构成融资租入固定资产价值的部分应当提取折旧费用，分期扣除。

(2)《中华人民共和国民法典》(以下简称《民法典》)第七百三十五条规定，融资租赁合同是出租人根据承租人对出卖人、租赁物的选择，向出卖人购买租赁物，提供给承租人使用，承租人支付租金的合同。

3. 税会差异。会计上规定，除短期租赁和低价值资产租赁并选择简化处理以外的所有租赁，均按照类似于原融资租赁的方式进行会计处理；企业所得税法规定，区分为经营租赁和融资租赁进行所得税处理。两者存在差异，在实务中，可借鉴《民法典》相关条款对相关合同做出具体判断。

[例4-5-5] 2020年1月1日，本公司就某栋建筑物的某一层与出租人签订了为期10年的租赁协议，并拥有5年的续租选择权。

会计上不属于短期租赁和低价值资产租赁，因此不可采用简化处理，需要按照类似于原融资租赁的方式进行会计处理；按照《民法典》相关条款，上述租赁业务应属于经营租赁，适用经营租赁相关税收政策进行企业所得税处理。

(二) 租赁负债初始计量的税会差异

1. 会计规定。租赁负债应当按照租赁期开始日尚未支付的租赁付款额的现值进行初始计量。在计算租赁付款额的现值时，承租人应当采用租赁内含利率作为折现率；无法确定租赁内含利率的，应当采用承租人增量借款利率作为折现率。这与原租赁准则，承租人确定折现率的规定相比，也发生了一定的变化。

(1) 租赁付款额，是指承租人向出租人支付的与在租赁期内使用租赁资产的权利相关的款项。具体包括以下五项内容：

①固定付款额及实质固定付款额，存在租赁激励的，扣除租赁激励相关金额。租赁激励，是指出租人为达成租赁向承租人提供的优惠，包括出租人向承租人支付的与租赁有关的款项、出租人为承租人偿付或承担的成本等。存在租赁激励的，承租人在确定租赁付款额时，应扣除租赁激励相关金额。

②取决于指数或比率的可变租赁付款额。可变租赁付款额，是指承租人为取得在租赁期

内使用租赁资产的权利,而向出租人支付的因租赁期开始日后的事实或情况发生变化(而非时间推移)而变动的款项。可变租赁付款额可能与下列各项指标或情况挂钩:

a. 由于市场比率或指数数值变动导致的价格变动。例如,基准利率或消费者价格指数变动可能导致租赁付款额调整。

b. 承租人源自租赁资产的绩效。例如,零售业不动产租赁可能会要求基于使用该不动产取得的销售收入的一定比例确定租赁付款额。

c. 租赁资产的使用。例如,车辆租赁可能要求承租人在超过特定里程数时支付额外的租赁付款额。

需要注意的是,可变租赁付款额中,仅取决于指数或比率的可变租赁付款额纳入租赁负债的初始计量中。此类可变租赁付款额应当根据租赁期开始日的指数或比率确定。除了取决于指数或比率的可变租赁付款额之外,其他可变租赁付款额均不纳入租赁负债的初始计量中。

③购买选择权的行权价格,前提是承租人合理确定将行使该选择权。在租赁期开始日,承租人应评估是否合理确定将行使购买标的资产的选择权。在评估时,承租人应考虑对其行使或不行使购买选择权产生经济激励的所有相关事实和情况。

④行使终止租赁选择权需要支付的款项,前提是租赁期反映出承租人将行使终止租赁选择权。在租赁期开始日,承租人应评估是否合理确定将行使终止租赁的选择权。在评估时,承租人应考虑对其行使或不行使终止租赁选择权产生经济激励的所有相关事实和情况。如果承租人合理确定将行使终止租赁选择权,则租赁付款额中应包含行使终止租赁选择权需支付的款项,并且租赁期不应包含终止租赁选择权涵盖的期间。

⑤根据承租人提供的担保余值预计应支付的款项。

(2)折现率。

①租赁内含利率,是指使出租人的租赁收款额的现值与未担保余值的现值之和等于租赁资产公允价值与出租人的初始直接费用之和的利率。

初始直接费用,是指为达成租赁所发生的增量成本。增量成本是指若企业不取得该租赁,则不会发生的成本,如佣金、印花税等。无论是否实际取得租赁都会发生的支出,不属于初始直接费用,例如为评估是否签订租赁而发生的差旅费、法律费用等,此类费用应当在发生时计入当期损益。

②承租人增量借款利率,是指承租人在类似的经济环境下为获得与使用权资产价值接近的资产,在类似期间以类似抵押条件借入资金须支付的利率。

承租人增量借款利率,与下列事项相关:第一,承租人自身情况,即承租人的偿债能力和信用状况;第二,"借款"的期限,即租赁期;第三,"借入"资金的金额,即租赁负债的金额;第四,"抵押条件",即租赁资产的性质和质量;第五,经济环境,包括承租人所处的司法管辖区、计价货币、合同签订时间等。

实务中,承租人增量借款利率常见的参考基础包括承租人同期银行贷款利率、相关租赁合同利率、承租人最近一期类似资产抵押贷款利率、与承租人信用状况相似的企业发行的同期债券利率等,但承租人还需根据上述事项在上述参考基础上相应进行调整。

[例4-5-6] 沿用[例4-5-5],租赁合同相关资料如下:

①初始租赁期内的不含税租金为每年50 000元,续租期间为每年55 000元,所有款项

应于每年年初支付。

②为获得该项租赁，公司发生的初始直接费用为 20 000 元。其中，15 000 元为向该楼层前任租户支付的款项，5 000 元为向促成此租赁交易的房地产中介支付的佣金。

③作为对本公司的激励，出租人同意补偿 5 000 元的佣金。

④在租赁期开始日，公司评估后认为不能合理确定将行使续租选择权，将租赁期确定为 10 年。

⑤合同中就担保余值的规定为：如果标的资产在租赁期结束时的公允价值低于 100 000 元，则本公司需要向出租人支付 100 000 元与公允价值之间的差额。公司预计租赁期结束时的公允价值为 80 000 元。

⑥公司无法确定租赁内含利率，增量借款利率为每年 5%，利率反映的是本公司以类似抵押条件借入期限为 10 年、与使用权资产等值的相同币种借款而必须支付的利率。为简化处理，假设不考虑相关税费影响。

[分析] 计算租赁期开始日租赁付款额的现值。

在租赁期开始日，公司支付第 1 年的租金 50 000 元，并以剩余 9 年租金（每年 50 000 元）和担保余值 20 000 元，按增量借款利率 5% 的年利率折现后的现值计量租赁负债。

租赁付款额 = 50 000 + 50 000 × 9 + 20 000 = 520 000（元）

租赁负债 = 尚未支付租赁付款额的现值 = 50 000 ×（P/A，5%，9）+ 20 000 ×（P/F，5%，10）= 355 391 + 12 260 = 367 651（元）

未确认融资费用 = 尚未支付租赁付款额 - 尚未支付租赁付款额现值 = 470 000 - 367 651 = 102 349（元）

2. 税收规定。《企业所得税法实施条例》第四十七条规定，企业根据生产经营活动的需要，以经营租赁方式租入固定资产发生的租赁费支出，按照租赁期限均匀扣除。

3. 税会差异。会计上规定，租赁负债应当按照租赁期开始日尚未支付的租赁付款额的现值进行初始计量；企业所得税法没有付款额现值的概念，对以经营租赁方式租入固定资产发生的租赁费支出，直接按照租赁期限均匀扣除。两者存在差异，在年度汇算清缴纳税申报时应进行纳税调整。

[例 4-5-6] 中，会计处理确认租赁负债 367 651 元，企业所得税每期允许税前扣除的金额为 50 000 元。

（三）使用权资产初始计量租赁负债的税会差异

1. 会计规定。新租赁准则规定，使用权资产在租赁期开始日，承租人应当按照成本对使用权资产进行初始计量，该成本包括下列四项：

（1）租赁负债的初始计量金额。

（2）在租赁期开始日或之前支付的租赁付款额；存在租赁激励的，应扣除已享受的租赁激励相关金额。

（3）承租人发生的初始直接费用。

（4）承租人为拆卸及移除租赁资产、复原租赁资产所在场地或将租赁资产恢复至租赁条款约定状态预计将发生的成本。

[例 4-5-7] 沿用 [例 4-5-6]，确认使用权资产账务处理如下：

①租赁负债的初始计量金额：

```
借：使用权资产                                              417 651
    租赁负债——未确认融资费用                                102 349
    贷：租赁负债——租赁付款额                                        470 000
        银行存款                                                    50 000
```
②将初始直接费用计入使用权资产的初始成本：
```
借：使用权资产                                               20 000
    贷：银行存款                                                    20 000
```
③将已收的租赁激励费相关金额从使用权资产入账价值中扣除：
```
借：银行存款                                                  5 000
    贷：使用权资产                                                   5 000
```
公司使用权资产的初始成本：367 651 + 50 000 + 20 000 - 5 000 = 432 651（元）

2. 税收规定。《企业所得税法实施条例》第五十八条第三项规定，融资租入的固定资产，以租赁合同约定的付款总额和承租人在签订租赁合同过程中发生的相关费用为计税基础，租赁合同未约定付款总额的，以该资产的公允价值和承租人在签订租赁合同过程中发生的相关费用为计税基础。

3. 税会差异。

（1）按照融资租赁进行所得税处理的差异。

①会计上规定，按照成本对使用权资产进行初始计量，具体包括租赁负债、未计入租赁负债的已付款项、初始直接费用和恢复约定状态预计将发生的成本等4项；企业所得税法规定，恢复约定状态预计将发生的成本不属于实际发生的支出，不得计入融资租入资产的计税基础分期摊销扣除，可以在实际发生时税前扣除。两者存在差异，在年度汇算清缴纳税申报时应进行纳税调整。

②会计上规定，承租人可能支付的担保的资产余值，以及行使终止租赁选择权需支付的款项等内容，应当计入租赁付款额，作为使用权资产的确认基础；企业所得税法规定，付款总额是合同约定应付租金金额，其在实际支出时税前扣除。两者存在差异，在年度汇算清缴纳税申报时应进行纳税调整。

③会计上规定，承租人合理确定将行使该选择权时购买选择权的行权价格要计入租赁付款额；企业所得税法规定，如果承租方有优惠购买选择权，则租赁合同约定的付款总额也应当包括承租人行使优惠购买选择权而支付的款项。两者不存在差异，不需要进行纳税调整。

④会计上规定，确定使用权资产入账价值时，不再参照资产的公允价值；企业所得税法规定，按照该资产的公允价值和承租人在签订租赁合同过程中发生的相关费用为计税基础。两者存在差异，在年度汇算清缴纳税申报时应进行纳税调整。

⑤会计上规定，确认使用权资产基础——租赁负债的初始计量，需要将租赁付款额按照一定的折现率折现；企业所得税法规定，按照合同约定的付款总额作为计税基础。两者存在差异，在年度汇算清缴纳税申报时应进行纳税调整。

⑥会计上规定，租赁激励在确定使用权资产，应从租赁付款额中扣除；企业所得税法规定，企业实际发生的与取得收入有关的、合理的支出，准予在计算应纳税所得额时扣除，非本企业支出不得税前扣除。两者不存在差异，不需要进行纳税调整。

（2）按照经营租赁进行所得税处理的差异。会计上规定，在租赁期开始日，承租人应当对租赁确认使用权资产；企业所得税法规定，以经营租赁方式租入固定资产发生的租赁费支出，按照租赁期限均匀扣除。会计上确认为资产分期扣除，企业所得税法处理作为费用直接扣除。两者存在差异，在年度汇算清缴纳税申报时应进行纳税调整。

[例4-5-7] 中，会计上确认使用权资产432 651元，企业所得税法相关资产计税基础为0。

（四）租赁负债后续计量的税会差异

1. 会计规定。在租赁期开始日后，承租人应当按以下原则对租赁负债进行后续计量：

（1）确认租赁负债的利息时，增加租赁负债的账面金额；

（2）支付租赁付款额时，减少租赁负债的账面金额；

（3）因重估或租赁变更等原因导致租赁付款额发生变动时，重新计量租赁负债的账面金额。

承租人应按照固定的周期性利率计算租赁负债在租赁期内各期间的利息费用，并计入当期损益，按规定应当计入相关资产成本的除外。周期性利率，是指承租人对租赁负债进行初始计量时所采用的折现率，或者因租赁付款额发生变动或因租赁变更而需按照修订后的折现率对租赁负债进行重新计量时，承租人所采用的修订后的折现率。

[例4-5-8] 沿用 [例4-5-7]。

①以后每期支付租金时：

借：租赁负债——租赁付款额　　　　　　　　　　　　　　50 000
　　贷：银行存款　　　　　　　　　　　　　　　　　　　　50 000

②第一年摊销时：

借：财务费用　　　　　　　　　　　　　　18 382.55（367 651×5%）
　　贷：租赁负债——未确认融资费用　　　　　　　　　　18 382.55

③第二年摊销时：

借：财务费用　　　　　　　　　　　　　　　　　　　　16 801.68
　　　　｛[（470 000－50 000）－（102 349－18 382.55）]×5%｝
　　贷：租赁负债——未确认融资费用　　　　　　　　　　16 801.68

2. 税收规定。《企业所得税法实施条例》第四十七条第二项规定，以融资租赁方式租入固定资产发生的租赁费支出，按照规定构成融资租入固定资产价值的部分应当提取折旧费用，分期扣除。

3. 税会差异。

（1）按照融资租赁进行所得税处理的差异。会计上规定，承租人应按照固定的周期性利率计算租赁负债在租赁期内各期间的利息费用，并计入当期损益；企业所得税法规定，融资租入固定资产应按构成融资租入固定资产价值的部分提取折旧扣除，融资费用的摊销额不得税前扣除。两者存在差异，未确认融资费用摊销形成的费用，在年度汇算清缴纳税申报时应调增应纳税所得额；折旧额纳税调整见使用权资产折旧的税会差异。

（2）按照经营租赁进行所得税处理的差异。会计上规定，承租人应按照固定的周期性利率计算租赁负债在租赁期内各期间的利息费用，并计入当期损益；企业所得税法规定，以经营租赁方式租入固定资产发生的租赁费支出，按照租赁期限均匀扣除，融资费用的摊销额不得税前扣除。两者存在差异，未确认融资费用摊销形成的费用，在年度汇算清缴纳税申报时应调增应纳税所得额；租赁费支出，在年度汇算清缴纳税申报时应调减应纳税所得额。

4. 年度纳税申报表调整。

（1）2020年度汇算清缴申报如表4-32所示。

表4-32　　　　　　　　　A105000　纳税调整项目明细表

金额单位：人民币元（列至角分）

行次	项目	账载金额	税收金额	调增金额	调减金额
		1	2	3	4
12	二、扣除类调整项目（13+14+…+24+26+27+28+29+30）	*	*	18 382.55	50 000
22	（十）与未实现融资收益相关在当期确认的财务费用	18 382.55	0	18 382.55	
30	（十七）其他	0	50 000		50 000

（2）2021年度汇算清缴申报如表4-33所示。

表4-33　　　　　　　　　A105000　纳税调整项目明细表

金额单位：人民币元（列至角分）

行次	项目	账载金额	税收金额	调增金额	调减金额
		1	2	3	4
12	二、扣除类调整项目（13+14+…+24+26+27+28+29+30）	*	*	16 801.68	50 000
22	（十）与未实现融资收益相关在当期确认的财务费用	16 801.68	0	16 801.68	
30	（十七）其他	0	50 000		50 000

（五）使用权资产折旧的税会差异

1. 会计规定。承租人应当参照《企业会计准则第4号——固定资产》有关折旧规定，自租赁期开始日起对使用权资产计提折旧。使用权资产通常应自租赁期开始的当月计提折旧，当月计提确有困难的，为便于实务操作，企业也可以选择自租赁期开始的下月计提折旧，但应对同类使用权资产采取相同的折旧政策。计提的折旧金额应根据使用权资产的用途，计入相关资产的成本或者当期损益。

承租人在确定使用权资产的折旧方法时，应当根据与使用权资产有关的经济利益的预期实现方式做出决定。通常，按直线法对使用权资产计提折旧，其他折旧方法更能反映使用权资产有关经济利益预期实现方式的，应采用其他折旧方法。

承租人在确定使用权资产的折旧年限时，应遵循以下原则：承租人能够合理确定租赁期届满时取得租赁资产所有权的，应当在租赁资产剩余使用寿命内计提折旧；承租人无法合理确定租赁期届满时取得租赁资产所有权的，应当在租赁期与租赁资产剩余使用寿命两者孰短的期间内计提折旧。如果使用权资产的剩余使用寿命短于前两者，则应在使用权资产的剩余使用寿命内计提折旧。

[例4-5-9] 沿用[例4-5-8]，假设该使用权资产按直线法，自租赁期开始日起，在整个租赁期计提折旧。

账务处理如下：

2020年计提折旧 = 432 651 ÷ 10 = 43 265.1（元）

借：管理费用等科目　　　　　　　　　　　　　　　　　　43 265.1
　　贷：使用权资产累计折旧　　　　　　　　　　　　　　　43 265.1

2. 税收规定。

（1）《企业所得税法实施条例》第四十七条第二项规定，以融资租赁方式租入固定资产发生的租赁费支出，按照规定构成融资租入固定资产价值的部分应当提取折旧费用，分期扣除。

（2）《企业所得税法实施条例》第五十九条规定，固定资产按照直线法计算的折旧，准予扣除。企业应当自固定资产投入使用月份的次月起计算折旧；停止使用的固定资产，应当自停止使用月份的次月起停止计算折旧。企业应当根据固定资产的性质和使用情况，合理确定固定资产的预计净残值。固定资产的预计净残值一经确定，不得变更。

3. 税会差异。

（1）按照融资租赁进行所得税处理的差异。

①融资租入固定资产入账价值与计税基础的差异，参考使用权资产初始计量的税会差异分析。

因入账价值与计税基础不一致，也将影响后续持有期间折旧的计提和税前扣除，会计折旧与税收折旧金额的差额，在年度汇算清缴纳税申报时应进行纳税调整。

②固定资产计提折旧的差异，参考固定资产税会差异分析。

（2）按照经营租赁进行所得税处理的差异

会计上规定，自租赁期开始日起对使用权资产计提折旧，计入当期损益；企业所得税法规定，以经营租赁方式租入固定资产发生的租赁费支出，按照租赁期限均匀扣除。两者存在差异，因租赁费支出，在年度汇算清缴纳税申报时已全额调减应纳税所得额，折旧费用不得重复扣除，在年度汇算清缴纳税申报时应全额调增应纳税所得额。

[例4-5-9]中，2020年企业所得税可以扣除的折旧额为0元，租赁费支出5万元，合计5万元。会计计提折旧和未确认融资费用摊销金额合计 = 43 265.1 + 18 382.55 = 61 647.65（元）

10年使用期间，会计计提折旧432 651元，摊销未确认融资费用102 349元，两项合计影响损益535 000元；企业所得税法允许税前扣除租赁费50万元、相关费用1.5万元，合计51.5万元。两者差额20 000元为担保余值，在实际支出时可以税前扣除。

4. 年度纳税申报表调整。

（1）2020年度汇算清缴申报如表4-34、表4-35所示。

表4-34　　　　　　　　　　A105080　资产折旧、摊销及纳税调整明细表

金额单位：人民币元（列至角分）

行次	项目	账载金额			税收金额					纳税调整金额
		资产原值	本年折旧、摊销额	累计折旧、摊销额	资产计税基础	税收折旧、摊销额	享受加速折旧政策的资产按税收一般规定计算的折旧、摊销额	加速折旧、摊销统计额	累计折旧、摊销额	
		1	2	3	4	5	6	7=5-6	8	9(2-5)
1	一、固定资产（2+3+4+5+6+7）	432 651	43 265.1	43 265.1	0	0	*	*	0	43 265.1
2	所有固定资产 （一）房屋、建筑物	432 651	43 265.1	43 265.1	0	0	*	*	0	43 265.1

表4-35　　　　　　　　　　A105000　纳税调整项目明细表

金额单位：人民币元（列至角分）

行次	项目	账载金额	税收金额	调增金额	调减金额
		1	2	3	4
31	三、资产类调整项目（32+33+34+35）	*	*	43 265.1	
32	（一）资产折旧、摊销（填写A105080）	43 265.1	0	43 265.1	

（2）2021年度汇算清缴申报如表4-36、表4-37所示。

表4-36　　　　　　　　　　A105080　资产折旧、摊销及纳税调整明细表

金额单位：人民币元（列至角分）

行次	项目	账载金额			税收金额					纳税调整金额
		资产原值	本年折旧、摊销额	累计折旧、摊销额	资产计税基础	税收折旧、摊销额	享受加速折旧政策的资产按税收一般规定计算的折旧、摊销额	加速折旧、摊销统计额	累计折旧、摊销额	
		1	2	3	4	5	6	7=5-6	8	9(2-5)
1	一、固定资产（2+3+4+5+6+7）	432 651	43 265.1	86 530.2	0	0	*	*	0	43 265.1
2	所有固定资产 （一）房屋、建筑物	432 651	43 265.1	86 530.2	0	0	*	*	0	43 265.1

表 4-37　　　　　　　　A105000　纳税调整项目明细表

金额单位：人民币元（列至角分）

行次	项目	账载金额	税收金额	调增金额	调减金额
		1	2	3	4
31	三、资产类调整项目（32＋33＋34＋35）	*	*	43 265.1	
32	（一）资产折旧、摊销（填写A105080）	43 265.1	0	43 265.1	

（六）使用权资产减值的税会差异

1. 会计规定。在租赁期开始日后，承租人应当按照《企业会计准则第8号——资产减值》的规定，确定使用权资产是否发生减值，并对已识别的减值损失进行会计处理。使用权资产发生减值的，按应减计的金额，借记"资产减值损失"科目，贷记"使用权资产减值准备"科目。使用权资产减值准备一旦计提，不得转回。承租人应当按照扣除减值损失之后的使用权资产的账面价值，进行后续折旧。

2. 税收规定。《企业所得税法》第十条规定，未经核定的准备金支出不得扣除。

3. 税会差异。会计上规定，要确定使用权资产是否发生减值，并对已识别的减值损失进行会计处理；企业所得税法规定，计提的使用权资产减值损失不得扣除。两者存在差异，在年度汇算清缴纳税申报时应调增应纳税所得额。因计提减值准备，导致以后年度会计计提的折旧小于税法规定可税前扣除折旧的差额，在年度纳税申报时应调减应纳税所得额。

（七）租赁期届满时处理的税会差异

1. 会计规定。租赁期届满，承租人对租赁资产的处理通常有三种情况：

（1）返还。租赁期届满，承租人向出租人返还租赁资产时，通常借记"租赁负债——租赁付款额""累计折旧"科目，贷记"使用权资产"等科目。

（2）优惠续租。承租人行使续租选择权，应视同该项租赁一直存在而做出相应的账务处理。如果租赁期届满时没有续租，根据租赁合同规定须向出租人支付违约金时，如根据企业会计准则规定，已将行使终止租赁选择权需支付的款项，计入了租赁负债的初始计量，通常借记"租赁负债——租赁付款额"科目，贷记"银行存款"等科目。

（3）留购。在承租人享有优惠购买选择权的情况下，支付购买价款时，借记"租赁负债——租赁付款额"科目，贷记"银行存款"科目，同时，将固定资产从"使用权资产"明细科目转入"固定资产"有关明细科目。

[例4-5-10] 沿用[例4-5-9]，租赁期届满，公司未行使续租选择权，将该资产退还出租人，当日该资产的公允价值为80 000元。

账务处理如下：

借：财务费用　　　　　　　　　　　　　　　　952.38
　　贷：租赁负债——未确认融资费用　　　　　　　　952.38
借：管理费用（或其他科目）　　　　　　　　　43 265.1
　　贷：使用权资产累计折旧　　　　　　　　　　　43 265.1
借：租赁负债——租赁付款额　　　　　　　　　20 000
　　使用权资产累计折旧　　　　　　　　　　　432 651
　　贷：使用权资产　　　　　　　　　　　　　　　432 651

银行存款　　　　　　　　　　　　　　　　　　　　　　　　　　20 000

2. 税会差异。

(1) 返还。会计规定计入了"租赁负债"和"使用权资产"科目，所以不影响租赁期届满年度的会计利润。企业所得税法规定，因承诺担保余值实际发生的支出可以税前扣除。两者存在差异，在年度汇算清缴纳税申报时应调减应纳税额。

[例4-5-10] 中，在年度汇算清缴纳税申报时应调减应纳税所得额20 000元。

(2) 优惠续租。会计上规定，应将续租期间应付的租赁费用增加固定资产的计税基础，并通过折旧方式继续税前扣除；企业所得税法规定，作为一项新的租赁业务进行所得税处理。两者存在差异，在年度汇算清缴纳税申报时应进行纳税调整。

(3) 留购。会计上规定，将购买选择权的行权价格直接冲减租赁负债；企业所得税法规定，将购买价款计入固定资产的计税基础，通过折旧方式在税前扣除，不需要单独进行税务处理。两者不存在差异，不需要进行纳税调整。

3. 年度纳税申报表调整（见表4-38、表4-39）。

表4-38　　　　　A105080　资产折旧、摊销及纳税调整明细表

金额单位：人民币元（列至角分）

行次	项目		账载金额			税收金额					纳税调整金额
			资产原值	本年折旧、摊销额	累计折旧、摊销额	资产计税基础	税收折旧、摊销额	享受加速折旧政策的资产按税收一般规定计算的折旧、摊销额	加速折旧、摊销统计额	累计折旧、摊销额	
			1	2	3	4	5	6	7=5-6	8	9 (2-5)
1	一、固定资产 (2+3+4+5+6+7)		432 651	43 265.1	432 651	0	0	*	*	0	43 265.1
2	所有固定资产	（一）房屋、建筑物	432 651	43 265.1	432 651	0	0	*	*	0	43 265.1

表4-39　　　　　A105000　纳税调整项目明细表

金额单位：人民币元（列至角分）

行次	项目	账载金额	税收金额	调增金额	调减金额
		1	2	3	4
12	二、扣除类调整项目 (13+14+…+24+26+27+28+29+30)	*	*	952.38	70 000
22	（十）与未实现融资收益相关在当期确认的财务费用	952.38	0	952.38	
30	（十七）其他	0	70 000		70 000
31	三、资产类调整项目 (32+33+34+35)	*	*	43 265.1	
32	（一）资产折旧、摊销（填写A105080）	43 265.1	0	43 265.1	

(八) 短期租赁和低价值资产租赁处理的税会差异

1. 会计处理。新租赁准则规定，对于短期租赁和低价值资产租赁，承租人可以选择不确认使用权资产和租赁负债。做出该选择的，承租人应当将短期租赁和低价值资产租赁的租赁付款额，在租赁期内各期间按照直线法或其他系统合理的方法计入相关资产成本或当期损益。其他系统合理的方法能够更好地反映承租人的受益模式的，承租人应当采用该方法。

（1）短期租赁，是指在租赁期开始日，租赁期不超过 12 个月的租赁，包含购买选择权的租赁不属于短期租赁。对于短期租赁，承租人可以按照租赁资产的类别做出采用简化处理的选择。如果承租人对某类租赁资产做出了简化处理的选择，未来该类资产下所有的短期租赁都应采用简化会计处理。

按照简化处理的短期租赁发生租赁变更或者其他原因导致租赁期发生变化的，承租人应当将其视为一项新租赁，重新按照上述原则判断是否可以选择简化会计处理。

（2）低价值资产租赁，是指单项租赁资产为全新资产时价值较低的租赁。对于低价值资产租赁，只有承租人能够从单独使用该低价值资产租赁或其与承租人易于获得的其他资源一起使用中获利，且该项资产与其他租赁资产没有高度依赖或者高度关联关系时，才能对该资产租赁选择进行简化处理。如果承租人已经或预期要把相关资产进行转租赁，则不能将原租赁按照低价值资产租赁进行简化会计处理。

2. 税会差异。承租人对于短期租赁和低价值资产租赁是采用与原准则经营租赁相似的方式进行会计处理。企业所得税法对短期租赁和低价值资产租赁的处理没有明确规定，但按照企业会计准则关于短期租赁和低价值资产租赁的定义及判断标准，上述业务在所得税处理中一般也会划分为经营租赁。因此，对短期租赁和低价值资产租赁的处理，税会处理一般无差异。

四、出租人融资租赁的税会差异

新租赁准则规定，出租人应当在租赁开始日将租赁分为融资租赁和经营租赁。

（一）融资租赁初始计量的税会差异

1. 会计规定。企业会计准则规定，在租赁期开始日，出租人应当对融资租赁确认应收融资租赁款，并终止确认融资租赁资产。应收融资租赁款，是指融资租赁中出租人向承租人收取的相关款项，出租人对应收融资租赁款进行初始计量时，应当以租赁投资净额作为应收融资租赁款的入账价值。

（1）租赁投资净额，指未担保余值和租赁期开始日尚未收到的租赁收款额按照租赁内含利率折现的现值之和。租赁内含利率，是指使出租人的租赁收款额的现值与未担保余值的现值之和（即租赁投资净额）等于租赁资产公允价值与出租人的初始直接费用之和的利率。因此，出租人发生的初始直接费用包括在租赁投资净额中，也即包括在应收融资租赁款的初始入账价值中。

（2）租赁收款额。与租赁付款额相对应，租赁收款额是指出租人因让渡在租赁期内使用租赁资产的权利而应向承租人收取的款项。具体包括以下五项内容：

①承租人需支付固定付款额及实质固定付款额。存在租赁激励的，应当扣除租赁激励相关金额。

②取决于指数或比率的可变租赁付款额。

③购买选择权的行权价格,前提是合理确定承租人将行使该选择权。

④承租人行使终止租赁选择权需要支付的款项,前提是租赁期反映出承租人将行使终止租赁选择权。

⑤由承租人、与承租人有关的一方以及有经济能力履行担保义务的独立第三方向出租人提供的担保余值。

(3) 租赁保证金。若某融资租赁合同必须以收到租赁保证金为生效条件,出租人收到承租人将来的租赁保证金,借记"银行存款"科目,贷记"其他应收款——租赁保证金"科目。承租人到期不交租金,以保证金抵作租金时,借记"其他应收款——租赁保证金"科目,贷记"应收融资租赁款"科目。承租人违约,按租赁合同或协议规定没收保证金时,借记"其他应收款——租赁保证金"科目,贷记"营业外收入"科目。

[例 4-5-11] 2019 年 12 月 1 日,某公司与本公司签订了一份租赁合同,从本公司租入塑钢机一台。租赁合同主要条款如下:

①租赁资产:全新塑钢机。

②租赁期开始日:2020 年 1 月 1 日。

③租赁期:2020 年 1 月 1 日至 2025 年 12 月 31 日,共 72 个月。

④固定租金支付:自 2020 年 1 月 1 日,每年年末支付租金 160 000 元。如果该公司能够在每年年末的最后一天及时付款,则给予减少租金 10 000 元的奖励。

⑤取决于指数或比率的可变租赁付款额:租赁期限内,如遇中国人民银行贷款基准利率调整时,出租人将对租赁利率做出同方向、同幅度的调整。基准利率调整日之前各期和调整日当期租金不变,从下一期租金开始按调整后的租金金额收取。

⑥租赁开始日租赁资产的公允价值:该机器在 2019 年 12 月 31 日的公允价值为 700 000 元,账面价值为 600 000 元。

⑦初始直接费用:签订租赁合同过程中本公司发生可归属于租赁项目的手续费、佣金 10 000 元。

⑧承租人的购买选择权:租赁期届满时,该公司享有优惠购买该机器的选择权,购买价为 20 000 元,估计该日租赁资产的公允价值为 80 000 元。

⑨取决于租赁资产绩效的可变租赁付款额:2021 年和 2022 年两年,该公司每年按该机器所生产的产品(塑钢窗户)的年销售收入的 5% 向本公司支付。

⑩承租人的终止租赁选择权:该公司享有终止租赁选择权。在租赁期间,如果该公司终止租赁,需支付的款项为剩余租赁期间的固定租金支付金额。

⑪担保余值和未担保余值均为 0。

⑫全新塑钢机的使用寿命为 7 年。

[分析] 第一步,判断租赁类型。

本例存在优惠购买选择权,优惠购买价 20 000 元远低于行使选择权日租赁资产的公允价值 80 000 元,因此可合理确定某公司将会行使这种选择权;同时,租赁期 6 年,占租赁资产使用寿命的 86%。本公司综合考虑各种情形和迹象,认为该租赁实质上转移了与该项设备所有权有关的几乎全部风险和报酬,因此将这项租赁认定为融资租赁。

第二步,确定租赁收款额。

①承租人的固定付款额为考虑扣除租赁激励后的金额。

$(160\,000 - 10\,000) \times 6 = 900\,000$（元）

②取决于指数或比率的可变租赁付款额。该款项在初始计量时根据租赁期开始日的指数或比率确定，因此本例在租赁期开始日不作考虑。

③承租人购买选择权的行权价格。租赁期届满时，该公司享有优惠购买该机器的选择权，购买价 20 000 元远低于行使选择权日租赁资产的公允价值 80 000 元，因此可合理确定该公司将会行使这种选择权。因此，租赁付款额中应包括承租人购买选择权的行权价格 20 000 元。

④终止租赁的罚款。虽然该公司享有终止租赁选择权，但若终止租赁，该公司付的款项为剩余租赁期间的固定租金支付金额。因此，根据上述条款可以合理确定该公司不会行使终止选择权。

⑤担保余值：0。

综上所述租赁收款额为：$900\,000 + 20\,000 = 920\,000$（元）

第三步，确认租赁投资总额。

租赁投资总额 = 在融资租赁下出租人应收的租赁收款额 + 未担保余值 = $920\,000 + 0 = 920\,000$（元）

第四步，确认租赁投资净额的金额和未实现融资收益。

租赁投资净额在金额上等于租赁资产在租赁期开始日公允价值 + 出租人发生的租赁初始直接费用 = $700\,000 + 10\,000 = 710\,000$（元）

未实现融资收益 = 租赁投资总额 - 租赁投资净额 = $920\,000 - 710\,000 = 210\,000$（元）

第五步，计算租赁内含利率。

租赁内含利率是使租赁投资总额的现值（即租赁投资净额），等于租赁资产在租赁开始日的公允价值与出租人的初始直接费用之和的利率。

本例中列出公式 $150\,000 \times (P/A, r, 6) + 20\,000 \times (P/F, r, 6) = 710\,000$（元）

计算得到租赁的内含利率为 7.82%。

第六步，2020 年 1 月 1 日账务处理如下：

借：应收融资租赁款——租赁收款额	920 000
贷：银行存款	10 000
融资租赁资产	600 000
资产处置损益	100 000
应收融资租赁款——未实现融资收益	210 000

2. 税收规定。

（1）《企业所得税法实施条例》十九条规定，租金收入，是指企业提供固定资产、包装物或者其他有形资产的使用权取得的收入。租金收入，按照合同约定的承租人应付租金的日期确认收入的实现。

（2）《企业所得税法实施条例》第二十三条第（一）项规定，以分期收款方式销售货物的，按照合同约定的收款日期确认收入的实现。

3. 税会差异。

（1）确认收益类型的差异。对于融资租赁直租业务，会计上规定按照公允价值销售资产进行会计处理，同时考虑重大融资成分，分别确认为"资产处置损益"和"未确认融资收益";企业所得税法规定应确认为租金收入。两者存在差异,在年度汇算清缴纳税申报时应进行纳税调整。

[例 4-5-11] 中,2020 年 1 月 1 日会计确认资产处置损益 10 万元,企业所得税法不确认为收益,在年度汇算清缴纳税申报时应调减应纳税所得额。

（2）初始直接费用处理的差异。会计上处理是从"未确认融资收益"科目中扣除,将影响以后年度"租赁收入";企业所得税法规定初始直接费用允许在实际发生的当期据实扣除。两者存在差异,在年度汇算清缴纳税申报时应进行纳税调整。

[例 4-5-11] 中,初始直接费用 1 万元在年度汇算清缴纳税申报时应调减应纳税所得额。

4. 年度纳税申报表调整（见表 4-40）。

表 4-40　　　　　　　A105000　纳税调整项目明细表

金额单位：人民币元（列至角分）

行次	项目	账载金额	税收金额	调增金额	调减金额
		1	2	3	4
1	一、收入类调整项目（2+3+…+8+10+11）	*	*		100 000
11	（九）其他	100 000	0		100 000
12	二、扣除类调整项目（13+14+…+24+26+27+28+29+30）	*	*		10 000
30	（十七）其他	0	10 000		10 000

（二）未实现融资收益分配的税会差异

1. 会计规定。企业会计准则规定,出租人应当按照固定的周期性利率计算并确认租赁期内各期间的利息收入。分配时,出租人应当采用实际利率法计算当期应当确认的租赁收入。

[例 4-5-12] 沿用 [例 4-5-11]。

①2020 年 12 月 31 日收到第一期租金。

账务处理如下：

借：银行存款　　　　　　　　　　　　　　　　　　　150 000
　　贷：应收融资租赁款——租赁收款额　　　　　　　　　　150 000
借：应收融资租赁款——未实现融资收益　　55 522（710 000×7.82%）
　　贷：租赁收入　　　　　　　　　　　　　　　　　　55 522

②2021 年 12 月 31 日收到第二期租金。账务处理如下：

借：银行存款　　　　　　　　　　　　　　　　　　　150 000
　　贷：应收融资租赁款——租赁收款额　　　　　　　　　　150 000
借：应收融资租赁款——未实现融资收益　　　　　　　　48 133
｛[（920 000-150 000）-（210 000-55 522）]×7.82%｝
　　贷：租赁收入　　　　　　　　　　　　　　　　　　48 133

2. 税收规定。《国家税务总局关于贯彻落实企业所得税法若干税收问题的通知》（国税函〔2010〕79 号）规定,租金收入,应按交易合同或协议规定的承租人应付租金的日期确认收入的实现。其中，如果交易合同或协议中规定租赁期限跨年度，且租金提前一次性支付的，根据《企业所得税法实施条例》第九条规定的收入与费用配比原则，出租人可对上述已确认的收入，在租赁期内，分期均匀计入相关年度收入。

3. 税会差异。

（1）租金收入确认的差异。会计上规定，出租人应当以未实现融资收益为基础，采用实际利率法计算当期应当确认的租赁收入；企业所得税法规定，按交易合同或协议规定的承租人应付租金的金额确认收入的实现。两者存在差异，在年度汇算清缴纳税申报时应进行纳税调整。

[例4-5-12]中，会计上确认的租赁收入为55 522元，企业所得税法应确认租金收入15万元，两者差额在年度汇算清缴纳税申报时应调增应纳税所得额。

（2）租赁成本扣除时间的差异。会计处理确认的租赁收入扣除了租赁资产的成本，将收入与成本的差额分别确认为"资产处置损益"和"未实现融资收益"，并将"未实现融资收益"采用实际利率法确认为租赁收入；《企业所得税法》第八条规定，企业实际发生的与取得收入有关的、合理的支出，包括成本、费用、税金、损失和其他支出，准予在计算应纳税所得额时扣除。根据国税函〔2010〕79号文件规定，按照收入与费用配比原则，出租资产成本应当在税前分期扣除。两者成本扣除时间存在差异，在年度汇算清缴纳税申报时应进行纳税调整。

[例4-5-12]中，会计上在租赁期开始日一次性扣除资产成本。企业所得税法规定应当在整个租赁期内分期扣除（虽然塑钢机的使用寿命为7年，但存在优惠购买选择权，优惠购买价20 000元远低于行使选择权日租赁资产的公允价值80 000元，因此可合理确定该公司将会行使这种选择权，租期结束时本公司将丧失资产所有权），每期扣除金额10万元，在年度汇算清缴纳税申报时应当调减应纳税所得额。

会计上6年合计确认收益 = 10 + 21 = 31（万元）

企业所得税法确认应纳税所得额 = 15 × 6 − 10 × 6 + 2（资产处置收入） − 1（初始直接费用） = 31（万元）

两者金额相等，上述差异属暂时性差异。

4. 年度纳税申报表调整。

（1）2020年度汇算清缴申报如表4-41、表4-42所示。

表4-41　　　　　　A105020　未按权责发生制确认收入纳税调整明细表

金额单位：人民币元（列至角分）

行次	项目	合同金额（交易金额）	账载金额		税收金额		纳税调整金额
			本年	累计	本年	累计	
		1	2	3	4	5	6 (4−2)
1	一、跨期收取的租金、利息、特许权使用费收入（2+3+4）	900 000	55 522	55 522	150 000	150 000	94 478
2	（一）租金	900 000	55 522	55 522	150 000	150 000	94 478

表 4-42　　　　　　　A105000　纳税调整项目明细表

金额单位：人民币元（列至角分）

行次	项目	账载金额	税收金额	调增金额	调减金额
		1	2	3	4
1	一、收入类调整项目（2+3+…+8+10+11）	*	*	94 478	
3	（二）未按权责发生制原则确认的收入（填写A105020）	55 522	150 000	94 478	
12	二、扣除类调整项目（13+14+…+24+26+27+28+29+30）	*	*		100 000
30	（十七）其他	0	100 000		100 000
46	合计（1+12+31+36+44+45）	*	*	94 478	100 000

（2）2021年度汇算清缴申报如表4-43、表4-44所示。

表 4-43　　　　　　　A105020　未按权责发生制确认收入纳税调整明细表

金额单位：人民币元（列至角分）

行次	项目	合同金额（交易金额）	账载金额		税收金额		纳税调整金额
			本年	累计	本年	累计	
		1	2	3	4	5	6(4-2)
1	一、跨期收取的租金、利息、特许权使用费收入（2+3+4）	900 000	48 133	103 655	150 000	300 000	101 867
2	（一）租金	900 000	48 133	103 655	150 000	300 000	101 867

表 4-44　　　　　　　A105000　纳税调整项目明细表

金额单位：人民币元（列至角分）

行次	项目	账载金额	税收金额	调增金额	调减金额
		1	2	3	4
1	一、收入类调整项目（2+3+…+8+10+11）	*	*	101 867	
3	（二）未按权责发生制原则确认的收入（填写A105020）	48 133	150 000	101 867	
12	二、扣除类调整项目（13+14+…+24+26+27+28+29+30）	*	*		100 000
30	（十七）其他	0	100 000		100 000
46	合计（1+12+31+36+44+45）	*	*	101 867	100 000

（三）可变租赁付款额的税会差异

1. 会计规定。出租人取得的未纳入租赁投资净额计量的可变租赁付款额，如与资产的未来绩效或使用情况挂钩的可变租赁付款额，应当在实际发生时计入当期损益。

［例 4-5-13］沿用［例 4-5-12］，假设2021年和2022年，该公司实现塑钢窗户年销售收入分别是100万元和150万元。根据租赁合同，本公司应收取的与销售收入挂钩的租

金分别为 5 万元和 7.5 万元。

账务处理如下：

① 2021 年：

借：银行存款　　　　　　　　　　　　　　　　　　　50 000
　　贷：租赁收入　　　　　　　　　　　　　　　　　　　　　50 000

② 2022 年：

借：银行存款　　　　　　　　　　　　　　　　　　　75 000
　　贷：租赁收入　　　　　　　　　　　　　　　　　　　　　75 000

2. 税会差异。或有租金金额具有不确定性，会计规定仅取决于指数或比率的可变租赁付款额纳入租赁负债的初始计量中，其他可变租赁付款额均不纳入租赁负债的初始计量，应当在实际发生时计入当期损益；企业所得税法规定，出租人应当在实际收到时确认为收入。两者不存在差异，不需要进行纳税调整。

（四）应收融资租赁款减值的税会差异

1. 会计规定。应收融资租赁款具有贷款的性质，应当按照新金融工具准则进行会计处理，参考第二章相关内容。

2. 税收规定。《财政部　税务总局关于金融企业贷款损失准备金企业所得税税前扣除有关政策的公告》（财政部　税务总局公告 2019 年第 86 号）规定，政策性银行、商业银行、财务公司、城乡信用社和金融租赁公司等金融企业提取的贷款损失准备金符合规定的可以税前扣除。

准予税前提取贷款损失准备金的贷款资产范围包括：贷款（含抵押、质押、保证、信用等贷款）；银行卡透支、贴现、信用垫款（含银行承兑汇票垫款、信用证垫款、担保垫款等）、进出口押汇、同业拆出、应收融资租赁款等具有贷款特征的风险资产；由金融企业转贷并承担对外还款责任的国外贷款，包括国际金融组织贷款、外国买方信贷、外国政府贷款、日本国际协力银行不附条件贷款和外国政府混合贷款等资产。

金融企业准予当年税前扣除的贷款损失准备金计算公式为：准予当年税前扣除的贷款损失准备金 = 本年末准予提取贷款损失准备金的贷款资产余额 ×1% – 截至上年末已在税前扣除的贷款损失准备金的余额

3. 税会差异。会计上规定，应收融资租赁款应当按照金融资产减值规定，计提信用减值损失，计入当期损益；企业所得税法规定，未经核定的准备金支出不得税前扣除，对于金融租赁公司的应收融资租赁款，可按规定计算贷款损失准备金于税前扣除。两者存在差异，在年度汇算清缴纳税申报时应调增应纳税所得额。

（五）租赁期满处理的税会差异

1. 会计处理。

（1）承租人将资产交还出租人。出租人收到承租人交还的租赁资产时，如果收回的租赁资产价值低于担保余值的，则应向承租人收取补偿金，借记"其他应收款"科目，贷记"应收融资租赁款——租赁收款额"科目。

（2）承租人优惠续租租赁资产。如果承租人行使优惠续租选择权，则出租人应视同租赁一直存在而做出相应的账务处理。如果承租人行使终止租赁选择权，需向出租人支付的款项与担保余值的会计处理基本一致。

(3) 承租人留购租赁资产。租赁期届满时，承租人行使了优惠购买选择权。出租人应按收到的承租人支付的购买资产的价款，借记"银行存款"等科目，贷记"应收融资租赁款——租赁收款额"科目。

[例4-5-14] 沿用[例4-5-13]，租赁期届满，该公司行使优惠购买选择权，支付购买价格20 000元。

账务处理如下：

借：银行存款　　　　　　　　　　　　　　　　　　　　20 000
　　贷：应收融资租赁款——租赁收款额　　　　　　　　　　　20 000

2. 税会差异。

(1) 承租人将资产交还出租人。会计上规定，因收回资产公允价值低于担保余值而收取补偿金已经包含在应收融资租赁款中，通过分摊未确认融资收益确认了租赁收入，所以不需要再确认收入；企业所得税法规定，租赁期间按照合同约定的租金金额确认收入，担保余值暂未确认收入，在实际收取时需要确认收入。两者存在差异，在年度汇算清缴纳税申报时应进行纳税调整。

(2) 承租人优惠续租租赁资产。会计上规定，承租人行使终止租赁选择权的违约金已经包含在应收融资租赁款中，通过分摊未确认融资收益确认了租赁收入，所以不需要再确认收入；企业所得税法规定，上述款项暂不确认收入，在实际收取时需要确认收入。两者存在差异，在年度汇算清缴纳税申报时应进行纳税调整。

(3) 承租人留购租赁资产。会计上规定，该购买价款已经包含在应收融资租赁款中，并通过分摊未确认融资收益确认了租赁收入，所以不需要再确认收入；企业所得税法规定，租赁期间出租人按照合同约定的租金金额确认收入，购买租赁资产暂时不确认收入，应当在实际收到购买价款时确认。两者存在差异，在年度汇算清缴纳税申报时应进行纳税调整。

[例4-5-14] 中，年度汇算清缴纳税申报时需纳税调增20 000元。

3. 年度纳税申报表调整（见表4-45、表4-46）。

表4-45　　A105010　视同销售和房地产开发企业特定业务纳税调整明细表

金额单位：人民币元（列至角分）

行次	项目	税收金额	纳税调整金额
		1	2
1	一、视同销售（营业）收入（2+3+4+5+6+7+8+9+10）	20 000	20 000
10	（九）其他	20 000	20 000

表4-46　　　　　　　　A105000　纳税调整项目明细表

金额单位：人民币元（列至角分）

行次	项目	账载金额	税收金额	调增金额	调减金额
		1	2	3	4
1	一、收入类调整项目（2+3+…+8+10+11）	*	*	20 000	
2	（一）视同销售收入（填写A105010）	*	20 000	20 000	*

五、出租人经营租赁的税会差异

(一) 租金处理的税会差异

1. 会计规定。在租赁期内各期间,出租人应采用直线法或者其他系统合理的方法将经营租赁的租赁收款额确认为租金收入。如果其他系统合理的方法能够更好地反映因使用租赁资产所产生经济利益的消耗模式的,则出租人应采用该方法。

2. 税收规定。《国家税务总局关于贯彻落实企业所得税法若干税收问题的通知》(国税函〔2010〕79号)规定,租金收入,应按交易合同或协议规定的承租人应付租金的日期确认收入的实现。

3. 税会差异。会计上规定,如果其他系统合理的方法能够更好地反映因使用租赁资产所产生经济利益的消耗模式的,则出租人应采用该方法。企业所得税法规定,按交易合同或协议规定的日期和金额确认收入。如果出租人按其他系统合理的方法确认收入,两者存在差异,在年度汇算清缴纳税申报时应进行纳税调整。

(二) 出租人对经营租赁提供激励措施的税会差异

1. 会计规定。出租人提供免租期的,出租人应将租金总额在不扣除免租期的整个租赁期内,按直线法或其他合理的方法进行分配,免租期内也应当确认租金收入。出租人承担了承租人某些费用的,出租人应将该费用自租金收入总额中扣除,按扣除后的租金收入余额在租赁期内进行分配。

2. 税收规定。

(1)《企业所得税法实施条例》第十九条规定,租金收入,按照合同约定的承租人应付租金的日期确认收入的实现。

(2)《国家税务总局关于贯彻落实企业所得税法若干税收问题的通知》(国税函〔2010〕79号)规定,如果交易合同或协议中规定租赁期限跨年度,且租金提前一次性支付的,根据《企业所得税法实施条例》第九条规定的收入与费用配比原则,出租人可对上述已确认的收入,在租赁期内,分期均匀计入相关年度收入。

(3)《国家税务总局关于土地价款扣除时间等增值税征管问题的公告》(国家税务总局公告2016年第86号)规定,纳税人出租不动产,租赁合同中约定免租期的,不属于视同销售服务。

3. 税会差异。

(1) 出租人提供免租期的差异。会计上规定,出租人应将租金总额在不扣除免租期的整个租赁期内平均确认收入;企业所得税法规定,租赁期限不跨年度,按照合同约定的承租人应付租金的日期确认收入的实现,租赁期限跨年度,根据国税函〔2010〕79号文件规定,出租人可在租赁期内,分期均匀计入相关年度收入。两者不存在差异,不需要进行纳税调整。

(2) 出租人承担承租人费用的差异。会计上规定,出租人按扣除后的租金收入余额在租赁期内分配确认收入;企业所得税法规定,按照合同约定确认收入的实现,此约定金额应为合同载明金额,即不扣除相关费用的金额。两者存在差异,但出租人承担的相关费用,应是与取得收入有关的支出(因为如果出租人不承担上述费用,则承租人会要求从租金中扣减上述支出),允许税前扣除。上述收入、费用一增一减,不影响应纳税所得额,不需要进

(三) 初始直接费用的税会差异

1. 会计规定。出租人发生的与经营性租赁有关的初始直接费用应当资本化至租赁标的资产的成本，在租赁期内按照与租金收入相同的确认基础，即采用直线法或其他系统合理的方法分期计入当期损益。

2. 税会差异。会计上规定，租赁期内每期按平均额计入当期损益；企业所得税法规定，与经营租赁有关的初始直接费用允许税前扣除。两者存在差异，该差异为暂时性差异。初始直接费用发生时，在年度汇算清缴纳税申报时应调减应纳税所得额；在会计分期计入当期损益时，应调增应纳税所得额。

(四) 折旧和减值的税会差异

1. 会计规定。对于经营租赁资产中的固定资产，出租人应当采用类似资产的折旧政策计提折旧；对于其他经营租赁资产，应当根据该资产适用的企业会计准则，采用系统合理的方法进行摊销。

出租人应当按照《企业会计准则第8号——资产减值》的规定，确定经营租赁资产是否发生减值，并对已识别的减值损失进行会计处理。

2. 税会差异。经营租赁资产的折旧，会计上规定采用类似资产的折旧政策计提折旧；企业所得税法规定以经营租赁方式租出的固定资产应当继续计提折旧。两者税会差异与企业自有固定资产折旧相似，具体参考相关章节。

经营租赁资产的减值，两者税会差异与融资租赁相似，具体参考融资租赁税会差异分析。

(五) 可变租赁付款额的税会差异

1. 会计规定。出租人取得的与经营租赁有关的可变租赁付款额，如果是与指数或比率挂钩的，应在租赁期开始日计入租赁收款额；除此之外的，应当在实际发生时计入当期损益。

2. 税会差异。对于未纳入租赁负债计量的可变租赁付款额，会计上规定应在实际发生时计入当期损益，与企业所得税法规定相同。两者无税会差异，不需要进行纳税调整。

第六节　资产减值准则与税法差异分析及调整

资产减值，是指资产的可收回金额低于其账面价值。为了规范资产减值的确认、计量和相关信息的披露，根据《企业会计准则——基本准则》，财政部于2006年制定了《企业会计准则第8号——资产减值》，至今未进行过修订。

本节结合资产减值准则及固定资产准则、无形资产准则等准则中关于计提减值准备的相关规定，分析其税会差异。

一、资产减值准则概述

(一) 资产减值准则税会差异的适用范围

1. 本节分析的资产减值准则的税会差异，仅适用于以下业务：

（1）固定资产（包括在建工程）；
（2）无形资产（包括研发支出）；
（3）生产性生物资产；
（4）对子公司、联营企业和合营企业的长期股权投资；
（5）采用成本模式进行后续计量的投资性房地产；
（6）商誉；
（7）探明石油天然气矿区权益和井及相关设施。

除了特别规定外，既包括单项资产也包括资产组。资产组，是指企业可以认定的最小资产组合，其产生的现金流入应当基本上独立于其他资产或者其他资产组产生的现金流入。

2. 本节分析的资产减值准则的税会差异，不适用于以下业务，其应当按照其他章节相关内容进行处理：

（1）存货的减值，适用《企业会计准则第1号——存货》。
（2）采用公允价值模式计量的投资性房地产的减值，适用《企业会计准则第3号——投资性房地产》。
（3）消耗性生物资产的减值，适用《企业会计准则第5号——生物资产》。
（4）递延所得税资产的减值，适用《企业会计准则第18号——所得税》。
（5）融资租赁中出租人未担保余值的减值，适用《企业会计准则第21号——租赁》。
（6）《企业会计准则第22号——金融工具确认和计量》规范的金融资产的减值，适用《企业会计准则第22号——金融工具确认和计量》。
（7）未探明石油天然气矿区权益的减值，适用《企业会计准则第27号——石油天然气开采》。

（二）减值的迹象

企业会计准则规定，企业应当在资产负债表日判断资产是否存在可能发生减值的迹象。存在减值的迹象，才需要进行减值测试。一般认为存在下列迹象的，表明资产可能发生了减值：

1. 资产的市价当期大幅度下跌，其跌幅明显高于因时间的推移或者正常使用而预计的下跌。
2. 企业经营所处的经济、技术或者法律等环境以及资产所处的市场在当期或者将在近期发生重大变化，从而对企业产生不利影响。
3. 市场利率或者其他市场投资报酬率在当期已经提高，从而影响企业计算资产预计未来现金流量现值的折现率，导致资产可收回金额大幅度降低。
4. 有证据表明资产已经陈旧过时或者其实体已经损坏。
5. 资产已经或者将被闲置、终止使用或者计划提前处置。
6. 企业内部报告的证据表明资产的经济绩效已经低于或者将低于预期，如资产所创造的净现金流量或者实现的营业利润（或者亏损）远远低于（或者高于）预计金额等。

针对减值测试，企业会计准则还规定了例外情形。因企业合并所形成的商誉、使用寿命不确定的无形资产（该无形资产不需要进行摊销）和尚未达到可使用状态的无形资产（研发支出、资本化支出），由于其价值通常具有较大的不确定性，无论是否存在减值迹象，企业都至少应当于每年年度终了进行减值测试。

（三）资产可收回金额的计量

资产存在减值迹象的，应当估计其可收回金额。可收回金额应当根据资产的公允价值减去处置费用后的净额与资产预计未来现金流量的现值两者之间较高者确定。资产的公允价值减去处置费用后的净额与资产预计未来现金流量的现值，只要有一项超过了资产的账面价值，就表明资产没有发生减值。

1. 公允价值减去处置费用后的净额。

（1）公允价值。

①资产的公允价值，应当根据公平交易中销售协议价格确定。

②不存在销售协议但存在资产活跃市场的，应当按照该资产的市场价格确定。资产的市场价格通常应当根据资产的买方出价确定。

③在不存在销售协议和资产活跃市场的情况下，应当以可获取的最佳信息为基础，估计资产的公允价值，可以参考同行业类似资产的最近交易价格或者结果进行估计。

④企业按照上述规定仍然无法可靠估计资产的公允价值的，则不能采用公允价值减去处置费用后的净额，而应按照预计未来现金流量的现值来确定资产可收回金额。

（2）处置费用，包括与资产处置有关的法律费用、相关税费、搬运费以及为使资产达到可销售状态所发生的直接费用等。

2. 预计未来现金流量的现值。资产预计未来现金流量的现值，应当按照资产在持续使用过程中和最终处置时所产生的预计未来现金流量，选择恰当的折现率对其进行折现后的金额加以确定。预计资产未来现金流量的现值，应当综合考虑资产的预计未来现金流量、使用寿命和折现率等因素。

（1）预计未来现金流量。

①资产的预计未来现金流量应当包括下列内容：

a. 资产持续使用过程中预计产生的现金流入。

b. 为实现资产持续使用过程中产生的现金流入所必需的预计现金流出（包括为使资产达到预定可使用状态所发生的现金流出）。该现金流出应当是可直接归属于或者可通过合理和一致的基础分配到资产中的现金流出。

c. 资产使用寿命结束时，处置资产所收到或者支付的净现金流量。该现金流量应当是在公平交易中，熟悉情况的交易双方自愿进行交易时，企业预期可从资产的处置中获取或者支付的、减去预计处置费用后的金额。

②预计资产的未来现金流量应当以资产的当前状况为基础，不应当包括：

a. 与将来可能会发生的、尚未做出承诺的重组事项。

b. 与资产改良有关的预计未来现金流量。

c. 筹资活动产生的现金流入或者流出。

d. 与所得税收付有关的现金流量。

③预计资产的未来现金流量涉及外币的，应当以该资产所产生的未来现金流量的结算货币为基础，按照该货币适用的折现率计算资产的现值；然后将该外币现值按照计算资产未来现金流量现值当日的即期汇率进行折算。

④预计资产未来现金流量的方法。资产预计未来现金流量，通常应当根据资产未来期间最有可能产生的现金流量进行预测。采用期望现金流量法更为合理的，应当采用期望现金流

量法预计资产未来现金流量。

采用期望现金流量法,资产未来现金流量应当根据每期现金流量期望值进行预计,每期现金流量期望值按照各种可能情况下的现金流量乘以相应的发生概率加总计算。

(2) 使用寿命。预计资产未来现金流量时,企业管理层应当在合理和有依据的基础上对资产剩余使用寿命内整个经济状况进行最佳估计。

(3) 折现率,应当是反映当前市场货币时间价值和资产特定风险的税前利率。该折现率是企业在购置或者投资资产时所要求的必要报酬率。

在预计资产的未来现金流量时已经对资产特定风险的影响做了调整的,估计折现率不需要考虑这些特定风险。如果用于估计折现率的基础是税后的,应当将其调整为税前的折现率。

二、资产减值损失的税会差异

(一) 资产减值损失确认的税会差异

1. 会计规定。可收回金额的计量结果表明,资产的可收回金额低于其账面价值的,应当将资产的账面价值减记至可收回金额,减记的金额确认为资产减值损失,计入当期损益,同时计提相应的资产减值准备。

资产减值损失一经确认,在以后会计期间不得转回。

[例4-6-1] 沿用 [例4-3-2],2020年新开发的C项目,7月转入无形资产,当年度摊销金额40万元。由于市场出现了与其开发相类似的项目,公司于年末对该项目进行减值测试,经测试表明:2020年12月31日,预计未来现金流量的现值700万元。该项目的市场出售价格700万元,预计出售相关费用为10万元。

[分析] 该项目资产负债表日预计未来现金流量的现值为700万元,公允价值减去处置费用后的净额690万元(700-10)。可收回金额应当按照两者中较高者700万元计量,资产的可收回金额低于其账面价值760万元(800-40),应当将资产的账面价值减计至可收回金额700万元。减计的金额为60万元(760-700),确认为资产减值损失,计入当期损益。

账务处理如下:

借:资产减值损失　　　　　　　　　　　　　　　　　　　　600 000
　　贷:无形资产减值准备　　　　　　　　　　　　　　　　　　600 000

2. 税收规定。《企业所得税法》第十条规定,未经核定的准备金支出在计算应纳税所得额时,不得扣除。

3. 税会差异。会计上规定,按照谨慎性原则,要求计提减值准备,同时资产减值损失将影响当期损益;企业所得税法规定,未经核定的准备金支出在计算应纳税所得额时,不得扣除。两者存在差异,在年度汇算清缴纳税申报时应调增应纳税所得额。

4. 年度纳税申报表调整 (见表4-47)。

表4-47　　　　　　　　　A105000　纳税调整项目明细表

金额单位:人民币元(列至角分)

行次	项目	账载金额	税收金额	调增金额	调减金额
		1	2	3	4
31	三、资产类调整项目 (32+33+34+35)	*	*	600 000	
33	(二) 资产减值准备金	600 000	*	600 000	

(二) 确认资产减值损失后续处理的税会差异

1. 会计规定。资产减值损失确认后，减值资产的折旧或者摊销费用应当在未来期间作相应调整，以使该资产在剩余使用寿命内，系统地分摊调整后的资产账面价值（扣除预计净残值）。

[例4-6-2] 沿用 [例4-6-1]，假设该无形资产计提减值准备后，使用寿命、预计残值和折旧方法均不改变。

[分析] 2021年开始，每年计提的摊销金额 = (800 - 40 - 60) ÷ (12×10 - 6) × 12 = 73.68（万元）

每月计提的摊销金额 = 6.14（万元）

比计提减值准备前减少 = 800 ÷ 10 ÷ 12 - 6.14 = 0.52（万元）

剩余摊销期合计减少 = 0.52 × 114 = 60（万元）

每年账务处理如下：

借：管理费用等　　　　　　　　　　　　　　　　　736 800
　　贷：累计摊销　　　　　　　　　　　　　　　　　736 800

2. 税收规定。《企业所得税法实施条例》第五十六条规定，企业的各项资产，包括固定资产、生物资产、无形资产、长期待摊费用、投资资产、存货等，以历史成本为计税基础。企业持有各项资产期间资产增值或者减值，除国务院财政、税务主管部门规定可以确认损益外，不得调整该资产的计税基础。

3. 税会差异。会计上规定，在资产减值损失确认后，减值资产的折旧或者摊销费用应当在未来期间作相应调整；企业所得税法规定，企业持有各项资产期间资产增值或者减值，不得调整该资产的计税基础，并继续按照该计税基础折旧或者摊销。两者存在差异，因无形资产计提减值准备后的账面价值会低于计税基础，不考虑其他因素引起的税会差异，其计提的摊销金额小于企业所得税法规定的税前扣除金额，在年度汇算清缴纳税申报时应调减应纳税所得额。

[例4-6-2] 中，之后摊销期间调减金额60万元，与计提资产减值损失调增的60万元，金额相同，方向相反。

4. 年度纳税申报表调整（见表4-48、表4-49）。

表4-48　　　　　A105080　资产折旧、摊销及纳税调整明细表

金额单位：人民币元（列至角分）

行次	项目	账载金额			税收金额					纳税调整金额
		资产原值	本年折旧、摊销额	累计折旧、摊销额	资产计税基础	税收折旧、摊销额	享受加速折旧政策的资产按税收一般规定计算的折旧、摊销额	加速折旧、摊销统计额	累计折旧、摊销额	
		1	2	3	4	5	6	7 = 5-6	8	9 (2-5)
21	三、无形资产 (22+23+24+25+26+27+28+29)	8 000 000	736 800	1 136 800	8 000 000	800 000	*	*	1 200 000	-63 200
26	所有无形资产 (五) 非专利技术	8 000 000	736 800	1 136 800	8 000 000	800 000	*	*	1 200 000	-63 200

表 4-49　　　　　　　　A105000　纳税调整项目明细表

金额单位：人民币元（列至角分）

行次	项目	账载金额	税收金额	调增金额	调减金额
		1	2	3	4
31	三、资产类调整项目（32+33+34+35）	*	*		63 200
32	（一）资产折旧、摊销（填写 A105080）	736 800	800 000		63 200

第五章 特殊事项税会差异分析及纳税调整

第一节 所得税准则与税法差异分析及调整

为了规范企业所得税的确认、计量和相关信息的列报,根据《企业会计准则——基本准则》,财政部于2006年制定了《企业会计准则第18号——所得税》(以下简称所得税准则),至今未进行修订。所得税准则所称所得税包括企业以应纳税所得额为基础的各种境内和境外税额。

一、所得税准则概述

企业在取得资产、负债时,应当确定其计税基础。资产、负债的账面价值与其计税基础存在差异的,应当按照所得税准则规定确认所产生的递延所得税资产或递延所得税负债。

(一)所得税准则定义的计税基础

1. 资产的计税基础,是指企业收回资产账面价值过程中,计算应纳税所得额时按照税法规定可以自应税经济利益中抵扣的金额。

2. 负债的计税基础,是指负债的账面价值减去未来期间计算应纳税所得额时按照税法规定可予抵扣的金额。

(二)暂时性差异

暂时性差异,是指资产或负债的账面价值与其计税基础之间的差额;未作为资产和负债确认的项目,按照税法规定可以确定其计税基础的,该计税基础与其账面价值之间的差额也属于暂时性差异。

暂时性差异,按照对未来期间应税金额的影响,分为应纳税暂时性差异和可抵扣暂时性差异。

1. 应纳税暂时性差异,是指在确定未来收回资产或清偿负债期间的应纳税所得额时,将导致产生应税金额的暂时性差异。

2. 可抵扣暂时性差异,是指在确定未来收回资产或清偿负债期间的应纳税所得额时,将导致产生可抵扣金额的暂时性差异。

(三) 递延所得税负债和资产

企业存在应纳税暂时性差异或可抵扣暂时性差异的,应当按照所得税准则规定确认递延所得税负债或递延所得税资产。企业应当将当期和以前期间应交未交的所得税确认为负债,将已支付的所得税超过应支付的部分确认为资产。

1. 企业应当确认所有应纳税暂时性差异产生的递延所得税负债,除下列交易产生的递延所得税负债以外:

(1) 商誉的初始确认。

(2) 该项交易不是企业合并,且交易发生时既不影响会计利润也不影响应纳税所得额(或可抵扣亏损)的交易中产生的资产或负债的初始确认。

2. 企业应当以很可能取得用来抵扣可抵扣暂时性差异的应纳税所得额为限,确认由可抵扣暂时性差异产生的递延所得税资产。但是,同时具有下列特征的交易中因资产或负债的初始确认所产生的递延所得税资产不予确认:

(1) 该项交易不是企业合并;

(2) 交易发生时既不影响会计利润也不影响应纳税所得额(或可抵扣亏损)。

资产负债表日,有确凿证据表明未来期间很可能获得足够的应纳税所得额用来抵扣可抵扣暂时性差异的,应当弥补确认以前期间未确认的递延所得税资产。

(四) 当期所得税和递延所得税

1. 当期所得税。资产负债表日,对于当期和以前期间形成的当期所得税负债(或资产),应当按照税法规定计算的预期应缴纳(或返还)的所得税金额计量。

2. 递延所得税。

(1) 资产负债表日,对于递延所得税资产和递延所得税负债,应当根据税法规定,按照预期收回该资产或清偿该负债期间的适用税率计量。

适用税率发生变化的,应对已确认的递延所得税资产和递延所得税负债进行重新计量,除直接在所有者权益中确认的交易或者事项产生的递延所得税资产和递延所得税负债以外,应当将其影响数计入变化当期的所得税费用。

(2) 企业不应当对递延所得税资产和递延所得税负债进行折现。

(3) 资产负债表日,企业应当对递延所得税资产的账面价值进行复核。如果未来期间很可能无法获得足够的应纳税所得额用以抵扣递延所得税资产的利益,应当减计递延所得税资产的账面价值。在很可能获得足够的应纳税所得额时,减计的金额应当转回。

企业当期所得税和递延所得税应当作为所得税费用或收益计入当期损益,与直接计入所有者权益的交易或者事项相关的当期所得税和递延所得税,应当计入所有者权益。

二、资产所得税核算的税会差异

(一) 固定资产所得税核算的税会差异

通常情况下,固定资产在取得时其初始入账价值与计税基础是相同的,但因企业会计准则规定与企业所得税法规定不同,后续计量过程中可能造成账面价值与计税基础的税会差异。根据相关章节内容,现就固定资产的所得税核算举例说明如下。

1. 会计处理。

(1) 折旧方法不同产生的差异。企业会计准则规定,企业既可以按直线法计提折旧,也可以按照加速折旧法计提折旧。企业所得税法规定，除可以加速折旧的特殊规定情况外，按照直线法计提的折旧可以税前扣除。因此会产生固定资产账面价值与计税基础之间的差异。

（2）折旧年限不同产生的差异。企业会计准则规定，折旧年限是由企业按照固定资产能够为企业带来经济利益的期限估计确定的。企业所得税法规定了每一类固定资产的最低折旧年限。因此会产生固定资产价值与计税基础之间的差异。

（3）计提减值准备产生的差异。企业会计准则规定，在对固定资产计提了减值准备以后，其账面价值下降，但所得税计税基础不会随资产减值准备的提取而发生变化，企业所得税法规定未经核定的准备金不得税前扣除。因此，会造成固定资产账面价值与计税基础的差异。

[例 5-1-1] 沿用 [例 4-2-9]，2019 年 12 月 31 日，转固定资产的环保设备，公司根据该项固定资产有关的经济利益的预期实现方式，选择年数总和法折旧方法，合理确定固定资产的使用寿命 10 年，预计残值率 5%。税法规定按照直线法计算的折旧，准予扣除，最低折旧年限 10 年，残值率 5%。假设每年会计利润 10 000 万元，企业所得税税率为 25%。

账务处理如下：

①2020 年年末账务处理：

年末资产账面价值 = 840 - 145.1 = 694.9（万元）

年末资产计税基础 = 840 - 79.8 = 760.2（万元）

年末可抵扣暂时性差异余额 = 760.2 - 694.9 = 65.3（万元）

年末递延所得税资产余额 = 65.3 × 25% = 16.325（万元）

年末递延所得税资产发生额 = 16.325 - 0 = 16.325（万元）

确认递延所得税费用 = -16.325（万元）

应交所得税 =（10 000 + 会计折旧 145.1 - 税法折旧 79.8）× 25% = 2 516.325（万元）

确认所得税费用 = 2 516.325 - 16.325 = 2 500（万元）

借：所得税费用　　　　　　　　　　　　　　　　25 000 000

　　递延所得税资产　　　　　　　　　　　　　　　　163 250

　　贷：应交税费——应交所得税　　　　　　　　　　　　25 163 250

②2021 年年末账务处理：

第二年计提折旧 = 840 ×（1 - 5%）× 9 ÷ 55 = 130.58（万元）

每月计提折旧 = 130.58 ÷ 12 = 10.88（万元）

年末资产账面价值 = 840 - 145.1 - 130.58 = 564.32（万元）

年末资产计税基础 = 840 - 79.8 × 2 = 680.4（万元）

年末可抵扣暂时性差异余额 = 680.4 - 564.32 = 116.08（万元）

年末递延所得税资产余额 = 116.08 × 25% = 29.02（万元）

年末递延所得税资产发生额 = 29.02 - 16.325 = 12.695（万元）

确认递延所得税费用 = -12.695（万元）

应交所得税 =（10 000 + 会计折旧 130.58 - 税法折旧 79.8）× 25% = 2 512.695（万元）

确认所得税费用 = 2 512.695 - 12.695 = 2 500（万元）

借：所得税费用	25 000 000	
递延所得税资产	126 950	
贷：应交税费——应交所得税		25 126 950

2. 对税收影响。2020 年企业当期所得税费用 2 516.325 万元，递延所得税费用 −16.325 万元，两者合计 2 500 万元作为所得税费用，会计处理计入当期损益，影响净利润。按照间接法计算应纳税所得额的起点是会计利润 10 000 万元，2020 年调增 65.3 万元（145.1 − 79.8），应纳税额为 2 516.325 万元 [（10 000 + 65.3）× 25%]，2021 年对税收影响与 2020 年度类似。可见，在不存在永久性差异和应计入所有者权益的交易或者事项相关的所得税时，应纳税额等于会计当期所得税费用。两者不存在差异，不需要单独进行纳税调整。

（二）无形资产所得税核算的税会差异

1. 会计处理。除内部研发外，取得的无形资产，初始确认时其入账价值与税法规定的成本之间一般不存在差异。

对内部研究开发形成的无形资产，企业会计准则规定研究阶段的支出应当费用化计入当期损益，开发阶段符合资本化条件以后至达到预定用途前发生的支出应当资本化作为无形资产的成本。企业所得税法规定，未形成无形资产计入当期损益的，在按规定据实扣除的基础上，在 2018 年 1 月 1 日至 2020 年 12 月 31 日，再按照实际发生额的 75% 在税前加计扣除；形成无形资产的，在上述期间按照无形资产成本的 175% 在税前摊销。两者存在差异，差异是政策导向形成的差异。

上述差异，因无形资产的确认不是产生于企业合并交易，同时在（初始）确认时既不影响会计利润也不影响应纳税所得额，则按照所得税准则的规定，不确认有关暂时性差异的所得税影响。

[例 5-1-2] 沿用 [例 4-3-1]，公司 2020 年 3 月开始自行研究开发一项新技术。2020 年 10 月达到预定用途交付管理部门使用。公司根据与该项无形资产有关的经济利益的预期实现方式，决定采用直线法摊销，年限 10 年。假设会计利润 10 000 万元，企业所得税税率 25%。

账务处理如下：

2020 年年末无形资产账面价值 = 300 − 7.5 = 292.5（万元）

企业会计准则规定，资产的计税基础，是指企业收回资产账面价值过程中，计算应纳税所得额时按照税法规定可以自应税经济利益中抵扣的金额。因此，年末无形资产计税基础 = (300 − 7.5) × 175% = 511.875（万元）

年末累计可抵扣暂时性差异 = 511.875 − 292.5 = 219.375（万元）

但不需要确认相关的递延所得税资产。

应交所得税 = (10 000 − 300 × 75% − 7.5 × 75%) × 25% = 2 442.343 75（万元）

确认所得税费用 = 2 442.343 75（万元）

借：所得税费用	24 423 437.5	
贷：应交税费——应交所得税		24 423 437.5

2. 对税收影响。2020 年企业当期所得税费用为 2 442.343 75 万元，会计上作为所得税费用计入当期损益，影响净利润。按照间接法计算应纳税所得额的起点是会计利润 10 000

万元，2020 年调减 230.625 万元（307.5×75%），应纳税额为 2 442.343 75 万元［（10 000 – 230.625）×25%］，可以看出应纳税额等于会计当期所得税费用。两者不存在差异，不需要单独进行纳税调整。

（三）以公允价值计量且其变动计入当期损益（或其他综合收益）的金融资产和投资性房地产所得税核算的税会差异

1. 会计处理。以公允价值计量且其变动计入当期损益（或其他综合收益）的金融资产和投资性房地产，其于某一会计期末的账面价值为该时点的公允价值。企业所得税法规定，企业以公允价值计量的金融资产、金融负债以及投资性房地产等，持有期间公允价值的变动不计入应纳税所得额，在实际处置或结算时，处置取得的价款扣除其历史成本后的差额应计入处置或结算期间的应纳税所得额。因此账面价值与计税基础之间存在差异。

［例 5–1–3］沿用［例 2–1–10］，2020 年 12 月 31 日，该项投资公允价值 130 万元。假设会计利润 10 000 万元，企业所得税税率为 25%。

账务处理如下：

年末投资资产账面价值 = 130（万元）

年末资产计税基础 = 104（万元）

年末应纳税暂时性差异余额 = 130 – 104 = 26（万元）

年末递延所得税负债余额 = 26×25% = 6.5（万元）

年末递延所得税负债发生额 = 6.5 – 0 = 6.5（万元）

确认递延所得税费用 = 6.5（万元）

应交所得税 =（10 000 + 2 – 28）×25% = 2 493.5（万元）

确认所得税费用 = 2 493.5 + 6.5 = 2 500（万元）

借：所得税费用　　　　　　　　　　　　　　　　　　　　　25 000 000

　　贷：应交税费——应交所得税　　　　　　　　　　　　　24 935 000

　　　　递延所得税负债　　　　　　　　　　　　　　　　　　　65 000

2. 对税收影响。2020 年企业当期所得税费用为 2 493.5 万元，递延所得税费用 6.5 万元，两者合计 2 500 万元作为所得税费用，会计上计入当期损益，影响净利润。按照间接法计算应纳税所得额的起点是会计利润 10 000 万元，2020 年调减 26 万元，应纳税额为 2 493.5 万元［（10 000 + 2 – 28）×25%］，可见在不存在永久性差异和应计入所有者权益的交易或者事项相关的所得税时，应纳税额等于会计当期所得税费用。两者不存在差异，不需要单独进行纳税调整。

（四）计提资产减值准备的各项资产所得税核算的税会差异

1. 会计处理。会计上规定有关资产计提了减值准备以后，其账面价值会随之下降，而按照企业所得税法规定，资产的减值在转化为实质性损失之前，不允许税前扣除，税会差异导致资产的账面价值与其计税基础之间的差异。

［例 5–1–4］沿用［例 4–6–1］，2020 年新开发的 C 项目，经测试表明，2020 年 12 月 31 日，预计未来现金流量的现值 700 万元。该项目的市场出售价格 700 万元，预计出售相关费用为 10 万元。假设会计利润 10 000 万元，企业适用的所得税税率为 25%。

账务处理如下：

年末资产账面价值 = 800 – 40 – 60 = 700（万元）

年末资产计税基础 = 800 - 40 = 760（万元）
年末可抵扣暂时性差异余额 = 760 - 700 = 60（万元）
年末递延所得税资产余额 = 60 × 25% = 15（万元）
年末递延所得税资产发生额 = 15 - 0 = 15（万元）
确认递延所得税费用 = -15（万元）
应交所得税 =（10 000 + 60）× 25% = 2 515（万元）
确认所得税费用 = 2 515 - 15 = 2 500（万元）

借：所得税费用　　　　　　　　　　　　　　　　　　　　25 000 000
　　递延所得税资产　　　　　　　　　　　　　　　　　　　　150 000
　　贷：应交税费——应交所得税　　　　　　　　　　　　　25 150 000

2. 对税收影响。与前述固定资产的所得税核算基本一致，相关内容参考固定资产的所得税核算。

（五）长期股权投资所得税核算的税会差异

1. 会计处理。会计准则规定，长期股权投资后续计量，可以分别采用成本法及权益法进行核算。企业所得税法对于投资资产的处理，要求按规定确定其成本后，在转让或处置投资资产时，其成本准予扣除，企业所得税法没有权益法的概念。

长期股权投资取得以后，如果按照企业会计准则规定采用权益法核算，则一般情况下在持有过程中随着应享有被投资单位净资产份额的变化，其账面价值与计税基础会产生差异。如果企业拟长期持有该项投资，则应当按照如下原则进行处理：

（1）因初始投资成本的调整产生的暂时性差异预计未来期间不会转回，对未来期间没有所得税影响，不确认递延所得税。

（2）因确认投资损益产生的暂时性差异，如果在未来期间逐期分回现金股利或利润时免税，也不存在对未来期间的所得税影响，不确认递延所得税。

（3）因确认应享有被投资单位其他权益变动而产生的暂时性差异，在长期持有的情况下预计未来期间也不会转回，不确认递延所得税。

[例5-1-5] 沿用 [例2-2-11]，2020年度被投资单位经调整后净利润归属于本公司份额363.6万元。假设会计利润10 000万元，企业适用的所得税税率为25%。

账务处理如下：
2020年年末长期股权投资账面价值 = 4 000 + 200 + 363.6 = 4 563.6（万元）
年末长期股权投资计税基础 = 4 000（万元）
年末累计应纳税暂时性差异 = 4 563.6 - 4 000 = 563.6（万元）
但不需要确认相关的递延所得税负债。
应交所得税 =（10 000 - 200 - 363.6）× 25% = 2 359.1（万元）
确认所得税费用 = 2 359.1（万元）

借：所得税费用　　　　　　　　　　　　　　　　　　　　23 591 000
　　贷：应交税费——应交所得税　　　　　　　　　　　　　23 591 000

2. 对税收影响。2020年企业当期所得税费用为2 359.1万元，会计上作为所得税费用计入当期损益，影响净利润。按照间接法计算应纳税所得额的起点是会计利润10 000万元，2020年调减563.6万元，应纳税额为2 359.1万元 [（10 000 - 563.6）× 25%]，可见应纳税额等于会计当期所得费用。两者不存在差异,不需要单独进行纳税调整。

(六) 分期收款销售商品业务所得税核算的税会差异

1. 会计处理。合同或协议价款的收取采用递延方式,实质上具有融资性质,会计处理规定,应当按照应收的合同或协议价款的公允价值确定销售商品收入金额。应收的合同或协议价款与其公允价值之间的差额,应当在合同或协议期间内采用实际利率法进行摊销,计入当期损益。企业所得税法规定,以分期收款方式销售货物的,按照合同约定的收款日期确认收入的实现。

[例 5 - 1 - 6] 沿用 [例 1 - 1 - 8],2020 年 1 月 1 日,公司销售给某公司一台大型机器设备,该公司采用分期付款方式支付价款。该设备价款共计 1 000 万元,分 5 期平均于每年年末支付。商品成本 600 万元。计算的折现率 5%。假设会计利润 10 000 万元,企业适用的所得税税率 25%。

账务处理如下:

企业所得税确认的销售收入为 200 万元(1 000/5);结转销售成本 120 万元(600/5)。

会计确认的销售收入为 865.6 万元,结转销售成本为 600 万元;确认的财务费用为 -43.28 万元。年度汇算清缴时需纳税调整 -228.88 万元。

年末长期应收款的不含税账面价值 =(1 000 - 200)-(134.4 - 43.28)= 708.88(万元)

年末长期应收款的计税基础 = 0

应纳税暂时性差异 = 708.88(万元)

应确认的递延所得税负债 = 708.88 × 25% = 177.22(万元)

年末存货资产账面价值 = 0

年末存货资产计税基础 = 600 - 120 = 480(万元)

可抵扣暂时性差异 = 480(万元)

应确认的递延所得税资产 = 480 × 25% = 120(万元)

应交所得税 =(10 000 - 228.88)× 25% = 2 442.78(万元)

所得税费用 = 2 442.78 + 177.22 - 120 = 2 500(万元)

借:所得税费用	25 000 000
递延所得税资产	1 200 000
贷:应交税费——应交所得税	24 427 800
递延所得税负债	1 772 200

2. 对税收影响。2020 年企业当期所得税费用 2 442.78 万元,递延所得税费用 57.22 万元(177.22 - 120),两者合计 2 500 万元作为所得税费用,会计上计入当期损益,影响净利润。按照间接法计算应纳税所得额的起点是会计利润 10 000 万元,2020 年调减 228.88 万元,应纳税额为 2 442.78 万元 [(10 000 - 228.88)× 25%],可以看出应纳税额等于会计当期所得税费用。两者不存在差异,不需要单独进行纳税调整。

三、负债的所得税核算的税会差异

某些情况下,负债的确认可能会影响企业的损益,进而影响不同期间的应纳税所得额,使得其计税基础与账面价值之间产生差额。

（一）预计负债所得税核算的税会差异

1. 会计处理。如计提产品保修费用、未决诉讼、附有销售退回条款的销售等或有事项确认的预计负债。

因或有事项确认的预计负债，应按照企业会计准则规定的计税原则确定其计税基础。

负债的计税基础 = 负债的账面价值 - 未来期间可税前扣除的金额

某些情况下，因有些事项确认的预计负债，如果税法规定其支出无论是否实际发生均不允许税前扣除，如担保事项产生的预计负债，即未来期间按照税法规定可予抵扣的金额为零，其账面价值将与计税基础相同。

[例5-1-7] 沿用[例1-1-13]，发出健身器材时，公司根据过去的经验，估计该批健身器材的退货率约为10%。公司为增值税一般纳税人，健身器材发出时纳税义务已经发生，实际发生退货时，需向对方开具增值税红字专用发票。假设会计利润10 000万元，企业适用的所得税税率25%。

账务处理如下：

①预计负债账面价值 = 25（万元）

计税基础 = 25 - 25 = 0

年末可抵扣暂时性差异 = 25（万元）

年末"递延所得税资产"发生额 = 25 × 25% = 6.25（万元）

②应收退货成本账面价值 = 20（万元）

计税基础 = 0

年末应纳税暂时性差异 = 20（万元）

年末"递延所得税负债"发生额 = 20 × 25% = 5（万元）

应交所得税 = （10 000 + 25 - 20）× 25% = 2 501.25（万元）

所得税费用 = 2 501.25 + 5 - 6.25 = 2 500（万元）

借：所得税费用	25 000 000
递延所得税资产	62 500
贷：递延所得税负债	50 000
应交税费——应交所得税	25 012 500

2. 对税收影响。2020年企业当期所得税费用2 501.25万元，递延所得税费用 -1.25万元（5 - 6.25），两者合计2 500万元作为所得税费用，会计上计入当期损益，影响净利润。按照间接法计算应纳税所得额的起点是会计利润10 000万元，2020年调增5万元（25 - 20），应纳税额为2 501.25万元[（10 000 + 5）× 25%]，可见应纳税额等于会计上当期所得税费用。两者不存在差异，不需要单独进行纳税调整。

（二）合同负债所得税核算的税会差异

某些情况下，因不符合企业会计准则规定的收入确认条件未确认为收入的合同负债，按照企业所得税法规定，纳税义务已经发生，应计入当期应纳税所得额时，有关合同负债的计税基础为0，即因其产生时已经计算缴纳所得税，未来期间可全额税前扣除。

[例5-1-8] 沿用[例1-1-16]，2020年1月1日，公司开始推行一项奖励积分计划。截至2020年12月31日，客户共消费1 000万元，可获得100万个积分，根据历史经验，公司估计该积分的兑换率为95%。截至2020年12月31日，客户共兑换了45万个积

分。截至2021年12月31日,客户累计兑换了85万个积分。上述金额均不包含增值税。假设会计上利润为10 000万元,企业适用的所得税税率为25%。

账务处理如下:

①2020年12月31日:

年末合同负债账面价值 = 45.66(万元)

年末合同负债计税基础 = 45.66 - 45.66 = 0

年末可抵扣暂时性差异 = 45.66(万元)

年末递延所得税资产余额 = 45.66 × 25% = 11.415(万元)

年末递延所得税资产发生额 = 11.415(万元)

应交所得税 = (10 000 + 45.66) × 25% = 2 511.415(万元)

确认所得税费用 = 2 511.415 - 11.415 = 2 500(万元)

借:所得税费用	25 000 000
递延所得税资产	114 150
贷:应交税费——应交所得税	25 114 150

②2021年12月31日:

年末合同负债账面价值 = 9.13(万元)

年末合同负债计税基础 = 0

年末可抵扣暂时性差异 = 9.13(万元)

年末递延所得税资产余额 = 2.2825(万元)

年末递延所得税资产发生额 = 2.2825 - 11.415 = -9.1325(万元)

应交所得税 = (10 000 - 36.53) × 25% = 2 490.8675(万元)

确认所得税费用 = 2 490.8675 + 9.1325 = 2 500(万元)

借:所得税费用	25 000 000
贷:应交税费——应交所得税	24 908 675
递延所得税资产	91 325

对税收影响。2020年企业当期所得税费用2 511.415万元,递延所得税费用 -11.415万元,两者合计2 500万元作为所得税费用,会计上计入当期损益,影响净利润。按照间接法计算应纳税所得额的起点是会计利润10 000万元,2020年调增45.66万元,应纳税额为2 511.415万元[(10 000 + 45.66)× 25%],应纳税额等于会计上当期所得税费用。两者不存在差异,不需要单独进行纳税调整。

(三)权益结算股份支付所得税核算的税会差异

1. 会计处理。股权激励计划实行后,需待一定服务年限或者达到规定业绩条件(以下简称等待期)方可行权的,上市公司等待期内会计上计算确认的相关成本费用,不得在对应年度计算缴纳企业所得税时扣除;在股权激励计划可行权后,上市公司方可根据该股票实际行权时的公允价格与当年激励对象实际行权支付价格的差额及数量,计算确定作为当年上市公司工资薪金支出,依照企业所得税法规定进行税前扣除。

[例5-1-9]沿用[例3-2-2],经股东会批准,公司向其10名高级管理人员每人授予10万股股票期权。假定公司每年税前会计利润为10 000万元,所得税税率为25%。

2020年度账务处理如下:

年末股票的公允价值 = 8 × 10 × 20 × 1 ÷ 3 = 533.33（万元）
年末股票期权行权价格 = 8 × 10 × 5 × 1 ÷ 3 = 133.33（万元）
年末预计未来期间可税前扣除的金额 = 533.33 − 133.33 = 400（万元）
年末确认递延所得税资产 = 400 × 25% = 100（万元）
应交所得税 = （10 000 + 320）× 25% = 2 580（万元）
确认所得税费用 = 2 580 − 80 = 2 500（万元）

2020 年度，公司根据会计准则规定在当期确认的成本费用为 320 万元，但预计未来期间可税前扣除的金额为 400 万元，超过了该公司当期确认的成本费用。根据《企业会计准则讲解》的规定，超过部分的所得税影响应直接计入所有者权益。

借：所得税费用　　　　　　　　　　　　　　　　　　　　　25 000 000
　　递延所得税资产　　　　　　　　　　　　　　　　　　　　1 000 000
　贷：资本公积——其他资本公积　　　　　　　　　　　　　　　200 000
　　　应交税费——应交所得税　　　　　　　　　　　　　　　25 800 000

2. 对税收影响。2020 年企业当期所得税费用 2 580 万元，递延所得税费用 −80 万元 [−（100 − 20）]，两者合计 2 500 万元作为所得税费用，会计上计入当期损益，影响净利润。按照间接法计算应纳税所得额的起点是会计利润 10 000 万元，2020 年调增 320 万元，应纳税额为 2 580 万元 [（10 000 + 320）× 25%]，可以看出应纳税额等于会计上当期所得税费用。两者不存在差异，不需要单独进行纳税调整。

（四）递延收益所得税核算的税会差异

1. 会计处理。如果政府补助不符合不征税收入条件，收到时应计入当期应纳税所得额，则资产负债表日该递延收益（属于负债）的计税基础为 0，属于可抵扣暂时性差异。如果政府补助为免税收入，则并不构成收到当期的应纳税所得额，未来期间会计上确认为收益时，也同样不作为应纳税所得额，因此不会产生递延所得税影响。

[例 5-1-10] 沿用 [例 1-2-2]，假设该补助不符合不征税收入条件。假定公司税前会计利润为 10 000 万元，所得税税率为 25%。

递延收益的账务处理如下：
账面价值 = 210 − 14 = 196（万元）
递延收益的计税基础 = 0
可抵扣暂时性差异 = 196（万元）
年末确认递延所得税资产 = 196 × 25% = 49（万元）
应交所得税 = （10 000 + 196）× 25% = 2 549（万元）
确认所得税费用 = 2 549 − 49 = 2 500（万元）

借：所得税费用　　　　　　　　　　　　　　　　　　　　　25 000 000
　　递延所得税资产　　　　　　　　　　　　　　　　　　　　　490 000
　贷：应交税费——应交所得税　　　　　　　　　　　　　　25 490 000

2. 对税收影响。2020 年企业当期所得税费用 2 549 万元，递延所得税费用 −49 万元，两者合计 2 500 万元作为所得税费用，会计上计入当期损益，影响净利润。按照间接法计算应纳税所得额的起点是会计利润 10 000 万元，2020 年调增 196 万元，应纳税额为 2 549 万元 [（10 000 + 196）× 25%]，可以看出应纳税额等于会计上当期所得税费用。两者不存在差异,不需要单独进行纳税调整。

(五) 其他负债的税会差异

如企业应交的罚款和滞纳金、调整的工资及"三费"、超过标准的业务招待费等,在尚未支付之前按照企业会计准则规定确认为费用,同时作为负债反映。企业所得税法规定,罚款和滞纳金等不得税前扣除,其计税基础为账面价值减去未来期间计税时可予税前扣除的金额之间的差额,即计税基础等于账面价值,不产生暂时性差异。

四、特殊交易或事项所得税核算的税会差异

(一) 广告费和业务宣传费支出所得税核算的税会差异

1. 会计处理。企业会计准则规定,广告费和业务宣传费一类费用在发生时即计入当期损益,不形成资产负债表中的资产或者负债。企业所得税法规定,企业发生的符合条件的广告费和业务宣传费支出,除另有规定外,不超过当年销售收入15%的部分,准予扣除;超过部分准予在以后纳税年度结转扣除。因此,按照企业所得税法规定可以确定其计税基础,两者形成暂时性差异。

[例5-1-11] 公司2020年发生广告费支出16 000万元,已作为销售费用计入当期损益,价款已经支付。假设公司2020年实现销售收入100 000万元。假定公司税前会计利润为10 000万元,适用的所得税税率为25%。

账务处理如下:

账面价值 = 0

计税基础 = 16 000 - 100 000 × 15% = 1 000(万元)

可抵扣暂时性差异 = 1 000(万元)

年末确认递延所得税资产 = 1 000 × 25% = 250(万元)

应交所得税 = (10 000 + 1 000) × 25% = 2 750(万元)

确认所得税费用 = 2 750 - 250 = 2 500(万元)

借:所得税费用　　　　　　　　　　　　　　　　　25 000 000

　　递延所得税资产　　　　　　　　　　　　　　　　2 500 000

　贷:应交税费——应交所得税　　　　　　　　　　　　27 500 000

2. 对税收影响。2020年企业当期所得税费用2 750万元,递延所得税费用 -250万元,两者合计2 500万元作为所得税费用,会计上计入当期损益,影响净利润。按照间接法计算应纳税所得额的起点是会计利润10 000万元,2020年调增1 000万元,应纳税额为2 750万元 [(10 000 + 1 000) × 25%],可以看出应纳税额等于会计上当期所得税费用。两者不存在差异,不需要单独进行纳税调整。

3. 年度纳税申报表调整(见表5-1、表5-2)。

(二) 未弥补亏损的税会差异

对于按照企业所得税法规定可以结转以后年度的未弥补亏损及税款抵减,在会计处理上,与可抵扣暂时性差异的处理相同,符合条件的情况下,应确认与其相关的递延所得税资产。具体参考广告费和业务宣传费支出的所得税核算。

表 5-1　　　　A105060　广告费和业务宣传费等跨年度纳税调整明细表

金额单位：人民币元（列至角分）

行次	项目	广告费和业务宣传费	保险企业手续费及佣金支出
		1	2
1	一、本年支出	160 000 000	
2	减：不允许扣除的支出		
3	二、本年符合条件的支出（1－2）	160 000 000	
4	三、本年计算扣除限额的基数	1 000 000 000	
5	乘：税收规定扣除率	15%	
6	四、本企业计算的扣除限额（4×5）	150 000 000	
7	五、本年结转以后年度扣除额 （3＞6，本行＝3－6；3≤6，本行＝0）	10 000 000	
8	加：以前年度累计结转扣除额		
9	减：本年扣除的以前年度结转额 ［3＞6，本行＝0；3≤6，本行＝8与（6－3）孰小值］		
10	六、按照分摊协议归集至其他关联方的金额（10≤3与6孰小值）		*
11	按照分摊协议从其他关联方归集至本企业的金额		*
12	七、本年支出纳税调整金额 （3＞6，本行＝2＋3－6＋10－11；3≤6，本行＝2＋10－11－9）	10 000 000	
13	八、累计结转以后年度扣除额（7＋8－9）	10 000 000	

表 5-2　　　　A105000　纳税调整项目明细表

金额单位：人民币元（列至角分）

行次	项目	账载金额	税收金额	调增金额	调减金额
		1	2	3	4
12	二、扣除类调整项目（13＋14＋…＋24＋26＋27＋28＋29＋30）	*	*	10 000 000	
16	（四）广告费和业务宣传费支出（填写A105060）	*	*	10 000 000	*

（三）企业合并的税会差异

1. 特殊性税务处理。非同一控制下企业合并，购买方对于合并中取得的被购买方各项可辨认资产、负债应当按照公允价值确认。假如符合企业所得税法规定的特殊性税务处理的条件，则购买方对于交易中取得被购买方各项可辨认资产、负债的计税基础应继续按原有计税基础确定。比较该项企业合并中取得有关资产、负债的账面价值与其计税基础会产生暂时性差异。因有关差异产生于企业合并，且该企业合并为非同一控制下企业合并，与暂时性差异相关的所得税影响确认，将影响合并中商誉的确认，而不会影响当期损益。

2. 一般重组。非同一控制下企业合并，购买方对于合并中取得的被购买方各项可辨认资产、负债应当按照公允价值确认。假如不符合所得税规定的特殊性税务处理的条件，合并报表认可购买日子公司资产、负债的公允价值,则子公司的资产、负债的公允价值和计税基础相同,即在合并报表层面,子公司资产、负债的账面价值和计税基础是一致的,所以对于购买日子公司资产、负债评估增值的部分,不需要确认递延所得税。

第二节 企业合并准则与税法差异分析及调整

企业合并,是指将两个或者两个以上单独的企业合并形成一个报告主体的交易或事项。为了规范企业合并的确认、计量和相关信息的披露,根据《企业会计准则——基本准则》,财政部于2006年制定了《企业会计准则第20号——企业合并》(以下简称企业合并准则),至今未进行修订。

对于企业合并形成的长期股权投资,初始投资成本及后续成本法核算的相关税会差异,在长期股权投资准则与税法差异分析一节进行了分析,本节仅就合并业务中涉及的其他税会差异进行分析。

一、企业合并准则税会差异概述

(一) 企业合并方式的税会差异

1. 会计规定。《企业合并应用指南》指出,企业合并准则所规范的企业合并,包括控股合并、吸收合并和新设合并三种方式。

(1) 控股合并,是指合并方(或购买方)在企业合并中取得对被合并方(或被购买方)的控制权,被合并方(或被购买方)在合并后仍保持其独立的法人资格并继续经营,合并方(或购买方)确认企业合并形成的对被合并方(或被购买方)的投资。

(2) 吸收合并,是指合并方(或购买方)通过企业合并取得被合并方(或被购买方)的全部净资产,合并后注销被合并方(或被购买方)的法人资格,被合并方(或被购买方)原持有的资产、负债,在合并后成为合并方(或购买方)的资产、负债。

(3) 新设合并,是指参与合并的各方在合并后法人资格均被注销,重新注册成立一家新的企业。

2. 税收规定。《财政部 国家税务总局关于企业重组业务企业所得税处理若干问题的通知》(财税〔2009〕59号)规定,合并是指一家或多家企业将其全部资产和负债转让给另一家现存或新设企业,被合并企业股东换取合并企业的股权或非股权支付,实现两个或两个以上企业的依法合并。

股权收购,是指一家企业购买另一家企业的股权,以实现对被收购企业控制的交易。

3. 税会差异。会计上规定,企业合并包括控股合并、吸收合并和新设合并三种方式;企业所得税法规定,合并是指一家或多家企业将其全部资产和负债转让给另一家现存或新设企业,即新设合并和吸收合并。两者在合并方式范围上存在差异,会计上合并的范围比税法规定的范围要广。

(二) 合并日或购买日确定的税会差异

1. 会计规定。企业应当在合并日或购买日,确认因企业合并取得的资产、负债。按照企业会计准则规定，合并日或购买日是指合并方或购买方实际取得对被合并方或被购买方控制权的日期，即被合并方或被购买方的净资产或生产经营决策的控制权转移给合并方或购买方的日期。同时满足下列条件的，通常可认为实现了控制权的转移：

（1）企业合并合同或协议已获股东大会等通过。

（2）企业合并事项需要经过国家有关主管部门审批的，已获得批准。

（3）参与合并各方已办理了必要的财产权转移手续。

（4）合并方或购买方已支付了合并价款的大部分（一般应超过50%），并且有能力、有计划支付剩余款项。

（5）合并方或购买方实际上已经控制了被合并方或被购买方的财务和经营政策，并享有相应的利益、承担相应的风险。

2. 税收规定。《国家税务总局关于企业重组业务企业所得税征收管理若干问题的公告》（国家税务总局公告2015年第48号）规定，合并以合并合同（协议）生效、当事各方已进行会计处理且完成工商新设登记或变更登记日为重组日。按规定不需要办理工商新设或变更登记的合并，以合并合同（协议）生效且当事各方已进行会计处理的日期为重组日。

股权收购，以转让合同（协议）生效且完成股权变更手续日为重组日。关联企业之间发生股权收购，转让合同（协议）生效后12个月内尚未完成股权变更手续的，应以转让合同（协议）生效日为重组日。

3. 税会差异。企业会计准则规定了合并日或购买日确定的5个条件，企业所得税法也规定了合并重组日和股权收购重组日的具体条件，会计上确定的合并日或购买日与企业所得税法规定的重组日不完全相同，两者存在差异。在实务中需要注意因上述日期不同对所得税造成的影响，并进行相应的纳税调整。

（三）企业合并相关主体的税会差异

1. 会计规定。

（1）同一控制下的企业合并。同一控制下的企业合并，在合并日取得对其他参与合并企业控制权的一方为合并方，参与合并的其他企业为被合并方。

（2）非同一控制下的企业合并。非同一控制下的企业合并，在购买日取得对其他参与合并企业控制权的一方为购买方，参与合并的其他企业为被购买方。

2. 税收规定。《国家税务总局关于企业重组业务企业所得税征收管理若干问题的公告》（国家税务总局公告2015年第48号）规定，按照重组类型，企业重组的当事各方是指：

（1）股权收购中当事各方，指收购方、转让方及被收购企业。

（2）合并中当事各方，指合并企业、被合并企业及被合并企业股东。

3. 税会差异。企业合并准则虽然规定参与合并的其他企业为被合并方或者被购买方，但却没有规定其会计确认、计量要求，其会计处理应当按照其他准则规定执行，如《企业会计准则第42号——持有待售的非流动资产、处置组和终止经营》《企业会计准则第33号——合并财务报表》等。企业所得税法规定既适用于合并企业和收购方，也适用于被合并企业和被收购企业。两者合并相关主体存在差异。本节仅对合并企业和收购方的会计处理及税会差异进行分析。

二、非同一控制下企业合并的税会差异

非同一控制下企业合并，是指参与合并的各方在合并前后不受同一方或相同的多方最终控制的企业合并。

（一）会计相关规定

1. 合并成本。购买方应当区别下列情况确定合并成本：

（1）一次交换交易实现的企业合并，合并成本为购买方在购买日为取得对被购买方的控制权而付出的资产、发生或承担的负债以及发行的权益性证券的公允价值。

（2）通过多次交换交易分步实现的企业合并，合并成本为每一单项交易成本之和。

（3）购买方为进行企业合并发生的各项直接相关费用也应当计入企业合并成本。

（4）在合并合同或协议中对可能影响合并成本的未来事项做出约定的，购买日如果估计未来事项很可能发生并且对合并成本的影响金额能够可靠计量的，购买方应当将其计入合并成本。

2. 付出的资产或承担的负债。应当按照公允价值计量，公允价值与其账面价值的差额，计入当期损益。

3. 合并成本与取得的被购买方可辨认净资产公允价值份额的差额：

（1）购买方对合并成本大于合并中取得的被购买方可辨认净资产公允价值份额的差额，应当确认为商誉。

初始确认后的商誉，应当以其成本扣除累计减值准备后的金额计量。商誉的减值应当按照《企业会计准则第8号——资产减值》处理。

（2）购买方对合并成本小于合并中取得的被购买方可辨认净资产公允价值份额的差额，应当计入当期损益。

4. 取得被购买方的各项可辨认资产、负债及或有负债：

被购买方各项可辨认资产、负债及或有负债，符合下列条件的，应当单独予以确认：

（1）合并中取得的被购买方除无形资产以外的其他各项资产（不仅限于被购买方原已确认的资产），其所带来的经济利益很可能流入企业且公允价值能够可靠地计量的，应当单独予以确认并按照公允价值计量。

合并中取得的无形资产，其公允价值能够可靠地计量的，应当单独确认为无形资产并按照公允价值计量。

（2）合并中取得的被购买方除或有负债以外的其他各项负债，履行有关的义务很可能导致经济利益流出企业且公允价值能够可靠地计量的，应当单独予以确认并按照公允价值计量。

（3）合并中取得的被购买方或有负债，其公允价值能够可靠地计量的，应当单独确认为负债并按照公允价值计量。或有负债在初始确认后，应当按照《企业会计准则第13号——或有事项》应予确认的金额和初始确认金额减去按照《企业会计准则第14号——收入》的原则确认的累计摊销额后的余额两者孰高进行后续计量。

5. 取得被购买方各项可辨认资产、负债及或有负债的公允价值确认：

（1）货币资金，按照购买日被购买方的账面余额确定。

（2）有活跃市场的股票、债券、基金等金融工具，按照购买日活跃市场中的市场价格确定。

（3）应收款项，其中的短期应收款项，一般按照应收取的金额作为其公允价值；长期

应收款项，应按适当的利率折现后的现值确定其公允价值。在确定应收款项的公允价值时，应考虑发生坏账的可能性及相关收款费用。

（4）存货，对其中的产成品和商品按其估计售价减去估计的销售费用、相关税费以及购买方出售类似产成品或商品估计可能实现的利润确定；在产品按完工产品的估计售价减去至完工仍将发生的成本、估计的销售费用、相关税费以及基于同类或类似产成品的基础上估计出售可能实现的利润确定；原材料按现行重置成本确定。

（5）不存在活跃市场的金融工具如权益性投资等，应当参照《企业会计准则第22号——金融工具确认和计量》的规定，采用估值技术确定其公允价值。

（6）房屋建筑物、机器设备、无形资产，存在活跃市场的，应以购买日的市场价格为基础确定其公允价值；不存在活跃市场，但同类或类似资产存在活跃市场的，应参照同类或类似资产的市场价格确定其公允价值；同类或类似资产也不存在活跃市场的，应采用估值技术确定其公允价值。

（7）应付账款、应付票据、应付职工薪酬、应付债券、长期应付款，其中的短期负债，一般按照应支付的金额确定其公允价值；长期负债，应按适当的折现率折现后的现值作为其公允价值。

（8）取得的被购买方的或有负债，其公允价值在购买日能够可靠计量的，应确认为预计负债。此项负债应当按照假定第三方愿意代购买方承担，就其所承担义务需要购买方支付的金额作为其公允价值。

（9）递延所得税资产和递延所得税负债，取得的被购买方各项可辨认资产、负债及或有负债的公允价值与其计税基础之间存在差额的，应当按照《企业会计准则第18号——所得税》的规定确认相应的递延所得税资产或递延所得税负债，所确认的递延所得税资产或递延所得税负债的金额不应折现。

6. 资产、负债价值的暂时确定。企业合并发生当期的期末，因合并中取得的各项可辨认资产、负债及或有负债的公允价值或企业合并成本只能暂时确定的，购买方应当以所确定的暂时价值为基础对企业合并进行确认和计量。

购买日后12个月内对确认的暂时价值进行调整的，视为在购买日确认和计量。

（二）形成控股合并且适用一般重组规定的税会差异

1. 会计规定。企业合并准则及非货币资产交换准则相关规定。

[例5-2-1] 沿用[例2-2-3]，公司取得K公司70%的股权，取得该部分股权后能够对K公司实施控制。对于合并形成的对K公司的长期股权投资。账务处理如下：

借：长期股权投资	21 200 000
累计摊销	3 000 000
贷：无形资产	16 000 000
应交税费——应交增值税（销项税额）	1 200 000
资产处置损益	7 000 000

2. 税收规定。

（1）《企业所得税法实施条例》第七十一条规定，通过支付现金以外的方式取得的投资资产，以该资产的公允价值和支付的相关税费为成本。

（2）《财政部　国家税务总局关于企业重组业务企业所得税处理若干问题的通知》（财

税〔2009〕59号）规定，企业股权收购重组交易，收购方取得股权的计税基础应以公允价值为基础确定。

3. 税会差异。

企业合并准则及非货币资产交换准则规定，会计处理特别强调以换出资产的公允价值作为换入股权的入账价值，换出资产的公允价值不可能计量的除外。企业所得税法强调，投资资产以该资产的公允价值和支付的相关税费为成本。两者规定有不同，但在实务中，非同一控制下企业合并，因换入股权的公允价值和换出资产的公允价值一般是一致的，所以两者不存在差异。

（三）形成控股合并且适用特殊性税务处理规定的税会差异

1. 会计规定。企业合并准则及长期股权投资相关规定。

[例5-2-2] 沿用[例2-2-3]，假设支付的对价不是无形资产，而是本公司增发200万股作为对价，当日股价10元。K公司成立时，原股东初始投资1 000万元。对于合并形成的对K公司的长期股权投资。账务处理如下：

借：长期股权投资　　　　　　　　　　　　　　　20 000 000
　　贷：股本　　　　　　　　　　　　　　　　　　 2 000 000
　　　　资本公积　　　　　　　　　　　　　　　　18 000 000

2. 税收规定。《财政部　国家税务总局关于企业重组业务企业所得税处理若干问题的通知》（财税〔2009〕59号）规定，股权收购符合特殊性税务处理条件，且收购企业购买的股权不低于被收购企业全部股权的50%，收购企业在该股权收购发生时的股权支付金额不低于其交易支付总额的85%，收购企业取得被收购企业股权的计税基础，以被收购股权的原有计税基础确定。

3. 税会差异。会计上规定，以合并成本作为长期股权投资的入账价值，合并成本为购买方在购买日为取得对被购买方的控制权而付出的资产、发生或承担的负债以及发行的权益性证券的公允价值；企业所得税法规定，符合特殊性税务处理条件的，取得被收购企业股权的计税基础，以被收购股权的原有计税基础确定。两者存在差异。

[例5-2-2]中，长期股权投资的入账价值2 000万元，计税基础1 000万元，在该项股权处置时，可以税前扣除的投资资产成本为1 000万元，在股权处置年度汇算清缴纳税申报时，应调增应纳税所得额。

（四）形成吸收合并且适用一般重组规定的税会差异

1. 会计规定。企业合并准则及非货币资产交换准则相关规定。

[例5-2-3] 沿用[例5-2-1]，假设合并后，K公司注销。2020年3月31日，K公司的科目余额表如表5-3所示。可辨认净资产账面价值等于公允价值。

表5-3　　　　　　　　　　　　科目余额表　　　　　　　　　　　　　单位：元

科目名称	借方余额	贷方余额
库存现金	3 100 000	
应收账款	2 700 000	
坏账准备		100 000

续表

科目名称	借方余额	贷方余额
库存商品	3 000 000	
存货跌价准备		1 000 000
其他债权投资	3 800 000	
固定资产	11 000 000	
累计折旧		300 000
固定资产减值准备		150 000
无形资产	9 500 000	
累计摊销		300 000
无形资产减值准备		50 000
应付账款		3 100 000
其他应付款		5 600 000
预计负债		2 500 000

K 公司的资产合计 = 310 +（270 - 10）+（300 - 100）+ 380 +（1 100 - 30 - 15）+（950 - 30 - 5）= 3 120（万元）

K 公司的负债合计 = 310 + 560 + 250 = 1 120（万元）

K 公司的净资产账面价值合计 = 3 120 - 1 120 = 2 000（万元）

账务处理如下：

借：库存现金　　　　　　　　　　　　　　　　　　　　3 100 000
　　应收账款　　　　　　　　　　　　　　　　　　　　2 600 000
　　库存商品　　　　　　　　　　　　　　　　　　　　2 000 000
　　其他债权投资　　　　　　　　　　　　　　　　　　3 800 000
　　固定资产　　　　　　　　　　　　　　　　　　　　10 550 000
　　无形资产　　　　　　　　　　　　　　　　　　　　9 150 000
　　商誉　　　　　　　　　　　　　　　　　　　　　　1 200 000
　　累计摊销　　　　　　　　　　　　　　　　　　　　3 000 000
　贷：应付账款　　　　　　　　　　　　　　　　　　　3 100 000
　　　其他应付款　　　　　　　　　　　　　　　　　　5 600 000
　　　预计负债　　　　　　　　　　　　　　　　　　　2 500 000
　　　无形资产　　　　　　　　　　　　　　　　　　　16 000 000
　　　应交税费——应交增值税（销项税额）　　　　　　1 200 000
　　　资产处置损益　　　　　　　　　　　　　　　　　7 000 000

2. 税收规定。

（1）《财政部　国家税务总局关于企业重组业务企业所得税处理若干问题的通知》（财

税〔2009〕59号）规定，合并企业应按公允价值确定接受被合并企业各项资产和负债的计税基础。

（2）《企业所得税法实施条例》第六十七条规定，外购商誉的支出，在企业整体转让或者清算时，准予扣除。

3. 税会差异。参考形成控股合并且适用一般重组规定内容。

（五）吸收合并且适用特殊性税务处理规定的税会差异

1. 会计规定。参考企业合并准则及长期股权投资准则相关规定。

[例5-2-4] 沿用[例5-2-2]，仍假设合并后，K公司注销。2020年3月31日，K公司的科目余额表如表5-3所示。可辨认净资产账面价值等于公允价值。账务处理如下：

借：库存现金	3 100 000
应收账款	2 600 000
库存商品	2 000 000
其他债权投资	3 800 000
固定资产	10 550 000
无形资产	9 150 000
贷：应付账款	3 100 000
其他应付款	5 600 000
预计负债	2 500 000
股本	2 000 000
资本公积——其他资本公积	18 000 000

2. 税收规定。《财政部 国家税务总局关于企业重组业务企业所得税处理若干问题的通知》（财税〔2009〕59号）规定，企业合并符合特殊性税务处理条件，且企业股东在该企业合并发生时取得的股权支付金额不低于其交易支付总额的85%，以及同一控制下且不需要支付对价的企业合并，合并企业接受被合并企业资产和负债的计税基础，以被合并企业的原有计税基础确定。

3. 税会差异。会计上规定，以合并成本作为长期股权投资（包括取得资产和负债）的入账价值，合并成本为购买方在购买日为取得对被购买方的控制权而付出的资产、发生或承担的负债以及发行的权益性证券的公允价值。在实务中，被购买企业资产和负债的账面价值一般不等于其公允价值。企业所得税法规定，符合特殊性税务处理条件的，合并企业接受被合并企业资产和负债的计税基础，以被合并企业的原有计税基础确定。两者存在税会差异。

需要注意的是控股合并是以被收购股权的原有计税基础确定，而吸收合并是以被合并企业资产和负债的原有计税基础确定，这两个规定也存在差异。

[例5-2-4]中，取得被购买企业各项资产和负债计税基础2 000万元，而[例5-2-2]中取得投资资产的计税基础只有1 000万元。

三、同一控制下企业合并的税会差异

同一控制下企业合并，是指参与合并的企业在合并前后均受同一方或相同的多方最终控制且该控制并非暂时性的。其中同一方是指对参与合并的企业在合并前后均实施最终控制的

投资者。相同的多方通常是指根据投资者之间的协议约定,在对被投资单位的生产经营决策行使表决权时发表一致意见的两个或两个以上的投资者。控制并非暂时性是指参与合并的各方在合并前后较长的时间内受同一方或相同的多方最终控制。较长的时间通常指1年以上（含1年）。

（一）会计规定

同一控制下的企业合并,在合并日取得对其他参与合并企业控制权的一方为合并方。合并方在企业合并中取得的资产和负债,应当按照合并日被合并方的账面价值计量。

如果属于控股合并的,应在合并日按取得被合并方所有者权益在最终控制方合并财务报表中的账面价值的份额,借记长期股权投资科目。

如果属于吸收合并的,应在合并日按各项资产和负债在最终控制方合并财务报表中的账面价值,借记各资产类科目,贷记各负债类科目。

（二）形成控股合并且适用一般重组规定的税会差异

1. 会计规定。参考企业合并准则相关规定。

[例5-2-5] 沿用[例2-2-2],公司向同一集团内J公司的原股东G公司转让一块土地,取得J公司100%的股权。

[分析] 公司在合并日应确认对J公司的长期股权投资,初始投资成本为应享有J公司在G公司合并财务报表中的净资产账面价值的份额及相关商誉。账务处理如下：

借：长期股权投资　　　　　　　　　　　　　　40 000 000
　　累计摊销　　　　　　　　　　　　　　　　30 000 000
　贷：无形资产　　　　　　　　　　　　　　　50 000 000
　　　资本公积——股本溢价　　　　　　　　　20 000 000

2. 税收规定。见非同一控制下企业合并形成控股合并且适用一般重组规定相关政策。

3. 税会差异。按照企业合并准则相关规定,以取得被合并方所有者权益在最终控制方合并财务报表中的账面价值的份额作为长期股权投资的入账价值。企业所得税法规定,投资资产以该资产的公允价值和支付的相关税费为成本。两者存在差异,在投资资产转让或者清算时,允许税前扣除的投资成本为收购股权的公允价值,在年度汇算清缴纳税申报时应进行纳税调整。

（三）形成控股合并且适用特殊性税务处理规定的税会差异

1. 会计规定。参考企业合并准则相关规定。

[例5-2-6] 沿用[例2-2-2],假设支付的对价不是无形资产,而是本公司增发400万股作为对价,当日股价10元,符合特殊性税务处理条件。G公司收购J公司时,支付对价2 000万元。对于合并形成的对J公司的长期股权投资账务处理如下：

借：长期股权投资　　　　　　　　　　　　　　40 000 000
　贷：股本　　　　　　　　　　　　　　　　　 4 000 000
　　　资本公积——股本溢价　　　　　　　　　36 000 000

2. 税收规定。参考非同一控制下企业合并形成控股合并且适用特殊性税务处理规定相关政策。

3. 税会差异。会计上规定,以取得被合并方所有者权益在最终控制方合并财务报表中的账面价值的份额作为长期股权投资的入账价值；企业所得税法规定,符合特殊性税务处理条件的，取得被收购企业股权的计税基础，以被收购股权的原有计税基础确定。两者存在差异。

[例5-2-6]中，长期股权投资的入账价值为4 000万元，计税基础为2 000万元，在该项股权处置时，可以税前扣除的投资资产成本为2 000万元，在股权处置年度汇算清缴纳税申报时，应调增应纳税所得额。

（四）形成吸收合并且适用一般重组规定的税会差异

近年来，资本市场中并购重组业务与日俱增，特别是涉及上市公司资产重组业务占据较大比重。这其中也不乏集团内部发生的重组业务，如母公司吸收合并子公司甚至子公司吸收合并母公司的案例。

1. 会计规定。参考企业合并准则相关规定。

[例5-2-7]本公司与某公司于2015年分别出资7 000万元和3 000万元，注册成立精密仪器公司，本公司持有其70%的股权。2020年6月，某公司将其持有精密仪器公司30%的股权挂牌出让，价格为7 400万元，本公司行使股东优先购买权，以7 400万元收购了精密仪器公司30%的股权。精密仪器公司成为本公司全资子公司。2020年9月，本公司拟吸收合并精密仪器公司。假设合并日2020年12月31日，精密仪器公司账面净资产20 000万元，其中实收资本10 000万元，留存收益10 000万元。合并日公允价值25 000万元，其中持有的一块土地使用权增值5 000万元。假设，如果适用一般重组规定，精密仪器公司清算时缴纳清算企业所得税1 250万元。

账务处理如下：

①2020年6月：

借：长期股权投资	74 000 000
贷：银行存款	74 000 000

长期股权投资账面价值 = 7 000 + 7 400 = 14 400（万元）

②2020年12月31日：

借：净资产	187 500 000
贷：长期股权投资	144 000 000
资本公积	43 500 000

2. 税法规定。

（1）《财政部 国家税务总局关于企业重组业务企业所得税处理若干问题的通知》（财税〔2009〕59号）规定，企业合并，被合并企业及其股东都应按清算进行所得税处理。

（2）《财政部 国家税务总局关于企业清算业务企业所得税处理若干问题的通知》（财税〔2009〕60号）规定：

①企业清算的所得税处理，是指企业在不再持续经营，发生结束自身业务、处置资产、偿还债务以及向所有者分配剩余财产等经济行为时，对清算所得、清算所得税、股息分配等事项的处理。

②下列企业应进行清算所得税处理：

a. 按《公司法》《企业破产法》等规定需要进行清算的企业；

b. 企业重组中需要按清算处理的企业。

③企业清算的所得税处理包括以下内容：

a. 全部资产均应按可变现价值或交易价格,确认资产转让所得或损失;
b. 确认债权清理、债务清偿的所得或损失;
c. 改变持续经营核算原则,对预提或待摊性质的费用进行处理;
d. 依法弥补亏损,确定清算所得;
e. 计算并缴纳清算所得税;
f. 确定可向股东分配的剩余财产、应付股息等。

④企业的全部资产可变现价值或交易价格,减除资产的计税基础、清算费用、相关税费,加上债务清偿损益等后的余额,为清算所得。

企业应将整个清算期作为一个独立的纳税年度计算清算所得。

⑤企业全部资产的可变现价值或交易价格减除清算费用,职工的工资、社会保险费用和法定补偿金,结清清算所得税、以前年度欠税等税款,清偿企业债务,按规定计算可以向所有者分配的剩余资产。

被清算企业的股东分得的剩余资产的金额,其中相当于被清算企业累计未分配利润和累计盈余公积中按该股东所占股份比例计算的部分,应确认为股息所得;剩余资产减除股息所得后的余额,超过或低于股东投资成本的部分,应确认为股东的投资转让所得或损失。

被清算企业的股东从被清算企业分得的资产应按可变现价值或实际交易价格确定计税基础。

[分析][例5-2-7]若选择一般重组处理,应视同精密仪器公司将资产转让给本公司处理:

清算所得 = 25 000 - 20 000 = 5 000(万元)

清算所得税 = 5 000 × 25% = 1 250(万元)

可以向所有者分配的剩余资产 = 20 000 + 5 000 - 1 250 = 23 750(万元)

应确认为股息所得 = 10 000 + 5 000 - 1 250 = 13 750(万元)

剩余资产减除股息所得后的余额 = 23 750 - 13 750 = 10 000(万元)

本公司取得资产的计税基础为23 750万元。

3. 税会差异。

(1)资产入账价值和计税基础的差异。会计上规定,按照被合并方所有者权益在最终控制方合并财务报表中的账面价值的份额确认取得资产和负债入账价值。企业所得税法规定,按可变现价值或实际交易价格确定计税基础。两者存在差异。

[例5-2-7]中,资产入账价值18 750万元,计税基础23 750万元,将对后续资产折旧、摊销以及处置产生全面的影响。

(2)清算所得税的差异。会计上规定吸收合并子公司,子公司资产并未进行实际处置(从合并报表角度看均属于母公司资产),不需要确认相关损益。企业所得税法规定,发生了纳税义务,应计算清算所得并缴纳企业所得税。两者存在差异。

4. 年度纳税申报表填报。精密仪器公司填报企业清算所得税申报表及附表如表5-4、表5-5所示。

表 5-4　　　　　　　　　中华人民共和国企业清算所得税申报表

清算期间：　　年　月　日至　　年　月　日

纳税人名称：

纳税人识别号：□□□□□□□□□□□□□□□　　　　　　　　金额单位：元（列至角分）

类别	行次	项目	金额
应纳税所得额计算	1	资产处置损益（填附表一）	50 000 000
	2	负债清偿损益（填附表二）	
	3	清算费用	
	4	清算税金及附加	
	5	其他所得或支出	
	6	清算所得（1+2-3-4+5）	
	7	免税收入	
	8	不征税收入	
	9	其他免税所得	
	10	弥补以前年度亏损	
	11	应纳税所得额（6-7-8-9-10）	
应纳所得税额计算	12	税率（25%）	25%
	13	应纳所得税额（11×12）	12 500 000
应补（退）所得税额计算	14	减（免）企业所得税额	
	15	境外应补所得税额	
	16	境内外实际应纳所得税额（13-14+15）	12 500 000
	17	以前纳税年度应补（退）所得税额	
	18	实际应补（退）所得税额（16+17）	12 500 000

纳税人盖章：	代理申报中介机构盖章：	主管税务机关
		受理专用章：
清算组盖章：		
	经办人签字及执业证件号码：	受理人签字：
经办人签字：		
申报日期：	代理申报日期：	受理日期：
年　月　日	年　月　日	年　月　日

表 5-5　　　　　　　　　　　　　剩余财产计算和分配明细表

填报时间：　　　年　月　日　　　　　　　　　　　　　　　　　　　金额单位：元（列至角分）

类别	行次	项目			金额	
剩余财产计算	1	资产可变现价值或交易价格			250 000 000	
	2	清算费用				
	3	职工工资				
	4	社会保险费用				
	5	法定补偿金				
	6	清算税金及附加				
	7	清算所得税额			12 500 000	
	8	以前年度欠税额				
	9	其他债务				
	10	剩余财产（1-2-…-9）			237 500 000	
	11	其中：累计盈余公积			13 750 000	
	12	累计未分配利润			123 750 000	
剩余财产分配		股东名称	持有清算企业权益性投资比例（%）	投资额	分配的财产金额	其中：确认为股息金额
	13	(1)	100	100 000 000	237 500 000	137 500 000
	14	…				
	15	…				
	16	…				
	17	…				

（五）形成吸收合并且适用特殊性税务处理规定的税会差异

1. 会计规定。参考企业合并准则相关规定。
2. 税收规定。

（1）《财政部　国家税务总局关于企业重组业务企业所得税处理若干问题的通知》（财税〔2009〕59号）规定，企业合并，企业股东在该企业合并发生时取得的股权支付金额不低于其交易支付总额的85%，以及同一控制下且不需要支付对价的企业合并，可以选择按以下规定处理：

①合并企业接受被合并企业资产和负债的计税基础，以被合并企业的原有计税基础确定。

②被合并企业合并前的相关所得税事项由合并企业承继。

③可由合并企业弥补的被合并企业亏损的限额＝被合并企业净资产公允价值×截至合并业务发生当年年末国家发行的最长期限的国债利率

④被合并企业股东取得合并企业股权的计税基础，以其原持有的被合并企业股权的计税基础确定。

（2）《财政部　国家税务总局关于促进企业重组有关企业所得税处理问题的通知》（财税〔2014〕109号）规定，对100%直接控制的居民企业之间，以及受同一或相同多家居民企业100%直接控制的居民企业之间按账面净值划转股权或资产，凡具有合理商业目的、不以减少、免除或者推迟缴纳税款为主要目的，股权或资产划转后连续12个月内不改变被划转股权或资产原来实质性经营活动，且划出方企业和划入方企业均未在会计上确认损益的，可以选择按以下规定进行特殊性税务处理：

①划出方企业和划入方企业均不确认所得。

②划入方企业取得被划转股权或资产的计税基础，以被划转股权或资产的原账面净值确定。

③划入方企业取得的被划转资产，应按其原账面净值计算折旧扣除。

[例5-2-8] 沿用 [例5-2-7]。

[分析] 本公司持有精密仪器公司100%的股权，吸收合并精密仪器公司，无需向第三方支付对价，因此符合"同一控制下且不需要支付对价的企业合并"，在符合特殊性税务处理其他条件情况下，可以选择特殊性税务处理。

精密仪器公司不视同清算处理，不确认清算所得，不缴纳清算所得税。

本公司接受精密仪器公司资产和负债的计税基础，以精密仪器公司原有计税基础确定，即净资产20 000万元。

假如精密仪器公司仍有未弥补亏损，可以由本公司在以后期间弥补。

可由合并企业弥补的被合并企业亏损的限额 = 被合并企业净资产公允价值 × 截至合并业务发生当年年末国家发行的最长期限的国债利率

3. 税会差异。对资产的入账价值和计税基础，会计上规定按照被合并方所有者权益在最终控制方合并财务报表中的账面价值的份额确认取得资产和负债入账价值。企业所得税法规定按被合并企业的原有计税基础确定。如果子公司为母公司出资设立的，则被合并企业的原有计税基础与在最终控制方合并财务报表中的账面价值的份额应当一致，税会不存在差异。

[例5-2-8] 中，会计资产和负债的入账价值20 000万元，企业所得税计税基础20 000万元。

如果子公司为母公司从非关联方购买取得的，则被合并企业的原有计税基础与在最终控制方合并财务报表中的账面价值的份额一般不一致，两者存在差异，将对后续资产折旧、摊销以及处置产生影响。

附录　案例汇总

一、案例背景

横山重型机械股份有限公司成立于 1993 年，位于中国南方地区，是一家实行多元化经营战略的上市公司。横山重机的业务包括机器机械、电视、健身器材、手机、精密仪器研发与制造等 8 个板块，在公司管理架构中分属于 8 个事业部。同时，公司还通过投资、参股等方式，涉足房地产开发、伤残人员专门用品等行业。在本书中，横山重型机械股份有限公司统一简称为本公司。

本公司 2020 年职工平均人数为 200 人，其中：生产岗位职工 150 名、生产部门管理人员 20 名、部门管理人员 20 名、高级管理人员 10 名。

按照规定，本公司及所属各子公司均执行《企业会计准则》，且适用最新会计准则规定。公司财务管理相对规范，销售的所有产品均签订了正规的销售合同。存货发出计价方法使用先进先出法，完工产品与在产品的核算采用约当产量法，投资性房地产的后续计量模式选择公允价值模式，公司成本、损益类科目 2020 年年底均已结转无余额。公司及所属各子公司采用的会计政策和会计期间一致。公司的记账本位币为人民币，外币业务采用外币业务发生当日的市场汇率折算。

公司为增值税一般纳税人，销售业务可自行开具增值税专用发票，货物适用的增值税税率为 13%，不动产、运输服务等适用的税率为 9%，无形资产适用的税率为 6%，企业所得税适用税率为 25%。假设每年度会计利润均为 10 000 万元，含本书涉及的各项视同销售收入在内，2020 年计算业务招待费和广宣费扣除限额的基数为 100 000 万元，2019 年度尚未扣除的公益性捐赠支出为 1 500 万元。假设除本书涉及业务外，不存在其他纳税调整事项。

按照规定，公司 2020 年度财务报告已经过注册会计师审计，并将于近日在相关报纸公开披露，企业所得税年度纳税申报表已于 2021 年 3 月 20 日报出。

二、年度纳税申报表填报

（一）2020 年度汇算清缴申报（见附表 1 至附表 10）

附表1 A105000 纳税调整项目明细表

金额单位：人民币元（列至角分）

行次	项目	账载金额	税收金额	调增金额	调减金额
		1	2	3	4
1	一、收入类调整项目（2+3+…+8+10+11）	*	*	158 166 100	27 050 803
2	（一）视同销售收入（填写A105010）	*	119 125 000	119 125 000	*
3	（二）未按权责发生制原则确认的收入（填写A105020）	15 314 135	10 123 982		5 190 153
4	（三）投资收益（填写A105030）	17 468 000	1 127 350		16 340 650
5	（四）按权益法核算长期股权投资对初始投资成本调整确认收益	*	*	*	2 000 000
6	（五）交易性金融资产初始投资调整	*	*	20 000	*
7	（六）公允价值变动净损益	-36 720 000	*	37 000 000	280 000
8	（七）不征税收入	*	*		3 140 000
9	其中：专项用途财政性资金（填写A105040）	*	*		3 140 000
10	（八）销售折扣、折让和退回				
11	（九）其他	10 428 900	12 350 000	2 021 100	100 000
12	二、扣除类调整项目（13+14+…+24+26+27+28+29+30）	*	*	55 442 882.55	47 134 800
13	（一）视同销售成本（填写A105010）	*	34 702 000	*	34 702 000
14	（二）职工薪酬（填写A105050）	39 072 700	20 784 000	18 288 700	
15	（三）业务招待费支出				*
16	（四）广告费和业务宣传费支出（填写A105060）	*	*	10 000 000	
17	（五）捐赠支出（填写A105070）	452 000	12 000 000	452 000	12 000 000
18	（六）利息支出	1 284 000	250 000	1 034 000	
19	（七）罚金、罚款和被没收财物的损失		*		*
20	（八）税收滞纳金、加收利息				
21	（九）赞助支出		*		*
22	（十）与未实现融资收益相关在当期确认的财务费用	5 925 382.55	0	6 358 182.55	432 800
23	（十一）佣金和手续费支出（保险企业填写A105060）				
24	（十二）不征税收入用于支出所形成的费用	*	*	3 000 000	
25	其中：专项用途财政性资金用于支出所形成的费用（填写A105040）	*	*	3 000 000	*
26	（十三）跨期扣除项目	10 000	0	10 000	
27	（十四）与取得收入无关的支出		*		*
28	（十五）境外所得分摊的共同支出		*		*

续表

行次	项目	账载金额	税收金额	调增金额	调减金额
		1	2	3	4
29	（十六）党组织工作经费				
30	（十七）其他	19 300 000	4 058 000	16 300 000	1 058 000
31	三、资产类调整项目（32+33+34+35）	*	*	1 252 000	3 618 834.9
32	（一）资产折旧、摊销（填写A105080）	12 497 965.1	16 096 800		3 598 834.9
33	（二）资产减值准备金	1 232 000	*	1 252 000	20 000
34	（三）资产损失（填写A105090）	*	*		0
35	（四）其他	50 000 000	50 000 000	0	
36	四、特殊事项调整项目（37+38+…+43）	*	*	1 724 000	
37	（一）企业重组及递延纳税事项（填写A105100）	16 984 000	15 260 000	1 724 000	
38	（二）政策性搬迁（填写A105110）	*	*		
39	（三）特殊行业准备金（39.1+39.2+39.4+39.5+39.6+39.7）	*	*		
39.1	1. 保险公司保险保障基金				
39.2	2. 保险公司准备金				
39.3	其中：已发生未报案未决赔款准备金				
39.4	3. 证券行业准备金				
39.5	4. 期货行业准备金				
39.6	5. 中小企业融资（信用）担保机构准备金				
39.7	6. 金融企业、小额贷款公司准备金（填写A105120）	*	*		
40	（四）房地产开发企业特定业务计算的纳税调整额（填写A105010）		*		
41	（五）合伙企业法人合伙人应分得的应纳税所得额				
42	（六）发行永续债利息支出				
43	（七）其他	*	*		
44	五、特别纳税调整应税所得	*	*		
45	六、其他	*	*	500	
46	合计（1+12+31+36+44+45）	*	*	216 585 482.6	77 804 437.9

注：填报说明：

1. 第5行"调减金额" = ［例2-2-9］2 000 000
2. 第6行"调增金额" = ［例2-1-8］20 000
3. 第7行"调增金额" = ［例2-3-3］10 000 000 + ［例2-3-7］1 000 000 + ［例2-1-16］20 000 000 + ［例2-3-10］6 000 000
4. 第7行"调减金额" = ［例2-1-10］280 000
5. 第11行"调增金额" = ［例1-1-2］1 000 000 + ［例1-1-10］27 000 + ［例4-2-6］500 000 + ［例1-1-16］456 600 + ［例1-1-20］37 500

6. 第11行"调减金额"＝［例4-5-11］100 000
7. 第18行"调增金额"＝［例3-3-1］584 000＋［例3-3-6］450 000
8. 第22行"调增金额"＝［例4-2-2］6 339 800＋［例4-5-8］18 382.55
9. 第22行"调减金额"＝［例1-1-8］432 800
10. 第26行"调增金额"＝［例1-1-14］10 000
11. 第30行"调增金额"＝［例1-1-8］4 800 000＋［例4-1-1］11 000 000＋［例2-2-4］500 000
12. 第30行"调减金额"＝［例1-1-13］200 000＋［例1-1-2］600 000＋［例1-1-10］18 000＋［例1-1-21］80 000＋［例4-5-12］100 000＋［例4-5-11］10 000＋［例4-5-8］50 000
13. 第33行"调增金额"＝［例4-6-1］600 000＋［例4-1-3］52 000＋［例4-2-14］300 000＋［例2-1-4］300 000
14. 第33行"调减金额"＝［例1-4-3］20 000
15. 第35行"调增金额"＝［例2-3-10］0
16. 第45行"调增金额"＝［例1-3-1］500

附表2　A105010　视同销售和房地产开发企业特定业务纳税调整明细表

金额单位：人民币元（列至角分）

行次	项目	税收金额	纳税调整金额
		1	2
1	一、视同销售（营业）收入（2＋3＋4＋5＋6＋7＋8＋9＋10）	119 125 000	119 125 000
2	（一）非货币性资产交换视同销售收入	7 075 000	7 075 000
3	（二）用于市场推广或销售视同销售收入		
4	（三）用于交际应酬视同销售收入		
5	（四）用于职工奖励或福利视同销售收入		
6	（五）用于股息分配视同销售收入		
7	（六）用于对外捐赠视同销售收入	400 000	400 000
8	（七）用于对外投资项目视同销售收入	100 000 000	100 000 000
9	（八）提供劳务视同销售收入		
10	（九）其他	11 650 000	11 650 000
11	二、视同销售（营业）成本（12＋13＋14＋15＋16＋17＋18＋19＋20）	34 702 000	－34 702 000
12	（一）非货币性资产交换视同销售成本	4 575 500	－4 575 500
13	（二）用于市场推广或销售视同销售成本		
14	（三）用于交际应酬视同销售成本		
15	（四）用于职工奖励或福利视同销售成本		
16	（五）用于股息分配视同销售成本		
17	（六）用于对外捐赠视同销售成本	320 000	－320 000
18	（七）用于对外投资项目视同销售成本	20 000 000	－20 000 000
19	（八）提供劳务视同销售成本		
20	（九）其他	9 806 500	－9 806 500
21	三、房地产开发企业特定业务计算的纳税调整额（22－26）		
22	（一）房地产企业销售未完工开发产品特定业务计算的纳税调整额（24－25）		
23	1. 销售未完工产品的收入		＊
24	2. 销售未完工产品预计毛利额		
25	3. 实际发生的税金及附加、土地增值税		
26	（二）房地产企业销售的未完工产品转完工产品特定业务计算的纳税调整额（28－29）		

续表

行次	项目	税收金额 1	纳税调整金额 2
27	1. 销售未完工产品转完工产品确认的销售收入		*
28	2. 转回的销售未完工产品预计毛利额		
29	3. 转回实际发生的税金及附加、土地增值税		

注：填报说明：

1. 第 2 行"纳税调整金额"=［例 1-3-1］75 000+［例 1-3-4］7 000 000
2. 第 7 行"纳税调整金额"=［例 1-1-21］400 000
3. 第 8 行"纳税调整金额"=［例 2-2-2］100 000 000
4. 第 10 行"纳税调整金额"=［例 1-4-4］1 650 000+［例 1-4-6］10 000 000
5. 第 12 行"纳税调整金额"=［例 1-3-1］-75 500+［例 1-3-4］-4 500 000
6. 第 17 行"纳税调整金额"=［例 1-1-21］-320 000
7. 第 18 行"纳税调整金额"=［例 2-2-2］-20 000 000
8. 第 20 行"纳税调整金额"=［例 1-4-4］-1 806 500+［例 1-4-6］-8 000 000

附表 3　　A105020　未按权责发生制确认收入纳税调整明细表

金额单位：人民币元（列至角分）

行次	项目	合同金额（交易金额）	账载金额		税收金额		纳税调整金额
			本年	累计	本年	累计	
		1	2	3	4	5	6（4-2）
1	一、跨期收取的租金、利息、特许权使用费收入（2+3+4）	3 140 000	1 295 522	1 295 522	2 270 000	2 270 000	974 478
2	（一）租金	900 000	55 522	55 522	150 000	150 000	94 478
3	（二）利息						
4	（三）特许权使用费	2 240 000	1 240 000	1 240 000	2 120 000	2 120 000	880 000
5	二、分期确认收入（6+7+8）	10 000 000	8 656 000	8 656 000	2 000 000	2 000 000	-6 656 000
6	（一）分期收款方式销售货物收入	10 000 000	8 656 000	8 656 000	2 000 000	2 000 000	-6 656 000
7	（二）持续时间超过 12 个月的建造合同收入						
8	（三）其他分期确认收入						
9	三、政府补助递延收入（10+11+12）						
10	（一）与收益相关的政府补助						
11	（二）与资产相关的政府补助						
12	（三）其他						
13	四、其他未按权责发生制确认收入	6 500 000	5 362 613	5 362 613	5 853 982	5 853 982	491 369
14	合计（1+5+9+13）	19 640 000	15 314 135	15 314 135	10 123 982	10 123 982	-5 190 153

注：填报说明：

1. 第 2 行"纳税调整金额"=［例 4-5-12］94 478
2. 第 4 行"纳税调整金额"=［例 1-1-6］-120 000+［例 1-1-18］1 000 000
3. 第 6 行"纳税调整金额"=［例 1-1-8］-6 656 000
4. 第 13 行"纳税调整金额"=［例 1-1-13］250 000+［例 1-1-7］260 000+［例 1-1-19］-18 631

附表 4　　A105030　投资收益纳税调整明细表

金额单位：人民币元（列至角分）

行次	项目	持有收益			处置收益						纳税调整金额
		账载金额	税收金额	纳税调整金额	会计确认的处置收入	税收计算的处置收入	处置投资的账面价值	处置投资的计税基础	会计确认的处置所得或损失	税收计算的处置所得	纳税调整金额
		1	2	3 (2−1)	4	5	6	7	8 (4−6)	9 (5−7)	10 (9−8)	11 (3+10)
1	一、交易性金融资产	0	431 850	431 850	11 350 000	7 350 000	10 300 000	7 040 000	1 050 000	310 000	−740 000	−308 150
2	二、可供出售金融资产											
3	三、持有至到期投资											
4	四、衍生工具											
5	五、交易性金融负债											
6	六、长期股权投资	7 636 000	0	−7 636 000	45 000 000	36 000 000	38 300 000	35 700 000	6 700 000	300 000	−6 400 000	−14 036 000
7	七、短期投资											
8	八、长期债券投资											
9	九、其他	2 082 000	0	−2 082 000	0	235 500	0	150 000	0	85 500	85 500	−1 996 500
10	合计（1+2+3+4+5+6+7+8+9）	9 718 000	431 850	−9 286 150	56 350 000	43 585 500	48 600 000	42 890 000	7 750 000	695 500	−7 054 500	−16 340 650

注：填报说明：

1. 第1行"纳税调整金额" ＝ [例3−3−1] 431 850 + [例2−1−11] 260 000 + [例2−2−17] −1 000 000
2. 第6行"纳税调整金额" ＝ [例2−2−20] −4 000 000 + [例2−2−21] −4 000 000 + [例2−2−22] −2 000 000 + [例2−2−11] −3 636 000 + −400 000
3. 第9行"纳税调整金额" ＝ [例1−4−4] 85 500 + [例2−1−2] −1 041 000 + [例1−4−6] −1 041 000。

附录 案例汇总 341

附表5

A105040 专项用途财政性资金纳税调整明细表

金额单位：人民币元（列至角分）

行次	项目	取得年度	财政性资金	其中：符合不征税收入条件的财政性资金		以前年度支出情况					本年支出情况			本年结余情况		应计入本年应税收入金额
				金额	其中：计入本年损益的金额	前五年度	前四年度	前三年度	前二年度	前一年度	支出金额	其中：费用化支出金额	结余金额		其中：上缴财政金额	
		1	2	3	4	5	6	7	8	9	10	11	12	13	14
1	前五年度															
2	前四年度					*										
3	前三年度					*	*									
4	前二年度					*	*	*								
5	前一年度					*	*	*	*							
6	本年	2 020	8 100 000	8 100 000	3 140 000	*	*	*	*	*	3 000 000	3 000 000	3 000 000			
7	合计(1+2+…+6)	*	8 100 000	8 100 000	3 140 000						3 000 000	3 000 000	3 000 000			

注：
第6行计入本年损益的金额 = [例1-2-2] 140 000 + [例1-2-5] 3 000 000

填报说明：

附表6

A105050 职工薪酬支出及纳税调整明细表

金额单位：人民币元（列至角分）

行次	项目	账载金额 1	实际发生额 2	税收规定扣除率 3	以前年度累计结转扣除额 4	税收金额 5	纳税调整金额 6 (1-5)	累计结转以后年度扣除额 7 (2+4-5)
1	一、工资薪金支出	35 908 700	18 600 000	*	*	18 600 000	17 308 700	*
2	其中：股权激励	16 980 000	0	*	*	0	16 980 000	*
3	二、职工福利费支出	3 164 000	3 164 000	14%	*	2 184 000	980 000	*
4	三、职工教育经费支出							
5	其中：按税收规定比例扣除的职工教育经费			*	*			*
6	按税收规定全额扣除的职工培训费用			*	*			*
7	四、工会经费支出				*			*
8	五、各类基本社会保障性缴款				*			*
9	六、住房公积金				*			*
10	七、补充养老保险			*	*			*
11	八、补充医疗保险			*	*			*
12	九、其他							
13	合计 (1+3+4+7+8+9+10+11+12)	39 072 700	21 764 000			20 784 000	18 288 700	

注：填报说明：
1. 第1行"纳税调整金额"＝ [例3-1-5] 22 500 + [例3-1-10] 746 200 + [例3-2-2] 3 200 000 + [例3-2-5] 13 500 000 + [例3-2-14] 280 000 + [例3-1-2] 980 000 + [例3-2-9] 640 000
2. 第2行"纳税调整金额"＝ [例3-2-2] 3 200 000 + [例3-2-5] 13 500 000 + [例3-2-14] 280 000 − 1 080 000
3. 第3行"纳税调整金额"＝ [例3-1-2] 980 000

附表7   A105060　广告费和业务宣传费等跨年度纳税调整明细表

金额单位：人民币元（列至角分）

行次	项目	广告费和业务宣传费	保险企业手续费及佣金支出
		1	2
1	一、本年支出	160 000 000	
2	减：不允许扣除的支出		
3	二、本年符合条件的支出（1-2）	160 000 000	
4	三、本年计算扣除限额的基数	1 000 000 000	
5	乘：税收规定扣除率	15%	
6	四、本企业计算的扣除限额（4×5）	150 000 000	
7	五、本年结转以后年度扣除额 （3＞6，本行=3-6；3≤6，本行=0）	10 000 000	
8	加：以前年度累计结转扣除额		
9	减：本年扣除的以前年度结转额 [3＞6，本行=0；3≤6，本行=8与（6-3）孰小值]		
10	六、按照分摊协议归集至其他关联方的金额（10≤3与6孰小值）		*
11	按照分摊协议从其他关联方归集至本企业的金额		*
12	七、本年支出纳税调整金额 （3＞6，本行=2+3-6+10-11；3≤6，本行=2+10-11-9）	10 000 000	
13	八、累计结转以后年度扣除额（7+8-9）	10 000 000	

注：填报说明：

第1行"本年支出"=［例5-1-11］160 000 000

附表8   A105070　捐赠支出及纳税调整明细表　　金额单位：人民币元（列至角分）

行次	项目	账载金额	以前年度结转可扣除的捐赠额	按税收规定计算的扣除限额	税收金额	纳税调增金额	纳税调减金额	可结转以后年度扣除的捐赠额
		1	2	3	4	5	6	7
1	一、非公益性捐赠		*	*	*		*	*
2	二、限额扣除的公益性捐赠（3+4+5+6）	452 000	15 000 000	12 000 000	12 000 000	452 000	12 000 000	3 452 000
3	前三年度（　　年）	*		*	*	*		*
4	前二年度（　　年）	*		*	*	*		*
5	前一年度（2019年）	*	15 000 000	*	*		12 000 000	3 000 000
6	本年（2020年）	452 000	*	12 000 000	12 000 000	452 000	*	452 000
7	三、全额扣除的公益性捐赠		*	*	*		*	*
8	1.		*	*	*		*	*
9	2.		*	*	*		*	*
10	3.		*	*	*		*	*
11	合计（1+2+7）	452 000	15 000 000	12 000 000	12 000 000	452 000	12 000 000	3 452 000
附列资料	2015年度至本年发生的公益性扶贫捐赠合计金额		*	*	*		*	*

注：填报说明：

第6行"账载金额"=［例1-1-21］452 000

附表9 A105080 资产折旧、摊销及纳税调整明细表

金额单位：人民币元（列至角分）

行次	项目	账载金额			税收金额				纳税调整金额
		资产原值	本年折旧、摊销额	累计折旧、摊销额	资产计税基础	税收折旧、摊销额	享受加速折旧政策的资产按税收一般规定计算的折旧、摊销额	加速折旧、摊销统计额	累计折旧、摊销额	
		1	2	3	4	5	6	7 (5-6)	8	9 (2-5)
1	一、固定资产（2+3+4+5+6+7）	330 030 651	12 497 965.1	139 997 965.1	344 350 000	16 096 800			43 596 800	-3 598 834.9
2	（一）房屋、建筑物	230 432 651	2 662 065.1	30 162 065.1	230 250 000	2 618 800	*	*	30 118 800	43 265.1
3	（二）飞机、火车、轮船、机器、机械和其他生产设备	94 798 000	9 515 900	9 515 900	111 400 000	13 298 000	*	*	13 298 000	-3 782 100
4	（三）与生产经营活动有关的器具、工具、家具等	4 800 000	320 000	320 000	2 700 000	180 000	*	*	180 000	140 000
5	（四）飞机、火车、轮船以外的运输工具						*	*		
6	（五）电子设备						*	*		
7	（六）其他						*	*		
8	所有固定资产 其中：享受固定资产加速折旧及一次性扣除政策的资产加速折旧额大于一般折旧额的部分 （一）重要行业固定资产加速折旧（不含一次性扣除）									*
9	（二）其他行业研发设备加速折旧									*
10	（三）海南自由贸易港企业固定资产加速折旧									*
11	（四）500万元以下设备器具一次性扣除	3 000 000	142 500	142 500	3 000 000	3 000 000	142 500	2 857 500	3 000 000	*
12	（五）疫情防控重点保障物资生产企业单价500万元以上设备一次性扣除									*
13	（六）海南自由贸易港企业固定资产一次性扣除									*

续表

行次	项目	账载金额			税收金额				纳税调整金额
		资产原值	本年折旧、摊销额	累计折旧、摊销额	资产计税基础	税收折旧、摊销额	享受加速折旧政策的资产按税收一般规定计算的折旧、摊销额	加速折旧、摊销统计额	累计折旧、摊销额	
		1	2	3	4	5	6	7 (5−6)	8	9 (2−5)
14	其中：享受固定资产加速折旧及一次性扣除政策的资产加速折旧额大于一般折旧额的部分						6	7 (5−6)	8	*
14	（七）技术进步、更新换代固定资产加速折旧									*
15	（八）常年强震动、高腐蚀固定资产加速折旧									*
16	（九）外购软件加速折旧									*
17	（十）集成电路企业生产设备加速折旧									*
18	二、生产性生物资产 (19＋20)						*	*		
19	（一）林木类						*	*		
20	（二）畜类						*	*		
21	三、无形资产 (22＋23＋24＋25＋26＋27＋28＋29)						*	*		
22	（一）专利权						*	*		
23	（二）商标权						*	*		
24	（三）著作权						*	*		
25	（四）土地使用权						*	*		
26	（五）非专利技术						*	*		
27	（六）特许权使用费						*	*		
28	（七）软件						*	*		
29	（八）其他						*	*		

续表

行次	项目	账载金额			税收金额					纳税调整金额
		资产原值	本年折旧摊销额	累计折旧摊销额	资产计税基础	税收折旧摊销额	享受加速折旧政策的资产按税收一般规定计算的折旧摊销额	加速折旧摊销统计额	累计折旧摊销额	
		1	2	3	4	5	6	7 (5-6)	8	9 (2-5)
30	其中:享受无形资产加速摊销政策的资产加速摊销额大于一般摊销额的部分 企业外购软件加速摊销									*
31	(二)海南自由贸易港企业无形资产加速摊销									*
32	(三)海南自由贸易港企业无形资产一次性摊销									*
33	四、长期待摊费用 (34+35+36+37+38)					*	*	*		
34	(一)已足额提取折旧的固定资产的改建支出					*	*	*		
35	(二)租入固定资产的改建支出					*	*	*		
36	(三)固定资产的大修理支出					*	*	*		
37	(四)开办费					*	*	*		
38	(五)其他					*	*	*		
39	五、油气勘探投资									
40	六、油气开发投资									
41	合计 (1+18+21+33+39+40)	330 030 651	12 497 965.1	39 997 965.1	344 350 000	16 096 800			43 596 800	-3 598 834.9

附列资料 全民所有制企业公司制改制资产评估增值政策调整金额 = [例1-2-2] 140 000

注:填报说明:
1. 第2行"纳税调整金额" = [例2-3-3] 0 + [例2-3-7] 0 + [例4-5-9] 43 265.1
2. 第3行"纳税调整金额" = [例4-2-8] -1 577 600 + [例4-2-9] 653 000 + [例4-2-10] -2 857 500
3. 第4行"纳税调整金额" = [例1-2-2] 140 000

附录 案例汇总 347

附表 10　　A105100 企业重组及递延纳税事项纳税调整明细表

金额单位：人民币元（列至角分）

行次	项目	一般性税务处理			特殊性税务处理（递延纳税）			纳税调整金额 7 (3+6)
		账载金额 1	税收金额 2	纳税调整金额 3 (2-1)	账载金额 4	税收金额 5	纳税调整金额 6 (5-4)	
1	一、债务重组	6 984 000	13 260 000	6 276 000	0	0	0	6 276 000
2	其中：以非货币性资产清偿债务	369 000	360 000	-9 000				-9 000
3	债转股							
4	二、股权收购							
5	其中：涉及跨境重组的股权收购							
6	三、资产收购							
7	其中：涉及跨境重组的资产收购							
8	四、企业合并 (9+10)							
9	（一）同一控制下企业合并							
10	（二）非同一控制下企业合并							
11	五、企业分立							
12	六、非货币性资产对外投资				10 000 000	2 000 000	-8 000 000	-8 000 000
13	七、技术入股							
14	八、股权划转、资产划转							
15	九、其他							
16	合计 (1+4+6+8+11+12+13+14+15)	6 984 000	13 260 000	6 276 000	10 000 000	2 000 000	-8 000 000	1 724 000

注：填报说明：
1. 第1行"纳税调整金额" = [例1-4-4] -109 000 + [例1-4-6] -1 715 000 + [例1-4-1] 8 000 000 + [例1-4-2] 100 000
2. 第12行"纳税调整金额" = [例2-2-8] -8 000 000

（二）2021 年度汇算清缴申报（见附表 11 至附表 20）

附表 11　　　　A105000　纳税调整项目明细表　　　金额单位：人民币元（列至角分）

行次	项目	账载金额 1	税收金额 2	调增金额 3	调减金额 4
1	一、收入类调整项目（2+3+…+8+10+11）	*	*	72 621 467	46 000 300
2	（一）视同销售收入（填写 A105010）	*	11 000 000	11 000 000	*
3	（二）未按权责发生制原则确认的收入（填写 A105020）	1 158 133	2 270 000	1 111 867	
4	（三）投资收益（填写 A105030）	-53 839 600	6 670 000	60 509 600	
5	（四）按权益法核算长期股权投资对初始投资成本调整确认收益	*	*	*	
6	（五）交易性金融资产初始投资调整	*	*		*
7	（六）公允价值变动净损益	42 000 000	*		42 000 000
8	（七）不征税收入	*	*		3 210 000
9	其中：专项用途财政性资金（填写 A105040）	*	*		3 210 000
10	（八）销售折扣、折让和退回	0	400 000		400 000
11	（九）其他	1 390 300	1 000 000	0	390 300
12	二、扣除类调整项目（13+14+…+24+26+27+28+29+30）	*	*	26 685 981.68	16 162 400
13	（一）视同销售成本（填写 A105010）	*	11 000 000	*	11 000 000
14	（二）职工薪酬（填写 A105050）	18 495 400	0	18 495 400	
15	（三）业务招待费支出				*
16	（四）广告费和业务宣传费支出（填写 A105060）	*	*		
17	（五）捐赠支出（填写 A105070）	0	3 452 000		3 452 000
18	（六）利息支出				
19	（七）罚金、罚款和被没收财物的损失		*		*
20	（八）税收滞纳金、加收利息		*		*
21	（九）赞助支出		*		*
22	（十）与未实现融资收益相关在当期确认的财务费用	4 636 181.68	0	4 990 581.68	354 400
23	（十一）佣金和手续费支出（保险企业填写 A105060）				
24	（十二）不征税收入用于支出所形成的费用	*	*	3 000 000	*
25	其中：专项用途财政性资金用于支出所形成的费用（填写 A105040）	*	*	3 000 000	*
26	（十三）跨期扣除项目				
27	（十四）与取得收入无关的支出		*		*
28	（十五）境外所得分摊的共同支出		*		*
29	（十六）党组织工作经费				
30	（十七）其他	40 000	1 196 000	200 000	1 356 000
31	三、资产类调整项目（32+33+34+35）	*	*	1 735 865.1	301 300

续表

行次	项目	账载金额	税收金额	调增金额	调减金额
		1	2	3	4
32	（一）资产折旧、摊销（填写A105080）	13 341 465.1	11 605 600	1 735 865.1	
33	（二）资产减值准备金	0	*		0
34	（三）资产损失（填写A105090）	*	*		301 300
35	（四）其他				
36	四、特殊事项调整项目（37+38+…+43）	*	*	2 000 000	
37	（一）企业重组及递延纳税事项（填写A105100）	0	2 000 000	2 000 000	
38	（二）政策性搬迁（填写A105110）	*	*		
39	（三）特殊行业准备金（39.1+39.2+39.4+39.5+39.6+39.7）	*	*		
39.1	1. 保险公司保险保障基金				
39.2	2. 保险公司准备金				
39.3	其中：已发生未报案未决赔款准备金				
39.4	3. 证券行业准备金				
39.5	4. 期货行业准备金				
39.6	5. 中小企业融资（信用）担保机构准备金				
39.7	6. 金融企业、小额贷款公司准备金（填写A105120）	*	*		
40	（四）房地产开发企业特定业务计算的纳税调整额（填写A105010）	*			
41	（五）合伙企业法人合伙人应分得的应纳税所得额				
42	（六）发行永续债利息支出				
43	（七）其他	*	*		
44	五、特别纳税调整应税所得	*	*		
45	六、其他	*	*		
46	合计（1+12+31+36+44+45）	*	*	103 043 313.78	62 464 000

注：填报说明：

1. 第7行"调减金额"＝［例2-3-3］20 000 000＋［例2-3-7］2 000 000＋［例2-1-16］20 000 000
2. 第10行"调减金额"＝［例1-1-13］200 000＋［例1-1-7］200 000
3. 第11行"调减金额"＝［例1-1-16］365 300＋［例1-1-20］25 000
4. 第22行"调增金额"＝［例4-5-8］16 801.68＋［例4-2-8］4 973 780
5. 第22行"调减金额"＝［例1-1-8］354 400
6. 第30行"调增金额"＝［例1-1-13］200 000
7. 第30行"调减金额"＝［例1-1-8］1 200 000＋［例1-1-10］6 000＋［例4-5-8］50 000＋［例4-5-12］100 000
8. 第33行"调减金额"＝［例4-1-5］0

附表 12　　A105010　视同销售和房地产开发企业特定业务纳税调整明细表

金额单位：人民币元（列至角分）

行次	项目	税收金额	纳税调整金额
		1	2
1	一、视同销售（营业）收入（2＋3＋4＋5＋6＋7＋8＋9＋10）	11 000 000	11 000 000
2	（一）非货币性资产交换视同销售收入		
3	（二）用于市场推广或销售视同销售收入	11 000 000	11 000 000
4	（三）用于交际应酬视同销售收入		
5	（四）用于职工奖励或福利视同销售收入		
6	（五）用于股息分配视同销售收入		
7	（六）用于对外捐赠视同销售收入		
8	（七）用于对外投资项目视同销售收入		
9	（八）提供劳务视同销售收入		
10	（九）其他		
11	二、视同销售（营业）成本（12＋13＋14＋15＋16＋17＋18＋19＋20）	11 000 000	－11 000 000
12	（一）非货币性资产交换视同销售成本		
13	（二）用于市场推广或销售视同销售成本	11 000 000	－11 000 000
14	（三）用于交际应酬视同销售成本		
15	（四）用于职工奖励或福利视同销售成本		
16	（五）用于股息分配视同销售成本		
17	（六）用于对外捐赠视同销售成本		
18	（七）用于对外投资项目视同销售成本		
19	（八）提供劳务视同销售成本		
20	（九）其他		
21	三、房地产开发企业特定业务计算的纳税调整额（22－26）		
22	（一）房地产企业销售未完工开发产品特定业务计算的纳税调整额（24－25）		
23	1. 销售未完工产品的收入		＊
24	2. 销售未完工产品预计毛利额		
25	3. 实际发生的税金及附加、土地增值税		
26	（二）房地产企业销售的未完工产品转完工产品特定业务计算的纳税调整额（28－29）		
27	1. 销售未完工产品转完工产品确认的销售收入		＊
28	2. 转回的销售未完工产品预计毛利额		
29	3. 转回实际发生的税金及附加、土地增值税		

注：填报说明：

1. 第3行"纳税调整金额"＝［例4－1－1］11 000 000
2. 第13行"纳税调整金额"＝［例4－1－1］－11 000 000

附录 案例汇总 351

附表13　A105020 未按权责发生制确认收入纳税调整明细表

金额单位：人民币元（列至角分）

行次	项目	合同金额（交易金额）1	账载金额 本年 2	账载金额 累计 3	税收金额 本年 4	税收金额 累计 5	纳税调整金额 6（4-2）
1	一、跨期收取的租金、利息、特许权使用费收入（2+3+4）	3 140 000	1 048 133	2 343 655	270 000	2 540 000	-778 133
2	（一）租金	900 000	48 133	103 655	150 000	300 000	101 867
3	（二）利息						
4	（三）特许权使用费	2 240 000	1 000 000	2 240 000	120 000	2 240 000	-880 000
5	二、分期确认收入（6+7+8）	10 000 000	0	8 656 000	2 000 000	4 000 000	2 000 000
6	（一）分期收款方式销售货物收入	10 000 000	0	8 656 000	2 000 000	4 000 000	2 000 000
7	（二）持续时间超过12个月的建造合同收入						
8	（三）其他分期确认收入						
9	三、政府补助递延收入（10+11+12）						
10	（一）与收益相关的政府补助						
11	（二）与资产相关的政府补助						
12	（三）其他						
13	四、其他未按权责发生制确认收入	5 300 000	110 000	5 100 000	0	5 100 000	-110 000
14	合计（1+5+9+13）	18 440 000	1 158 133	16 099 655	2 270 000	57 540 000	1 111 867

注：填报说明：
1. 第2行"纳税调整金额" = [例4-5-12] 101 867
2. 第4行"纳税调整金额" = [例1-1-6] 120 000 + [例1-1-18] -1 000 000
3. 第6行"纳税调整金额" = [例1-1-8] 2 000 000
4. 第13行"纳税调整金额" = [例1-1-13] -50 000 + [例1-1-7] -60 000

附表14　　　　A105030　投资收益纳税调整明细表

金额单位：人民币元（列至角分）

行次	项目	持有收益			处置收益							纳税调整金额
		账载金额	税收金额	纳税调整金额	会计确认处置收入	税收计算的处置收入	会计确认的处置投资的账面价值	税收计算的处置投资的计税基础	会计确认的处置所得或损失	税收计算的处置所得	纳税调整金额	
		1	2	3 (2-1)	4	5	6	7	8 (4-6)	9 (5-7)	10 (9-8)	11 (3+10)
1	一、交易性金融资产											
2	二、可供出售金融资产											
3	三、持有至到期投资											
4	四、衍生工具											
5	五、交易性金融负债											
6	六、长期股权投资	-56 150 800	4 000 000	60 150 800								60 150 800
7	七、短期投资											
8	八、长期债券投资											
9	九、其他	2 172 200	1 770 000	-402 200	14 439 000	12 350 000	14 300 000	11 450 000	139 000	900 000	761 000	358 800
10	合计（1+2+3+4+5+6+7+8+9）	-53 978 600	5 770 000	59 748 600	14 439 000	12 350 000	14 300 000	11 450 000	139 000	900 000	761 000	60 509 600

注：填报说明：
1. 第 6 行"纳税调整金额" ＝ [例 2-2-12] 2 000 000 + [例 2-2-13] 2 000 000 + [例 2-2-16] 56 150 800
2. 第 9 行"纳税调整金额" ＝ [例 2-1-2] -496 100 + [例 2-1-6] -496 100 + [例 2-1-7] 1 041 000 + [例 2-1-15] 310 000

附录 案例汇总 353

附表15　A105040 专项用途财政性资金纳税调整明细表

金额单位：人民币元（列至角分）

行次	项目	取得年度	财政性资金	其中：符合不征税收入条件的财政性资金		以前年度支出情况					本年支出情况		本年结余情况		
				金额	其中：计入本年损益的金额	前五年度	前四年度	前三年度	前二年度	前一年度	支出金额	其中：费用化支出金额	结余金额	其中：上缴财政金额	应计入本年应税收入金额
			1	2	3	4	5	6	7	8	9	10	11	12	13	14
1	前五年度					*									
2	前四年度					*	*								
3	前三年度					*	*	*							
4	前二年度					*	*	*	*						
5	前一年度	2 020	8 100 000	8 100 000		*	*	*	*	3 000 000					
6	本年	2 021			3 210 000	*	*	*	*	*	3 000 000	3 000 000			
7	合计（1+2+…+6）		*	8 100 000	3 210 000						3 000 000	3 000 000			

注：填报说明：

第6行"计入本年损益的金额" = ［例1-2-2］210 000 + ［例1-2-5］3 000 000

附表16 **A105050 职工薪酬支出及纳税调整明细表**

金额单位：人民币元（列至角分）

行次	项目	账载金额	实际发生额	税收规定扣除率	以前年度累计结转扣除额	税收金额	纳税调整金额	累计结转以后年度扣除额
		1	2	3	4	5	6 (1-5)	7 (2+4-5)
1	一、工资薪金支出	18 495 400	0	*	*	0	18 495 400	*
2	其中：股权激励	16 540 000	0	*	*	0	16 540 000	*
3	二、职工福利费支出			*	*			*
4	三、职工教育经费支出				*			*
5	其中：按税收规定比例扣除的职工教育经费				*			*
6	按税收规定全额扣除的职工培训费用			*	*			*
7	四、工会经费支出			*	*			*
8	五、各类基本社会保障性缴款			*	*			*
9	六、住房公积金			*	*			*
10	七、补充养老保险			*	*			*
11	八、补充医疗保险			*	*			*
12	九、其他			*	*			*
13	合计 (1+3+4+7+8+9+10+11+12)	18 495 400	0			0	18 495 400	860 000

填报说明：
1. 第 1 行 "纳税调整金额" ＝ [例 3-1-10] 1 095 400 + [例 3-2-2] 2 400 000 + [例 3-2-14] -1 360 000 + [例 3-2-7] 15 500 000 + [例 3-2-9]
2. 第 2 行 "纳税调整金额" ＝ [例 3-2-2] 2 400 000 + [例 3-2-14] -1 360 000 + [例 3-2-7] 15 500 000

附录 案例汇总 355

附表 17　　A105070 捐赠支出及纳税调整明细表

金额单位：人民币元（列至角分）

行次	项目	账载金额	以前年度结转可扣除的捐赠额	按税收规定计算的扣除限额	税收金额	纳税调增金额	纳税调减金额	可结转以后年度扣除的捐赠额
		1	2	3	4	5	6	7
1	一、非公益性捐赠	0	*	*	*	0	*	*
2	二、限额扣除的公益性捐赠（3+4+5+6）	*	3 452 000	12 000 000	3 452 000	*	3 452 000	0
3	前三年度（　　年）	*	*	*	*	*	*	*
4	前二年度（2019年）	*	3 000 000	*	*	*	3 000 000	0
5	前一年度（2020年）	*	452 000	*	*	*	452 000	0
6	本年（2021年）	0	*	*	*	0	*	0
7	三、全额公益性捐赠	*	*	*	*	*	*	*
8	1.	*	*	*	*	*	*	*
9	2.	*	*	*	*	*	*	*
10	3.	*	*	*	*	*	*	*
11	合计（1+2+7）	0	3 452 000	12 000 000	3 452 000	0	3 452 000	*
附列资料	2015年度至本年度发生的公益性扶贫捐赠合计金额							

附表18　A105080 资产折旧、摊销及纳税调整明细表

金额单位：人民币元（列至角分）

行次	项目	账载金额			资产计税基础	税收金额			累计折旧、摊销额	纳税调整金额
		资产原值	本年折旧、摊销额	累计折旧、摊销额		税收折旧、摊销额	享受加速折旧政策的资产按税收一般规定计算的折旧、摊销额	加速折旧、摊销统计额		
		1	2	3	4	5	6	7 (5-6)	8	9 (2-5)
1	一、固定资产 (2+3+4+5+6+7)	330 030 651	12 604 665.1	152 460 130.2	344 100 000	10 805 600	*	*	50 604 400	1 799 065.1
2	（一）房屋、建筑物	230 432 651	285 665.1	30 447 730.2	230 000 000	237 600			30 356 400	48 065.1
3	（二）飞机、火车、轮船、机器、机械和其他生产设备	94 798 000	11 839 000	21 212 400	111 400 000	10 298 000	*		19 798 000	1 541 000
4	（三）与生产经营活动有关的器具、工具、家具等	4 800 000	480 000	800 000	2 700 000	270 000	*	*	450 000	210 000
5	（四）飞机、火车、轮船以外的运输工具						*	*		
6	（五）电子设备						*	*		
7	（六）其他									
8	其中：享受固定资产加速折旧减一次性扣除政策的资产加速折旧额一般折旧额的部分	（一）重要行业固定资产加速折旧（不含一次性扣除）						*		*
9		（二）其他行业研发设备加速折旧						*		*
10		（三）海南自由贸易港企业固定资产加速折旧						*		*
11		（四）500万元以下设备器具一次性扣除						*		*
12		（五）疫情防控重点保障物资生产企业单价500万元以上设备一次性扣除						*		*
13		（六）海南自由贸易港企业固定资产一次性扣除						*		*

续表

行次	项目	账载金额			税收金额				累计折旧、摊销额	纳税调整金额
		资产原值	本年折旧、摊销额	累计折旧、摊销额	资产计税基础	税收折旧、摊销额	享受加速折旧政策的资产按税收一般规定计算的折旧、摊销额	加速折旧、摊销统计额		
		1	2	3	4	5	6	7 (5−6)	8	9 (2−5)
14	其中: 享受固定资产加速折旧(七)技术进步、更新换代固定资产加速折旧									*
15	(八)常年强震动、高腐蚀固定资产加速折旧									*
16	(九)外购软件加速折旧									*
17	(十)集成电路企业生产设备加速折旧									*
18	享受加速折旧及一次性扣除政策的资产加速折旧额大于一般折旧额的部分						*	*		*
19	二、生产性生物资产 (19+20)						*	*		
20	(一)林木类						*	*		
21	(二)畜类						*	*		
22	三、无形资产 (22+23+24+25+26+27+28+29)	8 000 000	736 800	1 136 800	8 000 000	800 000	*	*	1 200 000	−63 200
23	(一)专利权						*	*		
24	(二)商标权						*	*		
25	(三)著作权						*	*		
26	所有无形资产 (四)土地使用权						*	*		
27	(五)非专利技术	8 000 000	736 800	1 136 800	8 000 000	800 000	*	*	1 200 000	−63 200
28	(六)特许权使用费						*	*		
29	(七)软件						*	*		
	(八)其他						*	*		

续表

行次	项目	账载金额			税收金额				累计折旧、摊销额	纳税调整金额
		资产原值	本年折旧、摊销额	累计折旧、摊销额	资产计税基础	税收折旧、摊销额	享受加速折旧政策的资产按税收一般规定计算的折旧、摊销额	加速折旧、摊销统计额		
		1	2	3	4	5	6	7 (5−6)	8	9 (2−5)
30	其中：享受无形资产加速摊销政策的资产加速摊销额又一次性摊销政策的资产加速摊销额大于一般摊销额的部分									*
31	（一）企业外购软件加速摊销						*	*		*
32	（二）海南自由贸易港企业无形资产加速摊销									
	（三）海南自由贸易港企业无形资产一次性摊销									*
33	四、长期待摊费用 (34+35+36+37+38)						*	*		
34	（一）已足额提取折旧的固定资产的改建支出						*	*		
35	（二）租入固定资产的改建支出						*	*		
36	（三）固定资产的大修理支出						*	*		
37	（四）开办费						*	*		
38	（五）其他						*	*		
39	五、油气勘探投资									
40	六、油气开发投资									
41	合计 (1+18+21+33+39+40)	338 030 651	13 341 465.1	53 596 930.2	352 100 000	11 605 600	*	*	51 804 400	1 735 865.1
	附列资料：全民所有制企业公司制改制资产评估增值政策资产									

附列说明：
1. 第2行"纳税调整金额" = [例2−3−3] 0 + [例2−3−7] 0 + [例4−2−7] 4 800 + [例4−5−9] 43 265.1
2. 第3行"纳税调整金额" = [例4−2−8] 743 200 + [例4−2−9] 507 800 + [例4−2−10] 290 000
3. 第4行"纳税调整金额" = [例4−6−2] −63 200

附录 案例汇总 359

附表19　A105090 资产损失税前扣除及纳税调整明细表

金额单位：人民币元（列至角分）

行次	项目	资产损失直接计入本年损益金额	资产损失准备金核销金额	资产处置收入	赔偿收入	资产计税基础	资产损失的税收金额 6(5-3-4)	纳税调整金额
		1	2	3	4	5	6	7
1	一、现金及银行存款损失		*					
2	二、应收及预付款项坏账损失							
3	其中：逾期三年以上的应收款项损失							
4	逾期一年以上的小额应收款项损失							
5	三、存货损失	12 418	1 300			13 718	13 718	-1 300
6	其中：存货盘亏、报废、损毁、变质或被盗损失	12 418	1 300			13 718	13 718	-1 300
7	四、固定资产损失	0	300 000	4 400 000	0	4 700 000	300 000	-300 000
8	其中：固定资产盘亏、丢失、报废、损毁或被盗损失							
9	五、无形资产损失							
10	其中：无形资产转让损失							
11	无形资产被督代或超过法律保护期限形成的损失							
12	六、在建工程损失		*					
13	其中：在建工程停建、报废损失		*					
14	七、生产性生物资产损失							
15	其中：生产性生物资产盘亏、非正常死亡、被盗、丢失等产生的损失							
16	八、债权性投资损失（17+23）							
17	（一）金融企业债权投资损失（18+22）							
18	1. 贷款损失							
19	其中：符合条件的涉农和中小企业贷款损失							

续表

行次	项目	资产损失直接计入本年损益金额 1	资产损失准备金核销金额 2	资产处置收入 3	赔偿收入 4	资产计税基础 5	资产损失的税收金额 6(5-3-4)	纳税调整金额 7
20	其中：单户贷款余额 300 万元（含）以下的贷款损失							
21	单户贷款余额 300 万元至 1 000 万元（含）的贷款损失							
22	其他债权性投资损失							
23	（二）非金融企业债权性投资损失							
24	九、股权（权益）性投资损失							
25	其中：股权转让损失							
26	十、通过各种交易场所、市场买卖债券、股票、期货、基金以及金融衍生产品等发生的损失							
27	十一、打包出售资产损失							
28	十二、其他资产损失							
29	合计（1+2+5+7+9+12+14+16+24+26+27+28）	12 418	301 300	4 400 000	0	4 713 718	313 718	-301 300
30	其中：分支机构留存备查的资产损失							

注：填报说明：
1. 第 5 行"纳税调整金额"＝［例 4-1-5］ －1 300
2. 第 7 行"纳税调整金额"＝［例 4-2-14］ －30C 000

附录 案例汇总 361

附表20　A105100 企业重组及递延纳税事项纳税调整明细表

金额单位：人民币元（列至角分）

行次	项目	一般性税务处理			特殊性税务处理（递延纳税）			纳税调整金额 7（3+6）
		账载金额 1	税收金额 2	纳税调整金额 3（2−1）	账载金额 4	税收金额 5	纳税调整金额 6（5−4）	
1	一、债务重组							
2	其中：以非货币性资产清偿债务							
3	债转股							
4	二、股权收购							
5	其中：涉及跨境重组的股权收购							
6	三、资产收购							
7	其中：涉及跨境重组的资产收购							
8	四、企业合并（9+10）							
9	（一）同一控制下企业合并							
10	（二）非同一控制下企业合并							
11	五、企业分立							
12	六、非货币性资产对外投资				0	2 000 000	2 000 000	2 000 000
13	七、技术入股							
14	八、股权划转、资产划转							
15	九、其他							
16	合计（1+4+6+8+11+12+13+14+15）				0	2 000 000	2 000 000	2 000 000

注：填报说明：
第12行"纳税调整金额"＝[例2-2-8] 2 000 000